WRITTEN IN STONE

돌판에 새긴 말씀

십계명과 오늘날의 도덕적 위기

필립 그레이엄 라이큰 지음
안영미 옮김

개혁주의신학사

Presbyterian and Reformed Publishing

P&R(Presbyterian and Reformed Publishing Company)은
미국 뉴저지 주에 소재한 기독교 출판사로서
웨스트민스터 신앙고백서와 요리문답에 기초하여
성경적인 이해와 경건한 삶을 증진시키는
탁월한 도서들을 출판하고 있습니다.
P&R Korea(개혁주의신학사)는
CLC가 공동으로 운영하는 출판사로서
P&R의 도서를 우선적으로 번역출판하고 있습니다.

Written in Stone
The Ten Commandments and Today's Moral Crisis

Written by
Philip Graham Ryken

Translated by
Ahn Young Mi

Copyright © 2003 by Philip Graham Ryken
Originally published in English under the title as
Written in Stone: The Ten Commandments and Today's Moral Crisis
by P&R Publishing
Translated and used by the permission of
P&R Publishing Company, P.O. Box 817
Phillipsburg, New Jersey 08865–0817, U. S. A.

All rights reserved

Korean Edition
Copyright © 2015 by Presbyterian and Reformed Publishing Company
Seoul, Korea

추천사 1

하경택 박사

장로회신학대학교 구약학 교수

현재 한국 교회가 맞고 있는 위기의 원인에는 '칭의'와 '성화'에 대한 잘못된 가르침이 큰 자리를 차지하고 있다. 죄인인 인간이 구원의 백성이 되는 '칭의'만을 강조한 나머지 구원받은 자가 마땅히 힘써야 할 '성화'의 삶은 등한시하게 한 것이다. 이는 유대교의 율법주의를 반대하면서 사용하였던 사도 바울의 '율법'과 '복음'의 도식이 율법에 대한 경시나 무시로 이어져 왜곡된 기독교 신앙을 부추긴 데서 비롯된 것이다. 또한 여기에는 하나님 나라에 대한 편파적인 이해가 한몫을 했다. 죽음 이후에 들어갈 천국에 대한 소망을 강조한 나머지 이 땅에서 누리고 이루기에 힘써야 할 현재적 하나님 나라를 등한시한 것이다.

이러한 위기의 시대에 출판되는 본서는 의미심장하다. 본서는 율법에 대한 이해를 바르게 할 뿐만 아니라 십계명의 함의와 기능을 신구약을 망라하는 '전(全) 성서적'(whole-biblical) 이해 안에서 그 어떤 곳에서보다 잘 풀어주고 있다.

성화의 삶을 강조한 종교개혁자 존 칼빈은 "율법의 제3사용"(tertius usus legis)을 말하였다. 그는 실정법으로서 율법의 의미(제1사용)와 그리스도에게로 인도하는 몽학선생(갈 3:24)으로서 율법의 의미(제2사용) 외에, "중생한 자들이 열망해야 하고 그 지식 안에서 견고해져야 할 하나님의 뜻이 무엇인지를 매일 더 잘 그리고 더 확실하게 분별할 수 있는 최상의 기관"으로서 율법의 의미(제3사용)를 강조하였다. 저자도 본서에서 율법의 세 가지 기능을 설명한다. 우리의 행동을 인도하는 지도(map)와 우리가 잘못을 행하지 못하게 막는 재갈, 그리고 우리에게 우리의 죄를 보여주는 거울로서의 율법의 기능이다. 적절한 은유와 상징을 통해 돋보이는 저자의 설명은 율법의 기능과 의미를 한눈에 파악할 수 있게 한다.

저자에 따르면 율법은 "하나님과의 관계를 바로잡는 방법으로서가 아니라, 우리로 하여금 자신과의 관계를 바로잡게 하신 하나님을 기쁘시게 하는 방법"이라는 측면에서 그리스도인들에게 의미가 있다. 율법은 본래 구원을 위한 방편이 아니라 구원을 경험한 언약의 백성들이 살아가야 할 삶의 지표로서 주어진 것이다. 이러한 점이 십계명의 서두에서 분명히 나타난다.

> 나는 너를 애굽 땅, 종 되었던 집에서 인도하여 낸 네 하나님 여호와니라(출 20:2).

십계명을 주신 하나님은 구원의 하나님이시다. 이 율법은 이미 구원받은 사람들을 위해 주신 것이다.

　율법 가운데서도 십계명은 특별하다. 그것은 하나님이 이스라엘에게 직접 주신 율법이라는 점에서 다른 율법들과 구별된다(출 20:18-21; 신 4:12-13). 다른 율법은 모세가 기록하였으나(출 24:3-4; 34:27), 십계명은 하나님이 친히 돌판에 쓰신 것이다(출 24:12; 34:1, 28). 십계명은 모든 율법의 요약이요, 기초가 된다. 하나님 사랑과 인간 사랑에 대한 행동의 원리를 제공하고 있다. 저자에 의하면 "십계명은 우리의 삶에 대한 하나님의 뜻을 표현한다. 왜냐하면 그것들이 하나님의 성품에 기초하고 있기 때문이다". 이러한 점에서 예수님이 "가장 훌륭한 (율법의) 해석자"(존 칼빈)이며, "새로운 법률 제정자가 아니라 단지 모세에 의해 주어진 율법의 해석자이자 옹호자이다"(프란시스 투레틴)라는 평가는 옳다. 예수님은 "나를 보내신 이의 뜻을 행하며 그의 일을 온전히 이루는 이것"(요 4:34)을 자신의 양식으로 이해하며 하나님의 뜻을 이루는 삶을 사셨기 때문이다.

　본서는 십계명의 의미를 깊이 있게 풀어주고 있다. 십계명은 외적일 뿐만 아니라 내적이라는 저자의 지적은 십계명의 의미가 영적인 차원까지 확장되는 것임을 상기시킨다. 예컨대, 제10계명은 행위는 전혀 다루지 않고 오직 감정만 다룬다는 사실은 고대 세계에서 전례가 없는 일로서 하나님이 사람의 생각과 욕망을 다스리려 하였다는 사실을 깨닫게 한다. 이것은 마음으로 하는 미움이 살인이고(요일 3:15) 음욕을 품는 자마다 간음하였다(마 5:28)는 신약성서의 윤리와 상통한다. 또한 저자는 각 계명의 진짜 의도는 하지 말아야 할 일뿐 아니라 해야 할 일을 말해주는 것이라는 지적을 통해 십계명이 지니고 있는 심층성과 다중성을 알게 한다.

율법의 이중적 기능은 율법의 사용성을 극대화시킨다. "율법이란 거울을 들여다보면 볼수록, 더욱 선명하게 우리가 구원자를 필요로 하는 죄인들이라"는 사실을 알게 된다. 우리가 "율법이 요구하는 바를 알 때, 칭의 교리를 이해할 수 있고, 또한 율법이 요구하는 바를 알 때, 성화의 교리를 이해할 수 있다." 그러한 의미에서 저자가 에필로그에서 인용한 사무엘 볼튼(Samuel Bolton)의 다음과 같은 말은 큰 여운을 남긴다.

> 율법은 우리가 의롭다 하심을 얻을 수 있도록 하기 위해 우리를 복음으로 보낸다. 그리고 복음은 의롭다 여기심을 받은 자로서 우리의 의무가 무엇인지 묻기 위해 우리를 다시 율법으로 보낸다.

모든 율법의 요약은 사랑이다(마 22:37-40; 롬 13:10; 갈 5:14). 하지만 율법은 사랑의 내용과 방법을 알려준다. 십계명은 하나님 사랑과 이웃 사랑의 근간을 보여준다. 본서는 이러한 십계명의 의미를 기독교 신앙 안에서 해명(解明)해주고, 이 시대의 삶에 필요한 십계명의 의미를 잘 지적하고 있다. 그러한 의미에서 본서는 하나님 사랑과 이웃 사랑을 실천하는 하나님 나라의 삶을 살고자 열망하는 신앙인들에게 필독서로 추천하기에 충분하다.

추천사 2

R. 알버트 몰러(R. Albert Mohler Jr.) 박사
The Southwestern Baptist Theological Seminary 총장

본서는 우리 시대를 위한 역작이자 도덕적 혼동의 시대에 매우 필요한 메시지이다. 십계명에 대한 현대의 그릇된 설명들에 대한 해독제이자 성경적 기독교로의 강력한 권고로 사용될 것이다.

피터 A. 릴백(Peter A. Lilback) 박사
Westminster Theological Seminary 총장

목회적인 관심과 명석함을 가지고 라이큰은 시대를 초월하는 신학적 통찰력을 그의 해설에 적용한다. 『돌판에 새긴 말씀』을 읽으라. 그러면 하나님의 영이 하나님의 율법을 당신의 마음에 기록하실 때, 하나님 경외와 하나님 사랑에 감사를 더할 것이다.

조엘 비키(Joel Beeke) 박사
Puritan Reformed Theological Seminary 총장

본서는 유효한 하나님의 포괄적인 도덕법을 가장 대중적이고, 실용적이고, 그리스도 중심적으로 다룬 저서들 중 하나이다. 율법과 복음 사이의 올바른 균형을 제공하면서, 우리의 죄를 드러내는 거울과 우리의 행동을 안내하는 지도로서 하나님의 율법을 사용하는 방법을 보여준다.

켄 존스(Ken Jones) 목사
Greater Union Baptist Church, Compton, California

본서는 십계명의 내용과 그것이 일상생활에 미치는 영향에 대해 심히 무지한 시대를 위하여 십계명의 중요성을 시기적절하고 참신하게 상기시켜준다.

목차

추천사 1 / **하경택** _장로회신학대학교 구약학 교수   4

추천사 2 / **R. 알버트 몰러** 외 3명   8

한국인 독자들에게 주는 서문   12

저자 서문   14

역자 서문   17

1. 돌판에 새긴 말씀   21

2. 다중(多重) 사용 아이템   55

3. 하나님의 율법 해석   85

4. 제1계명: 다른 신들을 두지 말라   115

5. 제2계명: 옳은 신, 옳은 길   145

6. 제3계명: 모든 이름 위에 뛰어난 이름   175

7. 제4계명: 일과 휴식　　　　　　　　207

8. 제5계명: 권위를 존중하라　　　　　239

9. 제6계명: 살고 살게 하라　　　　　　273

10. 제7계명: 성(性)의 기쁨　　　　　　303

11. 제8계명: 나의 것은 하나님의 것　　341

12. 제9계명: 진실 말하기　　　　　　　373

13. 제10계명: 만족하기　　　　　　　　405

　　에필로그: 율법의 목적　　　　　　435
　　색인　　　　　　　　　　　　　　463

한국인 독자들에게 주는 서문

필립 그레이엄 라이큰(Philip Graham Ryken) 박사
Wheaton College 총장

본서가 한국어로 번역 출판된다니 매우 기쁘다. 이것이 가능하도록 애써준 한국 P&R출판사와 번역자를 비롯한 모든 분께 진심으로 감사드린다.

본서의 출판으로 내가 한국 교회에 지고 있는 막대한 감사의 빚 가운데 얼마 정도를 갚을 수 있지 않을까 생각한다. 나는 필라델피아 웨스트민스터신학교에 있는 나의 친구들을 통해서 하나님이 한국에서 어떤 일을 하셨고 또 하고 계시는지를 처음으로 알게 되었다. 거기서 한국의 일제강점의 역사와 한국에 파송된 개척선교사들의 용기, 그리고 개혁 신학에 대한 교회의 강력한 헌신에 관하여 배우기 시작했다. 또한 전 세계에서 한국 교회의 특징인 기도에로의 강력한 헌신과 목사와 장로에 대한 존경 그리고 선교와 복음전도에 대한 열정을 보았다.

최근 몇 년 사이에 나는 한국을 두 차례 방문하여 가르치고 설교하고 교회 지도자들과 개인적인 관계를 맺을 기회를 가졌었다. 한국

에서 정중한 환대라는 과분한 선물을 받았는데, 한국의 기독교인들은 그들의 우정을, 그리고 그들의 맛있는 음식을 나누어주었다! 그들은 나의 복음 사역에 있어 나를 격려하였다. 그리고 그들은 나에게 전 세계만큼 큰 하나님 나라에 대한 비전을 내게 불어넣었다.

한국 독자들이 본서를 통해 하나님의 율법과 복음을 바로 이해하고 일상생활에서 하나님의 계명을 온전히 순종하기를 기대한다.

저자 서문

필립 그레이엄 라이큰(Philip Graham Ryken) 박사
Wheaton College 총장

> 복음과 율법을 구별하는 방법을 아는 사람은 하나님께 감사하고 자신이 신학자임을 알아야 한다.

마틴 루터(Martin Luther)의 이 말은 항상 나로 하여금 주저하게 한다. 내가 과연 그런 주장을 할 수 있을지 확신할 수 없기 때문이다. 복음과 관계된 율법에 대한 성경적 가르침에 정통하는 것보다 더 어려운 일은 별로 없다. 그럼에도 불구하고 나는 당신이 본서를 읽어가면서 하나님이 그분의 율법 안에서 무엇을 요구하시는지, 그리고 그분의 복음 안에서 무엇을 주시는지에 대해 더 명확히 이해하기를 기도한다.

율법과 복음에 관한 좋은 가르침이 오늘날보다 더 절실히 필요한 적은 없었다. 권위에 대한 무례함이 결국 하나님의 계명에 대한 만연한 멸시를 초래한 무법시대를 우리는 살아가고 있다. 사람들은 부정한 행동을 하고 있다. 심지어 교회에서조차 그렇게 하고 있다. 이

러한 문제의 일부는 사람들이 하나님이 요구하시는 바를 알지 못한다는 것이다. 심지어 기독교인들조차도 하나님의 율법의 완벽한 기준을 잘 알지 못한다. 물론 문화 전반에서의 상황은 더 나쁘다. 이러한 무지가 후기 기독교 시대에 도덕적 기준의 전반적인 저하에 기여하고 있지만, 그만큼 우리의 신학에도 손상을 입히고 있다. 하나님의 율법을 모르는 사람들은 결코 복음을 필요로 하지 않는다. 존 번연(John Bunyan)이 다음과 같이 설명한 바와 같다.

> 율법의 본질을 알지 못하는 사람은 죄의 본질을 알 수 없다. 그리고 죄의 본질을 알지 못하는 사람은 구원자의 본질을 알 수 없다.

본서는 하나님의 율법, 구체적으로 말하면 십계명에 관한 책이다. 그러나 본서는 사람들이 복음을 이해하도록 돕기 위한 의도로 쓰이기도 했다. 율법은 우리가 예수 그리스도의 구원사역을 필요로 한다는 것을 보여준다. 그러므로 일단 우리가 그리스도의 십자가와 빈 무덤의 복음을 믿음으로 말미암아 그리스도께로 나아가면, 율법은 그분의 영광을 위해 우리가 어떻게 살아야 할지 보여준다. 본문에서 나는 십계명이 일상생활을 위해 무엇을 의미하는가를 보여주면서 실제적이려고 애썼다. 실례로 나는 각각의 계명을 위반할 때 어떤 일이 생기는지 보여주는 성경 이야기를 선택했다. 또한 나는 하나님의 율법이 예수 그리스도의 인격과 그리고 사역과 어떻게 관련되어 있는지 계속 설명하면서 그리스도 중심적이려고 노력했다.

내가 쓴 대부분의 책처럼, 본서도 필라델피아의 제10장로교회(Philadelphia's Tenth Presbyterian Church)의 설교단에서 시작된 셈이다. 기도와 격려, 그리고 이번 경우에는 이 자료를 책으로 출판하라는 많은 요청에 대해 나는 제10장로교회의 장로회와 회중에게 큰 감사의 빚을 지고 있다. 어느 면으로 보나 십계명 설교는 우리 교회에 축복이었다. 그래서 이것이 당신에게도 축복이 되기를 진실로 바란다.

몇몇 감사의 말씀을 드리지 않을 수 없다. 본서가 출판되도록 도와준 나의 친구들과 P&R출판사에 감사를 드린다. 또한 각 장(章) 끝에 나오는 질문을 준비하느라 애써준 나의 누이 낸시 테일러(Nancy Taylor)에게 감사를 드린다. 나의 원고 수정을 도운 나의 친구들인 랜달 그로스만(Randall Grossman), 죠나단 로키(Jonathan Rockey), 데이비드 스킬(David Skeel)과 색인 준비를 도와준 팻 러셀(Pat Russell)과 대니 봄바로(Danny Bombaro), 그리고 책 제목으로 "Written in Stone"(돌판에 새긴 말씀)을 제일 먼저 제안해준 데이비드 매더(David Madder)에게 감사한다. 그러나 가장 큰 감사는 목회 협력자이자 특히 나의 집필이 우리 아이들에게 희생이 되지 않도록 집안일을 잘 꾸려나간 나의 아내, 리사(Lisa)에게 돌린다.

역자 서문

안 영 미

이스라엘문화원 히브리어 강사

　　서문에서 저자는 "율법과 복음에 관한 좋은 가르침이 오늘날보다 더 절실히 필요한 적은 없었다"라고 말한다. 오늘날의 한국 교회 현실을 바라볼 때 공감하지 않을 수 없는 말이다. 많은 신학자와 목회자가 한국 교회가 신학적으로나 도덕적으로 큰 위기에 봉착하게 된 주요 원인을 율법과 복음의 관계에 대한 균형 잡힌 시각의 부재에서 찾는다. 율법과 복음의 관계를 대립의 관계로 보고 복음 안에서의 믿음과 은혜만을 강조하며 율법과 행위를 등한시한 결과, 교회는 애석하게도 세상의 빛과 소금이 되기는커녕 조롱거리로 전락하고 스스로 복음에 거침돌이 되고 말았다.

　　저자는 하나님이 유일하게 손수 기록하신 십계명을 통해 복음과의 관계 속에서 율법에 관한 성경적 가르침이 무엇인지를 매우 쉽고 명료하게 설명한다. 그는 다양한 해석 원칙들, 즉 성경적 원칙, 내-외 원칙, 양면의 원칙, 범주의 원칙, 형제지킴의 원칙, 사랑의 원칙 등을 사용하여 표면적으로는 매우 단순해 보이는 이 십계명 안에 얼마나 깊은 의미가 숨겨져 있는지, 그리고 십계명이 실제로 일상생활을 위해 무엇을 의미하는지를 잘 보여준다.

우리는 흔히 예수님께 나아와 무릎 꿇고 영생을 얻으려면 무엇을 해야 하는지 물었던 청년처럼 우리가 십계명을 잘 지키고 있다는 착각에 빠지곤 한다. 십계명은 너무나 잘 알려져 있고 짧고 간략한 목록이라 암송하기도 쉽다. 그래서 성경을 읽을 때 십계명을 다루는 단락이 나오면 단숨에 읽어버리거나 쉬이 지나쳐 버리곤 한다. 하지만 본서를 읽는 사람은 누구나 어떤 계명도 쉽게 지나칠 수 없음을 알게 될 것이다.

본서를 읽는 가운데 일상생활에서 대수롭지 않게 지나쳐버렸던 죄들이 드러날 것이다. 각 계명마다 우리가 구원자이신 예수 그리스도를 절대적으로 필요로 하는 존재들임을 깨닫게 할 것이다. 더 나아가 저자가 말한 바대로 "하나님과 다른 사람들과의 관계를 위한 올바르고 영원한 기준"인 십계명은 구원받은 하나님의 자녀들이 그분의 영광을 위하여 겉으로 드러나든 드러나지 않든 또는 크든 작든 간에 다양한 일상생활에서 변화의 삶을 영위하도록 도울 것이다.

본서『돌판에 새긴 말씀』을 번역할 기회를 주신 하나님과 P&R출판사에 감사드린다. 번역자 이전에 한 기독교인 독자로서 내가 경험한 변화들이 분명 본서를 읽을 다른 분들에게서도 일어나리라 확신한다. 희미해졌던 빛들이 하나하나 되살아나 환한 빛을 밝혀 이 땅 곳곳에서 어두움을 몰아내길 기대하며 기도한다.

WRITTEN IN STONE

돌판에
새긴 말씀

십계명과 오늘날의 도덕적 위기

필립 그레이엄 라이큰 지음
안 영 미 옮김

Written in Stone

The Ten Commandments and Today's Moral Crisis

1. 돌판에 새긴 말씀

> 하나님이 이 모든 말씀으로 말씀하여 이르시되 나는 너를 애굽 땅, 종 되었던 집에서 인도하여 낸 네 하나님 여호와니라
>
> — **출애굽기 20:1-2**

제임스 패터슨(James Patterson)과 피터 킴(Peter Kim)은 그들이 쓴 책 『미국이 진실을 말하던 날』(*The Day America Told the Truth*)에서 포스트모던 시대를 위한 법을 제시했다. 그들은 다음과 같이 말한다.

> 오늘날에는 도덕적 합의가 전혀 없다. 모든 사람이 각자 자기 자신의 개인적인 도덕률, 즉 자기 자신의 십계명을 만들어가고 있다.

계속해서 패터슨과 킴은 자신들이 "현실적인 십계명"이라고 칭한 법칙 목록을 나열한다. 그들이 조사한 바에 의하면 사람들은 실제로 이 법칙에 따라 살아가고 있다. 이 법칙은 다음의 것들을 포함한다.

* 나는 왜 안식일을 지켜야 하는지 모르겠다.
* 나는 누군가 도난당한 물건으로 인해 난처해하지 않을 사람에게서는 훔칠 것이다.
* 나는 어떤 실질적인 손해를 야기하지 않는 한, 내게 적절하다 싶을 때 거짓말을 할 것이다.
* 나는 나의 배우자 몰래 바람을 피울 것이다. 기회가 있으면, 결국 내 남편 또는 내 아내도 똑같이 할 것이다.
* 나는 일할 때 꾸물거릴 것이며, 5일에 하루는 온종일 절대로 아무것도 안 할 것이다.[1]

이 새로운 계명들은 도덕적 상대주의, 즉 우리는 자신의 개인적 선호에 따라 자신만의 법칙을 만들 자유가 있다는 신념에 기초를 두고 있다. 여기서 법은 하나님에게서 오는 것이 아니라 우리 힘으로 고안해낸 것이다. 그리고 우리의 법은 대개 하나님의 법과 충돌한다. 패터슨과 킴의 "현실적인 십계명"이 대체로 하나님이 모세에게 주신 법, 곧 안식일을 기억하라, 엿새 동안 힘써 네 모든 일을 행하

---

1 James Patterson and Peter Kim, *The Day America Told the Truth* (New York: Plume, 1992), 201.

라, 간음하지 말라, 도둑질하지 말라, 거짓 증거하지 말라 등에 어긋나는 것은 놀라운 일이 아니다. 우리가 우리 자신의 법이 되어버리고 말았다.

교회에서의 상황은 다소 더 나으리라고 기대할 것이다. 하나님의 법이 갖는 불변적이고 객관적인 기준을 하나님의 백성만큼은 틀림없이 존중하리라! 그러나 교회는 십계명을 어떻게 지켜야 하는지 아는 것은 고사하고 십계명조차도 알지 못하는 예배자들로 가득하다. 프린스턴종교연구센터(Princeton Religion Research Center)는 최근 발표한 보고서에서 이 문제를 다뤘다. "종교는 전진하고 있다. 그러나 도덕성은 쇠퇴하고 있다"란 표제가 붙은 이 보고서는 교회출석과 성경읽기에 있어서의 최근의 증가 현상이 이와 동시에 일어난 도덕성에서의 쇠퇴 현상에 의해 어떻게 상쇄되어 왔는지 보여주었다.[2]

어떻게 이것이 가능한가? 어떻게 사람들이 하나님께는 더 많은 관심을 보이면서 동시에 그가 말씀하신 것은 행하려 하지 않을 수 있는가? 사람들이 성경의 하나님을 모른다고밖에 설명할 수가 없다. 만약 그들이 성경의 하나님을 안다면 하나님의 법이 갖는 절대적 권위를 인정할 것이기 때문이다. 하나님 존중은 항상 그분의 법에 대한 존중을 요구한다. 그리고 우리 문화에서처럼 사람들이 하나님의 법을 멸시할 때마다, 그것은 궁극적으로 하나님을 멸시하는 것이기 때문이다.

---

[2] "Religion Is Gaining Ground, but Morality Is Losing Ground," *Emerging Trends*, Vol. 23, No.7 (September 2001), 1-2.

1. 주(主) 너의 하나님

만약 법이 하나님에게서 오는 것이라면, 그 법을 이해하기 시작할 최상의 장소는 하나님께 있다. 이는 정확히 출애굽기에서 데칼로그(Decalogue, "10가지 말씀")라는 용어로 알려진 십계명이 나타나기 시작하는 지점이다.

> 하나님이 이 모든 말씀으로 말씀하여 이르시되(출 20:1).

하나님이 누구신지에 대해 엿보기 위해서는 그 배경을 기억하는 것이 도움이 된다. 이스라엘 백성이 시내산 기슭에 모였을 때 하나님은 그들에게 말씀하셨다. 출애굽기 19장은 어떻게 하나님이 우레와 번개와 불과 연기와 함께 큰 권능과 영광 중에 산 위에 강림하셨는지 묘사하고 있다. 이스라엘 백성이 더 가까이 나아가는 것은 금지되었다. 이를 어기는 자는 반드시 죽임을 당한다. 그들은 두렵고 전능하신 하나님의 임재 안으로 들어갔다. 하나님은 접근할 수 없는 거룩 속에 거하신다. 이러한 하나님이 무엇을 말씀하시든, 그것은 분명 우리의 가장 완전하고도 가장 신중한 주의를 요구한다. 우리가 시내산에서 받은 것은 단순히 모세의 율법이 아니라, 영광의 계시 가운데 말씀하신 하나님의 율법이다. 후에 이사야는 다음과 같이 기록한다.

> 여호와께서 그의 의로 말미암아 기쁨으로 교훈(law)을 크게 하
> 며 존귀하게 하려 하셨으나(사 42:21).

하나님이 산 위에서 불과 연기 가운데 영광을 계시하셨지만, 하나님이 말씀하기 시작하실 때 그분의 신성을 더 완전히 드러내셨다. 하나님은 다음과 같이 말씀하셨다.

> 나는 너를 애굽 땅, 종 되었던 집에서 인도하여 낸 네 하나님
> 여호와니라(출 20:2).

이 구절은 때때로 십계명의 서문 또는 서언이라 불린다. 여기서 하나님은 입법자로서의 자신의 권위를 주장하신다. 백성에게 무엇을 해야 할지 말씀하실 권리가 하나님께 있다는 것은 무슨 뜻인가? 웨스트민스터 소요리문답에 의하면 다음과 같다.

> 십계명의 서문이 우리에게 가르치는 것은 하나님이 주가 되시
> 며 우리 하나님이요 또 구속자도 되시므로 우리가 마땅히 그분
> 의 모든 계명을 지켜야 한다는 것이다(답 44).

하나님은 주(主)이시다. 여기서 하나님은 그분의 특별한 언약적 이름인 **야훼**(Yahweh, 개역개정을 따라 이하 '여호와'로 통일—역주)를 사용하신다. 하나님은 위대하신 스스로 존재하시는 분(I AM)이시며 주권자

이시며 전능하신 주이시다. 그분은 자존하시고 영원하시고 변하지 않으시는 최고의 하나님이시며, 아브라함과 이삭과 야곱과의 깰 수 없는 언약에 스스로를 구속(拘束)하셨다. 더 나아가 그분은 바로 우리 자신의 하나님이시다.

하나님은 "나는 주 네 하나님이다"라고 말씀하신다. 다소 놀랍게도, 하나님은 2인칭 단수형을 사용하신다. 그렇게 하심으로 하나님은 자신이 백성 각 사람 모두와 인격적 관계를 맺고 계심을 나타내신다.[3] 이 인격적 관계는 또한 구원하는 관계이다.

> 나는 너를 애굽 땅, 종 되었던 집에서 인도하여 낸 네 하나님 여호와니라(출 20:2).

이 말씀은 출애굽기에서 지금까지 일어난 모든 일을 요약한다. 하나님은 이스라엘 백성에게 그분이 그들의 주요 하나님이실 뿐만 아니라 그들의 구원자이심을 상기시키셨다. 그리고 바로 이 토대 위에서 백성의 삶을 위한 율법을 제정하셨다. 하나님에게서 직접 율법을 받은 것은 이스라엘의 유례없는 특권이었다.

하나님이 이스라엘에게 하신 이 말씀은 본질상 그리스도를 믿는 모든 이에게 "나는 너를 네 죄의 애굽 땅, 사탄에게 종 되었던 데서

---

3 또한 2인칭 남성 단수를 이스라엘 민족을 집합적 인격으로 부르는 집합명사로 해석하는 것도 가능하다. 그러나 전체 민족을 의도한 것이라 할지라도, 단수형이 갖는 효과는 율법을 개인화하는 것이다.

인도하여 낸 네 주 하나님이니라"라고 말씀하시는 것과 같다. 십자가에 달리시고 부활하신 예수 그리스도의 구원의 역사를 통하여 하나님은 우리의 주권자요 구원자가 되신다. 그러므로 하나님께는 우리에 대한 법적 권한을 요구하실 권리가 있으시다. 율법은 우리의 구원자이시며 주이신 하나님께로부터 나온다.

2. 하나님과 그분의 율법

만약 율법이 하나님께로부터 나오는 것이라면, 그것은 하나님의 신적인 성품을 반영해야 한다. 이 점은 일반 법칙과 법규에서도 마찬가지다. 법칙과 법규는 그 제정자에 관하여 무언가를 드러내기 마련이다. 한 예로 공공건물에 대한 장애인의 접근을 다루는 광범위한 연방법규들을 생각해보자. 이 연방법규들이 그것들을 만든 사회에 관하여 우리에게 무엇을 말해주는가? 이 법규들이 우리에게 말해주는 것은 미국인들이 일상의 공공생활에 장애인들을 포함시키기 원한다는 사실이다.

법은 항상 입법자의 성품을 드러낸다. 이는 특히 시내산에서도 마찬가지였다. 시내산에서 받은 십계명 각각에는 전능하신 하나님의 존재와 속성이 새겨져 있었다. 그렇다면 각각의 계명은 그것을 주신 하나님에 관하여 우리에게 무엇을 말해주는가?

1) 제1계명

> 너는 나 외에는 다른 신들을 네게 두지 말라(출 20:3).

이 계명을 주신 하나님은 분명 질투하시는 하나님이시다. 하나님은 자신의 영광을 다른 어떤 신과도 나누지 않으실 것이다. 그분은 유일하시고 참되신 하나님이시기 때문에, 그분이 그렇게 하시는 것은 당연하다. 다른 신들은 모두 사기꾼에 불과하다.

이 제1계명은 하나님의 유일한 주권을 선언한다. 하나님만이 다음과 같이 말씀하실 수 있다.

> 나는 여호와라 나 외에 다른 이가 없느니라(사 45:18b).

또한 하나님의 편재성을 나타낸다. 왜냐하면 그 계명이 우리에게 "그분 앞에서"(before him, ESV) 다른 어떤 신도 두지 말라고 명령하기 때문이다. "그분 앞에서"라 함은 "그분의 면전에서"(in his presence)를 의미한다(이 점에 대해서는 4장에서 자세히 다뤄진다).

2) 제2계명

> 너를 위하여 새긴 우상을 만들지 말고 또 위로 하늘에 있는 것이나 아래로 땅에 있는 것이나 땅 아래 물속에 있는 것의 어떤

형상도 만들지 말라(출 20:4).

이 계명은 올바른 하나님을 올바른 방식으로 예배하는 것에 대해 말한다. 하나님은 우상(image)을 통한 예배를 거부하신다. 이는 하나님이 영(靈)이시며 물리적 형체를 갖지 않으신다는 것을 보여준다. 하늘과 땅에 대한 언급은 또한 하나님이 창조주이심을 보여준다. 우상의 문제들 중 하나는 그것이 창조주를 그분의 창조물과 혼동케 한다는 점이다. 이 계명은 또한 하나님의 자비와 정의에 대해 말한다.

> 그것들에게 절하지 말며 그것들을 섬기지 말라 나 네 하나님 여호와는 질투하는 하나님인즉 나를 미워하는 자의 죄를 갚되 아버지로부터 아들에게로 삼사 대까지 이르게 하거니와 나를 사랑하고 내 계명을 지키는 자에게는 천 대까지 은혜를 베푸느니라(출 20:5-6).

율법을 주신 하나님은 절대적인 도덕적 판별을 하시는 분이시다. 하나님은 죄인을 벌하시는 한편, 동시에 구원하기로 선택하신 백성에게는 세대에 걸쳐 그분의 사랑을 보여주신다.

3) 제3계명

너는 네 하나님 여호와의 이름을 망령되게 부르지 말라 여호와

는 그의 이름을 망령되게 부르는 자를 죄 없다 하지 아니하리
라(출 20:7).

이 계명은 하나님의 이름을 영예롭게 하는 것(honoring)에 관한 계명이다. 여기서 위협의 말씀은 하나님이 우리에게 순종을 기대하심을 보여준다. 하나님의 법을 어기는 자들은 정죄 받을 것이다. 이 계명은 하나님이 존귀하신 분이라는 것과 그분은 마땅히 존중히 여김을 받으실 만한 분임을 보여준다. 하나님은 그 이름도 거룩하다.

4) 제4계명

안식일을 기억하여 거룩하게 지키라 엿새 동안은 힘써 네 모든
일을 행할 것이나 일곱째 날은 네 하나님 여호와의 안식일인
즉…(출 20:8-10a).

이 계명은 하나님이 일상생활에서 일어나는 모든 사건에 대한 주권자시라는 사실을 보여준다. 그분은 한 주 내내 매일 주가 되신다.

이는 엿새 동안에 나 여호와가 하늘과 땅과 바다와 그 가운데
모든 것을 만들고 일곱째 날에 쉬었음이라 그러므로 나 여호와
가 안식일을 복되게 하여 그날을 거룩하게 하였느니라
(출 20:11).

일하시고 쉬시는 하나님을 우리가 섬기기 때문에, 우리는 일하고 쉬도록 명령받는다.

처음 네 개의 계명들은 하나님과의 관계에 적용되고, 나머지 여섯 개의 계명들은 사람들 사이의 관계를 다룬다. 그러나 이 여섯 계명들조차도 다양한 신적 속성에 바탕을 두고 있다.

5) 제5계명

> 네 부모를 공경하라 그리하면 네 하나님 여호와가 네게 준 땅에서 네 생명이 길리라(출 20:12).

이 계명은 권위에 대한 존중을 말한다. 이 계명을 지지(支持)하고 있는 것은 우리 아버지로서의 하나님 자신의 권위이다. 이것은 또한 약속 있는 첫 번째 계명이다. 이 약속은 좋은 땅에서의 장수에 대한 약속으로 그분의 백성의 필요를 공급하시는 하나님이 얼마나 관대하신지를 보여준다.

6) 제6계명

> 살인하지 말라(출 20:13).

이 계명은 하나님이 생명의 주요 생명의 수여자이심을 우리에게 상기시킨다. 그분은 생명을 주시는 하나님이시기 때문에 무고한 생명을 취하는 것을 금하신다. 게다가 이 계명은 생(生)의 종말에 대한 하나님의 주권을 담보하고 있다. 하나님은 생명뿐만 아니라 죽음에 대해서도 주이시다.

7) 제7계명

간음하지 말라(출 20:14).

이 계명은 우리에게 하나님에 관하여 무엇을 말해주는가? 이 계명은 하나님이 순결하시고 신실하시며 언약이 지켜지기를 기대하시는 분이심을 말해준다. 그것은 또한 그분이 희락의 하나님이심을 말해준다. 왜냐하면 이 명령이 결혼 관계를 위해 성(性)을 보호하기 때문이다.

8) 제8계명

도둑질하지 말라(출 20:15).

하나님은 우리의 창조주이시며 공급자이시다. 이 계명을 준수하는 것은 궁극적으로 모든 것이 하나님께 속해 있으며, 그 때문에 하나님이 다른 누군가에게 주신 것을 취할 권리가 우리에게는 없다는 것을 인정하는 것이다.

9) 제9계명

네 이웃에 대하여 거짓 증거하지 말라(출 20:16).

이 계명은 진실에 관한 것이다. 이 계명은 하나님의 존재나 모든 말씀과 행하심에 있어서 참되신 진리의 하나님에게서 나온다. 성경이 말씀하는 바와 같이, 이스라엘의 지존자는 거짓말하지 않으신다(삼상 15:29a).

10) 제10계명

네 이웃의 집을 탐내지 말라(출 20:17a).

이 계명은 만족에 관한 것이다. 탐욕은 하나님이 우리에게 주시지 않은 것을 소유하려는 욕심에서 나온다. 제8계명처럼 이 계명을 준수하기 위해서는 하나님의 섭리(providence)에 대한 믿음이 요구된다. 하나님은 우리가 진실로 필요로 하는 모든 것을 우리에게 주시리라 믿을 수 있는 분이기 때문에, 그분은 우리에게 탐하지 말라고 명령하신다. 하나님은 우리의 공급자이시다.

십계명은 전체적으로 한 가지 하나님의 속성을 더 드러낸다. 그 속성은 사랑이다. 예수님은 하나님의 율법을 요약하시며 "네 마음을 다하고 목숨을 다하고 뜻을 다하여 주 너의 하나님을 사랑하라 하셨으니 이것이 크고 첫째 되는 계명이요 둘째도 그와 같으니 네 이웃을 네 자신 같이 사랑하라 하셨으니"(마 22:37-38; 비교. 신 6:5; 레 19:18; 롬 13:9)라고 말씀하셨다. 다시 말해, 십계명은 두 계명, 즉 '하나님을 사랑하라'와 '네 이웃을 사랑하라'로 축약될 수 있다. 두 계명 모두 사랑에 관한 것이다.

우리는 하나님을 예배하고 그분의 이름을 올바르게 사용함으로써 하나님을 사랑한다. 우리는 부모님을 공경함으로써 부모님을 사랑한다. 우리는 배우자에게 충실함으로써 배우자를 사랑한다. 우리는 이웃의 생명을 보호하고, 그들의 소유물을 존중하고, 그들에게 진실을 말함으로써 이웃을 사랑한다. 이 계명들을 주신 하나님은 사랑의 하나님이시다. 그래서 그분은 우리가 그분을 사랑하고 그분의 사랑을 다른 사람들과 나누기를 원하신다. 예수님은 "나의 계명을 지키는 자라야 나를 사랑하는 자이다"(요 14:21b; 비교. 요일 5:3a)라고 말씀하셨다. 이것이 사실이라면, 우리는 하나님의 율법을 하나님의 사랑에서 분리시킬 수 없다.

요약하면, 십계명은 하나님의 성품을 나타낸다. 즉 십계명은 하나님의 주권, 질투, 정의, 거룩, 영예, 신실하심, 섭리, 진실성, 사랑을 드러낸다.

하나님이 그분의 율법에 자신을 어떻게 쏟아 넣으셨는지 보면, 하나님이 주신 계명들 외에 다른 어떤 계명도 우리에게 주실 수 없었다는 사실이 분명해진다. 십계명은 우리의 삶에 대한 하나님의 뜻을 표현한다. 왜냐하면 그것들이 하나님의 성품에 기초하고 있기 때문이다. 이것은 플라톤이 그의 유명한 대화들 중 하나에서 제기했던 오래된 딜레마, 즉 "하나님은 율법이 선하기 때문에 율법을 명령하시는가? 아니면 하나님이 명령하신 것이기 때문에 율법이 선한가?"란 딜레마를 푸는 데 도움이 된다.[4] 둘 다 답이다! 율법은 그것의 모든 선함을 지닌채 하나님의 성품의 선함으로부터 나온다. 하나님이 선하시기 때문에 율법은 선하다. 그리고 하나님의 선하심은 그분의 율법의 모든 면을 관통한다.

3. 결코 사라지지 않을 율법

하나님의 율법이 하나님의 성품을 표현한다는 사실은 많은 의미를 갖는다. 그중 하나는 우리가 하나님의 율법을 어길 때 우리가 하나님 자신에게 직접적인 공격을 가하고 있다는 것이다. 다른 신을 섬기는 것은 하나님의 주권을 부인하는 것이다. 그분의 이름을 오용하는 것은 그분의 영예를 부인하는 것이다. 도둑질은 그분의 섭리를 부인하는 것이다. 거짓말하는 것은 그분의 진실성을 부인하는 것이

---

[4] 그 딜레마는 *Euthyphro*에서 제기된다. 거기서 Plato는 Socrates로 하여금 "신들은 어느 한 행동이 경건하기 때문에 그것을 사랑하는가? 아니면 신들이 그것을 사랑하기 때문에 그것이 경건한 것인가?"라고 질문하게 한다. Samuel Enoch Stumpf, *Socrates to Sartre: A History of Philosophy*, 3rd ed. (New York: McGraw-Hill, 1982), 38.

다. 그분의 율법을 위반하는 것은 모두 하나님의 거룩한 성품에 대한 위법행위이다.

우리의 주(主)와 그분의 율법 사이의 관계가 갖는 또 다른 의미는 그 율법이 영속적으로 구속력을 갖고 있고, 모든 장소에서 모든 시대에 모든 사람에게 유효하다는 것이다. 주권, 정의, 신실, 진실성, 사랑, 이러한 것들은 하나님의 영원한 속성들이다. 하나님이 이러한 속성들을 파기하기 위해서는 스스로 하나님이기를 포기하셔야 할 것이다. 그러므로 우리는 하나님의 영원한 속성을 표현하는 율법이 영원한 효력을 지닐 것을 기대해야 한다.

이것이 아마도 왜 하나님이 십계명을 자신의 손가락으로 써서 돌에 두셨는가를 설명해줄지도 모른다(출 31:18; 32:16). 핑크(A. W. Pink)는 다음과 같이 주해한다.

> 그것들의 독특성은 시내산에서의 하나님의 이 계시(오는 모든 시대 동안 하나님의 거룩하심에 대한 웅장한 표현으로서, 또한 인간의 의무에 대한 요약으로서 사용될 계시)가 두려움을 일으키는 그러한 현상들을 동반했다는 점에서 처음으로 나타난다. 그것들을 공포하는 바로 그 방식은 하나님 자신이 십계명을 각별히 중요하게 여기셨다는 것을 명백히 보여준다. 이 십계명을 하나님은 구름과 어둠과 우레와 번개와 나팔 소리의 무시무시한 광경을 동반한 가운데 들리는 목소리로 말씀하셨다. 그리고 십계명은 그런 식으로 말씀되어진 유일한 신적 계시였다. 제의법이

나 시민법 중에서 어떤 것도 이렇게 눈에 띠지는 않았다. 그 10개의 말씀들만이 유일하게 하나님의 손가락에 의해 돌판에 기록되었고, 그것들만이 안전한 보관을 위해 거룩한 궤 안에 넣어졌다. 따라서 십계명 자체에 부여된 특별한 영광 안에서 십계명이 하나님의 통치에 있어서 최고의 중요성을 차지한다는 점을 인지할 수 있다.[5]

십계명은 시간이 지속되는 동안에도 여전히 유효할 것이기 때문에 돌에 기록되었다. 다른 신을 섬기고, 하나님의 이름을 오용하고, 거짓말하고, 살인하고, 또는 도둑질하는 것이 도대체 언제 허용되겠는가? 결코 허용된 적이 없다. 왜냐하면 이러한 일들은 하나님의 바로 그 성품과 정반대되는 것들이기 때문이다.

하나님의 율법의 영원성을 입증하는 한 방법은, 율법이 심지어 하나님이 그것을 기록하시기 전에도 유효했음을 보여주는 것이다. 출애굽기 20장은 때때로 '율법 수여'장으로 묘사된다. 그러나 이 법들은 이미 주어졌던 것들이다! 시내산에서 하나님이 모세에게 주신 계명들은 새로운 것들이 아니다. 사실 그것들은 인류만큼이나 오래되었다. 우리는 이것을 성경의 이야기들로부터 알고 있다. 그 이야기들 속에서 하나님은 바로 이 동일한 율법들을 위반한 것에 대하여 사람들을 꾸짖고 벌하셨다.

---

5 A. W. Pink, *The Ten Commandments* (Swengel, PA: Reiner, 1961), 5.

계명을 어긴 분명한 예들이 출애굽기 앞부분에 나온다. 하나님이 바로에게 내리신 10가지 재앙은 제1계명과 제2계명을 어긴 애굽의 우상숭배에 대해 내리신 직접적인 형벌이었다(민 33:4). 모세 자신의 개인적인 출애굽은 그가 제6계명을 어긴 것으로 인하여 기인되었다(출 2:11-15). 불타는 떨기나무에서 하나님은 그분의 선지자에게 하나님의 이름을 존중히 여기도록 가르치셨다(출 3:1-15). 이는 제3계명과 매우 일치한다. 하나님은 7일 중 6일 동안 만나를 주심으로 제4계명의 안식일 원칙을 드러내셨다. 그리고 타당한 명령을 따르는 데 실패한 사람들은 그들의 불순종 때문에 고통을 당했다(출 16장). 그러므로 다양한 관점에서 볼 때, 심지어 이스라엘 백성이 시내산에 도착하기 전에 조차도, 출애굽은 하나님의 율법의 존재를 전제로 하고 있었다.

우리는 동일한 원칙이 창세기에서 작용하고 있음을 안다. 창세기가 하나님의 율법을 어기고 있는 사람들에 관한 이야기들을 많이 포함하고 있기 때문이다. 노아의 아들 함은 아버지의 이름을 더럽혀 저주를 받았다(창 9:18-28). 가인은 살인자로(창 4:10-12), 소돔사람들은 간음자들로(창 19:24-25), 라헬은 도둑으로(창 31:19-32), 아브라함은 거짓말쟁이로(창 20장), 그리고 롯의 아내는 탐욕스러운 여인으로(창 19장) 정죄 받았다. 하나님은 항상 그분의 율법의 토대 위에서 사람들을 다루셨다. 어떤 계명들은 그들에게 계시되었었다. 그리고 만약 그것들이 아무데도 기록되지 않았다면, 그것들은 그들의 마음판 위에 기록되었다(롬 2:14-15).

하나님의 도덕법은 에덴동산으로 거슬러 올라갔다. 거기서 하나님은 성(性), 쉼, 그리고 노동과 관련된 다양한 다른 명령에 덧붙여, 아담과 하와에게 선악을 알게 하는 나무 열매를 먹지 말라고 말씀하셨다. 신학자들은 우리의 시조(始祖)들 또한 십계명 중에서 어떤 것이라도 알고 있었는지 그렇지 않았는지에 관하여 논쟁을 벌인다. 성경은 절대 말하지 않는다. 그러나 하나님이 특정한 명령들 중 어떤 것을 계시하셨든 아니든 아담과 하와는 그 기본 원칙들, 즉 하나님 사랑과 이웃 사랑의 원칙에 의해 통제받았다. 그들에게는 서로를 존중하고, 생명을 보존하고, 진실을 말할 의무(훗날 시내산에서 명령받은 행위들)가 있었다.

그리고 아담과 하와는 첫 범죄에서 하나님의 기본적인 규율 10가지를 거의 모두 위반했다. 금지된 열매를 취하는 것은 탐욕에 의해 자극받고 하나님의 성품에 관한 거짓말에 근거한 도둑질이었다. 그것을 먹은 것은 또 다른 신을 갖는 길이었다. 그것 때문에 온 인류가 사망에 이르렀기 때문에 그것은 또한 살인이나 다름없었다. 처음부터 우리의 시조(始祖)들은 신학자들이 "창조의 법칙"(the law of creation) 또는 "자연의 법칙"(the law of nature)이라 일컫는 것의 기본 원칙에 구속되었다.

요약하면, 하나님의 율법은 이스라엘 백성이 시내산에 이르기 오래전에도 다양한 방식으로 유효했었다. 그렇다면 십계명은 무엇이었나? 십계명을 새로운 사본으로 생각하라. 그것은 인류에 대한 하나님의 뜻을 요약해서 재발행한 것이었다. 이는 피터 엔즈(Peter Enns)

가 설명한 바와 같다.

> 시내산에서의 율법 '수여'는 이스라엘이 하나님의 율법에 대해 최초로 들은 시간이 아니라 그 율법을 성문화하고 명시적으로 공표한 것이다.[6]

이 설명은 십계명이 변하지 않으시는 하나님의 성품을 표현한다는 사실을 기억할 때 완전히 이치에 맞는 말이다.

4. 그리스도의 율법

율법이 오늘날에도 여전히 구속력을 갖고 있는가? 이것은 중요한 질문이다. 십계명은 기독교인들과 우리가 살고 있는 문화를 위해서도 지속적인 타당성을 지니고 있는가? 일단 우리의 주님과 그분의 율법 사이의 관계를 이해하면, 이 질문에 쉽게 대답할 수 있다. 그렇다. 하나님의 율법은 오늘날에도 여전히 구속력이 있다! 하나님의 성품이 변하지 않는 것처럼 그의 기준은 변하지 않았다. ABC의 테드 코펠(Ted Koppel)은 듀크대학에서 한 그의 유명한 졸업연설에서 다음과 같이 말한 바 있다.

---

6 Peter Enns, *Exodus*, NIV Application Commentary (Grand Rapids, MI: Zondervan, 2000), 371.

> 모세가 시내산에서 가지고 내려온 것은 10가지 제안이 아니었
> 다…그것들은 계명들이다(are). 현재형 '이다'(are)이지 과거형인
> '이었다'(were)가 아니다.[7]

어떤 사람들은 하나님의 율법이 오늘날에도 여전히 유효하다는 것을 부인한다. 이런 부인은 자기 생각대로 행동하는 많은 비기독교인에 의해 명백히 이루어진다. 그러나 심지어 교회 안에 있는 많은 사람조차도 하나님의 율법에 거의 주의를 기울이지 않는다. 이는 부분적으로 우리를 둘러싼 문화가 가지고 있는 무법성에 기인한다. 그러나 이는 또한 일부 기독교인들이 성경을 읽는 방식에서 기인하기도 한다.

결국, 신약은 구약의 율법을 파기하는 듯한 진술을 많이 한다. 예를 들어, 사도 요한은 "율법은 모세로 말미암아 주어진 것이요 은혜와 진리는 예수 그리스도로 말미암아 온 것이라"(요 1:17)고 말한다. 마찬가지로 사도 바울은 "너희가 법 아래에 있지 아니하고 은혜 아래에 있음이라"(롬 6:14), "믿음이 온 후로는 우리가 초등교사[율법] 아래에 있지 아니하도다"(갈 3:25; 비교. 5:18)라고 기록했다. 이 진술들과 이와 비슷한 진술들은 하나님의 율법이 파기되었다고 암시하는 것처럼 보이기도 한다. 다른 한편, 신약은 또한 율법이 여전히 유효하다고 주장하는 것처럼 보인다. 예를 들어, 신약은 우리가 "그리

---

7 Ted Koppel, Cal Thomas, *Los Angeles Times* (1994)에 인용됨.

스도의 율법 아래에"(고전 9:21) 있다고, 심지어 "그러나 율법의 한 획이 떨어짐보다 천지가 없어짐이 쉬우리라"(눅 16:17)고 단언한다.

여기서 하나님의 율법에 관하여 성경이 언급한 모든 말들을 자세히 설명할 수는 없다. 그러나 신약이 몇몇 다른 방식으로 율법에 관하여 말하는 이유 중 하나는 몇몇 서로 다른 종류의 율법이 있기 때문이다. 여기서 우리는 적어도 세 유형의 율법, 곧 도덕법, 시민법, 제의법을 구분해야 한다. 이것들은 모두 구약에서 주어졌는데, 가끔은 흩어진 채 주어졌다. 율법(그리고 궁극적으로는 복음)을 이해하기 위해서, 예수 그리스도의 인격과 사역이라는 깨끗한 렌즈를 통하여 율법의 유형들을 바라볼 때, 그것들을 주의 깊게 구분하여야 한다. 어니스트 라이싱어(Ernest Reisinger)는 다음과 같이 언급한다.

> 이스라엘의 예배와 관련되고 그리스도를 예시했던 제의법과 (도덕법, 특히 두 번째 돌판에 있는 도덕법에 뿌리를 두고 있으면서) 민족으로서 이스라엘의 의무를 자세히 설명한 시민법 또는 재판법과 창조주가 모든 시대에 걸쳐 모든 피조물의 도덕적 행위를 다스리실 때 사용되는 도덕법 사이의 차이점들을 분별하는 것은 매우 중요하다.[8]

도덕법은 십계명에 요약되어 있다. 그것은 우리와 하나님, 그리고

---

8 Ernest C. Reisinger, *The Law and the Gospel* (Phillipsburg, NJ: P&R, 1997), 54.

우리와 다른 사람들과의 관계를 위한 올바르고 영원한 기준이다.

시민법은 하나님 아래에 있는 백성으로서의 이스라엘을 다스리는 법들로 구성되었다. 이 법들은 전쟁 수행지침, 토지 사용에 관한 제한규정, 채무규정, 그리고 이스라엘 법규의 특정 위반에 대한 형벌을 포함했다.

제의법은 다양한 종교적인 절기를 거행하기 위한 규정들(예, 출 23:14-19)과 하나님의 성소에서의 하나님 예배를 위한 규정들(예, 출 25-30장)로 구성되었다. 그것은 깨끗한 음식과 부정한 음식에 관한 법, 정결의식에 관한 지침들, 제사장들의 행위에 관한 지침, 그리고 특히 희생제물을 바치는 것에 관한 지침들(전체 희생제도, 레위기를 보라)을 포함한다. 하나님은 누가 어떤 동물의 목을 베야 하는가, 그리고 그 피로 어떻게 무엇을 해야 하는가와 같은 세부사항들을 다루는 상세한 규정들을 주셨다.

제의법은 더 이상 효력이 없다. 그것은 폐지되었다. 이는 그 모든 규정들이 예수 그리스도를 가리켰기 때문이다. 구약의 제의들과 관련하여 성경은 말한다.

> 이것들은 장래 일의 그림자이나 몸은 그리스도의 것이니라
> (골 2:17; 비교. 히 10:1).

이것이 희생제사에 대해서도 마찬가지라는 점은 매우 분명하다. 이제 그리스도께서 죄를 위하여 속죄제물로 자신을 드리셨기 때문

에 더 이상의 희생제사는 필요하지 않다. 옛 제사의식을 계속 따르는 것은 십자가 위에서의 그의 사역의 충분성을 부인하는 것이 될 것이다. 세대주의(dispensationalism)로 알려진 신학적 견해가 갖는 오류들 중 하나는 옛 제의들이나 희생제사가 이스라엘에서 원상태로 회복될 것이라고 생각하는 것이다.[9] 그러나 희생제사제도는 그리스도에 의해 폐지되었고, 여전히 효력 있는 유일한 두 의식들, 즉 세례와 성찬은 모두 그의 십자가를 회고한다.

시민법 또한 폐기되었다. 그러나 다소 다른 이유에서 폐기되었다. 교회는 국가가 아니다. 우리에게는 왕(그리스도)이 있다. 그러나 그의 왕국은 영적이다. 그러므로 비록 구약의 시민법이 오늘날의 나라들을 다스리는 데 유용한 원칙들을 포함하고 있을지라도, 그 특정한 규정들은 더 이상 하나님의 백성을 구속하지 못한다. 신율주의(神律主義, theonomy, 또는 '기독교 재건주의')로 알려진 신학적 견해가 갖는 기본적인 오류는 모세 시대의 시민법이 오늘날 미국에서도 여전히 시행되어야 한다고 생각하는 것이다. 어떤 사람들이 '기독국가 미국' 재건에 관하여 말할 때 그들이 의미하는 바가 이것이다.

그러나 칼빈이 인지했듯이, 제의법처럼 시민법은 그리스도에 의해서 폐기되었기 때문에, 정치에로의 이 접근은 '위험하고 선동적" 이다.[10] 대신에 오늘날 하나님의 백성은 교회의 권징(church discipline)

---

9 언약 신학과는 대조적으로, 전통적인 세대주의 신학은 성전의 재건과 구약의 희생제사제도의 재확립과 더불어 이스라엘이 미래에 하나님 아래 있는 백성으로서 회복될 것을 믿는다.
10 John Calvin, *Institutes of the Christian Religion*, trans. Ford Lewis Battles, 2 vols.,

에 의해 다스려진다. 이 권징은 도덕법에 바탕을 두고 있고 사법상의 영향력보다는 오히려 영적인 영향력을 갖고 있다.

도덕법, 시민법, 제의법, 이 세 종류의 구분은 우리로 하여금 신약이 하나님의 율법에 대하여 무엇을 가르치는지 이해하도록 돕는다. 제의법과 시민법은 그리스도의 십자가와 왕국을 가리키는 전형이자 표상이다. 이제 그리스도께서 오셨기 때문에 그것들은 파기 되었다. 이것이 신약이 가끔 율법을 거부하는 것처럼 보이는 이유다.

우리가 보았듯이, 지금 효력이 있는 것들은 성례전들과 교회의 권징이다. 이것들은 각각 제의법과 시민법을 반영한다. 신약은 또한 우리가 율법을 준수함으로써 의롭게 될 수 있다는 생각을 완전히 거부한다. 우리가 더 이상 '율법 아래' 있지 않다는 것은 특히 이러한 의미에서다(롬 6:14; 갈 5:18). 우리의 구원은 우리의 율법 준수 능력에 달려있지 않다. 우리가 다음 장에서 배우는 바와 같이, 우리는 율법을 지킬 수 없고, 따라서 우리는 율법으로 말미암아 의롭다고 선언될 수도 없다(롬 3:20). 그러나 우리의 타고난 성향은 우리 자신의 순종으로 말미암아 우리가 **구원받을 수** 있다고 생각하는 것이기 때문에, 성경은 율법의 준수를 우리 자신을 의롭게 하는 방법으로 이용하는 모든 시도를 정죄한다.

그러나 신약이 결코 하지 않는 일이 있는데, 그것은 우리 삶의 규범으로서의 하나님의 도덕법에 종말을 선언하는 것이다. 도덕법은

Library of Christian Classics, 20-21 (Philadelphia: Westminster, 1960), IV.xx.14.

여전히, 웨스트민스터 신앙고백이 언급한 바와 같이 "의의 완전한 규칙"(19.1)이며, 칼빈이 명명한 바와 같이 "의의 참되고 영원한 규칙"[11]이다. 이와 비슷하게, 어니스트 라이싱어는 도덕법을 "올바른 도덕적 행동의 영원한 규범, 즉 고정되고 객관적인 의의 규범"으로 묘사한다.[12] 이것은 우리가 도덕법과 그것을 수여하신 주(主)의 성품 사이의 밀접한 관계를 기억할 때 이해할 수 있다. 도덕법은 하나님과 마찬가지로 영원하다.

더 나아가 하나님의 성품은 또한 하나님의 아들 예수 그리스도의 성품이다.

> 이는 하나님의 영광의 광채시요 그 본체의 형상이시라
> (히 1:3a).

예수님은 모세에게 자신의 율법을 계시하신 하나님과 동일한 분이시며, 율법은 성부의 성품뿐 아니라 성자의 성품도 표현한다. 그러므로 율법을 주신 하나님과 복음 안에서 자기의 은혜를 보이신 하나님을 분리시키려는 시도는 사실상 삼위일체 하나님을 나누는 것이나 다름없다. 성부께서 십계명에서 자신을 계시하신 바와 마찬가지로 성자께서도 주권자이시며, 질투하시고, 생명을 주시며, 신실하

---

11 John Calvin, *John Calvin's Sermons on the Ten Commandments*, ed. and trans. Benjamin W. Farley (Grand Rapids, MI: Baker, 1980), 24.

12 Reisinger, *The Law and the Gospel*, 69.

시고 진실하시며, 애정이 깊은 분이시다.

하나님과 그분의 율법 사이의 밀접한 관계와 성부와 성자 사이의 밀접한 관계를 생각하면, 예수님이 우리에게 주신 다음 경고는 놀라운 일이 아니다.

> 내가 율법이나 선지자를 폐하러 온 줄로 생각하지 말라 폐하러 온 것이 아니요 완전하게 하려 함이라 진실로 너희에게 이르노니 천지가 없어지기 전에는 율법의 일점 일획도 결코 없어지지 아니하고 다 이루리라(마 5:17-18).

예수님이 적어도 부분적으로는 도덕법에 관하여 말씀하고 계신 것이 분명한다. 왜냐하면 그가 다음과 같이 계속해서 말씀하기 때문이다.

> 그러므로 누구든지 이 계명 중의 지극히 작은 것 하나라도 버리고 또 그같이 사람을 가르치는 자는 천국에서 지극히 작다 일컬음을 받을 것이요 누구든지 이를 행하며 가르치는 자는 천국에서 크다 일컬음을 받으리라(마 5:19).

모세의 율법은 단지 하나님의 율법만이 아니다. 그것은 또한 그리스도의 율법이다.

5. 살아가야 할 옳은 길

본서의 나머지 부분에 걸쳐 우리의 초점은 도덕법에 맞춰질 것이다. 이 법이 여전히 구속력을 갖고 있다는 것을 증명하는 한 방법은 본래의 열 개의 계명 모두가 신약에서, 즉 예수님 자신에 의해서 또는 그분의 사도들의 가르침에 의해서 어떤 식으로든 어떻게 반복되고 있는지 보여주는 것이다.

심판에 이르는 죄들과 하나님을 기쁘시게 하는 순종의 행위들의 목록을 나열할 때, 신약은 가끔 십계명의 윤곽을 따른다(예, 마 15:19; 19:17-19; 롬 7:8-10; 고전 6:9-10; 딤전 1:9-11; 계 21:8). 그러나 그 계명들은 또한 개별적으로 다뤄진다.

① 제1계명은 우리에게 다른 신들을 갖지 말라고 말한다. 예수님은 자기 자신에 관하여 본질상 같은 주장을 하셨다. "내가 곧 길이요 진리요 생명이니 나로 말미암지 않고는 아버지께로 올 자가 없느니라"(요 14:6; 비교. 행 4:12).

② 제2계명은 우상숭배를 금한다. 사도 요한은 "자녀들아 너희 자신을 지켜 우상에게서 멀리하라"(요일 5:21)라고 말했다.

③ 제3계명은 우리에게 하나님의 이름을 존중하라고 말한다. 이것은 정확히 예수님이 "이름이 거룩히 여김을 받으시오며"(마 6:9)라고 기도하도록 우리에게 가르치신 것이다.

④ 제4계명은 일과 쉼에 관한 것이다. 예수 그리스도를 믿는 자로

서 우리는 무슨 일을 하든지 마음을 다해 일해야 한다는 말씀을 듣는다(골 3:23). 우리는 또한 예수님이 안식일의 주인이시며(마 12:8), 하나님의 백성에게 안식이 남아있다는 말씀을 듣는다(히 4:9).

처음 네 계명은 하나님을 사랑하는 것과 관련된 것들이다. 그러나 우리 이웃을 사랑하는 것은 어떠한가?

① 제5계명에서 우리에게 우리 부모를 공경할 의무가 지워진다. 이 명령은 사도 바울에 의해서도 반복된다. "자녀들아 주 안에서 너희 부모에게 순종하라 이것이 옳으니라 네 아버지와 어머니를 공경하라"(엡 6:1-2a).

② 제6계명을 예수님은 어떤 식으로든 변경시키지 않고 그것의 진정한 영적인 목적을 명료하게 하셨다. 예수님은 "옛 사람에게 말한 바 살인하지 말라…[그러나] 나는 너희에게 이르노니 형제에게 노하는 자마다 심판을 받게 되고"(마 5:21-22a)라고 말씀하셨다.

③ 제7계명에 관해서도 예수님은 같은 일을 하셨다. "나는 너희에게 이르노니 음욕을 품고 여자를 보는 자마다 마음에 이미 간음하였느니라"(마 5:28).

④ 제8계명과 관련해서 신약은 "도둑질하는 자는 다시 도둑질하지 말고…자기 손으로 수고하여 선한 일을 하라"(엡 4:28)고 한다.

⑤ 제9계명과 관련해서 성경은 "너희가 서로 거짓말을 하지 말라"(골 3:9a)라고 말한다.
⑥ 제10계명은 탐욕을 금한다. 사도 야고보는 "구하여도 받지 못함은 정욕으로 쓰려고 잘못 구하기 때문이라"(약 4:3)라고 말함으로써 탐욕을 정죄한다.

율법이 오늘날에도 여전히 구속력을 갖고 있는가? 물론 그렇다! 성경이 줄곧 명시하고 있는 바와 같이, 십계명은 우리에게 살아가야 할 올바른 길을 우리에게 보여준다. 십계명은 하나님의 의(義)에 기초를 두고 있다. 그리고 이 의(義)는 왜 심지어 신약조차도 하나님의 율법에 관하여 그토록 많은 긍정적인 것을 말하고 있는지 설명해준다. 사도 바울은 다음과 같이 묻고 답한다.

> 그런즉 우리가 믿음으로 말미암아 율법을 파기하느냐 그럴 수 없느니라 도리어 율법을 굳게 세우느니라(롬 3:31).

나중에 그는 십계명을 거룩하고 의로우며 선한 것으로 묘사하고(롬 7:12), 그가 하나님의 율법 밖에 있지 아니하고 그리스도의 율법 아래에 있다고 주장한다(고전 9:21).

율법에 대해서는 이쯤 해두자. 하지만 복음은 어떻게 되는가? 우리는 다가오는 장(章)들에서 이 질문에 대해 더 완전한 답을 주려고 시도할 것이다. 그러나 그 답은 기본적으로 이것이다. 즉 우리로 하여금 복음에 대한 우리의 필요를 볼 수 있도록 돕는 것은 다름 아닌 우리의 율법 위반이다라는 것이다. 하나님의 율법이 요구하는 것을 더 명확히 보면 볼수록, 우리가 그 명령을 준수할 수 없다는 것이 더 분명해진다. 이것이 정확히 우리가 복음을 필요로 하는 이유이다. 율법을 지킬 수 없기 때문에 우리는 우리 자신이 율법을 지킴으로써 구원받을 수 없다. 그러나 예수님은 율법을 지키셨다! 그분은 우리를 위하여 율법 전체를 지키셨다. 완벽하게. 더 나아가, 그분은 십자가 위에서의 죽음으로 하나님의 율법을 지키지 못해서 우리가 마땅히 받아야 할 형벌을 겪으셨다. 예수님이 율법을 준수하시고 그 저주를 겪으심으로 말미암아 이제 예수 그리스도를 믿는 사람은 누구나 구원받을 것이다.

예수 그리스도를 믿는 사람으로서 우리가 여전히 하나님의 율법을 준수할 필요가 있는가? 그렇다. 도덕법은 우리의 삶을 위한 완벽하고도 의로운 하나님의 뜻을 표현한다. 따라서 예수님은 하나님과의 관계를 바로잡는 방법으로서가 아니라, 우리로 하여금 자신과의 관계를 바로잡게 하신 하나님을 기쁘시게 하는 방법으로서의 율법을 지키라고 우리에게 명령하신다.

학습을 위한 질문들

1. 당신은 십계명 중 몇 개의 계명들을 (보지 않고) 나열할 수 있는가?

2. 서언 "나는 네 하나님 여호와니라"(I am the LORD your God)는 하나님에 관하여, 그리고 하나님의 자기 백성과의 관계에 관하여 우리에게 무엇을 말해주는가?

3. 처음 네 계명은 하나님의 성품에 관하여 우리에게 무엇을 말해주는가?

4. 각각의 십계명을 보고 어떻게 각 계명이 하나님 사랑과 이웃 사랑의 율법과 관련되어 있는지 논하라.

5. 어떻게 우리는 하나님의 법들이 영원하다는 것(그분이 그것들을 주시기 이전이나 그 이후로도 구속력이 있다는 것)을 알 수 있는가?

6. 어떤 기독교인들은 그들이 더 이상 십계명을 따를 필요가 없다고 주장하기 위해서 신약을 이용한다. 왜 이 주장들은 유효하지 못한가?

7. 우리는 율법으로 말미암아 의롭게 될 수 있는가? 왜 그런가?

8. 율법의 목적은 무엇인가?

9. 어떠한 방법들로 예수님은 하나님의 율법 전체를 준수하셨는가?

10. "사람들이 하나님의 법을 멸시할 때마다, 그것은 궁극적으로 그들이 하나님을 멸시하기 때문이다." 당신의 행동과 태도가 하나님과 그분의 율법, 특히 십계명에 대한 고도의 존중을 보여주는 삶의 영역은 무엇인가? 얼마간의 노력을 필요로 하는 영역은 무엇인가?

Written in Stone

The Ten Commandments and Today's Moral Crisis

2.

다중(多重) 사용 아이템

> 그러나 율법은 사람이 그것을 적법하게만 쓰면 선한 것임을 우리는 아노라
>
> — 디모데전서 1:8

미국의 소비자들은 다중 사용 아이템에 매료된다. 스위스 군용 칼의 놀라운 성공을 생각해보라. 보통 칼날 외에, 이 휴대용 도구에는 이쑤시개, 핀셋, 가위, 두 개의 스크루드라이버, 손톱 줄, 톱날, 그리고 코르크 마개뽑이가 장착되어 있다. 이 도구는 칼이지만, 그것은 또한 훨씬 그 이상의 물품이다. 어떤 임무도 수행할 수 있을 것으로 보이는 없어서는 안 될 도구이다.

필요부품이 다 갖추어진 도구처럼, 하나님의 율법은 다중 사용 아이템이다. 이 중요한 진실은 왜 성경이 그토록 다양한 방식으로

율법에 관하여 말하고 있는지 설명하는 데 도움이 된다. 하나님은 그분의 율법에 대해서 한 가지 이상의 목적을 갖고 계신다. 그리고 중요한 것은 율법을 사용하는 방법을 아는 것이다. 사도 바울이 말한 바와 같이, 율법은 사람이 그것을 적법하게만 쓰면 선한 것이다.

> 그러나 율법은 사람이 그것을 적법하게만 쓰면 선한 것임을 우리는 아노라(딤전 1:8).

이번 장(章)에서 우리는 하나님의 율법을 사용하는 세 가지 방법을 검토할 것이다.

① 율법은 구원받은 하나님 백성에게 하나님의 영광을 위하여 사는 방법을 가르친다.
② 율법은 사회에서 죄를 억제시킨다.
③ 율법은 죄인들에게 그들이 구원자를 필요로 한다는 것을 보여준다.

약간 다른 방식으로 말하면, 율법은 (우리의 행동을 인도하는) 지도(map), (우리가 잘못을 행하지 못하게 막는) 재갈, 그리고 (우리에게 우리의 죄를 보여주는) 거울이다.[1]

---

1 이 세 가지 설명은 펜실바니아 주 리딩에 있는 Grace Bible Fellowship 교회의 목사인 Randall Grossman에게서 유래한다.

1. 살아가는 방법을 가르침

십계명이 율법이 아닌 복음으로 시작한다는 사실을 발견하는 것은 놀라운 일일지도 모른다.

> 하나님이 이 모든 말씀으로 말씀하여 이르시되 나는 너를 애굽 땅, 종 되었던 집에서 인도하여 낸 네 하나님 여호와니라 (출 20:1-2).

우리가 살펴보았듯이, 이 구절들은 율법이 하나님(산 위에서 그의 영광을 나타낸 위대한 언약의 하나님)에게서 나온다는 것을 가르친다. 그리고 이 위대한 하나님은 구원하는 하나님이시다.

출애굽기 20장 시작 부분에서 하나님은 출애굽이란 대모험 전체를 짧은 두 구(句), 즉 "너를 애굽 땅[에서, 그리고] 종 되었던 집에서 인도하여 낸"으로 요약하신다. 하나님은 그분의 백성에게 그들의 구원의 기쁜 소식을 상기시키고 계셨다. 수 세기 동안에 그들은 바로의 감옥에서 참혹하게 살았다. 그러나 하나님은 열 가지 무시무시한 재앙을 보내시고, 바다를 물러가게 하시고, 양의 피를 통하여 그들을 구원하시고, 광야에서 양식을 공급하심으로 그분의 백성을 구원하셨다. 그들의 해방은 구약에서 최고의 위대한 구원사건이었다.

그분의 백성을 해방시킨 후 즉시, 하나님은 그들에게 율법을 주셨다. 이 순서가 중요하다. 복음이 먼저고, 율법이 나중이다. 독일

신학자 요켐 다우마(Jochem Douma)가 출애굽기 20장에 대한 그의 훌륭한 주석에서 쓰고 있듯이, "계명들은 받을 자격 없는 구원의 복음을 뒤따른다."[2]

많은 기독교인이 율법이 어떻게든 복음과 대립한다고 생각한다. 그들은 구약에서는 구원이 율법으로 말미암아 왔고, 반면에 신약에서는 구원이 은혜로 말미암아 온다고 생각한다. 그러나 사실 구원은 항상 은혜로 말미암아 왔고, 율법과 복음은 신구약 모두에서 구원을 위해 함께 일한다. 복음의 은혜는 결코 율법의 올바른 사용에 대립한 적이 없다.

우리는 출애굽기에서 율법과 복음이 함께 일하고 있는 것을 본다. 출애굽기는 구약 중에서 은혜로 말미암은 구원의 예(例)를 가장 분명하게 보여줄 뿐 아니라 하나님의 율법을 가장 완벽하게 제시하고 있다. 하나님이 20장에 이르기까지 십계명을 주지 않으셨다는 사실은 중요하다. 1-19장이 먼저 와서 은혜로 말미암은 구원의 이야기(애굽에서 이스라엘을 이끌어내심으로써 언약을 지키신 하나님)를 이야기해준다. 그리고 나서 20장이 오는데, 거기서 하나님은 그분의 백성에게 지키며 살아야 할 법을 주신다.

이 율법은 이미 구원받은 사람들을 위한 것이었다. 무엇보다 중요한 출애굽기의 주제는 하나님의 백성이 하나님의 영광을 위하여 구원받는다는 것이다. 바로와 애굽인들의 문제는 단순히 그들이 노

---

2 Jochem Douma, *The Ten Commandments: Manual for the Christian Life,* trans. Nelson D. Kloosterman (Phillipsburg, NJ: P&R, 1996), 4.

예를 붙잡아둔 것이 잘못이었다는 점이 아니라, 그들이 이스라엘 백성이 그들의 하나님을 섬기지 못하도록 방해하고 있었다는 것이었다. 출애굽과 더불어 주인이 바뀌었다. 하나님의 백성은 참되고 살아계신 하나님을 섬기기 위해(포로된 종으로서가 아니라 해방된 아들과 딸로서) 바로의 속박에서 해방되었다. 그러므로 해방 당시 하나님이 그들에게 주신 율법은 새로운 형태의 속박이 아니라 자유헌장이었다. 하나님 백성이 이제 그분의 언약공동체의 율법에 의거해 자유롭게 살아갈 수 있었던 것은 오직 그들이 은혜로 구원받았기 때문이었다. 그들은 구속(救贖)받았다.

그러므로 그들은 다른 신들을 갖고 우상을 만드는 등의 일을 해서는 안 되었다. 하나님은 그분의 백성이 원하는 것은 무엇이든 다 할 수 있도록 하기 위해서 그들을 해방시키신 것이 아니라, 그들이 그분을 위해서 살 수 있도록 하기 위해 그들을 해방시키셨다. 이것이 바로 출애굽의 요점이었다. 모세는 바로에게 계속해서 말했다.

> 내 백성을 보내라 그러면 그들이 광야에서 나를 섬길 것이니라
> (예, 출 7:16).

그리고 이것이 율법의 가장 중요한 사용들 중 하나, 즉 구속받은 사람들에게 그들의 하나님의 영광을 위해 어떻게 살아가야 할지를 가르치는 것이다.

하나님의 백성은 하나님의 은혜와 하나님의 율법 사이의 이러한

관계를 늘 기억할 필요가 있다. 신명기에서 하나님은 이스라엘의 부모들에게 다음과 같이 명령하셨다.

> 후일에 네 아들이 네게 묻기를 우리 하나님 여호와께서 명령하신 증거와 규례와 법도가 무슨 뜻이냐 하거든 너는 네 아들에게 이르기를 우리가 옛적에 애굽에서 바로의 종이 되었더니 여호와께서 권능의 손으로 우리를 애굽에서 인도하여 내셨나니 곧 여호와께서 우리의 목전에서 크고 두려운 이적과 기사를 애굽과 바로와 그의 온 집에 베푸시고 우리 조상들에게 맹세하신 땅을 우리에게 주어 들어가게 하시려고 우리를 거기서 인도하여 내시고 여호와께서 우리에게 이 모든 규례를 지키라 명령하셨으니 이는 우리가 우리 하나님 여호와를 경외하여 항상 복을 누리게 하기 위하심이며 또 여호와께서 우리를 오늘과 같이 살게 하려 하심이라(신 6:20-24).

이스라엘 자녀들이 왜 그들이 하나님의 율법을 지켜야만 하는지 물었을 때, 그들의 부모는 그들에게 이야기를 해주어야 했다. 그들이 율법의 의미를 이해할 수 있었던 유일한 길은 율법의 컨텍스트를 아는 것이었다. 그것은 출애굽 경험, 즉 그들의 구원 이야기였다. 복음이 먼저고, 율법이 그 다음이다.

출애굽 사건에서의 율법과 복음의 관계는 기독교인의 삶에서 율법이 갖는 하나의 목적, 즉 하나님의 구속된 백성이 어떻게 살아야 하는지 가르치기 위한 모형(혹은 원형)이 된다. 우리들도 들려줄 이야기, 즉 예수 그리스도 안에서의 우리의 구속 이야기를 갖고 있다. 그 이야기는 우리가 죄의 노예가 된 것으로 시작한다. 우리는 그러한 영적인 노예 상태에 놓여있었고 우리가 도망칠 길은 없었다. 그러나 하나님은 예수 그리스도의 구원사역을 통하여 우리를 죄와 사탄에게서 우리를 해방시키셨다. 그분의 죽음과 부활은 우리의 출애굽, 우리의 해방이었다.

이제 우리가 복음 안에서 하나님의 은혜를 받았으니, 그 다음엔 무엇이 오는가? 우리가 원하는 대로 자유롭게 살아가는가? 우리가 구원받고도 여전히 죄 많은 삶을 영위할 수 있는가? 물론 그럴 수 없다! 우리가 자유로이 할 수 있는 것은 하나님을 기쁘시게 하는 방식으로 사는 것이다.

한번은 마틴 루터가 이 원칙을 그의 학생들 중 한 명에게 설명해 주었다. 루터는 죄인들을 위한 하나님의 값없는 은혜에 관하여, 어떻게 우리의 구원이 우리 자신의 선행에 근거하지 않고 예수 그리스도의 구원사역에 근거하고 있는지에 관하여 이야기해왔었다. 이에 그 학생이 반박하며 말했다.

"만약 당신이 하신 말씀이 옳다면, 우리는 우리가 원하는 대로 살아도 되겠네요!"

루터가 대답했다. "그렇다네. 이제 자네는 무엇을 원하는가?"[3]

3　Martin Luther, Michael S. Horton, *The Law of Perfect Freedom* (Chicago: Moody, 1993), 263에 상술됨

루터가 그의 학생에게 한 말은 완전히 성경과 일치한다. 사도 베드로는 말했다.

> 너희는 자유가 있으나 그 자유로 악을 가리는 데 쓰지 말고 오직 하나님의 종과 같이 하라(벧전 2:16).

우리가 하나님을 사랑하고 그에게 순종해야 하는 것은 단지 우리가 하나님의 은혜로 해방되었기 때문이다. 사도 바울은 우리가 또한 우리의 이웃을 사랑해야 한다고 덧붙인다.

> 형제들아 너희가 자유를 위하여 부르심을 입었으나 그러나 그 자유로 육체의 기회를 삼지 말고 오직 사랑으로 서로 종노릇 하라(갈 5:13).

베드로와 바울이 이 구절들에서 무엇을 하고 있는지 주목하라. 그들은 우리에게 하나님을 사랑하고 우리의 이웃을 사랑하라고 말하고 있다. 이것이 십계명이 말하는 바이다. 바울이 계속해서 "온 율법은 네 이웃 사랑하기를 네 자신 같이 하라 하신 한 말씀에서 이루어졌나니"(갈 5:14)라고 말할 때, 그는 이 관계를 명확하게 만든다.

하지만 물론 베드로와 바울은 예수님이 율법을 요약하여 말씀하신 두 개의 큰 계명, 즉 하나님을 사랑하고 네 이웃을 사랑하라(마 22:37-40)를 단지 반복할 뿐이다. 예수님은 또한 "너희가 나를 사랑하면 나의 계명을 지키리라"(요 14:15)라고 말씀하셨다. 예수 그리스도의 복음은 우리에게 하나님의 율법을 준수할 의무를 지운다.

그리스도를 믿는 신앙인으로서 우리는 하나님을 기쁘시게 하는 방식으로 살도록 요청받는다. 그리고 이는 그분의 완전한 기준에 따라 살아가는 것을 의미한다. 마치 하나님의 은혜가 그분의 의(義)를 다시 규정하기라도 한 것처럼 하나님의 기준이 변한 것은 아니다. 이와 반대로, 앞 장(章)에서 보았듯이, 도덕법은 바로 그리스도의 성품을 나타낸다. 이제는 성령의 능숙한 지도하에 도덕법은 여전히 우리의 교사이자 우리의 안내자가 된다.

청교도인 토마스 왓슨(Thomas Watson)은 다음과 같이 썼다.

> 도덕법은 하나님의 뜻의 사본, 우리의 영적인 훈령집이다. 어떤 죄를 피해야 하는지, 어떤 의무를 추구해야 하는지를 우리에게 보여준다.[4]

비슷한 맥락의 글을 쓰면서 성공회 주교 라일(J. C. Ryle)은 다음과 같이 주장했다.

> 기독교인이 율법이나 십계명을 지킴으로 의롭게 될 수 없기 때문에 그가 그것들과 아무런 관련이 없다고 생각하는 것보다 더

4　Thomas Watson, *The Ten Commandments* (1692; repr. Edinburgh: Banner of Truth, 1965), 14. 『십계명 해설』, 이기양 옮김 (서울: CLC, 2012).

큰 실수는 없다. 율법을 통해 신자로 하여금 죄를 깨닫게 하고, 의롭다 함을 얻게 하기 위해 그를 그리스도께로 이끄시는 동일하신 성령께서 친절한 안내자가 되시어 그를 항상 율법의 영적인 사용으로 이끄시고 성화(聖化)를 추구하게 하실 것이다.[5]

율법은 의(義)로 우리를 교육하는 데 유용하다. 율법은 무엇이 하나님을 기쁘시게 하는지 우리가 알도록 돕는다. 그것은 우리에게 어떻게 살아야 할지를 보여준다.

2. 사회에서 죄의 억제

출애굽기 20장에는 또한 율법의 두 번째 사용이 언급되어 있다. 하나님은 인간 사회에서 죄를 억제하기 위해 그분의 율법을 사용하신다. 율법의 계명들은 죄의 고발과 형벌의 위협을 통해 사람들로 하여금 하나님께 죄를 범하는 것을 그만두도록 만든다. 물론 율법이 우리의 죄된 본성을 변화시킬 수는 없기 때문에 사람들이 완전히 죄를 짓지 않도록 만들지는 못한다. 그러나 율법은 어느 정도 우리의 죄를 억제하는 데 도움이 된다.

하나님은 그분의 법이 이스라엘에 대해 이런 억제효과를 갖도록

---

[5] J. C. Ryle, *Holiness* (1879; repr. Durham, England: Evangelical Press, 1979), 26. 『성결』, 박영호 옮김 (서울: CLC, 2012).

의도하셨다. 십계명을 받자마자 백성들은 두려움과 떨림으로 반응했다. 그들은 하나님과 그의 목소리의 위엄 있는 힘에 위압당했다. 그러나 모세는 그들에게 하나님의 법이 궁극적으로 그들을 위한 것임을 확신시켰다. 그는 말했다.

> 두려워하지 말라 하나님이 임하심은 너희를 시험하고 너희로 경외하여 범죄하지 않게 하려 하심이니라(출 20:20).

율법은 어느 정도는 억제책이 된다. 그것은 하나님의 백성이 죄를 짓지 못하도록 막는 예방적 목적을 가지고 있었다. 율법의 형벌에 대한 위협이 그들의 악행을 억제했다. 칼빈은 이 율법의 사용을 사나운 말을 통제하는 굴레에 비유했다.

> 율법의 두 번째 기능은 강요받지 않으면 정직과 정의에 관심을 기울이지 않는 사람들을 율법의 무서운 위협적인 선언과 그 결과로 일어나는 형벌에 대한 두려움을 통해서 억제하는 것이다. 그러한 사람들이 억제되는 것은 그들의 마음이 내적으로 감동되고 영향을 받기 때문이 아니라, 마치 굴레가 그들 위에 얹혀 있는 것처럼 그들이 그들의 손이 외적인 행동을 하지 못하도록 제어하고 내적으로는 제어하지 않으면 급히 분출하려고 하는

타락을 제어하기 때문이다.[6]

율법이 백성들로 하여금 죄를 짓지 못하게 할 수 있는 이유는 우리가 지난 장(章)에서 본 바와 같이 율법이 하나님의 주권과 정의와 같은 전능하신 하나님의 신적인 속성들 중 다수를 표현하기 때문이다. 그러므로 율법은 하나님에 대한 경외심을 조장하고 동시에 그에게 거슬러 죄지으려는 어떤 욕망도 단념시키는 힘을 갖고 있다. 율법은 사람들의 죄 때문에 그들을 벌하시는 위대하고 강력한 하나님이 계심을 가르친다. 필연적으로 이것은 우리가 하나님을 거슬러 죄를 범하지 못하도록 경고하는 효과를 갖는다.

율법은 오늘날에도 계속해서 이러한 억제 효과를 갖고 있다. 이 때문에 많은 기독교인이 교실과 법정에서의 십계명 게시를 찬성하고 있다. 우리는 점점 더 무법한 사회에서 살고 있다. 그 영향들이 학교에서 보인다. 학교에서 교사들은 나쁜 행실을 거의 항상 다루고 실제적인 폭력의 위협을 자주 다루고 있다. 그 영향들이 법정에서도 보인다. 법정에서 배심원들은 말로 표현할 수 없는 범죄들을 직면하고 있고, 판사들은 정의가 무엇을 요구하는지 알기 위해 분투하고 있다. 우리는 도덕적 길잡이가 필요하다. 무엇이 돌에 기록된 하나님의 계명들보다 더 낳은 길잡이가 될 수 있겠는가?

이것이 얼마나 도움이 될지에 대해 회의적일 수 있는 몇 가지 이

---

6 John Calvin, *Institutes of the Christian Religion*, R. C. Sproul, *The Soul's Quest for God* (Wheaton, IL: Tyndale, 1992), 111-112에 인용됨.

유가 있다. 하나님의 율법을 공공건물에 게시하는 것이 율법을 하찮은 것으로 만들어버리는 위험이 항상 있다. 이는 하나님의 이름이 미국 화폐에 덕지덕지 붙어 있을 때 하나님이 하찮게 되는 것과 거의 같다. 단순히 십계명을 게시하는 것이 사람들로 하여금 하나님과 그분의 율법을 존중하도록 만들까? 어느 정도는 그렇게 할 것이다. 그러나 사람들이 실제 필요로 하는 것은 단순히 율법이 아니라, 복음이다. 사람들이 하나님이 요구하시는 바를 안다 하더라도, 성령께서 그들로 하여금 그것을 행할 수 있도록 하시지 않으면 무슨 도움이 되겠는가? 게다가, 곧 우리가 보게 되듯이, 율법의 주요 목적 중 하나는 우리가 그것을 지킬 수 없다는 것을 증명하는 것이다. 그러므로 벽 위에 십계명을 거는 것이 주로 하는 일은 우리로 하여금 죄를 짓지 못하게 하는 것이라기보다는 오히려 참으로 우리의 죄가 얼마나 많은지를 우리에게 보여주는 것이다!

그럼에도 불구하고, 그리고 교회와 국가의 분리와 관련된 헌법상의 질문들은 별문제로 하고, 십계명을 게시하는 것은 선하고 경건한 생각이다. 계명은 하나님의 말씀에서 온다. 그리고 그 말씀은 반드시 그 목적을 달성한다(사 55:11). 더 나아가 사람들이 진리와 정의의 하나님이 주신 옳고 그름에 대한 객관적 기준과 직면하는 것은 좋은 일이다. 바로 십계명의 존재 자체는 우리가 행하는 것과 행하지 못하는 것에 대해서 우리가 하나님께 책임을 져야 한다고 선언한다.

이것은 왜 오늘날 십계명을 게시하는 것에 대한 반대가 그토록 많은지 그 이유를 분명히 설명해준다. 사람들은 하나님이 자기들에게 무엇을 해야 하는지 말씀하시는 걸 불편해 한다. 그래서 그들은 그분의 계명들을 내리려 애쓰고, 종종 그렇게 하는 데 성공한다. '스톤 대(對) 그래함'(Stone v. Graham) 재판에서, 미대법원은 십계명이 보통교육에서 설 자리가 있다는 생각을 거부했다. 그 법원은 다음과 같이 결론을 내렸다.

> 교실에 십계명을 게시하는 현저한 목적은 사실상 명백히 종교적이다. 십계명이 종교적인 텍스트임을 부인할 수 없다…소위 세속적 목적을 지닌 그 어떤 합법적인 복창도 우리로 하여금 그 사실을 보지 못하게 할 수는 없다. 계명들은 부모공경, 살인, 간음, 도둑질, 거짓 증거, 그리고 탐욕과 같은 틀림없이 세속적인 일에만 국한되지 않는다. 도리어, 계명들의 첫 부분의 주 하나님만을 예배하기, 우상숭배 피하기, 주의 이름을 망령되이 사용하지 않기, 그리고 안식일 지키기는 신앙인의 종교적 의무와 관련되어 있다.[7]

그 재판관들이 헌법상의 질문에 대해 올바른 결정에 도달했든지 그렇지 않든지 간에, 십계명이 무엇을 하는가에 대해서 그들이 한 말은 정확히 옳다. 십계명은 우리로 하여금 우리 이웃뿐 아니라 하나님께 대한 우리의 의무와 직면하게 한다. 그리고 하나님의 율법은

---

[7] *Stone v. Graham*, Ronald B. Flowers에 의해 *Liberty* (July/august 2000), 4에 인용됨.

사회에서 죄를 제어할 능력이 있기 때문에 사람들이 직면하게 되는 것은 좋은 일이다. 십계명을 게시하기 원하는 기독교인들은 바른 직관력을 갖고 있다. 비록 율법 단독으로 구원할 수는 없을지라도, 율법은 공정한 사회를 조성하는 데 도움이 된다.

하나님의 법은 십계명을 읽은 사람이 하나님이 요구하시는 것과 금하시는 것에 대한 발달된 감각을 가질 수 있도록 양심에 알린다. 하나님과 그분의 법에 대한 이 지식은 사람들로 하여금 죄를 짓지 못하게 한다. 그리고 하나님의 법이(그것의 모든 위협과 형벌과 더불어) 지상의 법으로 들어오기 때문에, 그분의 법은 사람들을 제지하여 특히 파괴적인 죄를 저지르지 못하게 한다.

3. 구원자에 대한 우리의 필요 드러내기

지금까지 우리는 율법이 할 수 있는 일을 고찰해왔다. 그것은 하나님의 구속받은 사람들에게 하나님의 영광을 위하여 어떻게 살아야 하는지 가르치고, 사회에서의 죄를 억제한다. 그러나 율법이 할 수 없는 한 가지 일이 있는데 그것은 완전하고 최종적인 구원을 가져오는 것이다. 율법이 죄된 본성으로 말미암아 약화되었기 때문에 율법은 이 점에 있어서 무력하다(롬 8:3). 그러나 율법은 심지어 그 무력함 속에서도 결국 유익한 것으로 판명된다. 왜냐하면 율법이 우리가 우리를 구원할 다른 누군가를 필요로 한다는 것을 증명하기 때문이다. 구원자의 필요성을 죄인들에게 보여주는 것, 이것이 아마도 율법의 가장 중요한 사용일 것이다.

율법이 이 일을 어떻게 하는지 알기 위해서는, 이스라엘이 율법을 완벽하게 준수해야 할 의무가 있다는 것을 이해할 필요가 있다. 출애굽기에 이것에 대한 몇 가지 암시가 있다. 하나가 24장에 나온다. 거기서 이스라엘 백성은 하나님의 율법을 따르겠다고 약속한다. 모세가 언약서를 읽은 후에 백성이 말했다.

> 여호와의 모든 말씀을 우리가 준행하리이다(출 24:7).

이스라엘 백성은 하나님의 모든 율법을 준행하겠다는 자신들의 약속에 묶이게 되었다. 달리 말하면, 그들은 하나님의 언약을 지키도록 요구되었다. 모세는 나중에 그들에게 말했다.

> 여호와께서 그의 언약을 너희에게 반포하시고 너희에게 지키라 명령하셨으니 곧 십계명이며 두 돌판에 친히 쓰신 것이라 (신 4:13).

이스라엘 백성은 하나님의 율법을 지키지 않으면 안 된다. 율법 준수는 백성이 약속한 것일 뿐 아니라 그들의 구원에 필요한 것, 즉 하나님의 계시된 뜻에의 완전한 순종이기 때문이다. 물론 어떤 의미에서 이스라엘 백성은 벌써 구원받았다. 그들은 애굽에서 해방되었다. 그러나 그것은 그들의 완전하고 최종적인 구원은 아니었다. 그것은 단지 지상에서의 구원에 불과했다. 하나님은 그들이 천국에서 영원히 그분과 지내도록 계획하셨다. 그러나 그 운명에 도달하기 위해서 그들은 하나님의 율법의 정당한 요구를 완전히 충족시켜야 했다. 나중에 모세는 그들에게 다음과 같이 상기시켰다.

> 여호와께서 우리에게 이 모든 규례를 지키라 명령하셨으니… 우리가 그 명령하신 대로 이 모든 명령을 우리 하나님 여호와 앞에서 삼가 지키면 그것이 곧 우리의 의로움이니라 할지니라 (신 6:24a-25).

또다시 하나님은 그들에게 말씀하셨다.

> 너희는 내 규례와 법도를 지키라 사람이 이를 행하면 그로 말미암아 살리라 나는 여호와이니라(레 18:5).

후에 예수님도 똑같은 요구를 하셨다.

> 네가 생명에 들어가려면 계명들을 지키라(마 19:17b).

하나님 앞에서 의롭게 되기 위해서 이스라엘 백성은 그분의 율법을 준행해야 한다. 그리고 만약 그들이 그렇게 하면, 그들은 영원히 구원받을 것이다.

문제는 그들이 율법을 준행할 수 없었다는 것이다! 사실 하나님께서 그들에게 다른 신들을 갖거나 그 어떤 우상도 만들지 말라고 말씀하시자마자 그들은 금송아지를 만들었다(출 32장). 이것은 율법이 우리가 어떻게 살아야 할지 가르치는 데 있어 유용함에도 불구하고 우리의 죄된 본성을 바꿀 힘이 없다는 것을 보여준다. 대신에, 누군가의 얼굴에 있는 모든 점을 보여주는 거울처럼, 율법은 참으로 우리의 죄가 얼마나 많은지 보여준다.

더욱 심각한 것은, 율법은 실제로 우리의 죄를 유발시키는 경향이 있다는 것이다. 사도 바울은 이것을 로마서 7장에서 논의했다. 먼저 그는 우리가 방금 했던 주장, 즉 율법이 우리의 죄를 드러낸다고 주장했다.

> 율법으로 말미암지 않고는 내가 죄를 알지 못하였으니
> (롬 7:7b).

그리고 나서, 제10계명을 예로 사용하면서 그는 여러 면에서 율법이 실제로 죄를 자극하는 데 도움이 된다고 계속 설명했다.

> 율법이 탐내지 말라 하지 아니하였더라면 내가 탐심을 알지 못하였으리라 그러나 죄가 기회를 타서 계명으로 말미암아 내 속에서 온갖 탐심을 이루었나니(롬 7:7c-8a).

율법이 죄를 유발시키는 것만도 충분히 나쁘다. 그러나 죄가 결국 사망으로 이끌기 때문에 상황은 훨씬 더 나쁘다. 바울은 계속해서 다음과 같이 말했다.

> 이는 율법이 없으면 죄가 죽은 것임이라 전에 율법을 깨닫지 못했을 때에는 내가 살았더니 계명이 이르매 죄는 살아나고 나는 죽었도다 생명에 이르게 할 그 계명이 내게 대하여 도리어 사망에 이르게 하는 것이 되었도다 죄가 기회를 타서 계명으로 말미암아 나를 속이고 그것으로 나를 죽였는지라(롬 7:8b-11).

율법의 위반은 사망으로 이끈다. 그것만으로도 충분히 나쁘지만, 이를 믿든 안 믿든 죄를 짓고 죽는 사람은 하나님의 저주 아래 있기 때문에 상황은 훨씬 더 나쁘다.

> 누구든지 율법 책에 기록된 대로 모든 일을 항상 행하지 아니하는 자는 저주 아래에 있는 자라(갈 3::10).

그러니 상황은 다음과 같았다. 하나님의 백성은 그들이 준행할 수 없는 율법을 지켜야만 했다. 따라서 율법은 그들에게 완전하고 최종적인 구원을 가져다주기는커녕 오히려 그들의 죄를 드러내어 그들을 사망에 종노릇하게 하고, 마침내 하나님의 진노와 저주 아래 놓이게 했다. 존 칼빈은 다음과 같이 썼다.

[율법은] 하나님의 의, 즉 하나님께만 용납될 수 있는 의를 보여주는 한편, 모든 사람의 불의에 대해 그에게 경고하고 알리고 정죄하고, 마침내 책망한다.[8]

그러면 왜 하나님은 그분의 백성에게 율법을 주셨는가? 왜 하나님은 그들에게 명령할 뿐 아니라 그들을 정죄하는 것을 그들에게 주셨는가? 답은 그들이 하나님의 복음을 믿게 하기 위해 하나님이 그분의 율법을 그들에게 주셨다는 것이다. 모든 위대한 신학자는 이것을 이해했다. 어거스틴은 다음과 같이 말했다.

율법의 유용성은 사람들로 하여금 자기의 결함을 깨닫게 하고 그를 감동시켜 그리스도 안에 있는 은혜라는 구제책을 구하도록 만드는 데 있다.[9]

마틴 루터는 그것을 다음과 같이 설명했다.

그러므로 우리는 율법을 폐하지 않는다. 그러나 우리는 그것의 진정한 기능과 사용, 즉 그리스도께로 우리를 재촉하는 매우 유익한 종임을 보여준다. 당신이 절망 직전에 놓이도록 율법

---

8 John Calvin, *Institutes of the Christian Religion*, trans. Ford Lewis Battles, 2 vols., *Library of Christian Classics*, 20-21 (Philadelphia: Westminster, 1960), II.VII.6.
9 Augustine, in Calvin, *Institutes*, II.VII.9.

이 당신을 낮추고 겁먹게 하고 완전히 부서뜨린 후에, 당신은 율법을 정확하게 사용하는 방법을 알게 된다. 왜냐하면 율법의 기능과 사용은 죄와 하나님의 진노를 드러낼 뿐만 아니라 우리를 그리스도께로 몰아가는 것이기 때문이다.[10]

존 칼빈은 이것을 더 단순하게 말했다.

모세는 모든 사람이 곧장 그리스도께로 가도록 초대하는 것 외에 다른 의도를 갖고 있지 않았다.[11]

그리고 찰스 스펄전은 다음과 같이 말했다.

날카로운 바늘이 실이 지나갈 길을 예비하듯이, 예리한 율법은 신의 은혜라는 빛나는 은실이 지나갈 길을 만든다.[12]

하나님의 계획은 그분의 백성에게 구원자를 보내시는 것이었다. 그러나 하나님은 먼저 그들에게 행위언약(그들이 준행할 수 없는 언약)의 형태로 율법을 주셨다. 이 율법은 그들의 죄를 드러냄으로써 그

---

10 Martin Luther, *Lectures on Galatians, 1535*, trans. and ed. Jaroslav Pelikan, *Luther's Works* (St. Louis: Concordia, 1963), 26:327.
11 John Calvin, Ernest C. Reisinger, *The Law and the Gospel* (Phillipsburg, NJ: P&R, 1997), 28에 인용됨.
12 Charles Spurgeon, *Parables and Miracles* (Grand Rapids, MI: Baker, 1993), 3:413.

들에게 영원한 구원자가 필요하다는 것을 보여주었다. 따라서 율법은 그들로 하여금 그리스도의 오심을 열망하게 만들었다.

우리처럼 이스라엘 백성은 믿음을 통하여 은혜로 구원받았다. 우리와 그들의 근본적인 차이는 그들의 믿음이 오실 구원자를 믿는 믿음이었던 것에 반하여, 우리의 믿음은 하나님이 이미 보내신 구원자를 믿는 믿음이다.

그러나 이스라엘 백성의 죄가 먼저 드러나지 않고 하나님의 율법에 의해 저주받지 않았다면, 어떻게 그들이 구세주의 필요성을 보았겠는가? 이것이 바로 그들에게 율법이 필요했던 이유다. 그들이 복음을 믿도록 돕기 위해 그들은 율법이 필요했다. 그리고 이런 식으로 하나님의 율법은 궁극적으로 하나님의 은혜를 찬미하기 위해 사용되었다. 바울은 이것을 다음과 같이 설명했다.

> 율법이 들어온 것은 범죄를 더하게 하려 함이라 그러나 죄가 더한 곳에 은혜가 더욱 넘쳤나니 이는 죄가 사망 안에서 왕 노릇 한 것 같이 은혜도 또한 의로 말미암아 왕 노릇 하여 우리 주 예수 그리스도로 말미암아 영생에 이르게 하려 함이라
> (롬 5:20-21).

4. 오늘날의 율법 사용

다중 사용 아이템으로서, 하나님의 율법은 지금 여느 때와 마찬가지로 유용하다. 율법은 구속받은 하나님 백성에게 하나님의 영광을 위하여 어떻게 살아야 하는지를 보여주고, 사회에서 죄를 억제한다. 그러나 율법이 할 수 없는 한 가지가 있는데, 그것은 우리와 하나님과의 관계를 정상화하는 것이다. 우리는 우리 스스로 율법을 준수함으로써 의롭게 될 수 없다.

만약 우리가 하나님의 율법을 완전하게 준수할 수 있다면, 그것은 우리를 구원할 수 있을 것이다. 하나님 자신의 말씀에 의하면, 계명들을 따르는 사람은 그것들로 말미암아 살 것이다(롬 10:5; 갈 3:12). 문제는 우리가 그것들을 지킬 수 없다는 것이다. 성경이 다음과 같이 말한다.

> 주의 눈앞에는 의로운 인생이 하나도 없나이다(시 143:2b).

그리고 우리의 불의를 증명하는 것은 하나님의 율법이다.

> 그러므로 율법의 행위로 그의 앞에 의롭다 하심을 얻을 육체가 없나니 율법으로는 죄를 깨달음이니라(롬 3:20).

그리고 죄는 심판에 이르기 때문에, 율법은 하나님이 우리를 정죄하시고, 그분의 은혜가 아니면 우리는 영원히 잃어버린바 될 것이라는 사실을 우리에게 보여준다.

만화가 발루(Baloo)는 출애굽과 관련된 그의 많은 그림 중 하나에서 이스라엘에게 십계명을 주고 있는 모세를 묘사한다. 경악하는 표정을 지으며 사람들은 말한다.

> 우리는 우리의 있는 모습 그대로 받아들여지기를 희망하고 있었습니다.[13]

이것은 우리가 항상 희망하는 바이다. 즉 하나님이 우리로 하여금 "우리의 있는 모습 그대로" 오게 하시는 것, 이것이 우리가 바라는 것이다. 그러나 하나님은 거룩하시기 때문에, 그분은 우리를 있는 그대로 받으실 수 없다. 우린 이것을 알아야 한다. 우리가 아는 것은 절대적으로 중요하다. 우리는 우리 자신을 진짜 모습 그대로 보아야 한다. 여기에 우리가 여전히 하나님의 율법을 필요로 하는 이유(우리를 구원하는 것이 아니라 우리가 얼마나 구원자를 필요로 하는지)를 보여주는 것이 있다. 마틴 루터는 다음과 같이 말했다.

> 율법의 참된 기능과 주요하고 적절한 사용은 인간에게 그의 죄, 맹목성, 비참함, 사악함, 무지, 하나님에 대한 증오와 경멸,

---

13 Baloo, *National Review* (October 11, 1999), 51.

죽음, 지옥, 하나님의 합당한 진노를 드러내는 것이다.¹⁴

율법은 우리가 구원자를 찾기 시작하도록 하기 위해 이러한 것들을 우리에게 보여준다. 도날드 그레이 반하우스(Donald Grey Barnhouse)는 이것을 다음과 같이 설명했다.

> 하나님의 율법은 거울과 같다. 이제 거울의 목적은 당신에게 당신의 얼굴이 더럽다는 것을 보여주는 것이지 당신의 얼굴을 씻어주는 것은 아니다. 당신이 거울을 들여다보고 당신 얼굴이 더럽다는 것을 발견할 때, 당신은 벽에서 거울을 떼어 세정제처럼 그것을 얼굴에 문지르려고 시도하지 않는다. 거울의 목적은 당신으로 하여금 물 있는 데로 가게 하는 것이다.¹⁵

이것이 율법이 우리를 돕는 방식이다. 우리를 도와 우리를 구원하는 것이 아니라, 구원자에 대한 우리의 필요를 우리에게 보여준다. 그리고 율법은 비기독교인만큼이나 기독교인들을 위해서도 이렇게 한다. 율법은 우리로 하여금 하나님이 그리스도를 통하여 우리를 구원하신 것을 찬양하도록 상기시키기 위해 우리에게 우리의 죄를 보여준다.

14　Luther, *Galatians*, 26:309.
15　Donald Grey Barnhouse, *Exposition of Bible Doctrines, Taking the Epistle to the Romans as a Point of Departure; Volume II: God's Wrath, Romans 2:1-3:20* (Grand Rapids, MI: Eerdmans, 1953), 275-276.

애석하게도 하나님의 율법은 현대 교회에서 총애를 잃었다. 더 이상 하나님의 의의 영원한 기준으로서 설교되거나 복음과의 완전한 관계 속에서 적용되지 않는다. 의심할 여지 없이 이는 율법이 그다지 친근한 것이 아니기 때문이다. 사실, 가끔 율법은 사람들을 미치게 만든다. 그러나 율법 설교는 잃어버린 자들에게 다다르기 위해서 절대적으로 필요하다. 죄인들이 그들의 죄에 대해 유죄 선고받고 그들의 복음의 필요성을 보게 되는 것은 오직 하나님의 율법을 들음에 의해서다.

이것을 이해한 목회자가 프린스턴신학교를 설립한 교수들 중 한 명인 아치볼드 알렉산더(Archibald Alexander)였다. 알렉산더 박사의 아들이 목회사역을 시작할 때, 그는 아들에게 다음과 같이 충고했다.

> 모든 피조물에게 구속력을 갖는 것으로서 그리고 모든 뉘우치지 않는 죄인들을 저주하는 것으로서 율법이 충실히 선포되게 하라. 그리고 율법의 요구를 충족시킬 수 없는 인간의 전적인 무능력이 변명이 아닌 허물로서 분명히 설명되게 하라. 그러고 나서 그리스도 안에 있는 풍성한 은혜가 완전히 드러나 자유로이 제공되게 하라. 그리고 모든 사람(그들의 죄책감이 얼마나 크든)이 공로 없이 얻은 용서와 완전한 구원을 받아들이도록 강권하라.[16]

---

16 Archibald Alexander, Aavid B. Calhoun, *Princeton Seminary, Volume 1: Faith and Learning, 1812-1868* (Edinburgh: Banner of Truth, 1994), 276에서 인용됨.

여기가 율법의 올바른 사용에 관하여 다룬 본 장(章)을 하나님이 예수 그리스도 안에서 주신 은혜의 풍성함으로 끝맺기에 적절한 지점이다. 하나님의 율법이란 거울을 들여다보면 볼수록, 우리가 구원자를 필요로하는 죄인들이라는 사실을 더욱 선명하게 보게 된다. 일단 그것을 보게 되면, 우리는 예수님께 기대를 걸어야 한다. 그분이 하나님의 율법의 요구를 완전히 충족시키셨고, 죄로 인해 우리가 마땅히 받아야 할 형벌을 겪으셨기 때문이다. 모든 범법자를 위한 용서와 예수 그리스도를 믿는 모든 죄인을 위한 용서가 있다.

학습을 위한 질문들

1. 작년에 당신이 구매한 다중 사용 아이템은 무엇인가? 그것은 유익한 구매였는가? 아니면 후회스런 구매였는가?

2. 당신의 교회에서는 율법의 3가지 사용(하나님의 구속받은 백성에게 하나님의 영광을 위해 살아가도록 가르침, 사회에서 죄를 억제함, 그리고 죄인들에게 구원자의 필요성을 보여줌) 중에서 어떤 사용이 가장 자주 강조되는가? 어디에서 당신은 율법이 가르쳐지는 것을 보는가?

3. 구약에서 사람들을 구원하기 위해 은혜가 율법과 함께 일하는 예들을 몇 가지 들어보라.

4. 만약 율법이 이미 구속받은 사람들을 위한 것이라면, 우리는 믿지 않는 자들이 하나님의 율법들 중에서 어떠한 것이라도 따르기를 바라거나 기대해야 하는가? 당신의 대답을 설명하라.

5. 죄로부터의 자유와 하나님의 율법 준수의 관계는 무엇인가?

6. 당신 자신의 삶 속에서 자유와 순종 사이의 관계가 어떻게 입증되는지 본 적이 있는가?

7. 하나님의 율법을 들었을 때, 이스라엘 백성은 두려움과 떨림으로 반응했다. 당신이 하나님의 율법에 대해 듣거나 생각할 때, 당신의 통상적인 반응은 무엇인가?

8. 학교와 법정에 십계명을 게시하는 제안을 변호해보라. 그 제안의 성과는 무엇인가?

9. 어떻게 율법은 우리를 그리스도께로 인도하는가?

10. 당신의 삶 속에서 하나님이 율법을 사용하신 방법들 몇 가지를 나눠보라.

Written in Stone

The Ten Commandments and Today's Moral Crisis

3. 하나님의 율법 해석

> 이 율법책을 네 입에서 떠나지 말게 하며 주야로 그것을 묵상하여 그 안에 기록된 대로 다 지켜 행하라 그리하면 네 길이 평탄하게 될 것이며 네가 형통하리라
>
> — 여호수아 1:8

한 만화가 하나님의 산 정상에 서서 십계명의 두 돌판을 잡고 있는 모세를 묘사한다. 그 선지자는 기쁨에 넘쳐 있다. 그는 열광하며 말한다.

> 야아, 이것들 멋진데! 이제부터는 아무도 옳고 그름을 구별하는 데 어려움을 겪지 않겠지.[1]

---

1 Baloo, *National Review* (August 28, 2000), 58.

이 만화를 우스운 이야기로 만드는 것은 십계명이 있음에도 불구하고 분명 우리가 여전히 옳고 그름을 분별하는 데 어려움을 겪고 있다는 사실이다. 문제는 십계명 자체에 있지 않다. 우리가 본 바와 같이, 하나님이 율법은 명확히 선과 악을 구분하는 객관적인 도덕적 기준을 제공한다.

문제는 우리에게 있다. 우리가 타락한 상태에서 죄는 종종 우리를 속여 틀린 것을 옳다고 생각하게 하고, 옳은 것을 틀렸다고 생각하게 한다. 우리는 또한 타락한 세상에서 살고 있다. 죄가 인간 사회에 매우 타락적인 영향력을 행사하기 때문에, 해야 할 옳은 일을 우리가 늘 아는 것은 아니다. 죄악된 세상에 살고 있는 죄인들로서, 우리는 옳고 그름의 분별을 어렵게 만드는 실질적인 도덕적 딜레마들에 직면한다. 십계명이 모든 것을 명료하게 하는 것은 아니다.

십계명이 우리의 모든 윤리적 질문에 즉각 대답하지 못하는 또 다른 이유가 있다. 십계명은 보이는 것처럼 단순하지 않다. 처음엔 그것들은 완전히 간단해 보인다. 10개(각 손가락에 하나씩)밖에 없어서 비교적 기억하기도 쉽다. 또한 그다지 길지도 않다. 낭송하는 데 1분 정도밖에 안 걸린다. 사실 너무나 단순해서 성경은 그것들을 "10가지 말씀들"(출 34:28, 문자적 번역)이라 부른다. 하나님은 우리에게 모든 장소에서 모든 사람에게 적용되는 10개의 짤막한 규율들을 주셨다. 무엇이 이보다 더 단순할 수 있겠는가?

그러나 언뜻 보기에 단순한 이 계명들을 면밀히 연구하면, 그것들이 놀랄 만한 깊이를 갖고 있는 것으로 판명된다. 하나님에 관하여 그리고 그분의 영광을 위한 삶에 관하여 십계명이 계시하고 있는 것에 있어서 십계명은 심오하다. 그 계명들은 또한 그 범위가 넓다. 십계명을 제대로 이해할 때, 십계명은 모든 상황, 즉 삶 전반과 관련된 하나의 법으로 판명된다. 그러므로 율법을 완전히 제대로 사용하기 위해서는 율법을 적용하는 방법을 알아야 한다.

그리고 만약 올바른 해석의 중요성에 대한 의심이 있다면, 단지 바리새인에 대해 생각해볼 필요가 있다. 바리새인들은 하나님의 율법을 지키려고 온갖 노력을 기울였음에도 불구하고, 자주 그것을 위반했다. 부분적인 이유이지만, 이는 그들이 십계명의 참된 의도와 적절한 적용에 의거해 십계명을 해석하는 방법을 알지 못했기 때문이다.

1. 성경 전체에서

해석의 제1원칙은 **성경적 원칙**(the biblical rule)이다. 모든 계명은 성경 전체의 컨텍스트에서 이해되어야만 한다. 이것은 단순히 성경이 성경을 해석하도록 해야 한다는 종교개혁 원칙이다. 어떤 성경 구절의 완전하고 참된 의미를 아는 방법은 성경의 나머지 부분이 같은 주제에 관하여 무엇을 말하고 있는지 아는 것이다. 그리고 이것은 십계명에 있어서도 마찬가지이다. 각 계명이 갖고 있는 완전한 의미들을 이해하기 위해서는 예수님과 그분의 사도들을 포함해서 성경

전체가 그것에 관하여 무엇을 가르치는지 알아야 한다.

단 한 예로 제2계명을 생각해보라.

> 너를 위하여 새긴 우상을 만들지 말고 또 위로 하늘에 있는 것이나 아래로 땅에 있는 것이나 땅 아래 물속에 있는 것의 어떤 형상도 만들지 말며 그것들에게 절하지 말며 그것들을 섬기지 말라(출 20:4-5a).

이 명령은 매우 단순하게 들리기 때문에 더 이상의 설명이 거의 필요 없을 듯하다. 그러나 우리가 성경의 나머지 부분이 일반적으로 예배에 대하여 특히 우상숭배에 대하여 무엇을 말하고 있는지 알게 될 때, 제2계명에 대한 우리의 이해는 훨씬 넓어진다. 우리는 우리 자신의 손으로 우상을 만들고 그것들을 숭배하기 위해 절하는 어리석음에 대해 이사야 선지자가 무엇을 말했는지(사 44:6-23), 영과 진리로 하나님을 예배하는 것에 대해 예수님이 무엇을 말씀하셨는지(요 4:24), 그리고 우상의 한 형태로서 탐심에 대해 사도 바울이 무엇을 말했는지(엡 5:5; 골 3:5)를 알 필요가 있다. 제2계명 자체를 연구하는 것 외에도, 성경의 다른 곳에서 그 주제에 대해 무엇을 가르치고 있는지 연구해야 한다.

이 해석방식을 타당하게 만드는 것은 성경에 있는 모든 것이 성령의 감동에 의한 것으로서 하나님의 생각에서 나온다는 사실이다. 하나님이 자신과 일치하지 않을 수 없기 때문에, 한 곳에서 하나님이 하신 말씀은 그가 다른 곳에서 하신 말씀과 일치한다! 더 나아가 모든 선지자와 사도는 하나님의 도덕법의 지속적인 권위를 인정했다. 그들은 그것을 무시하지 않고 다양한 방식으로 해석하고 설명했다. 그리고 그들의 가르침 또한 권위가 있기 때문에, 그들이 율법에 관하여 무엇을 말하든 그것은 또한 우리에게도 적용된다.

예수 그리스도께서 율법에 관하여 말씀하신 것도 마찬가지이다. 어떤 사람들은 예수님을 하나님의 백성에게 새로운 율법을 준 새로운 모세라고 칭한다. 그 이유를 이해하는 것은 어렵지 않다. 모세처럼 예수님은 하나님의 백성에게 어떻게 살아야 할지 가르치시기 위해 산에 올라가셨다. 거기서 예수님은 하나님이 십계명에서 다루셨던 몇몇 동일한 문제들을 이야기하셨다.

> 옛 사람에게 말한 바 살인하지 말라 누구든지 살인하면 심판을 받게 되리라 하였다는 것을 너희가 들었으나 나는 너희에게 이르노니 형제에게 노하는 자마다 심판을 받게 되고
> (마 5:21-22a).

예수님은 간음에 관하여도 비슷한 것을 말씀하셨다. 그것은 거의 마치 그가 완전히 새로운 율법을 주시고 있는 것처럼 들렸다.

그러나 그것은 예수님이 하신 일이 아니다. 예수님이 "~하였다는 것을 너희가 들었으나"라고 말씀하셨을 때, 그분은 모세를 고치려 하신 것이 아니라 모세를 그릇되게 해석하던 바리새인들을 반박

하려 하셨던 것이다.

존 칼빈이 설명했듯이, 그리스도께서는 율법에 덧보태기보다는 오히려 "그것이 거짓으로 모호하게 되었을 때 그분이 그것을 자유롭게 하고 정결하게 하셨다는 점에서, 그분은 단지 그것을 온전한 상태로 회복시키셨을 뿐이다." 그래서 칼빈은 예수님을 율법의 "가장 훌륭한 해석자"로 칭했다.[2]

이와 유사하게 스위스의 대(大)신학자인 프란시스 투레틴(Francis Turretin)은 "[예수님은] 새로운 법률제정자가 아니라 단지 모세에 의해 주어진 율법의 해석자이자 변호자이다"라고 말했다.[3]

따라서 십계명을 제대로 이해하기 원한다면, 예수님이 어떻게 그것들을 해석하셨는지 알아야 한다. 이는 해석의 제1원칙, 즉 율법은 성경 전체의 컨텍스트 속에서 이해되어야 한다는 원칙과 일치한다.

2. 안과 밖

제2원칙은 내-외 원칙(the inside/outside rule)이다. 십계명은 외적일 뿐만 아니라 내적이다. 그것들은 외적인 순종뿐 아니라 내적인 온전함을 요구한다. 이것을 사도 바울의 말로 달리 말하면, 율법은 영적이

---

2   John Calvin, *Institutes of the Christian Religion*, trans. Ford Lewis Battles, 2 vols., Library of Christian Classics, 20-21 (Philadelphia: Westminster, 1960), II.VIII.7.
3   Thomas Watson, *The Ten Commandments* (1692; repr. Edinburgh: Banner of Truth, 1965), 45.

다(롬 7:14). 다시 말해서 율법은 우리의 육신뿐만 아니라 우리의 영을 다룬다. 이것이 하나님의 율법과 인간의 법을 구분 짓는다. 오랜 청교도 속담에 의하면 "인간의 법은 손만 묶고, 하나님의 율법은 마음을 묶는다."[4]

이 해석 지침은 하나님의 존재 및 성품과 조화를 이룬다. 하나님 자신은 영이시다. 그분은 전지전능하시고 편재하신다. 아무것도 하나님의 시선을 피할 수 없다. 우리가 말하거나 행하는 모든 것뿐만 아니라 우리가 생각하는 모든 것을 즉시 아신다. 그분은 우리의 외적인 행위뿐만 아니라 내적인 의도를 아신다.

> 나의 보는 것은 사람과 같지 아니하니 사람은 외모를 보거니와
> 나 여호와는 중심을 보느니라(삼상 16:7b).

그러므로 하나님은 우리가 우리의 육신으로 범한 죄뿐만 아니라 우리 자신의 마음과 생각과 의지의 은밀한 곳에서 범한 죄들에 대한 책임을 우리에게 지우신다. 또한 각각의 십계명이 2인칭 단수로 주어진 사실을 기억하라. 하나님이 그분의 법을 준수할 책임을 우리에게 지우실 때, 그분은 우리 개개인이 외적으로 뿐만 아니라 내적으로 책임지도록 하셨다.

하나님의 율법의 영적 성격은 제10계명에 의해 매우 명료해진

---

4 Thomas Watson, *The Ten Commandments* (1692; repr. Edinburgh: Banner of Truth, 1965), 45.

다. 적어도 표면적으로 볼 때, 처음 아홉 개의 계명들은 외적 행위만을 다룬다. 그것들은 우상 앞에 절하기, 저주하기, 살인, 절도와 같은 관찰 가능한 행위들에 적용된다. 그러나 제10계명은 오로지 마음만 다룬다.

> 네 이웃의 집을 탐내지 말지니라 네 이웃의 아내나 그의 남종이나 그의 여종이나 그의 소나 그의 나귀나 무릇 네 이웃의 소유를 탐내지 말지니라(출 20:17).

제10계명은 행위는 전혀 다루지 않고 오직 감정만 다룬다. 유대인 학자인 움베르토 카수토(Umberto Cassuto)에 의하면, 이런 종류의 계명은 고대 세계에서 전혀 전례가 없다.[5] 다른 모든 법전은 도둑질과 같은 외적인 죄들을 다루었다. 그러나 이스라엘의 하나님만이 사람의 생각과 욕망을 다스리려 하셨다.

제10계명에서 명료하게 된 것은 다른 모든 계명에 대해서도 마찬가지로 옳다. 십계명은 영적이다. 그것들은 외적인 순종뿐 아니라 내적인 순종을 요구한다. 이것은 예수님이 산상설교에서 분명하게 하신 것들 중 하나이다. 제7계명, 즉 간음 금지는 단지 우리의 육체를 어떻게 사용하는지에 대해서만 다룬다고 생각할 수 있다. 그러나 예수님은 다음과 같이 말씀하셨다.

---

5 Umberto Cassuto, *A Commentary on the Book of Exodus*, trans. Israel Abrahams (Jerusalem: Magnes Press, 1967), 240.

> 나는 너희에게 이르노니 여자를 보고 음욕을 품는 자마다 마음에 이미 간음하였느니라(마 5:28).

제7계명이 금하는 것은 부적절한 성적 행위뿐 아니라 죄된 욕구이다. 예수님은 제6계명을 동일한 방식으로 다루시고, 그 계명이 살인뿐 아니라 분노와 미움을 정죄한다고 가르치셨다(마 5:21-22; 비교. 요일 3:15a). 예수님은 나중에 다음과 같이 말씀하셨다.

> 마음에서 나오는 것은 악한 생각과 살인과 간음과 음란과 도둑질과 거짓 증언과 비방이니(마 15:19).

이제 우리는 하나님이 얼마나 많은 요구를 하시며 그분의 율법이 얼마나 철저하게 우리의 죄를 드러내는지 알기 시작했다. 만약 우리가 어떻게든지 선행으로 그럭저럭 빠져나갈 수 있다고 생각한다면, 그것은 잘못된 생각이다. 율법은 영적인 것이기 때문에 외적인 행위뿐만 아니라 내적인 감정에 적용시켜야 한다. 이제 우리는 어느 족장의 다음과 같은 말에 공감할 수 있을 것이다.

> 나는 기독교인들의 십계명을 갖느니 차라리 토라자 아다트(Torajda Adat)의 7,777개 계명과 금령을 갖겠다. 왜냐하면 십계명은 나의 온 마음을 요구하는 반면, 조상 대대로 내려온 7,777

개 명령과 금령은 많은 자유의 여지를 남기기 때문이다.[6]

3. 율법의 양면

제2원칙과 같이 해석의 제3원칙은 십계명의 적용을 확대한다. 그것은 양면의 원칙(two-sided rule)이다. 그것은 또한 정반대의 법칙(the law of opposites), 상반의 법칙(the law of contraries), 대우의 법칙(the law of contrapositives)으로도 불릴 수 있다. 그것이 어떻게 불리든 의미하는 바는 매우 단순하다. 모든 계명은 긍정적이기도 하고 부정적이기도 하다. 죄가 금지되는 곳에서는 그에 상응하는 의무가 요구된다. 그리고 의무가 요구되는 곳에서는 그에 상응하는 죄가 금지된다.

사람들은 대개 십계명을 하지 말아야 할 사항들의 목록으로 생각한다. 다른 신들을 만들지 말라, 도적질하지 말라, 거짓말하지 말라 등등. 대부분의 계명이 하라는 말보다는 하지 말라는 말로 표현된 것은 사실이다. 이는 아마도 우리가 하나님께 거슬리는 일을 하는 강한 경향을 갖고 있어서 그만두라는 말을 들어야 하기 때문일 것이다. 유일하게 완전히 긍정적인 계명은 제5계명뿐이다.

네 부모를 공경하라(출 20:12).

---

6 Jochem Douma, *The Ten Commandments: Manual for the Christian Life*, trans. Nelson D. Kloosterman (Phillipsburg, NJ: P&R, 1996), 352에 인용됨.

심지어 "안식일을 기억하여 거룩히 지키라" 말하는 제4계명조차도 우리에게 일하지 말라고 말한다(출 20:8-10).

이 모든 "너는 하지 말지니라"는 말은 다소 부정적으로 들릴 수 있다. 그러나 우리가 십계명을 제대로 해석할 때, 우리는 그것들이 긍정적이기도 하고 부정적이기도 하다는 사실을 발견한다. 각 계명은 특정 악을 정죄하는 반면, 동시에 특정 덕행을 명령한다.

예를 들어, 제3계명은 하나님의 이름의 오용을 금지한다. 우리는 하나님의 이름을 남용함으로써 하나님의 이름을 더럽힐 수 있다. 그러나 순전한 논리력에 의하면, 이 명령은 또한 우리가 하나님의 이름을 고귀하고 경건하게 사용하도록 요구하고 있다. 조이 데이빗맨(Joy Davidman, 훗날 C. S. Lewis의 아내)이 지적한 바와 같이, 제3계명은 "너는 너의 하나님 주의 이름을 진지하게 받아들여라"를 의미한다.[7]

또 다른 예를 들면, 살인을 금하는 계명은 동시에 생명의 보존을 요구한다. 이와 비슷하게, 제8계명은 절도를 금지하는 반면에 또한 우리가 가난한 사람들에게 후하게 베풀 것을 요구한다. 각 계명의 진짜 의도는 하지 말아야 할 일뿐만 아니라 해야 할 일을 우리에게 말해주는 것이다.

긍정적으로 언급된 계명들도 같은 방식으로 해석되어야 한다. 의무가 명령된 곳에서는 그에 상응하는 죄는 금지된다. 부분적으로 "엿새 동안은 힘써 네 모든 일을 행할 것이나"(출 20:9)라고 쓰여 있는

---

7 Joy Davidman, *Smoke on the Mountain* (Philadelphia: Westminster, 1953), 48.

제4계명을 생각해보라. 이 명령은 근면의 미덕을 장려한다. 동시에 그것은 시간낭비와 다른 형태의 게으름과 같이 일을 방해하는 모든 죄를 금지한다. 같은 계명은 또한 우리에게 "안식일을 기억하라"고 우리에게 말한다. 바로 그 긍정적인 명령은 또한 우리가 뭔가를 하는 것, 즉 안식일을 어기는 것을 금한다.

모든 계명은 긍정적이기도 하고 부정적이기도 하다. 이 '정반대의 법칙'은 우리가 율법의 완전한 적용은 회피하면서 율법 조문을 자구대로만 이행하지 않도록 돕는다. 가난한 자들에게 베풀지는 않으면서, "자, 적어도 나는 가게에서 물건을 슬쩍하지 않아" 하고 말하기만 하고 여전히 우리가 참으로 제8계명을 준수하고 있다고 생각할 수는 없다.

이 원칙은 또한 십계명 준수를 대부분의 사람이 생각하는 것보다 적어도 두 배나 더 어렵게 만든다! 예를 들어, 제1계명을 준수하기 위해 우리는 거짓 종교에서 떠나 있어야 할 뿐만 아니라, 한 분이시고 유일하신 참된 하나님을 우리의 최고의 주님으로 모셔야 한다. 그리고 제9계명을 지키기 위해서 단지 거짓말을 피하는 것만으로는 충분하지 않다. 우리는 또한 격려하고 축복하는 말들을 사용해야만 한다. 앞으로 살펴보겠지만, 이 원칙들은 십계명을 따르는 것을 대부분의 사람이 과거에 상상했던 것보다 훨씬 더 불가능하게 만든다.

4. 범주들

십계명이 정확히 해석될 때, 십계명의 범위는 넓어진다. 십계명은 성경전체에서 논의되는 여러 영역의 죄를 다룬다. 십계명은 육체와 영 모두에게 명령한다. 십계명은 불순종을 금지할 뿐 아니라 순종도 요구한다. 이제 이 지침들에 네 번째 지침, 즉 범주의 원칙(the rule of categories)을 더할 수 있다. 각각의 계명은 죄들로 구성된 한 범주 전체를 대표한다. 각 계명은 언급된 특정 죄뿐 아니라 결국에 그 죄까지 이어질 수 있는 모든 죄와 같은 종류의 덜 중요한 듯 보이는 모든 죄에 적용된다. 웨스트민스터 대요리문답은 이 원칙을 공식적으로 다음과 같이 진술하고 있다.

> 한 가지 죄 또는 의무 아래 이런 종류의 모든 죄 또는 의무를 금하거나 명령하는데, 이것들의 모든 원인, 방편, 기회와 모양과 이것들에 이르게 하는 도전도 모두 포함되어 있다(답 99.6).

이 원칙의 의미를 가장 쉽게 설명하는 길은 몇 가지 예를 드는 것이다. 제6계명 "살인하지 말지니라"를 생각해보라. 이 계명을 문자 그대로 받아들이면, 이 계명을 어기는 사람들은 거의 없다(비록, 예수님이 설명하신 바와 같이, 율법이 영적이기 때문에 그것이 미움과 같은 매우 일반적인 죄들도 정죄함에도 불구하고). 그러나 노골적인 살인 외에도 제6계명은 어떤 형태의 육체적 폭력도 금한다. 그것은 심지어 주먹싸움, 신체 상해, 그리고 가정폭력을 정죄한다. 그것은 개인적인 건강 소홀을 정죄한다. 그것은 또한 분노의 발작, 무모한 운전, 또는 심지어 폭력적인 비디오게임처럼 이러한 죄들로 이어질 수 있는 모든 것을 포함한다. 하나님이 금지하시는 것은 단순히 살인뿐만 아니라 육체를 해치거나 신체적 건강을 위협하거나 폭력의 위험에 우리를 익숙하게 하는 모든 것이다.

또 다른 예로, 간음을 금하는 제7계명을 생각해보자. 가장 문자적인 의미로 해석하면, 제7계명이 금하는 것은 혼외정사이다. 이것이 제7계명이 다루는 유일한 죄라면, 이는 (비교적) 지키기 쉬운 법이다. 그러나 네 번째 해석원칙에 의하면, 각 계명은 전체 범주에 해당하는 죄를 대표한다. 그래서 제7계명은 간음행위뿐만 아니라 모든 형태의 성적인 방종을 포함한다. 혼전 성관계, 포르노물의 사용, 자기자극(self-stimulation)과 같은 죄들 모두가 금지된다.

또한 간음으로 이끄는 모든 죄도 금지된다. 하나님은 남편과 아내에게 서로와의 친밀한 교제를 키워나갈 것을 요구하신다. 부부가 육체적으로, 영적으로, 감정적으로, 또는 성적으로 관계가 멀어지는 것은 율법에 어긋난다. 남편이나 아내가 다른 남자 또는 여자와 비록 (적어도 아직은) 성적인 관계는 아닐지라도 친밀한 관계를 맺는 것 또한 잘못이다. 간음은 두 사람이 함께 침대에 있게 되기 오래전에 시작된다. 이것들은 제7계명의 범주 아래 포함된 많은 죄 중에서 소수의 예에 불과하다.

이 예들은 십계명이 일반적으로 특정 종류의 죄의 가장 극단적인 예를 금하고 있다는 사실을 우리가 이해하도록 돕는다. 우상 앞에 절하는 것은 잘못된 예배의 최악의 형태이며, 하나님의 거룩한 신성한 이름을 오용하는 것은 신성모독의 최악의 형태이다. 살인은 폭력의 최악의 형태이며, 간음은 성적인 죄의 가장 파괴적 행위이다. 그러나 이 접근법이 의도하는 바는 우리로 하여금 큰 죄들만 중요한 죄라고 생각하도록 만드는 것이 아니다. 오히려, 그것은 우리에게 하나님은 그 범주 안에 있는 모든 죄를 그 가장 극악무도한 형태의 특정한 죄만큼이나 죄로 여기신다는 것을 보여준다. 그래서 예를 들어, 모든 종류의 서투른 청지기직무는 도둑질만큼 과실이 있으며, 온갖 종류의 부정직은 법정에서 선서하고도 거짓말하는 것만큼 비난받을 만하다.

또한 범주의 원칙은 본질상 더 큰 죄로 이끌게 되어 있는 보다 작은 죄를 범하지 않도록 경고한다. 사람들은 일반적으로 중한 절도죄로 시작하지 않는다. 작은 도둑질로 시작한다. 이와 비슷하게, 사람들이 중대한 사기를 잘 치는 방법을 배우는 것도 바로 자그마한 선의의 거짓말을 통해서이다. 그러나 하나님은 큰 죄를 막도록 돕기 위해서 작은 죄를 범하지 못하도록 하신다. 투레틴은 이 원칙을 다음과 같이 설명했다.

> 죄의 각 종류 중에서 가장 비열하고 중요한 죄가 금지되었다. 그리고 그 아래 다른 모든 죄가 포함되어 있다. 이는 그 죄들이 그를 대표하는 큰 죄에서 비롯되거나 혹은 그것들이 마침내 그

죄에 이르게 되기 때문이다. 또는 사람에게 가장 작게 보이는 죄들이 하나님의 가장 정확한 판단에서는 더 중한 죄로 평가되기 때문이다. 그러므로 이렇게 한 것은 보다 작은 죄들을 면제하거나 제외시키기 위해서가 아니라 죄에 대한 더 큰 증오감이 우리의 마음에 새겨지도록 하기 위해서이다.[8]

5. 내 아우를 지키는 자

내가 내 아우를 지키는 자이니까(창 4:9b).

이 유명한 질문을 한 사람은 바로 가인이었다. 하나님의 율법해석과 적용을 위한 다음 지침은 이 질문에 긍정적으로 대답한다. 우리 자신이 십계명을 지키는 것 외에도, 우리는 다른 사람이 십계명을 지키도록 도와야 한다. 형제지킴의 원칙(the brother's keeper rule)에 의하면, 하나님이 우리에게 하지 말라고 말씀하신 것을 다른 사람이 하도록 격려하는 것은 우리에게 허용되지 않는다. 더 긍정적으로 말하면, 우리는 다른 사람들이 하나님의 율법을 지키도록 돕기 위해 우리 힘이 미치는 범위 내에서 모든 것을 해야 한다. 어니스트 라이싱어는 다음과 같이 말했다.

---

8 Turretin, *Institutes of Elenctic Theology*, XI.VI.3.

> 우리는, 우리의 지위에 준하여, 우리에게 금지되거나 명령된 것은 무엇이든 그것을 다른 사람들에게서, 그들의 지위가 갖는 의무에 따라, 단념시키거나 장려할 의무가 있다.[9]

라이싱어는 "지위"란 단어를 사용한다. 왜냐하면 삶 속에서의 우리의 지위가 종종 우리에게 다른 사람에게 대한 영적인 영향력을 주기 때문이다. 부모들은 악과 선 모두에 대한 그들 자녀의 도덕을 형성한다. 그리하여 십계명은 아버지와 어머니에게 어떻게 하나님을 제일 우선으로 두게 하는지, 어떻게 안식일을 준수하는지, 어떻게 진실을 말하는지 등등을 자녀들에게 가르치라고 요구한다. 동일한 원칙이 교실과 일터에도 적용된다. 모든 고용인은 피고용인들을 위한 도덕적 기준을 세운다. 고용인들에게는 자신들이 하나님의 율법을 준수해야 할 뿐만 아니라 그들의 직원들도 하나님의 율법을 준수하도록 권장 받는 환경을 만들 책임이 있다.

만약 우리가 다른 사람들이 하나님의 율법을 지키도록 돕지 못하거나, 더욱 나쁜 경우, 그들이 율법을 어기지 못하도록 막지 못하면, 어떤 면에서 우리는 그들의 죄책을 공유하게 된다.

청교도인 토마스 왓슨(Thomas Watson)은 십계명에 관한 그의 주석에서 우리가 다른 사람의 죄의 종범자가 될 수 있는 많은 방법 중 몇 가지를 나열했다.[10] 그중 하나는, 아론이 금송아지를 만들기 위해 이

---

9 Ernest C. Reisinger, *The Law and the Gospel* (Phillipsburg, NJ: P&R, 1997), 74-75.
10 Watson, *The Ten Commandments*, 46-47.

스라엘 백성에게 귀금속을 내놓으라고 말했을 때처럼(출 32장), 사람들에게 하나님이 금하신 것을 하라고 말하는 것이다. 아론이 한 것처럼 실제로 다른 사람들에게 죄를 지으라고 말하는 기독교인들은 거의 없다. 그러나 그것만이 다른 사람들의 죄를 공유하는 유일한 길은 아니다. 그들의 불법에 동참하는 또 다른 방법은 그들에게 죄를 짓도록 권하는 것이다.

> 이웃에게 술을 마시우되 자기의 분노를 더하여 그로 취케 하고 그 하체를 드러내려 하는 자에게 화 있을진저(합 2:15).

학교에 다녀본 사람은 누구나 자신은 결코 잡히지 않으면서 다른 아이들로 하여금 말썽을 일으키게 하는 아이디어들을 찾아낼 줄 아는 아이들이 있다는 걸 알고 있다. 그러나 하나님의 율법에 의하면, 그들에게 죄가 있다.

그리고 우리는 나쁜 본보기를 보임으로써 죄를 야기하기도 한다. 하나님의 율법을 준수하는 데 있어서의 우리의 실패는 다른 사람들도 그것을 범하도록 조장한다. 이는 영적 지도자들이 특히 주의해야 하는 영역이다. 예수님이 제자들에게 다음과 같이 말씀하셨다.

> 실족케 하는 것이 없을 수는 없으나 있게 하는 자에게는 화로다 저가 이 작은 자 중에 하나를 실족케 할진대 차라리 연자맷돌을 그 목에 매이우고 바다에 던지우는 것이 나으리라 너희는

스스로 조심하라(눅 17:1-3a).

죄를 장려하는 더 교묘한 방법은 죄를 막지 않는 것이다. 죄를 멈출 수 있는 힘이 우리에게 있을 때, 죄를 막지 않는 것은 그 죄 자체를 저지른 것과 마찬가지로 유죄이다. 이는 부모들이 종종 자녀들의 죄에 참여하는 방식들 중 하나이다. 자녀들을 꾸짖고 벌을 주지 않음으로써 부모는 실제로 그들의 불순종을 눈감아준다. 이것은 하나님이 엘리를 그토록 호되게 꾸짖으신 이유이다.

> 내가 그 집을 영영토록 심판하겠다고 그에게 이른 것은 그의 아는 죄악을 인함이니 이는 그가 자기 아들들이 저주를 자청하되 금하지 아니하였음이니라(삼상 3:13).

엘리처럼 범죄인들을 벌하지 못하는 사람들은 그들과 함께 죄를 범하는 것이다.

죄의 종범자가 되는 또 다른 방법은 다른 사람의 위법을 승인하는 것이다. 성경에 나오는 명백한 예는 스데반이 돌에 맞아 죽을 때 사울이 한 행동이다. 이 살인행위를 수행한 사람들이 옷을 벗어 사울이라 하는 청년의 발 앞에 두었다고 성경은 말한다(행 7:58). 사울은 심지어 돌을 들어 올리지도 않았다. 그가 한 것은 옷을 보관한 일이 전부다! 그러나 마음으로 동의함으로써 그도 스데반의 죽음에 가담했다. 그래서 성경은 다음과 같은 말로 그를 정죄한다.

> 사울이 그의 죽임 당함을 마땅히 여기더라(행 8:1).

하나님께 있어서, 우리는 우리가 범한 죄에 대해서 유죄인 것만큼 우리가 동의한 죄에 대해서도 유죄이다.

우리가 다른 사람의 죄를 공유하는 길은 많다. 십계명을 가장 광범위하게 적용할 때, 십계명이 요구하는 것은 우리의 순종뿐만 아니라 다른 사람의 죄에 가담하기를 거부하는 것이다. 그것 이상으로, 우리는 다른 사람들이 하나님의 율법을 존중하고 따르도록 돕기 위해 우리가 할 수 있는 모든 일을 하도록 요구된다.

6. 율법의 저주

이것들은 하나님의 도덕법을 해석하는 원칙들 중 일부이다. 다른 원칙들도 있다. 그중 하나는 **언약판들의 원칙**(the law of the tables)이다. 이 원칙에 의하면 첫 번째 언약판의 율법은 항상 두 번째 언약판의 율법에 우선한다. 다시 말해서, 처음 네 계명에 있는 하나님께 대한 의무가 항상 나머지 여섯 계명에 있는 인간에 대한 의무를 지배한다. 이웃 사랑은 하나님 사랑에 종속된다. 그래서 만약 부모가 자녀에게 그릇된 신을 섬기라고 말한다면, 그 자녀는 제5계명("네 부모를 공경하라")보다는 오히려 제1계명("다른 신을 두지 말라")에 의해 구속받는다. 이 원칙은 베드로가 공회 앞에서 "사람보다 하나님께 순종하는 것이 마땅하니라"(행 5:29)라고 말했을 때 적용하던 원칙이다.

동시의 원칙(the all-at-once rule)도 있다. 분명한 것은 우리는 모든 긍정의 의무를 동시에 수행할 수 없다. 그래서 웨스트민스터 대요리문답은 다음과 같이 가르친다.

> 하나님이 금하는 것은 어느 때라도 해서는 안 되며, 하나님이 명령하는 것은 항상 우리의 의무이다. 그러나 모든 특정한 의무가 언제든지 행해질 수는 없다(답 99.5).

그리고 모든 계명의 목적은 사랑, 특히 하나님에 대한 사랑을 보여주는 것이라고 말하는 **사랑의 원칙**(the rule of love)이 있다. 성경이 말하는 바와 같이 "사랑은 율법의 완성이다"(롬 13:10). 심지어 이웃 사랑을 요구하는 계명들조차도 하나님 사랑을 장려한다. 우리는 단순히 이웃을 위해서가 아니라 궁극적으로 하나님을 위해 이웃을 사랑하고 섬긴다.[11]

뒤이어 나오는 장(章)들에서, 우리는 십계명을 해석하고 적용하기 위해 이 원칙들을 함축적으로 사용하기도 하고 명료하게 사용하기도 할 것이다. 그렇게 하기 시작할 때, 우리는 이 원칙들이 결국엔 그리 단순하지 않다는 것을 곧 발견하게 될 것이다. 그것들은 모든 것에 적용된다. 그것들은 외적으로뿐만 아니라 내적으로 우리를

---

11 Reisinger, *The Law and the Gospel*, 73-74를 보라.

규정한다. 그것들은 부정적일 뿐 아니라 긍정적이다. 각각의 원칙은 죄와 의무의 전체 범주에 적용된다. 그것들은 우리 자신의 행위뿐만 아니라 다른 사람들의 행위에 대한 우리의 영향에도 적용된다.

이 원칙들을 사용하면서, 가장 단순한 계명조차도 우리의 순종을 매우 강력하게 요구한다. 한 가지 예를 들어, 제9계명 "네 이웃에 대하여 거짓 증거하지 말라"(출 20:16). 다른 말로 하면, "거짓말하지 말라"를 생각해보라. 웨스트민스터 대요리문답에서 설명된 바와 같이 계명의 완전한 의미를 이해하기까지 제9계명은 상당히 단순하게 들린다.

> 제9계명에서 금지된 죄들은 진실과 우리 자신의 좋은 평판뿐 아니라 이웃의 좋은 평판을 특히 공공 재판에서 손상시키는 모든 일이다. 거짓 증거하기, 거짓 목격자에게 위증시키기, 악한 소송에 고의로 나와서 변호하기, 진실에 대항하고 억압하기, 불의한 판결 내리기, 악을 선하다 하고 선을 악하다 하기, 악인을 의인의 행사에 따라 보상하고 의인을 악인의 행사에 따라 보상하기, 위조, 진실의 은폐, 공의의 소송에서의 부당한 침묵, 불법행위를 질책하거나 다른 사람들에게 불평을 하도록 요구될 때 잠자코 있기, 진리를 때에 맞지 않게 말하거나 그릇된 목적을 위해 악의적으로 말하기, 혹은 의심스럽거나 모호한 표현으로 진리와 공의에 손상이 되도록 진리를 왜곡하기, 비진리를 말하기, 거짓말하기, 중상하기, 험담하기, 비방하기, 남의 소문

퍼뜨리기, 수군대기, 조롱하기, 욕하기, 무분별하고 가혹하고 편파적으로 비난하기, 의도와 말과 행동을 오해하기, 아첨하기, 강한 허영심에 자랑하기, 우리 자신이나 다른 사람들을 과대평가 혹은 과소평가하기, 하나님의 은사와 은혜를 부인하기, 더 작은 과실을 악화시키기, 자유로운 죄의 자백으로 요청될 때 죄를 숨기거나 변명하거나 경감시키기, 남의 결점을 불필요하게 찾아내기, 거짓 소문 일으키기, 나쁜 보도를 받아들이고 묵인하기, 그리고 공정한 변호에 대해 귀 막기, 악한 의심, 어떤 이든 그가 마땅히 받아야 하는 명성을 시기하거나 비통해하며 그것을 손상시키려고 노력하거나 바라며 그의 불명예와 오명을 기뻐하기, 조소하는 멸시와 어리석은 칭찬, 정당한 약속의 위반, 평판이 좋은 일을 소홀히 하고 악명을 초래할 일을 실행하거나 스스로 피하지 않거나 능히 할 수 있는데도 다른 사람들이 못하도록 막지 않는 것이다(답 145).

그런데 이것은 금지된 것에 불과하다! 요리문답은 또한 제9계명이 요구하는 바를 이와 비슷할 정도로 상세히 설명한다. 만약 여하튼 우리가 제9계명을 어기는 죄를 짓지 않았다고 생각했다면 이는 단지 우리가 율법이 요구하는 바에 대해 알지 못하였기 때문이었다는 사실을 우리는 이제 안다. 진실인즉 우리는 거짓말쟁이다.

이것은 나쁜 소식이다. 왜냐하면 하나님이 완전한 순종을 요구하시기 때문이다. 또다시 대요리문답을 인용하면 다음과 같다.

율법은 온전한 것으로 누구나 전인격적으로 그 의를 충분히 따르고 영원토록 온전히 순종하여 모든 의무를 철두철미하게 끝까지 완수하여야 하며 무슨 죄를 막론하고 극히 작은 죄라도 금한다(답 99.1).

그리고 만약 우리가 심지어 한 계명이라도 어기면, 우리는 하나님 앞에 유죄이다. 이는 사도 야고보가 기록한 바와 같다.

누구든지 온 율법을 지키다가 그 하나를 범하면 모두 범한 자가 되나니(약 2:10).

한층 더 나쁜 것은, 율법을 어기는 자는 누구나 하나님의 진노와 저주를 면할 수 없다는 것이다.

7. 율법에 대한 온전한 이해

어떤 사람들(일부 기독교인들을 포함하여)은 율법을 너무 주의 깊게 해석하는 것을 율법주의적이라고 생각할 수도 있다. 우리는 쉬운 계명을 준수하는 것에도 충분히 힘들어한다. 그러니 철저하게 상세히 하나님의 율법을 보아야 할 이유가 무엇이 있겠는가? 그것은 율법주의적이지 않은가?

반대로, 우리가 가장 율법주의에 빠지게 되는 것은 우리가 율법에 대해 제한된 이해를 갖고 있을 때이다. 왜냐하면 그럴 때 우리는 우리가 율법을 준수할 수 있다고 생각하기 때문이다. 만약 하나님께서 우리에게 행하라고 명령하신 것 전부가 누군가를 살해하지 않는 것이라면, 우리는 그분께 순종할 수 있을지도 모른다. 그러나 우리는 살인 의도에 관하여 성경이 말하는 모든 것을 갖고서, 전체 성경의 맥락에서 제6계명을 해석할 필요가 있다. 율법은 영적이기 때문에, 그것은 살인뿐만 아니라 분노도 정죄한다. 그것은 부정적일 뿐 아니라 긍정적이기 때문에 그것은 능동적인 생명 보존을 요구한다. 그리고 그것이 죄의 전체 범주를 대표하기 때문에 우리는 어떻게든 사람들을 해치거나 다른 사람으로 하여금 그렇게 하도록 허용해서는 안 된다.

이것이 율법주의적인 사고방식인가? 결코 그렇지 않다. 이런 종류의 성경적 추론은 우리로 하여금 하나님의 기준을 낮추지 못하게 함으로써 율법주의로부터 우리를 지켜낸다. 하나님의 기준은 우리가 그분의 의가 진정으로 요구하는 바를 인정할 때에만 유지된다. 그리고 하나님이 요구하시는 바를 온전히 알게 될 때, 우리는 또한 우리 죄의 전체 범위를 보게 된다. 복음에 대한 우리의 온전한 필요를 드러내는 것은 오직 하나님의 율법에 대한 온전한 이해이다. 그레샴 메이천(J. Gresham Machen)의 말에 의하면, "율법에 대한 저등 시각은 항상 종교에서 율법주의를 가져오고, 율법에 대한 고등 시각은 인간을 은혜 추구자로 만든다."[12]

여기서 우리는 하나님의 율법을 어떻게 사용해야 하는지 상기할 필요가 있다. 우리가 보아왔듯이, 십계명은 다중 사용 아이템이다. 율법의 주요 목적 중 하나는 우리에게 우리의 죄를 보여주어 우리로 하여금 구원자에 대한 필요를 보게 하는 것이다. 율법은 우리를 예수 그리스도께로 향하게 한다. 성경은 그분을 "율법의 마침"(롬 10:4)이라 밝혔다. 이는 그분이 율법의 목표 또는 진정한 목적이라는 것을 의미한다. 하나님의 율법이 요구하는 바를 우리가 분명하고도 철저하게 이해하면 할수록, 우리는 하나님이 예수 그리스도 안에서 우리에게 주신 은혜를 더욱 분명하고 철저하게 이해하게 된다.

십계명 안에 요약되어 있고 옳게 해석된 도덕법은 예수 그리스도의 인격과 사역에 관하여 무엇을 드러내는가? 도덕법은 그분의 완전한 순종을 한껏 드러낸다. 예수님이 율법 아래 나셨으나(갈 4:4), 모든 의를 이루시고(마 3:15) 죄를 범하지 않으셨다(벧전 2:22)고 성경은 우리에게 확증한다. 이는 작은 성취가 아니었다! 하나님의 율법은 영혼까지 조사한다. 그분의 율법은 그것이 요구하는 의에 있어서 아주 철저하다. 우리는 단 하나의 계명조차도 완전무결하게 지킬 수 없다. 그러나 예수님은 계명들을 마지막 사소한 것에 이르기까지 모두 지키셨고, 그것을 우리를 위하여 하셨다. 만약 우리가 믿음으로 그분께 결합되어 있으면, 하나님은 마치 우리가 그분의 모든 율법을

---

12 J. Gresham Machen, *What Is Faith?* (New York: Macmillan, 1925), 152.

완벽하게 준수한 것으로 여기신다. 왜냐하면 그리스도께서 "우리에게 율법의 요구가 이루어지게 하려"(롬 8:4a)고 십자가에 달리셨기 때문이다. 그러므로 율법은 우리가 그리스도 안에서 얼마나 완벽한 의를 갖고 있는지 우리에게 보여준다. 더 전문적으로 말하면, 율법이 요구하는 바를 알 때, 우리는 칭의 교리를 이해할 수 있다.

도덕법은 또한 그리스도의 속죄의 전체 범위를 드러낸다. 성경은 예수 그리스도께서 우리의 죄 때문에 십자가 위에서 죽으셨다고 가르친다. 만약 하나님의 율법에 대한 좁은 이해를 갖고 있으면, 우리는 우리가 죽임을 당할 만한 죄를 그다지 많이 짓지 않았다고 생각할 수 있다. 그러나 십계명에 대한 온전한 이해는 우리 죄의 전체 범위를 드러내고, 따라서 속죄의 전체 범위를 드러낸다.

그리스도께서는 우리의 모든 죄 때문에 죽으셨다. 그분은 우리가 하나님께 지은 죄와 인간에게 지은 죄 때문에 죽으셨다. 그분은 우리의 우상숭배와 신성모독과 간음 때문에 죽으셨다. 그분은 우리의 거짓말과 도둑질과 살인 때문에 죽으셨다. 그분은 우리의 내적인 죄와 외적인 죄 둘 다 때문에 죽으셨다. 그분은 하나님 명령의 모든 범주 내에서 우리가 범한 모든 죄 때문에 죽으셨다. 그분은 심지어 우리가 다른 사람의 죄에 가담함으로써 범한 모든 죄 때문에 죽으셨다. 그리스도께서는 우리의 범죄가 응당 받아야 할 최대한의 형벌을 겪으시며, 우리의 모든 죄 때문에 죽으셨다.

하나님의 율법의 의미를 더 철저하게 이해할수록, 더욱 진실되게 예수 그리스도의 대속적 죽음에 담긴 하나님의 은혜에 감사한다. 율법이 요구하는 바를 알게 될 때, 우리는 십자가를 이해할 수 있다.

　마지막으로, 예수 그리스도를 믿는 자들에게 있어 도덕법은 기독교적 삶의 온전한 의무를 드러낸다. 이것이 하나님의 율법의 또 다른 사용이다. 도덕법은 하나님의 구속받은 백성에게 하나님의 영광을 위해 어떻게 살아가야 하는지를 보여준다. 율법에 온전한 해석을 가할 때, 하나님의 의의 기준을 완벽하게 더 잘 파악하게 되어 하나님을 기쁘시게 하는 방법을 더 잘 알 수 있다. 신학적인 용어로 말하면, 율법이 요구하는 바를 알 때, 성화의 교리를 이해할 수 있다. 그리스도와 그의 복음에 대한 지대한 필요를 이해하는 것과 하나님의 은혜에 대해 얼마나 많은 방법으로 그를 영화롭게 할 수 있는지 배우는 것, 이것이 우리가 하나님의 율법을 공부하는 이유다.

학습을 위한 질문들

1. 당신은 누군가와 오해가 있어 우스꽝스러운 결과나 비참한 결과를 낳은 적이 있는가?

2. 옳고 그름에 대하여 죄는 어떻게 우리를 혼동시키는가?

3. 왜 예수님은 둘째 모세로 알려지셨는가? 두 사람의 비슷한 점은 무엇인가?

4. 성경을 성경의 나머지 부분의 컨텍스트에서 해석하는 것은 왜 중요한가? 그렇게 하지 않을 때의 위험은 무엇인가?

5. 하나님의 어떤 속성들이 우리로 하여금 그분의 율법을 외적으로 순종할 뿐만 아니라 내적으로도 흠 없이 따르지 않을 수 없게 하는가?

6. 각 계명의 긍정적인 면과 부정적인 면을 둘 다 생각하는 것은 당신이 십계명을 바라보는 방식을 변화시키는가? 어떤 식으로 변화시키는가?

7. "범주의 원칙"을 십계명 중에서 몇몇에 어떻게 적용해야 하는지 설명하라.

8. 책에 제시된 각각의 방법으로 어떻게 다른 사람을 죄로 이끄는가에 대한 예들을 논하라(죄를 짓도록 누군가를 권함, 나쁜 본보기가 됨, 죄를 예방하지 못함, 하나님의 율법의 위반을 지지).

9. 각 계명의 깊이에 대한 이해가 어떻게 율법주의를 막는가? 어떻게 당신은 이 원칙이 당신의 삶 속에서 작용하는 것을 보았는가?

10. 앞으로 몇 주 동안 당신이 각 계명을 더 자세히 살펴보게 될 때, 하나님이 당신을 어떻게 변화시키실 것인가에 대한 당신의 기도는 무엇인가?

4.

제1계명
다른 신들을 두지 말라

너는 나 외에는 다른 신들을 네게 두지 말라

— 출애굽기 20:3

  부모가 자녀들에게 가르치려고 시도하는 첫 교훈들 중 하나는 나누는 방법이다. 아버지들과 어머니들은 자녀들에게 그들의 공간을 나누고, 장난감을 나누고, 음식을 나누라고 끊임없이 일러준다. "너는 나누어야 해"라고 부모는 말한다.

  나누는 방법을 배우는 것이 중요한 만큼 어떤 것들은 나눠질 수 없다는 것을 깨닫는 것도 중요하다. 예를 들어, 한입에 들어가는 막대사탕. 또는 외바퀴자전거. 또는 시험 답안과 같은 기밀 정보. 또는 훨씬 더 중대한 예를 들면, 남편과 아내 사이의 성애(性愛). 이러한 것들은 결코 다른 사람들과 나눌 수 있는 것들이 아니다. 그것들이 제대로 사용되기 위해서는, 그것들은 배타적이어야 한다.

만약 어떤 것들이 결코 나누도록 의도된 것이 아니라면, 하나님조차도 나누기를 거부하시는 경우들이 있다고 배우는 것은 놀랍지 않다. 하나님은 자기 백성에게 자신의 자비와 은혜를 쏟기를 좋아하시는 애정이 깊고 자비로운 분이시다. 그러나 하나님이 나누지 않으시려는 것들이 있다. 그것이 그분의 신으로서의 특권과 관련되었을 때에 특히 그렇다. 하나님은 그분의 영광을 다른 신과 나누지 않으실 것이다. 그래서 그분은 우리에게 다음 명령을 주셨다.

> 너는 나 외에는 다른 신들을 네게 두지 말라(출 20:3).

이것은 근본적인 계명, 즉 다른 모든 계명 앞에 와서 그것들을 위한 기초를 놓는 계명이다. 하나님이 무엇을 요구하시는지에 대하여 다른 것을 배우기 전에, 그분이 누구신지 그리고 그분과의 관계에서 우리가 누구인지 알 필요가 있다. 하나님은 다음과 같이 말씀하신다고 본다.

> 이제 이것을 확실히 정리해 두어라. 나는 하나이고 유일한 하나님이다. 그리고 내가 유일한 하나님이기 때문에 나는 나의 예배를 다른 누구와도, 다른 어떤 것과도 나누기를 거부한다.

하나님은 다른 공연자와 무대를 공유하지 않으실 것이다. 그분은 어떤 동료도 갖기를 거부하신다. 그분은 심지어 그분께 진짜 경쟁상대가 있다는 것을 인정하지 않으실 것이다. 하나님은 단지 우리의 삶과 예배의 일부분에 대한 권리만을 주장하지 않으신다. 그분은 우리가 우리의 전부와 우리의 소유 전체를 그분을 섬기고 찬양하는 데 바치기를 요구하신다. 그렇기 때문에 십계명은 '솔리 데오 글로리아'(*Soli Deo Gloria*, 오직 하나님께 영광)란 신학적 대원칙을 단언함으로써 시작된다.

1. 애굽의 신들

제1계명을 이해하기 위해서는 그 계명이 주어진 상황을 아는 것이 도움이 된다. 이스라엘 백성들은 이제 막 애굽을 빠져나왔다. 그곳에서 그들은 일찍이 없었던 가장 다신적인 문화들 중 하나 속에서 살아왔었다. 다신숭배(polytheism)는 단순히 많은 신을 숭배하는 것으로, 이 점에 있어서는 애굽인들을 능가할 자가 없었다. 그들은 들과 강, 빛과 어둠, 태양과 폭풍의 신들을 숭배했다. 사랑과 전쟁의 남신과 여신들에게 충성을 맹세하면서, 그들은 사람과 짐승의 형상으로 된 우상들을 숭배하기 위해 절했다.

이스라엘 백성들 또한 이 신들을 숭배했다. 수 세기에 걸친 기나긴 포로생활을 하면서 그들은 점차적으로 낯선 신들을 숭배하는 유혹에 굴복했다. 하나님은 그들에게 다음과 같이 말씀하셨다.

> 너희는 눈을 끄는 바 가증한 것을 각기 버리고 애굽의 우상들로 말미암아 스스로 더럽히지 말라 나는 여호와 너희 하나님이니라(겔 20:7).

애굽인들처럼 이스라엘 백성도 많은 신을 숭배했다. 그래서 하나님은 한탄하셨다.

> 그들이 내게 반역하여 내 말을 즐겨 듣지 아니하고 그들의 눈을 끄는 바 가증한 것을 각기 버리지 아니하며 애굽의 우상들을 떠나지 아니하였다(겔 20:8a).

하나님에 관한한, 하나님은 항상 일신론자이셨다. 그분은 오직 한 하나님만을 믿어오셨다. 그래서 제1계명에서 그는 애굽의 신들과 과거, 현재, 미래에 있어 모든 다른 거짓된 신을 반대하는 입장을 취하셨다. 하나님은 다음과 같이 말씀하셨다.

> 너는 나 외에는 다른 신들을 네게 두지 말라(출 20:3).

다른 말로 하면, "나는 너의 하나뿐인 유일한 하나님이다"이다. 이 명령은 전례가 없는 명령이었다. 고대 세계의 다른 어떤 민족도 다른 신들을 숭배하는 것을 금지당하지 않았다. 그들은 단순히 모든 민족이 자신의 신들을 섬기는 것은 당연하다고 생각했다. 그러나 이 문제에 대해 이스라엘의 하나님은 철저히 허용하지 않으셨다. 그분은 그 어떤 다른 신의 합법성을 인정하기를 거부하셨다.

무엇이 하나님께 이런 유의 요구를 할 권리를 주는가? 그분은 하나님이시다! 제1계명이 어떻게 소개되고 있는지 기억하라. 하나님께서 다음과 같이 말씀하셨다.

> 나는 너를 애굽 땅, 종 되었던 집에서 인도하여 낸 네 하나님 여호와니라 너는 나 외에는 다른 신들을 네게 두지 말라
> (출 20:2-3).

하나님이 명령하신 바는 그분이 누구시며 무엇을 행하셨는지에 근거를 두고 있다. 하나님은 그분의 영광을 위해 그분의 백성을 구원하시고, 이제 그들에게 다음과 같이 말씀하고 계신 것이다.

> 하늘과 땅의 주권적인 주로서 너희를 통치하는 것은 나의 권리이다. 그러나 그 이상으로, 나는 바로 너희 자신의 하나님이다. 우리는 나의 언약적 약속에 의하여 함께 묶여 있다. 그리고 나는 너희를 구속했다. 내가 바로의 속박에서 너희를 해방시켰다. 10가지 강력한 재앙으로 애굽의 모든 신을 무찌르며 내가 하나뿐인 유일한 참 하나님임을 보여주었다. 그러니 이제 나는

너의 모든 경배와 모든 찬양에 대한 나의 권리를 요구한다. 내가 누구인가 때문에 그리고 내가 행한 바에 근거해서 나는 나의 영광을 다른 어떤 신과도 나누지 않을 것이다.

만약 하나님이 유일한 하나님이시라면, 왜 그분은 '다른 신들'이 마치 실제 존재하기라도 하는 것처럼에 말씀하시는가? 성경은 오직 한 분이신 하나님만 계시고 다른 모든 신은 거짓이라고 주장한다. 이는 하나님이 이사야 선지자를 통하여 말씀하신 바이다.

나 외에 다른 신이 없나니 나는 공의를 행하며 구원을 베푸는 하나님이라 나 외에 다른 이가 없느니라(사 45:21).

사도 바울은 다음과 같이 기록했다.

우리가 우상은 세상에 아무 것도 아니며 또한 하나님은 한 분 밖에 없는 줄 아노라(고전 8:4b).

만약 그것이 사실이라면, 우리에게 다른 어떤 신도 갖지 말라고 말씀하신 이유는 무엇인가? 만약 시작할 다른 어떤 신도 존재하지 않는다면, 어떻게 또 다른 신을 가질 수 있겠는가?

이 질문에 대한 대답은 심지어 거짓된 신들조차도 그들의 숭배자들에 대해 일종의 영적인 힘을 갖는다는 것이다.

> 사람들은 마치 창조 안에 있는 강력한 힘들이 신들이나 되는 양 그것들을 숭배한다. 그것들은 신이 아니라 소위 사이비 신들에 불과하다. 여전히 그들은 실로 실재하는 세력이며, 한 사람을 완전히 노예로 만든다.[1]

바울은 갈라디아인들에게 다음과 같이 상기시켰다.

> 그러나 너희가 그 때에는 하나님을 알지 못하여 본질상 하나님이 아닌 자들에게 종 노릇 하였더니(갈 4:8).

거짓된 신들이 이러한 예속시키는 힘을 갖고 있는 이유는 궁극적으로 악마적인 세력이 그들의 숭배자들을 지배하기 위하여 그 거짓된 신들을 이용하기 때문이다. 따라서 애굽의 신들은 애굽인들과 또한 이스라엘 백성의 정신과 마음을 지배하는 실제 영적인 힘을 가졌다. 이것이 하나님이 그들을 하나씩 하나씩 물리치는 데 수고를 아끼지 않으셨던 이유이다. 그것은 그들의 영적인 영향력을 파괴하고, 그렇게 함으로써 하나님만이 예배를 받을 만한 분이심을 보여주는 것이었다.

---

1 Jochem Douma, *The Ten Commandments: Manual for the Christian Life*, trans. Nelson D. Kloosterman (Phillipsburg, NJ: P&R, 1996), 16.

2. 나의 면전에서(개역개정: 나 외에는)

제1계명은 우리의 주(主)요 구원자 되신 하나님에게서 나온다. 그러나 그 계명 자체는 어떠한가? 그 계명이 표현된 방식, 특히 그 마지막 문구로부터 무엇을 배울 수 있는가? 하나님은 다음과 같이 말씀하셨다.

> 너는 내 앞에(before me) 다른 신들을 두지 마라
> (출 20:3, 바른성경-역주).

이 말씀은 우리가 하나님을 최우선으로 하는 한, 다른 신들을 예배해도 된다는 것을 의미하지 않는다. 하나님이 "내 앞에"라고 말씀하실 때, 우리에게 그분의 순위가 어디에 해당하는지 말씀하시려는 것이 아니다! 그러나 하나님이 말씀하시려는 것은 무엇인가?

"내 앞에"란 문구는 "나의 얼굴 앞에"(before my face)를 의미한다. 가끔 그 문구는 공간적 의미로 사용된다. 그런 경우, 계명은 대략 다음과 같은 의미를 갖는다. "너희는 '내 앞에' 혹은 '내 면전에서' 다른 어떤 신도 두지 말지니라." 문자적으로 받아들이면, 그것은 하나님이 예배받으시는 장소로 이방 우상들을 들여오는 것을 금할 것이다. 그러나 하나님은 어디에나 계시기 때문에, 그것은 실제로 우리가 어느 곳에서든 거짓된 신들을 숭배하는 것을 금한다. 우리가 어느 때에 다른 신을 섬기든지, 우리는 하나님이 계신 곳에서 그렇게 하고

있는 것이다.

"앞에서"란 단어는 또한 서로 반대편에 있는 두 가지를 묘사하기 위해 사용될 수 있다. 그런 경우에, 계명은 다음과 같이 이해될 수 있다. "너희는 나와 대항하여(over against me) 어떤 신도 갖지 말지니라." 여기서의 그림은 누군가의 정면에 무언가를 두는 그림이다. 다른 말로 하면, 거짓된 신을 두는 것은 하나님을 정면으로 모욕하는 것과 같다.[2] 분명히 "앞에서"(before)란 단어는 유연성 있는 단어이다. 비록 그것이 어떻게 사용되고 있는지 결정하기 어려울지라도, 가능한 의미 둘 다 성경적으로 옳다. 우린 어디서든지, 하나님 외에 누구든 또는 무엇이든 섬겨서는 안 된다. 그러한 일을 하는 것은 우리 자신을 하나님 및 그의 계명과 대립하게 하는 것이다.

요지는 하나님을 예배한다고 할 때, 그것은 전부를 거는 것이다. 늘 그래왔다. 시내산에서 하나님이 모세에게 율법을 주셨을 때 그랬다. 여호수아가 언약을 갱신하고 백성들에게 말할 때도 그랬다.

> 너희의 조상들이…애굽에서 섬기던 신들을 치워 버리고 여호와만 섬기라…너희가 섬길 자를 오늘 택하라(수 24:14-15a).

이는 갈멜산에서 엘리야가 바알의 속박에서 이스라엘 백성을 해방시킬 때의 방식이었다.

---

2 Godfrey Ashby, *Go Out and Meet God: A Commentary on the Book of Exodus*, International Theological Commentary (Grand Rapids, MI: Eerdmans, 1998), 88.

> 여호와가 만일 하나님이면 그를 따르고 바알이 만일 하나님이
> 면 그를 따를지니라(왕상 18:21).

그리고 이것은 예수 그리스도께 있어서도 동일한 방식이었다.

> 한 사람이 두 주인을 섬기지 못할 것이니…너희가 하나님과 재
> 물을 겸하여 섬기지 못하느니라(마 6:24).

하나님의 백성은 항상 선택에 직면해왔다. 종교다원주의는 최근에 발달된 것이 아니다. 우리의 주목을 끌려고 아우성치는 다른 많은 신은 항상 있어왔다. 그리고 하나님은 항상 우리의 배타적인 충성심을 요구해오셨다.

하나님이 우리에게 거짓된 신들을 거부하라고 명령하실 때, 그는 또한 참 하나님으로서 그분을 선택하도록 요구하신다. 제1계명이 우리에게 "그분의 위엄을 깊이 생각하며, 경외하며, 경배하며, 그의 축복에 참여하며, 항상 그분의 도움을 구하며, 그분의 사역의 위대성을 인정하고 찬양으로 기리는 것을 생명의 모든 활동의 유일한 목적으로" 삼도록 요구한다고 존 칼빈(John Calvin)은 말했다.[3]

따라서 그 명령은 우리에게 누구를 숭배하지 말아야 할지 뿐만 아니라 누구를 경배해야 할지 말해준다. 그것은 부정적일 뿐만 아니

---

3 John Calvin, *Institutes of the Christian Religion*, trans. Ford Lewis Battles, 2 vols., Library of Christian Classics, 20-21 (Philadelphia: Westminster, 1960), II.VIII.16.

라 긍정적이다. 긍정적인 진술과 관련해서, 대부분의 이스라엘 사람들이 매일 암송하는 신조를 생각해보라.

> 이스라엘아 들으라 우리 하나님 여호와는 오직 유일한 여호와이시니 너는 마음을 다하고 뜻을 다하고 힘을 다하여 네 하나님 여호와를 사랑하라(신 6:4-5).

"사랑하라"는 사용하기에 적합한 단어이다. 왜냐하면 제1계명은 하나님과 그분의 백성 사이의 언약적 관계를 견고하게 하기 때문이다. 이 계명에서 하나님이 우리에게 단수로 말씀하시는 것에 주목하라. 하나님은 "너는 [각자] 나 [개인적으로] 외에는 다른 신들을 네게 두지 말라"고 말씀하신다. 우리는 어느 한 신(a god)를 섬기지 않고, 그분의 백성의 각 사람과 배타적인 사랑의 관계를 맺기 원하시는 그 하나님(the God)을 섬긴다. 분명히, 이런 관계가 작용하기 위해서는 우리의 사랑을 다른 어떤 신과도 나누지 않는 것이 중요하다. 우리는 유일하신 참 하나님께 신실해야 한다. 우리는 그분께 우리의 전적인 충성을 드려야 한다. 우리의 주(主)와 구원자로서 그분께 영광과 존경과 찬미를 드려야 한다.

3. 왕의 어리석은 행동

제1계명은 "너는 나 외에는 다른 신들을 네게 두지 말라"이다. 우리가 이것을 어길 때 무슨 일이 일어나는가? 성경에 제1계명 위반과 관련된 이야기가 있다. 그것은 위대한 왕의 비극적인 몰락에 대한 이야기이다. 그는 고대 세계에서 가장 위대한 왕들 중 하나였다. 그는 강력했다. 그의 민족이 이제껏 보아왔던 왕 중에서 가장 강력한 왕이었다. 그는 수천의 말과 병거를 소유하고 있었다. 그는 적들을 격퇴시키고, 산지에서 바다에 이르기까지 그의 왕국의 영토를 확장시켰다. 그는 또한 그의 민족이 이제껏 보아왔던 왕들 중에서 가장 부유한 왕이었다. 그의 궁은 은이 아닌 금으로 가득했다. 그가 통치하는 동안 은은 왕실의 용도로 사용하기엔 너무 흔한 것으로 여겨졌다. 이 부유하고 강력한 왕은 솔로몬이었다.

솔로몬에 관하여 가장 주목할 만한 것은 그가 참된 영적인 지혜를 소유했다는 점이었다. 그의 통치 초기에, 하나님이 꿈에 그에게 나타나 다음과 같이 말씀하셨다.

> 내가 네게 무엇을 줄꼬 너는 구하라(왕상 3:5).

그것은 일생의 기회였다! 왕은 자기가 원하는 것은 무엇이든 요구할 수 있었다. 그의 대답은 그가 어떤 신을 섬기기 원하는지를 드러낼 것이었다. 만약 그가 부를 섬겼으면, 그는 금을 구했을 것이다.

만약 그가 권력을 섬겼으면, 그는 그의 적들의 죽음을 구했을 것이다. 만약 그가 쾌락을 섬겼으면, 그는 아름다운 여인을 구했을 것이다. 그러나 솔로몬은 하나뿐인 유일한 참 하나님을 섬기기를 원했다. 그래서 그는 그분의 백성을 의롭게 다스릴 지혜를 구했다.

하나님은 왕의 요구를 들어주셨다. 솔로몬은 고대 세계에서 가장 지혜로운 사람으로서 인정받았다. 사람들이 그의 지식을 시험하기 위해 각지에서 왔다. 성경은 그가 옳고 그름을 어떻게 판단하였는지, 그리고 그가 어떻게 왕들과 여왕들에게 고문으로서의 역할을 하였는지 말해준다. 그의 지혜로 솔로몬은 하나님을 위해 위대한 일들을 많이 했다. 그는 관대했다. 그는 하나님의 영광을 위하여 성전을 지었다. 그는 또한 기도의 사람이었다. 성전 헌당식 때 그가 했던 그 장엄한 기도는 성경을 알고 하나님의 성품을 이해한 사람에게서만 나올 수 있는 기도였다(대하 6장). 그리고 하나님은 권능과 영광으로 성전에 강림하심으로써 솔로몬의 기도에 응답하셨다. 솔로몬 왕보다 더 많이 축복받은 사람은 결코 없었다. 그는 하나님을 위하여 위대한 일들을 행할 수 있는 기회를 포함해서 사람이 원할 수 있는 모든 것을 가졌다.

솔로몬이 제1계명을 지키기만 했더라면! 하나님이 그에게 다음과 같이 말씀하셨다.

> 네가 만일 네 아버지 다윗이 행함 같이 마음을 온전히 하고 바르게 하여 내 앞에서 행하며 내가 네게 명령한 대로 온갖 일에

순종하여 내 법도와 율례를 지키면 내가…네 이스라엘의 왕위를 영원히 견고하게 하려니와 만일 너희나 너희의 자손이 아주 돌아서서 나를 따르지 아니하며 내가 너희 앞에 둔 나의 계명과 법도를 지키지 아니하고 가서 다른 신을 섬겨 그것을 경배하면 내가 이스라엘을 내가 그들에게 준 땅에서 끊어 버릴 것이요 내 이름을 위하여 내가 거룩하게 구별한 이 성전이라도 내 앞에서 던져버리리니(왕상 9:4-7a).

아주 단순했다. 솔로몬이 해야 할 일 전부는 하나님께 영광을 드리는 것이었다. 특히, 그는 다른 신들을 섬기기를 거절함으로써 제1계명에 순종해야 했다.

슬프게도, 솔로몬은 하나님의 율법을 지키는 데 실패했다. 그는 다른 신들을 섬겼다. 성경은 솔로몬이 어떻게 시돈 사람의 여신 아스다롯을 따르고 암몬 사람의 가증한 밀곰을 따랐는지 말해준다(왕상 11:5). 성경은 또한 하나님이 어떻게 응답하셨는지 말해준다.

솔로몬이 마음을 돌려 이스라엘의 하나님 여호와를 떠나므로 여호와께서 그에게 진노하시니라 여호와께서 일찍이 두 번이나 그에게 나타나시고 이 일에 대하여 명령하사 다른 신을 따르지 말라 하셨으나 그가 여호와의 명령을 지키지 않았으므로 여호와께서 솔로몬에게 말씀하시되 네게 이러한 일이 있었고 또 네가 내 언약과 내가 네게 명령한 법도를 지키지 아니하였으니 내가 반드시 이 나라를 네게서 빼앗아 네 신하에게 주리라(왕상 11:9-11).

솔로몬 왕은 명확히 제1계명 위반으로 정죄 받았다.

4. 진짜 비극

대부분의 사람은 솔로몬에게 일어난 일로 놀란다. 그의 왕국의 붕괴는 진짜 충격으로 다가온다. 어떻게 그토록 지혜로웠던 사람이 그토록 어리석을 수 있었을까! 그러나 솔로몬의 삶을 주의 깊게 살펴보면, 그가 우상들 앞에 절하기 오래 전에 이미 그의 마음이 하나님에게서 돌아서기 시작했다는 것을 알게 된다. 솔로몬은 시작은 잘 했으나, 점차적으로 벗어나더니 마침내 완전히 다른 신들을 섬기는 지경에 이르렀다. 이와 같은 일이 많은 기독교인에게서도 일어난다. 비록 우리가 제1계명을 결코 어기려고 의도하지 않더라도, 우리의 마음은 다른 신들을 따르려는 유혹에 넘어간다.

솔로몬 왕에게 있어서 무엇이 그토록 비극적인가 하면, 그가 한 때 거절했던 바로 그 신들을 결국에는 그가 섬겼다는 것이다. 그는 하나님께 금을 구하지 않았다. 그러나 머지않아 그는 부의 신을 섬기기 시작했다. 이에 대한 가장 좋은 예가 열왕기상 7장에 나온다. 거기서는 그가 어떻게 그의 궁전을 건축했는가가 묘사되고 있다. 6

장은 솔로몬이 하나님을 위한 성전을 어떻게 건축했는지를 말하고, 그가 그것을 건축하는 데 7년이 걸렸다고 말하면서 끝난다(왕상 6:38b). 7장은 비난으로 해석할 수밖에 없는 단어들로 시작된다.

> 솔로몬이 자기의 왕궁을 십삼 년 동안 건축하여 그 전부를 준공하니라(왕상 7:1).

일단 하나님을 위해 무언가를 해놓은 후, 왕은 자신을 위해 무언가를 할 시간이라고 결정하고, 그것을 하는 데 거의 두 배의 시간을 소요했다. 이것은 부유하게 되는 것이 얼마나 위험한지 보여준다. 돈은 많은 유혹을 가져온다. 처음엔 우리가 그 유혹들에 저항하더라도 종국에는 그것들이 돌아와 우리를 파멸시킬 수 있다.

솔로몬은 또한 권력을 숭배하기 시작했다. 이 또한 그가 구한 것은 아니었다. 그러나 얼마 안 있어 군사력이란 신을 섬기기 시작했다. 하나님은 분명히 이스라엘 백성에게 병마 두는 것을 금하셨다(신 17:16). 그러나 솔로몬은 병거와 마병을 모두 모았다(왕상 10:26-29).

그는 여자들 문제에 있어서도 같은 실수를 범했다. 하나님은 다음과 같이 말씀하셨다.

> 그[왕]에게 아내를 많이 두어 그의 마음이 미혹되게 하지 말 것이며(신 17:17a).

애석하게도, 솔로몬은 하나님의 경고에 주의를 기울이지 않았다. 비록 처음엔 그가 쾌락을 구하지 않았을지라도, 그는 섹스란 여신을 섬기기 시작하였고 이는 그의 추락을 가져왔다.

> 솔로몬 왕이 바로의 딸 외에 이방의 많은 여인을 사랑하였으니 곧 모압과 암몬과 에돔과 시돈과 헷 여인이라 여호와께서 일찍 이 이 여러 백성에 대하여 이스라엘 자손에게 말씀하시기를 너희는 그들과 서로 통혼하지 말며 그들도 너희와 서로 통혼하게 하지 말라 그들이 반드시 너희의 마음을 돌려 그들의 신들을 따르게 하리라 하셨으나 솔로몬이 그들을 사랑하였더라 왕은 후궁이 칠백 명이요 첩이 삼백 명이라 그의 여인들이 왕의 마음을 돌아서게 하였더라(왕상 11:1-3).

이 여인들 중 일부는 그의 정치적 야망을 만족시키기 위해 취해졌다. 그녀들은 그가 전략적 동맹관계를 형성하는 데 도움을 주었다. 그러나 대부분의 여인은 그의 성적 중독을 만족시키기 위해 취해졌다. 솔로몬은 쾌락을 최대한도로 좇을 수 있을 만한 부와 권력을 갖고 있었다. 그는 줄곧 다른 신들을 따르다가 마침내 극한의 영적인 타락을 겪게 되었다. 그는 나무와 돌덩이에게 절했다.

하나님은 왕국을 나눔으로써 솔로몬을 징벌하셨다. 그러나 그것이 진짜 비극은 아니었다. 진짜 비극은 징벌이 아니라, 죄(제1계명을 어기는 죄) 자체였다. 솔로몬은 자신도 놀랄 정도로 다른 신들을 따르는 사람들에게 있어 삶이 얼마나 공허한지를 발견했다. 나중에 그가 행한 것을 되돌아보고 다음과 같이 기록했다.

> 나는 내 마음에 이르기를 자, 내가 시험삼아 너를 즐겁게 하리니 너는 낙을 누리라 하였으나(전 2:1a).

그리고 나서 그는 그의 왕실 사업을 묘사했다.

> 나의 사업을 크게 하였노라 내가 나를 위하여 집들을 짓고 포도원을 일구며 여러 동산과 과원을 만들고 그 가운데에 각종 과목을 심었으며 나를 위하여 수목을 기르는 삼림에 물을 주기 위하여 못들을 팠으며 남녀 노비들을 사기도 하였고 나를 위하여 집에서 종들을 낳기도 하였으며 나보다 먼저 예루살렘에 있던 모든 자들보다도 내가 소와 양 떼의 소유를 더 많이 가졌으며 은 금과 왕들이 소유한 보배와 여러 지방의 보배를 나를 위하여 쌓고 또 노래하는 남녀들과 인생들이 기뻐하는 처첩들을 많이 두었노라(전 2:4-8).

솔로몬은 이 모든 것을 소유했다.

다른 신들을 좇는 것, 이것은 솔로몬의 극히 야심찬 시도였다. 그는 그 모든 것을 다음과 같은 말로 요약했다.

> 무엇이든지 내 눈이 원하는 것을 내가 금하지 아니하며 무엇이든지 내 마음이 즐거워하는 것을 내가 막지 아니하였으니 이는 나의 모든 수고를 내 마음이 기뻐하였음이라(전 2:10a).

결과는 어떠했는가? 그는 만족했는가? 그는 그가 원한 것을 얻었는가? 그럴 만한 가치가 있었는가? 아니다. 권력과 쾌락과 번영에 대한 그의 추구는 그를 공허와 절망으로 이끌었다. 그는 말했다.

> 그 후에 내가 생각해 본즉 내 손으로 한 모든 일과 내가 수고한 모든 것이 다 헛되어 바람을 잡는 것이며 해 아래에서 무익한 것이로다…이러므로 내가 사는 것을 미워하였노니 이는 해 아래에서 하는 일이 내게 괴로움이요 모두 다 헛되어 바람을 잡으려는 것이기 때문이로다(전 2:11, 17a).

이것이 제1계명을 어긴 모든 사람에게 일어나는 일이다. 물론, 솔로몬이 그랬던 것처럼 다른 신들을 따르는 사람들은 결국에 그들의 죄에 대해 심판받을 것이다. 그러나 심판이 이르기 오래 전에 공허와 절망이 있다. 더욱 더 많이 가지려는 욕심은 만족을 모른다. 그러나 빛나는 새로운 제품들과 흥분시키는 새로운 경험들은 누그러지지 않는 의심을 잠재울 수 없다. 이게 다인가? 인생에 뭔가 더 있지 않을까? 제1계명을 어길 때, 우리는 다른 신들이 만족시킬 수도 구원할 수도 없음을 발견한다. "우상들"(Idols)이라 불리는 시에서 엘리자베스 바렛 브라우닝(Elizsbeth Barret Browning)은 다음과 같이 썼다.

> 이 세상의 신들은 얼마나 나약한가? 그리고 그것들을 예배하는 것이 나를 더욱 더 나약하게 만들었다!

5. 우상숭배에 대한 두 가지 테스트

솔로몬의 이야기는 하나님을 따르기로 결심했으나 점차적으로 다른 신들의 영향력 아래로 들어가고 있는 모든 사람에게 경고가 된다. 많은 사람은 우상숭배는 과거의 일이라 생각한다. 누가 나무나 돌로 만들어진 형상에 절하겠는가? 이는 매우 원시적으로 들린다! 그러나 진실인즉, 솔로몬의 정신(spirit)은 오늘날에도 살아 건재하다. 우리는 더 이상 아스다롯이나 (밀곰으로도 알려진) 몰렉을 섬기지 않는다. 그러나 우리는 실제로 다른 신들을 섬기고 있다. 그리고 많은 경우에 우리는 정확히 솔로몬이 섬겼던 바로 그 동일한 신들, 즉 돈, 섹스, 그리고 권력을 섬긴다.

우리가 어떻게 우리 자신의 개인적 우상숭배를 확인할 수 있을까? 우리가 어떤 신들을 섬기도록 유혹받고 있는지 결정하기 위해 우리가 사용할 수 있는 테스트가 두 가지 있다.

1) 사랑테스트(the love test)

우리는 무엇을 사랑하는가? 오리겐(Origen)은 주후 3세기에 쓴 저술에서, 제1계명이 우리가 사랑하는 것과 관계있다고 진술했다.

> 각자 다른 모든 것에 우선하여 존중하는 것, 모든 것에 우선하여 찬양하고 사랑하는 것, 이것이 그에게 있어 하나님이다.

이는 이치에 맞는 말이다. 우리는 온 마음과 뜻을 다해 하나님을 사랑하도록 요구받는다. 그러나 우리의 사랑을 다른 누군가 또는 다른 무언가에게 준다면, 우리는 다른 신을 섬기고 있는 것이다.

그럼 당신은 무엇을 사랑하는가? 또는 동일한 질문을 달리하면, 당신은 무엇을 원하는가? 당신의 마음이 자유롭게 떠돌아다닐 때, 당신은 무엇에 대해 생각하는가? 당신은 당신의 돈을 어떻게 사용하는가? 당신은 무엇에 흥분하는가? 거짓된 신은 하나님 외에 우리가 집중하고 있는 그 어떤 좋은 것일 수 있다. 그것은 스포츠 또는 오락이 될 수 있으며, 취미 또는 개인적인 관심사일 수도 있다. 그리고 그것은 인생에서 더 좋은 것들에 대한 욕구나 커리어적인 야망일 수 있다. 한편 그것은 개인의 건강과 체력일 수 있으며 교회에서의 사역일 수 있다. 분명 우리는 인생에서 좋은 것들을 누리도록 허용된다. 그러나 우리는 그것들이 우리의 애정의 대상으로서 하나님을 대신하도록 허용해서는 안 된다.

2) 신뢰 테스트(the trust test)

당신은 무엇을 신뢰하는가? 당신은 고난의 때에 어디로 돌아서는가? 마틴 루터는 다음과 같이 말했다.

> 당신의 마음이 붙좇고 의지하는 것이 무엇이든, 그것은 당연히 당신의 하나님이다.[4]

청교도 토마스 왓슨(Thomas Watson)도 다음과 같이 말했다.

> 하나님보다 더 신뢰하는 것은 그것을 신으로 만드는 것이다.[5]

이 또한 이치에 맞는 말이다. 우리는 우리의 구원을 위해 하나님 만을 의지하도록 요구된다. 그러나 우리가 그밖에 다른 누군가 혹은 무언가를 의지한다면, 우리는 어떤 다른 신을 섬기고 있는 것이다.

그러면 당신은 누구를 신뢰하고 있는가? 어떤 사람들은 그들의 중독을 신뢰한다. 그들이 곤경에 처할 때(그들이 외롭거나 낙담될 때) 그들은 이를 극복하기 위하여 마약과 알코올, 섹스, 쇼핑 또는 다른 어떤 것에 집착한다. 다른 이들은 그 자체로는 좋은 것이지만 그럼

---

[4] Martin Luther, Maxie D. Dunnam, *Exodus*, the Communicator's Commentary (Waco, TX: Word, 1987), 253에 인용됨.
[5] Thomas Watson, *The Ten Commandments* (1692; repr. Edinburgh: Banner of Truth, 1965), 55.

에도 하나님에 대한 우리의 신뢰를 대신하는 방편을 신뢰한다. 어떤 이들은 그들의 직업, 보험증권 또는 그들의 안전보장을 위한 연금계획을 의지한다. 어떤 이들은 정부와 정부의 경제 관리를 신뢰한다. 어떤 이들은 가족 또는 사회적 지위를 신뢰한다. 어떤 이들은 과학과 의학을 의지한다. 하나님은 우리를 돌보시고 우리의 필요를 채우기 위해 이 모든 것을 사용하실 수 있다. 그러나 우리는 우리의 궁극적인 신뢰를 그분께만 두어야 한다.

사실 우리는 하나님보다 다른 많은 것을 사랑하고 신뢰하려는 유혹을 받는다. 청교도 매튜 헨리는 다음과 같이 말했다.

> 교만은 자신을 신으로 만들고, 탐욕은 돈을 신으로 만들며, 육욕은 배를 신으로 만든다. 하나님보다 더 존중하나 사랑하고, 두려워하거나 섬기고, 즐기고 의존하는 것이 무엇이든지, 우리는 그것을 사실상 신으로 만든다.[6]

성경에는 이러한 논리의 예들이 많다. 욥은 다음과 같이 말했다.

> 만일 내가 내 소망을 금에다 두고 순금에게 너는 내 의뢰하는 바라 하였다면…그것도 재판에 회부할 죄악이니 내가 그리하였으면 위에 계신 하나님을 속이는 것이리라(욥 31:24, 28).

---

6 Matthew Henry, *Commentary on the Whole Bible*, 6 vols. (New York: Fleming H. Revell, n.d.), 1:n.p.

하박국 선지자는 하나님의 적을 "자기들의 힘을 자기들의 신으로 삼는 자들"(합 1:11)로 묘사했다. 사도 바울은 훨씬 더 노골적으로 그리스도의 대적들에 대해 "그들의 신은 배"(빌 3:19)라고 말했다. 그것이 돈이든 권력이든 혹은 심지어 자신의 배이든 세상은 하나님 대체물들과 하나님 첨가물들(일상생활에서 하나님의 자리를 차지하는 것들)로 가득하다. 우리 자신의 개인적인 우상들을 인식하는 데 어려움을 갖는 까닭은 우리가 더 이상 거짓된 신들을 갖고 있지 않아서가 아니고 우리가 너무 많이 갖고 있기 때문이다!

우리가 섬기는 보다 작은 우상들 뒤에는 포스트모던 시대의 최고의 신, 자아 신/여신이 있다. 로버트 벨라(Robert Bellah)는 미국 종교에 관한 그의 유명한 연구에서 샤일라 라르손(Sheila Larson)이란 이름의 여인과의 인터뷰를 상술했다. 그녀는 다음과 같이 말했다.

> 나는 하나님을 믿습니다. 나는 종교적인 광신자는 아닙니다. 내가 교회에 마지막으로 언제 갔었는지 기억할 수 없습니다. 나의 신앙이 나를 먼 길로 데려갔습니다. 그것은 샤일라이즘(Sheilaism)입니다. 오직 내 자신의 작은 목소리죠.

베라는 이에 대해 다음과 같이 설명한다.

> 이것은 미국 종교들이 2억2천만 개(우리 각 사람당 하나씩)를

넘어선다는 논리적 가능성을 제시합니다.[7]

우리는 무엇을 사랑하는가? 우리는 우리 자신에게 열중하고 있다. 우리는 누구를 의지하는가? 우리는 우리 자신을 믿는다.

기독교인들은 다른 사람들만큼이나 이러한 잘못된 숭배를 하기 쉽다. 우리는 하나님을 섬기기 원한다고 말하지만 대부분의 시간을 자신의 필요와 계획과 문제와 욕구들에 대해 생각하면서 보낸다. 오스카 와일드(Oscar Wilde)가 그의 유명한 글에서 말했듯이, 우리는 "자신을 사랑하는 것이 평생 로맨스의 시작"[8]이라는 사실을 발견했다.

6. 오직 그리스도만

무엇이 우리를 자기숭배와 우리가 섬기도록 유혹받는 다른 신 숭배로부터 구원할 수 있는가? 잡지 「롤링 스톤」(*Rolling Stone*)은 1992년 12월호에서 이 질문을 성경을 약간 바꾸어 했다.

너는 거짓된 우상들을 숭배하지 말지니라. 하지만 달리 누가 있는가?

---

7 Robert Bellah, et al., *Habits of the Heart* (New York: Harper & Row, 1985), 221.
8 Oscar Wilde, Michael S. Horton, *The Law of Perfect Freedom* (Chicago: Moody, 1993), 56에 인용됨.

이 질문에 대한 유일한 답은 명확하게 말해 그의 하나님의 아들 예수 그리스도를 의지함으로 하나님과 열정적으로 사랑에 깊이 빠지는 것이다. 우리의 마음을 모든 다른 애정으로부터 떼어낼 수 있는 유일한 것은 하나님을 향한 진정한 사랑이다. 그리고 우리가 의지하는 다른 모든 것을 대체할 수 있는 유일한 것은 주 예수 그리스도께로의 전적인 믿음의 헌신이다.

성경은 세 위격(성부, 성자, 성령)의 한 분 하나님이 계시다고 가르친다. 예수님은 성자 하나님이시다. 오직 한 분 하나님만 계시기 때문에 그분은 "만물 위에 계신 하나님"(롬 9:5)이신 성부와 하나이시다(요 10:30). 따라서 예수님을 섬기는 것은 다른 어떤 신을 섬기는 것이 아니라 "아버지의 독생자"(요 1:14)이신 하나님을 섬기는 것이다. 예수님은 하나님이 항상 요구하셨던 동일한 요구를 우리에게 하신다.

> 나는 여호와이니 이는 내 이름이라 나는 내 영광을 다른 자에게, 내 찬송을 우상에게 주지 아니하리라(사 42:8).

> 나 밖에 네가 다른 신을 알지 말 것이라 나 외에는 구원자가 없느니라(호 13:4b).

그리고 예수님은 우상숭배의 유혹을 받는 다른 모든 것에서 돌아서서 그분께만 영광을 돌릴 것을 요구하신다.

사람들이 하나님께로 가는 길이 많다고 주장하는 것이 점점 일반화 되어가고 있다. 다원주의가 미국에 들어와 지금은 600개 이상의 비기독교 종교들이 존재한다. 선택할 수 있는 것들이 그토록 많은 가운데, 사람들은 우리 신앙이 우리에게 맞는 한 우리가 어떤 종교를 선택하느냐는 실제로 중요하지 않다고 말한다. 그리스도를 따르는 것은 좋다. 그러나 이는 그리스도께서 유일한 하나님이 아니라고 인정할 때에만 그렇다. 심지어 교회에서조차도 예수님은 '한 구원자'(a Savor)이지 '그 구원자'(the Savor)가 아니라고 말하는 사람들이 있다.

종교에 대한 이 다원주의적 접근은 하나님만을 섬기도록 명령하는 제1계명에 대한 직접적인 공격이다. 하나님은 여느 때와 마찬가지로 오늘날에도 관용적이지 않으시다. 예수님이 유일한 길이란 것을 거부하는 것은 다른 신들이 있다고 말하는 것이다. 그러나 다른 신들은 없다! 이 그릇된 신학은 그리스도의 영광과 제1계명의 준수, 둘 다를 위해서 배격되어야 한다.

예수님은 우리의 예배에 대한 배타적인 권리를 요구하신다. 예수님은 단순히 많은 선지자 중 한 명이 아니시다. 그분은 유일한 길이시요, 유일한 진리시요, 유일한 생명이시다(요 14:6). 그분은 성육신하신 유일한 하나님의 아들이시다. 그분만이 하나님의 백성을 위한 율법을 온전히 지키셨고, 우리의 죄를 위한 완전한 희생제물을 드리셨으며, 영생의 길을 여시기 위하여 죽은 자 가운데서 일으킴을 받으셨다. 따라서 예수님만이 우리의 찬양을 받으실 자격이 있으시다.

유일하신 하나님으로서 그리스도를 섬기는 것은 우리의 의무일 뿐 아니라 우리의 특권이다. 그분만이 우리의 구원자이시고 우리의 주(主)이시다. 그래서 우리는 모든 우리의 일과 놀이, 우리가 하는 모든 것에 있어서 예수님을 기쁘시게 할 것을 우리의 목적으로 삼는다. 우리는 그분을 섬기고 그분을 예배한다. 우리는 그분을 신뢰하고 그분께 감사한다. 왜냐하면 그리스도께서 우리에게 "나는 너를 죄의 속박에서 그리고 사탄의 종 되었던 것에서 너를 인도하여 낸 주 너의 하나님이다"라고 말씀하시기 때문이다.

학습을 위한 질문들

1. 당신이 나누기 좋아하는 것 한 가지는 무엇인가? 당신이 당신 자신을 위해 다소 간직하고 싶은 것 하나는 무엇인가?

2. 당신은 제1계명이 하나님을 이기적인 신으로 만들거나 기독교인들을 속 좁고 편협한 사람들로 만든다는 주장을 어떻게 논박하겠는가?

3. 당신은 하나님이 왜 이것을 제1계명으로 만드셨다고 생각하는가?

4. 거짓된 신들은 어떤 힘을 갖고 있는가? 이 힘의 근원은 무엇인가?

5. 이 계명에 함축된 긍정적인 의무는 무엇인가? 열왕기상 3:5-15; 9:4-9; 11:9-11을 읽으라.

6. 하나님이 솔로몬에게 주셨던 선택(네가 원하는 것은 무엇이든 가지라)의 기회를 당신에게 주신다면, 당신은 무엇을 요구하겠는가?

7. 열왕기상 3:5-15을 읽은 후, 당신은 솔로몬의 통치가 어떠하리라고 기대하는가?

8. 열왕기상 6:38; 7:1; 10:26-29; 11:1-3; 전2:10-11, 17을 읽으라. 솔

로몬의 몰락을 초래한 우상들은 무엇이었는가?

9. '사랑'과 '신뢰' 테스트를 사용할 때, 당신의 삶에 있어 잠재적인 우상들(하나님 대체물 또는 하나님 첨가물)은 무엇인가?

10. 당신은 이러한 것들이 당신을 꾀어내어 하나님께 전심으로 헌신하지 못하게 하는 우상이 되는 것을 어떻게 막을 수 있는가? 당신 자신을 위하여 몇몇 명확한 목표 및 한계를 정하고, 당신이 계속 책임을 지게 할 수 있는 누군가를 찾아보라.

5.

제2계명
옳은 신, 옳은 길

> 너를 위하여 새긴 우상을 만들지 말고 또 위로 하늘에 있는 것이나 아래로 땅에 있는 것이나 땅 아래 물속에 있는 것의 어떤 형상도 만들지 말며 그것들에게 절하지 말며 그것들을 섬기지 말라 나 네 하나님 여호와는 질투하는 하나님인즉 나를 미워하는 자의 죄를 갚되 아버지로부터 아들에게로 삼사 대까지 이르게 하거니와 나를 사랑하고 내 계명을 지키는 자에게는 천 대까지 은혜를 베푸느니라
>
> — 출애굽기 20:4-6

로마 가톨릭교인들에게 필라델피아에 있는 제10장로교회의 내부를 보여줄 기회가 있을 때마다 나는 이 교회에서 무엇이 빠져있는지 그들에게 묻는다.

"여러분은 이 교회에 대해서 이상한 점을 알아채셨나요?"

그러면 그들은 예외 없이 대답한다.

"예, 십자가상이 없군요! 왜 없나요? 십자가는 어디에 있나요?"

나의 표준적인 대답은 십자가는 우리의 메시지 안에 있다는 것이다. 매주 우리는 예수 그리스도께서 죄인들을 위해 십자가에 달렸다

고 설교한다. 그리스도의 십자가는 우리가 성경 말씀을 선포하는 것이지 우리가 벽에 거는 것이 아니다. 이에 대한 중요한 성경적이고 신학적인 이유가 있다. 그리스도를 십자가상에 시각적으로 표현하는 것은 쉽게 예배의 대상이 되게 하며, 그럼으로써 제2계명을 위반할 수 있다.

1. 두 개의 다른 계명들

대부분의 로마 가톨릭교인이 이것을 받아들이는 데 어려움을 갖는 이유 중 하나는 그들이 십계명을 다르게 나누기 때문이다. 가톨릭교인들과 루터교인들에 의하면, 출애굽기 20:3-6은 단 하나의 계명이다. 우상을 만드는 것에 대한 금지는 다른 어떤 신도 갖지 말라는 계명의 일부이다(탐심 금지 계명을 두 개의 계명으로 나눔으로써 이 차이를 보충한다).

이는 중요한 질문을 제기한다. 개신교도들이 출애굽기 20:4을 새로운 계명의 시작으로 인지하는 것은 옳은가? 대답은 "그렇다"이다. 다른 신들을 갖는 것과 우상을 만들지 않는 것은 두 개의 다른 규정들이다.

① 제1계명은 올바른 하나님을 섬기는 것과 관련된다. 홀로 우리의 주(主)와 구원자이신 참된 하나님을 섬기기 위해 모든 거짓

된 신을 버려야 한다.

② 제2계명은 올바른 하나님을 올바른 방식으로 섬기는 것과 관련되어 있다. 우리는 사람이 만든 우상의 형태로 하나님을 숭배할 수 있다.

제1계명이 우리가 거짓된 신들을 섬기는 것을 금지하는 반면에, 제2계명은 우리가 참된 하나님을 그릇되게 섬기는 것을 금한다. 하나님께 있어서는 우리가 어떻게 섬기는가의 문제는 거의 우리가 **누구**를 섬기느냐의 문제만큼이나 중요하다. 우리는 우리가 원하는 방식이 아니라 하나님이 명령하신 방법으로만 하나님을 섬겨야 한다. 웨스트민스터 소요리문답은 다음과 같이 언급했다.

> 제2계명에서 금하는 것은 우상으로 하나님을 경배하거나 또는 하나님 말씀에서 지정되지 않는 다른 방식으로 경배하는 것이다(답 51).

제1계명과 제2계명 사이의 차이에 대한 좋은 예시가 이스라엘의 왕 예후의 삶에서 나타난다. 성경은 예후가 이스라엘에서 바알숭배를 제거한 것에 대해 칭찬한다. 그는 사악한 왕비 이세벨을 죽이고(왕하 9:30-37) 바알 제사장들을 죽임으로써(왕하 10:18-27) 바알숭배를 제거했다. 예후의 승리 이야기는 칭찬의 말로 끝난다.

> 예후가 이와 같이 이스라엘 중에서 바알을 멸하였다
> (왕하 10:28).

지금까지는 매우 좋다. 예후는 다른 신들을 섬기는 것을 거절했다. 그러나 성경은 계속해서 다음과 같이 말한다.

> 이스라엘에게 범죄하게 한 느밧의 아들 여로보암의 죄 곧 벧엘과 단에 있는 금송아지를 섬기는 죄에서는 떠나지 아니하였더라(왕하 10:29).

만약 예후가 바알숭배를 제거했다면, 이 신성한 송아지들은 아직도 이스라엘에서 무엇을 하고 있었는가? 답인즉, 비록 예후가 제1계명을 실행했지만, 그는 백성이 제2계명을 어기는 것을 허용했다. 금송아지들은 다른 신들을 표현하지 않았다. 그것들은 이스라엘의 하나님을 표현하기 위한 것이었다. 그러나 그것은 정확히 제2계명이 금지한 것, 즉 우상으로 하나님을 섬기는 것이다. 제1계명이 거짓된 신들을 금한 반면에, 제2계명은 거짓된 예배를 금지한다.

2. 우상숭배에 대한 설명

제2계명은 가장 긴 계명들 중 하나이다.

> 너를 위하여 새긴 우상을 만들지 말고 또 위로 하늘에 있는 것이나 아래로 땅에 있는 것이나 땅 아래 물 속에 있는 것의 어떤 형상도 만들지 말며 그것들에게 절하지 말며 그것들을 섬기지 말라 나 네 하나님 여호와는 질투하는 하나님인즉 나를 미워하는 자의 죄를 갚되 아버지로부터 아들에게로 삼사 대까지 이르게 하거니와 나를 사랑하고 내 계명을 지키는 자에게는 천 대까지 은혜를 베푸느니라(출 20:4-6).

이 계명은 네 개 부분, 즉 규정, 이유, 경고, 약속으로 되어 있다.

1) 규정

규정은 매우 단순하다. 그것은 "어떤 형상도 만들지 말라"(출 20:4a) 또는 킹제임스역과 같이 "'새긴 우상들'(graven images⟨KJV⟩; carved image⟨ESV⟩; 또한 레 26:1을 보라)을 만들지 말라"이다. 이 번역이 본래 의미에 가깝다. 우상은 도구에 의해 정교하게 만들어진 것이다. 나무에 조각한 것이든, 돌을 깎아 만들었든, 금속에 새긴 것이든, 우상은 사람의 손에 의해 깎이고 형체가 만들어졌다. 우상은 어떤 신적 존재를 사람의 손으로 만든 표현물이었다.

이는 이스라엘 백성이 도구 사용을 금지 당했다는 것을 의미하지 않았다. 그들에게 예술품 제작이 허용되지 않았다는 것을 의미하지도 않았다. 나중에 성막을 지을 때 하나님은 이스라엘 사람들에게 그분의 영을 보내셨다.

> 정교한 일을 연구하여 금과 은과 놋으로 만들게 하며 보석을 깎아 물리며 여러 가지 기술로 나무를 새겨 만들게 하리라 (출 31:4-5).

따라서 제2계명이 금지한 것은 물건 제작이 아니라 숭배의 대상으로 섬길 물건의 제작이었다. 이것은 규정의 두 번째 부분에 명료하게 나타난다.

> 그것들에게 절하지 말며 그것들을 섬기지 말라(출 20:5a).

이스라엘 백성들은 예배에 사용하기 위하여 하나님의 형상을 만드는 것을 엄격히 금지 당했다. 비록 하나님이 예술품의 진가를 인정하실지라도, 그분은 우상숭배를 참아내지 않으실 것이다.

이 규정은 하나님이 금하시는 우상의 종류들의 목록으로 명료해진다.

> 너를 위하여 새긴 우상을 만들지 말고 또 위로 하늘에 있는 것이나 아래로 땅에 있는 것이나 땅 아래 물 속에 있는 것의 어떤 형상도 만들지 말며(출 20:4).

그것은 거의 모든 것을 포함한다. 하늘에 있는 어떤 것도, 땅 위에 있는 어떤 것도, 바다에 있는 어떤 것도 안 된다! 다른 말로 하면, 이스라엘 백성은 하나님을 모든 피조물 안에 있는 어떤 것의 형체로 표현하도록 허용되지 않았다. 이스라엘 백성이 많은 신을 숭배하였던 애굽인들과 함께 살아왔었다는 것을 기억하라. 애굽인들은 그 신들 중 거의 모든 신을 동물의 형상으로 표현했다. 호루스 신은 매의 머리를 갖고 있고, 아누비스 신은 자칼의 머리를 갖고 있었다. 애굽인들과 그들의 우상에 관한 것이라면, 어떤 동물도 안성맞춤의 대상이다! 그러나 이스라엘의 신은 그의 피조물의 어떤 것의 형상으로 표현되는 것을 거부하셨다.

2) 이유

제2계명에 대한 타당한 이유들은 많다. 그러나 하나님이 명백히 언급하시는 이유는 그분의 사랑이다.

> 너를 위하여 새긴 우상을 만들지 말고…나 네 하나님 여호와는 질투하는 하나님인즉(출 20:4-5).

이것이 이 규정에 대한 대표적 이유(the reason)이다. 하나님은 질투심 때문에 우상숭배를 금지하신다. 더 긍정적이고 또한 더 정확한 말로 하면, 그것은 하나님의 열심, 즉 그분의 불타는 사랑의 열정 때문이다.

오늘날 질투는 그다지 긍정적인 것으로 알려져 있지 않다. 사람들이 질투에 대해 이야기할 때, 그들은 일반적으로 당신에게 속하지 않은 것을 갖고 싶어 하는 욕구인 시기(envy)와 비슷한 것을 뜻하는 것으로 말한다. 거룩한 질투는 정당한 소유물을 지켜내는 것이다. 가장 명료한 예가 남편과 아내 사이의 사랑이다. 정말로 아내를 사랑하는 남편이라면 아내가 다른 남자의 품에 안겨있는 것을 보면 도저히 견딜 수 없을 것이다. 그것은 남편으로 하여금 심히 질투하게 만들 것이며, 그렇게 하는 게 당연하다!

하나님도 그분의 백성에 대하여 똑같이 느끼신다. 그분의 우리에 대한 헌신은 절대적이다. 그분의 사랑은 배타적이고, 열정적이고, 강렬하다. 한마디로 질투심이 많다. 한 주석가가 다음과 같이 설명했다.

> 하나님의 질투는, 우리가 종종 그 단어의 의미를 해석하는 것처럼, 비정상적이고, 소유욕이 강한 인간의 질투가 아니다. 오히려, 그것은 자녀에 대한 어머니의 열정적인 보호나 가정에 대한 아버지의 열정적인 보호와 같이, 그분의 사랑의 대상들에

대한 집중적으로 보살피는 헌신이다.[1]

질투가 의미하는 바가 그것이라면, 하나님은 질투하셔야 한다. 하나님은 우리를 너무도 사랑하시기 때문에 질투하지 않으실 수 없다! 사실, 질투는 그분의 신적인 특성들 중 하나이다. 크리스토퍼 라이트(Christopher Wright)는 다음과 같이 썼다.

> 질투하지 않는 하나님은 아내가 자기에게 충실하든 그렇지 않든 신경 쓰지 않은 남편만큼 경멸받을 것이다. 이 심오한 언약적 현실과 관련하여 우리가 갖는 문제의 일부는 우리가 다른 모든 것처럼 종교를 '소비자 선택'의 문제로 여기게 되었다는 것이다…우리는 독점에 분개한다. 그러나 유일하고 비교가 되지 않는 유일하신 살아계신 하나님은 필연적으로 배타적인 요구를 하시며 우리의 사랑에 대한 독점권을 갖고 계신다…질투는 그 자체를 보호하시는 하나님의 사랑이다.[2]

제2계명에서 하나님이 그토록 질투하시며 보호하시려는 것은 그분의 사랑의 영광이다. 하나님은 우리를 사랑하실 뿐만 아니라 우리가 보답으로 그분을 사랑하기를 원하신다. 무엇보다도 그것은 하나

---

1 Rob Schenck, *The Ten Words That Will Change a Nation: The Ten Commandments* (Tulsa, OK: Albury, 1999), 32.
2 Christopher J. H. Wright, *Deuteronomy*, New International Biblical Commentary (Peabody, MA: Hendrickson, 1996), 71-72.

님의 영광에 합당한 방식으로 그분을 섬기는 것을 의미한다. 하나님은 우리에게 그분이 어떻게 경배 받기를 원하시는지 말씀하실 권리를 갖고 계신다. 그리고 하나님은 그분을 우상으로 만듦으로써 그분의 사랑을 경멸하지 말라고 우리에게 명령하신다.

3. 조상들의 죄

하나님의 질투는 왜 제2계명이 경고("나를 미워하는 자의 죄를 갚되 아버지로부터 아들에게로 삼사 대까지 이르게 하거니와", 출 20:5b)와 약속("나를 사랑하고 내 계명을 지키는 자에게는 천 대까지 은혜를 베푸느니라", 출 20:6)으로 끝나는지 설명한다. 하나님은 제2계명을 어기는 자들을 저주하시고 그것을 지키는 자들에게 복을 주심으로써, 우리의 경배를 통해 영광 받으시려는 열정을 보여주신다.

1) 경고

경고는 자녀들이 그 조상들의 죄로 인하여 벌 받으리라는 것이다. "죄"(iniquity)로 번역된 단어는 뒤틀린 무언가를 가리키는 말이다. 그것은 우상숭배가 일종의 왜곡(perversion)으로 하나님에게서 돌아서는 것임을 암시한다. 우상을 숭배하는 것은 매우 종교적으로 보인다. 하지만 우상숭배는 실제로 하나님에 대한 미움을 보이는 길이다. 왜냐하면 그분이 우상숭배를 미워하시기 때문이다(신 16:22). 그러니 하나님이 그러한 가증한 일을 행하는 사람들을 벌주겠다고 위협하시는 것은 전혀 놀라운 일이 아니다. 그러나 어떤 이들은 하나님의 저주가 정당한가 궁금해한다. 하나님이 어떻게 한 사람을 다른 사람의 죄로 인해 심판하실 수 있는가? 조상들의 죄에 대하여 자녀들을 벌하는 것이 정말 정당한가?

많은 학자가 그것은 정당하지 않다고 생각한다. 그래서 그들은 이 구절을 설명할 다른 방법을 찾아내려고 시도한다. 어떤 이들은 그것을 사회학적으로 설명한다. 그들은 아버지의 죄는 여러 세대 동안에 지속될 수 있는 결과를 초래한다는 점을 지적한다. 그들은 또한 자녀들이 부모를 모방하기 때문에, 죄가 가족 내에서 계속되는 경향이 있다는 점을 지적한다. 한 세대는 다음 세대를 위한 영적인 기풍을 정한다. 그래서 아마도 제2계명은 가족관계에 관한 보편적 진리에 기초하고 있는 것 같다.

그러나 제2계명은 그 이상의 뭔가를 말해준다. 즉 하나님은 조상들의 죄로 인하여 자녀들을 벌하신다는 것이다. 아버지가 자녀들에게 물려주는 것은 단순히 나쁜 본보기가 아니라, 그의 죄에 대한 책임이다. 여기서 원칙은 언약적 연대이다. 하나님은 가족에게 가족으로서 그들의 행위에 대한 책임을 지우신다. 이스라엘 백성은 하나님과의 언약 안에 있었다. 한 가족의 언약 대표자가 하나님께 죄를 범했을 때, 그의 가족 전체가 심판받았다. 즉 아합의 아들 70명 모두는 그들의 아버지의 우상숭배 때문에 죽임을 당했다(왕하 10:1-17).

이는 개인의 책임을 부인하는 것이 아니다. 하나님은 우리 각자에게 우리 자신의 죄에 대한 책임을 지우신다.

> 범죄하는 그 영혼은 죽을지라 아들은 아버지의 죄악을 담당하지 아니할 것이요 아버지는 아들의 죄악을 담당하지 아니하리니(겔 18:20a).

하나님은 결코 무고한 자를 정죄하지 않으시며 오직 죄지은 자를 정죄하신다. 여기서 제2계명에서 자주 간과되고 있는 것, 즉 위협이 어떻게 끝나는지를 주목하는 것은 중요하다. 하나님은 당신을 미워하는 자의 삼사 대를 벌하시겠다고 말씀하신다(출 20:5). 하나님을 미워한 아버지들뿐 아니라 그들의 자녀들도 벌하시겠다고 말씀하신다. 이 계명의 정당성을 놓고 씨름해온 이들은 비록 아버지가 죄가 있더라도 그의 자녀들은 무죄라고 대개 주장한다. 그러나 자녀들은 그들의 아버지만큼이나 하나님을 미워한다(그들이 양육되는 방식을 고려할 때, 놀라운 일이 아니다). 그러므로 하나님이 그들 자신의 죄와 그들 아버지의 죄악으로 인해 그들을 벌주시는 것은 정당하고 옳다.

2) 약속

하나님은 그분을 사랑하고 우상을 섬기지 말라는 계명을 지키는 사람들에게 자비를 베풀겠다고 약속하신다. 약속은 경고보다 더 강력하다. 왜냐하면 약속의 축복은 삼사 대뿐 아니라 천 대 동안 지속되기 때문이다. 다른 말로 하면, 그것은 영원히 지속될 것이다. 이는 아브라함에게까지 거슬러 올라가는 하나님의 약속이었다.

> 내가 내 언약을 나와 너 및 네 대대 후손 사이에 세워서 영원한 언약을 삼고 너와 네 후손의 하나님이 되리라(창 17:7).

우리가 해야 할 일 전부는 우리를 사랑하시는 하나님께 대한 보답으로 그를 사랑함으로써 그분께 반응하는 것이다.

제2계명에서의 하나님의 위협은 하나님을 존중하지 않는 가족 출신의 사람에게는 낙담하게 하는 것으로 보일 수 있다. 그러나 하나님의 축복은 하나님의 저주를 이기고, 하나님은 종종 한 가족의 역사에 개입하셔서 그들의 증오를 사랑과 경배로 바꾸신다. 하나님은 아브라함에게 행하셨던 일을 하신다. 그분은 한 가족에게 우상을 버리고 그분을 따르도록 요청하신다.

그리고 하나님이 그 일을 하실 때, 영속하는 유산을 제정하신다. 그분의 은혜가 한 세대에서 다음 세대로 한 가족 위에 임한다. 이것은 일종의 자동적인 보장은 아니다. 왜냐하면 자녀들에게는 그들의 아버지와 어머니의 하나님에게서 돌아설 자유가 있기 때문이다. 그러나 그것은 믿음으로 받은 약속이다.

하나님은 당신의 가족 안에서 무엇을 행하고 계신가? 부모들이 미래를 위한 계획을 세울 때, 그들은 재정구조보다는 제2계명에 더 관심을 기울여야 한다. 이 계명은 아버지들에 대한 엄숙한 경고를 포함한다. 사람이 하나님을 열정적으로 사랑하고 하나님을 올바르게 사랑하기를 거부할 때, 그의 죄의 결과는 수세대 동안 지속될 것이다. 우상을 마음속에 간직하고 있는 사람의 죄는 그의 온 가족을 타락시키고, 결국에 그들은 모두 형벌을 받게 될 것이다. 그러나 하나님을 최고로 사랑하는 사람, 곧 진정한 예배로 그 앞에 절하는 사람은 하나님의 축복이 그의 가족 위에 영원히 임하는 것을 보게 될 것이다. 당신은 어떤 종류의 삶을 영위하고 있는가?

당신은 어떤 종류의 예배를 드리고 있는가? 당신은 어떤 종류의 유산을 남길 것인가?

4. 우상숭배의 예시

성경에는 우상이 뭐가 잘못되었는지 보여주는 한 이야기가 있다. 그것은 바울과 철학자들에 대한 이야기로 아테네를 무대로 한다. 아테네는 그 당시 큰 도시로 세계의 지성의 수도였다. 아크로폴리스 위에 높이 그리스 건축의 자랑거리인 파르테논 신전이 서 있었다. 거리는 상업으로 북적거렸다. 또한 사상의 장터에서는 상당히 많은 의견 교환이 있었다. 성경은 아테네에 대해 다음과 같이 전한다.

모든 아덴 사람과 거기서 나그네 된 외국인들이 가장 새로운

것을 말하고 듣는 것 이외에는 달리 시간을 쓰지 않음이더라
(행 17:21).

아테네는 또한 우상들로도 가득했다. 나무와 돌, 금과 은으로 만들어진 온갖 형태와 크기의 형상들이 있었다. 그것들은 그리스 판테온에 있는 모든 남신과 여신을 대표했다. 로마의 한 작가가 아테네에서는 사람보다 신을 찾아내는 게 더 쉽다고 농담했을 정도로 너무나 많은 우상이 있었다!³

그리고 그들 모두 위에 우뚝 위대한 여신 아테네가 있었다. 그것의 신상은 40마일 떨어진 곳에서도 볼 수 있었다.⁴ 아테네가 아마도 세계가 지금까지 보아왔던 것 중에서 가장 장대한 우상전시회를 열었을 것이다.

이 모든 새긴 우상을 보았을 때, 사도 바울은 거의 화가 났다. 성경은 그가 "그 성에 우상이 가득한 것을 보고 마음에 격분"(행 17:16)했다고 말한다. 그는 그토록 많은 사람이 그토록 많은 우상을 예배하고, 그렇게 함으로써 하나님께 영광을 돌리지 않는 것을 보고 낙심하고 당황했다. 여러 날 동안 그는 아테네 사람들과 토론하면서 그들의 거짓된 신에게서 돌아서서 한 분이시고 유일하게 참되시고 살아계신 하나님을 예배하도록 그들을 설득하려 애썼다. 그는 복음,

---

3 John R. W. Stott, *The Message of Acts*, the Bible Speaks Today (Leicester, England: Inter-Varsity, 1990), 277에서 인용됨.
4 E. M. Blaiklock, *The Acts of the Apostles: An Historical Commentary*, Tyndale New Testament Commentary (Grand Rapids, MI: Eerdmans, 1959), 137.

즉 예수님과 부활에 관한 좋은 소식을 설교했다.

결국 바울은 마르스 언덕(Mars Hill)에서 만난 유명한 철학회인 아레오바고 회원들과 접촉하게 되었다. 이 사람들은 아테네에서 행해진 종교 강연을 감독한 검열관들이었다. 그들 단체는 또한 브루킹스 연구소(Brookings Institute)나 미국기업연구소(American Enterprise Institute) 같은 것으로, 일종의 두뇌집단 역할을 했다. 아레오바고는 고대 세계에서 가장 학식 있는 사람들, 즉 철학과 종교에 관하여 논쟁하는 것을 좋아했던 사람들 일부를 포함했다. 바울이 무엇에 관하여 말하고 있는지 더 알고자 그들은 그를 초청해 그들 일동을 향해 연설하게 했다.

바울이 철학자들에게 그들이 거짓된 신들을 예배하고 있다고 말하기를 기대했을 수도 있다. 그들의 우상들 모두는 거짓된 신들을 대표한다. 그래서 바울이 제1계명에 근거해 그들에게 연설하면서 "여러분은 다른 신들을 갖지 말아야 합니다"라고 말했을 수도 있다. 그러나 그것은 바울이 한 말이 아니다. 그것은 바울이 말한 것의 함축된 의미들 중 하나였지, 그가 강조한 점은 아니다. 그 대신에 그는 제2계명에 근거해 그들에게 연설했다. 그는 그들에게 하나님을 우상을 통해서 예배할 수 없다고 말했다 그들의 문제는 단순히 그들이 거짓된 신들을 섬기고 있다는 것이 아니라 그들이 전혀 잘못된 방식으로 예배하고 있다는 것이다.

바울은 접촉점을 만듦으로써 시작했다. 그는 일어서서 말했다.

아덴 사람들아 너희를 보니 범사에 종교심이 많도다 내가 두루 다니며 너희가 위하는 것들을 보다가 알지 못하는 신에게라고 새긴 단도 보았으니 그런즉 너희가 알지 못하고 위하는 그것을 내가 너희에게 알게 하리라(행 17:22b-23).

이것은 영리한 수사학적 전략이었다. 알지 못하는 신에게 바친 우상을 만듦으로써, 아테네 사람들은 만반의 준비를 갖추려 하고 있었다. 그러나 그들은 또한 종교에 관하여 적어도 그들이 알지 못하는 한 가지가 있다는 사실을 인정하고 있었다. 그래서 사도 바울은 자기가 이것을 설명해주기 위하여 그곳에 있다고 그들에게 말했다.

그러고 나서, 바울은 창조주 하나님은 상자 안에 넣을 수 없는 살아계신 영이시라고 말했다.

우주와 그 가운데 있는 만물을 지으신 하나님께서는 천지의 주재시니 손으로 지은 전에 계시지 아니하시고 또 무엇이 부족한 것처럼 사람의 손으로 섬김을 받으시는 것이 아니니 이는 만민에게 생명과 호흡과 만물을 친히 주시는 이심이라
(행 17:24-25).

바울은 창조주와 피조물 사이의 관계를 명확하게 했다. 우리는 하나님을 만들지 못한다. 그분이 우리를 만드셨다. 우리는 하나님께 생명을 드릴 수 없다. 그분이 우리에게 생명을 주신다. 이 점을 강조

하기 위하여 바울은 그들의 유명한 그리스 시인들 중 한 명이 쓴 글을 인용했다.

> 너희 시인 중 어떤 사람들의 말과 같이 우리가 그의 소생이라 (행 17:28b).

이 간략한 신론은 매우 분명한 의미를 하나 내포하고 있었다. 만약 하나님이 창조주요 생명을 주시는 분이라면, 그분을 사람이 만든 우상 안으로 밀어 넣을 수는 없다. 초월적인 하나님을 어떻게 사물에 지나지 않는 것으로 축소시킬 수 있겠는가? 그래서 사도 바울의 결론은 다음과 같았다.

> 이와 같이 하나님의 소생이 되었은즉 하나님을 금이나 은이나 돌에다 사람의 기술과 고안으로 새긴 것들과 같이 여길 것이 아니니라 알지 못하던 시대에는 하나님이 간과하셨거니와 이제는 어디든지 사람에게 다 명하사 회개하라 하셨으니 (행 17: 29-30).

바울은 제2계명과 관련하여 매우 중요한 것을 말하고 있었다. 그는 우리가 우상을 사용할 때, 우리는 참되신 하나님을 섬기고 있는 것이 아니고, 거짓 신, 곧 우리 자신의 형상으로 만들어진 신을 만들고 있는 것이라고 말하고 있었다. 바울은 나중에 로마인들에게 다음과 같이 설명해주었다.

> 이는 그들이 하나님의 진리를 거짓 것으로 바꾸어 피조물을 조물주보다 더 경배하고 섬김이라(롬 1: 25).

이것이 처음부터 우상이 갖고 있는 문제였다. 우상숭배는 하나님의 신성에 부적절하고 그분의 위엄에 합당치 않는 하나님의 거짓 형상을 만들어내었다. 하나님은 무한하시고 보이시지 않는 분이시다. 그분은 전능하시고 편재하신다. 그분은 살아계신 영이시다. 그러므로 그분을 나무나 돌 조각에 새겨 넣는 것은 그분의 속성, 즉 그분의 신적 존재에 있어 절대 필요한 특성들을 부인하는 것이다.

우상은 무한하신 하나님을 유한하게 만들고, 보이시지 않는 하나님을 보이게 만들고, 전능하신 하나님을 무력하게 만들고, 편재하시는 하나님을 지역적인 신으로 만들고, 살아계신 하나님을 죽은 신으로 만들고, 영적이신 하나님을 물질적인 신으로 만든다.

요컨대, 우상숭배는 하나님을 그분의 실제 모습과 정반대로 만든다. 그리하여 우상숭배라는 개념 전체는 하나님의 참 형상을 만들려고 시도하는 인간의 어리석음에 기초하고 있다. 우상은 진리가 아니라 거짓이다. 그것은 볼 수도, 알 수도, 행할 수도, 사랑할 수도, 또는 구원할 수도 없는 신이다.

5. 우상숭배의 적용

우상숭배를 과거의 일로 여기기 쉽다. 선교사로 섬기러 해외에 가지 않으면, 우리가 전통적인 우상을 볼법한 유일한 곳은 박물관 안에 있다. 확실히 우리 교회 안에는 아무런 우상도 없는가?

우상이 단지 우리가 보고 만져볼 수 있는 것이라면, 아마도 교회 안에는 우상이 없을 것이다. 그러나 하나님의 율법의 나머지 것들이 그렇듯 제2계명은 영적이다. 그것은 마음에 적용된다. 그리고 우리는 늘 우리의 마음 안에서 하나님을 우리의 형상으로 만드느라 바쁘다. 존 칼빈은 인간의 마음을 "끊임없이 우상을 만들어내는 공장"[5]이라고 말했다. 하나님께 "영과 진리로"(요 4:24) 예배하기보다는 오히려 그분이 우리의 통제 아래 놓일 때까지 그분을 새로운 모양으로 고쳐 만들고 개조한다. 우리 자신의 신들을 제작하는 방법들에는 무엇이 있을까?

말씀에 귀를 기울이기보다 형상을 숭배할 때마다 우리는 우상을 만든다. 물리적인 하나님의 형상들이 갖는 문제들 중 하나는, 그것들이 우리가 하나님의 음성을 듣지 못하도록 방해한다는 것이다. 이런 이유에서 하나님은 시내산에서 눈에 보이는 형태로 자신을 계시하지 않으셨다. 모세는 이스라엘 백성에게 다음과 같이 말했다.

---

[5] John Calvin, *Institutes of the Christian Religion*, trans. Ford Lewis Battles, 2 vols., Library of Christian Classics, 20-21 (Philadelphia: Westminster, 1960), I. XI. 8.

> 여호와께서 호렙 산 불길 중에서 너희에게 말씀하시던 날에 너희가 어떤 형상도 보지 못하였은즉 너희는 깊이 삼가라 그리하여 스스로 부패하여 자기를 위해 어떤 형상대로든지 우상을 새겨 만들지 말라(신 4:15-16a).

하나님이 시내산에서 자신을 계시한 방식은 눈으로 볼 수 있는 형상을 통해서가 아니라 들을 수 있는 말씀을 통해서였다. 이는 하나님이 예배받기를 원하시는 방식에 관해서 무언가를 우리에게 말해준다. 그는 우리가 보기를 원하지 않으시고 듣기를 원하신다.

우리는 시각적 시대에 살고 있다. 우리가 가는 곳마다 스크린에서 깜박이는 형상들이 보인다. 어떤 기독교 지도자들은 교회가 복음을 제시하는 데 있어서 더 시각적이 됨으로써 적응할 필요가 있다고들 말한다. 단순히 하나님에 관하여 이야기하는 대신에 우리는 사람들에게 뭔가를 보여주어야 한다. 그러나 이런 충동은 우상숭배적이다. 닐 포스트먼(Neil Postman)은 그의 영향력 있는 저서 『죽도록 즐기기』(*Amusing Ourselves to Death*)에서 다음과 같이 쓰고 있다.

> 청년시절 성경공부를 할 때, 나는 미디어의 형태들이 특정 종류의 내용을 뒷받침하고 그 결과 문화를 지배할 수 있다는 개념에 대한 암시들을 발견했다. 나는 구체적으로 십계명, 즉 이스라엘 백성이 어떤 것의 구체적인 형상들을 만드는 것을 금하는 제2계명을 언급한다…유대인들의 하나님은 말씀 안에 그리

고 말씀을 통하여 존재해야 했다. 이는 고도의 추상적 사고를 요하는 유례없는 개념이다. 그리하여 도상학(iconography)은 새로운 종류의 하나님이 문화에 들어올 수 있도록 하는 신성모독이 되었다. 우리 자신들처럼 문화를 언어 중심의 문화에서 이미지 중심의 문화로 전환시키는 과정에 있는 사람들은 이 모세의 금지명령을 재고함으로써 이득을 얻을 수 있다.[6]

정말 그렇다. 예배에서 형상이 항상 하고 싶어 하는 것은 우리의 주의를 흩뜨려 말씀을 듣지 못하게 하는 것이다. 십자가상, 성상, 드라마, 그리고 춤 등은 예배를 돕는 보조물이 아니라, 진정한 예배를 거의 불가능하게 만드는 것들이다. 시각적 시대에, 우리는 형상을 보는 것보다 말씀에 귀 기울이는 데 더욱 주의해야 한다.

우리는 또한 하나님을 우리가 조종할 수 있는 무언가로 바꿀 때마다 우상을 만든다. 이것이 이방 우상숭배의 전체 핵심이었다. 애굽인들은 신들이 그들의 우상 안에 실제로 살고 있다고 생각하지 않았다. 그들은 우상들이 그들에게 신들을 통제할 수 있게 할 영적인 접촉점을 주었다고 생각했다. 그토록 많은 현대 영성은 동일한 일을 하려고 시도한다.

사람들은 늘 더욱 다루기 쉬운 신, 즉 그들의 목적에 적합하게 순응할 수 있는 신을 찾고 있다. 그들은 다음과 같이 말한다.

---

6 Neil Ppostman, *Amusing Ourselves to Death: Public Discourse in the Age of Show Business* (New York: Penguin, 1985), 9.

만약 내가 이것을 하면, 하나님은 저것을 하실 거야. 만약 내가 그 목사님을 만지게 되면, 나는 고침을 받을 거야. 만약 내가 나의 맹세를 지키면, 하나님이 나를 부유하게 만드실 거야. 만약 내가 매일 옳은 기도를 하면, 나는 하나님의 복을 풀어내는 열쇠를 갖게 될 거야. 만약 내가 올바른 양육 방식을 따르면, 나의 자녀들이 자라서 경건하게 될 거야. 우리가 하나님께 바르게 다가가는 한, 우리는 원하는 것을 갖게 될 거야.

그러나 하나님은 조정당하지 않으실 것이다. 하나님이 우리에게 우상을 만들지 말라고 명령하실 때, 그분이 하시는 말씀은 바로 이 것이다.

> 어떤 목적을 위해 어떤 누구 또는 어떤 것에 의해서도 잡히거나 수용되거나 임명되거나 조정되지 않을 것이다.[7]

하나님은 우리가 그분을 신뢰하고 그분께 순종하기를 원하시지, 그분을 이용하기를 원하지 않으신다.

또한 우리가 하나님의 속성들 중 일부에 대해서만 하나님을 예배하기로 결정하고 다른 속성들에 대해서는 그렇게 하지 않을 때마다, 우리는 우상을 만든다. 오래된 자유주의 교회는 정의가 없는 사랑의

---

7 Walter Brueggemann, *Theology of the Old Testament: Testimony, Dispute, Advocacy* (Philadelphia: Fortress, 1997), 184-185.

하나님을 원했다. 그래서 그들은 하나님의 진노와 대속과 같은 기초 교리들을 부인했다. 지금 많은 복음주의자가 동일한 교리들을 경시하고 있다. 복음주의 대학과 신학교에 다니는 학생들 중 거의 절반은 신의 심판에 대하여 이야기하는 것은 나쁜 관습이라고 말한다.[8]

페미니스트 신학자들은 하나님의 부성을 부인한다. 그들은 여성의 이미지를 한 신을 더 좋아한다. 열린 유신론자들(open theists)은 하나님의 예지를 부인한다. 그들이 하나님이 미래에 대하여 어떤 일들을 알고 계시다고 말하기는 한다. 그러나 하나님은 인간이 무엇을 결정할지 모르기 때문에 그가 모든 것을 아는 것은 아니다. 사실상, 이 신학자들은 자신들이 생각하는 방식으로 더 생각하는 신, 즉 그가 어떤 일들을 해나가는 동안에 그것들을 이해하려고 노력하는 신을 주장하고 있다.

그러나 이 새로운 신학들 모두가 실제로 우상숭배의 형태들이다. 사람들이 "나는 하나님을…로서 생각하기를 좋아한다"라고 말할 때, 그들은 대개 그들의 형상으로 하나님을 개조하고 있는 것이다.

우리는 또한 하나님이 실제로 존재하는 방식보다는 오히려 하나님이 어떠한 존재가 되었으면 하고 우리가 원하는 방식으로 하나님을 예배하고 싶어 한다. 우리는 우리가 좋아하는 하나님에 관한 것들은 강조하고 나머지 것들은 경시하는 경향이 있다. 우리는 하나님을 사랑하는 것보다 성경을 아는 것에 더 중점을 둔다. 우리는 하나

8　Michael S. Horton, *The Law of Perfect Freedom* (Chicago: Moody, 1993), 54.

님이 사회 정의보다는 개인적인 도덕성에 더 관심을 갖고 계시다고 생각한다. 그리고 우리는 실제로는 율법주의자들이기 때문에, 하나님의 은혜에 대한 깊은 감사보다는 의무감에 의해 움직인다. 우리가 이 모든 것을 행할 때, 우리는 결국 사랑, 긍휼 또는 은혜가 없는 신과 함께 끝나게 된다.

어떻게 우리가 하나님을 올바르게 예배할 수 있을까? 무엇이 우리 자신의 개인적인 우상숭배들로부터 우리를 구원할 수 있을까? 답은 매우 단순하다. 하나님을 우리의 형상으로 개조하는 것보다는 오히려, 우리가 그분의 형상으로 개조될 필요가 있다. 하나님은 그분의 아들 예수 그리스도와의 인격적인 구원의 관계 속으로 우리를 데려가심으로써 그 일을 하신다.

여기에 깊은 신비가 있다. 하나님이 처음 세상을 창조하셨을 때, 그분은 남자와 여자를 자신의 형상으로 만드셨다(창 1:26-27). 우리는 하나님처럼 되도록, 그분의 영광을 반영하도록 만들어졌다. 그리고 이것이 하나님이 우리에게 형상들을 만들지 말라고 말씀하신 또 다른 이유이다. 우리는 이미 형상을 가지고 있다! 우리는 그분의 형상을 따라 창조되었다. 이는 칼빈이 말한 바와 같다.

> 하나님이 그분의 모양(likeness)이 우리 안에 나타나도록 의도하셨기 때문에, 그분은 그림이나 조각물에 의해 표현될 수 없다.[9]

---

9 John Calvin, *The Acts of the Apostles*, 2 vols., trans. W. F. G. Mcdonald and John W. Fraser, Calvin's New Testament Commentaries, eds. David W. Torrance and Thomas

크리스토퍼 라이트(Christopher Wright)는 다음과 같이 말한다.

> 하나님의 유일한 합법적인 형상은 그분 자신의 모양대로 창조된 인간의 형상, 즉 살아있고, 생각하고, 일하고, 말하고, 호흡하고, 관계하는 인간(심지어 조상〈彫像〉도 안 되며 사람만 될 것이다)이다.[10]

우리는 오직 하나님의 형상이 **되도록** 허용될 뿐, 하나님의 형상을 만들도록 허용되지 않는다. 그렇게 하는 우리의 능력이 우리가 죄악에 빠짐으로 인해 심히 손상되었다. 우리 안에 있는 하나님의 형상은 거울 위에 있는 그토록 많은 낙서처럼 손상되었다. 타락하고 죄지은 상태에서 우리는 더 이상 하나님이 의도하셨던 대로 하나님의 영광을 반영할 수 없다.

그러나 하나님은 우리 안에 있는 그분의 형상을 고치시기 위해 그분의 아들 예수 그리스도를 세상으로 보내셨다. 예수님은 참 형상, 즉 "보이지 아니하는 하나님의 형상"(골 1:15; 비교. 고후 4:4)이시며, "그 본체의 형상"(히 1:3)이시다. 이것이 예수님이 자신을 본 사람은 하나님을 본 것이라고 말씀하실 수 있었던 이유이다(요 14:9). 예수님이 접촉점이다.

참 예배 가운데 하나님께 가기 위해서, 우리는 어떤 종류의 우상

F. Torrance (Grand Rapids, MI: Eerdmans, 1973), 2:121-122.
10 Wright, *Deuteronomy*, 71.

도 만들 필요가 없다. 우리가 해야 하는 것 전부는 예수 그리스도를 통하여 하나님께로 나아가는 것이다. 그리고 우리가 그리스도께로 나아갈 때, 그때 하나님은 그분의 성령으로 말미암아 우리 안에 거주하신다. 그분은 우리가 그분의 영광을 위하여 살아갈 수 있도록 그분의 형상을 고치시는 역사를 우리 안에서 하신다.

학습을 위한 질문들

1. 당신이 옳은 일을 하려고 노력했으나 그것을 그릇된 방법으로 하였던 때의 예를 들어 보라. 그 결과는 무엇이었는가?

2. 제1계명과 제2계명 사이의 관계는 무엇인가? 다시 말해, 그것들은 어떻게 다르고, 어떻게 서로에게 영향을 미치는가?

3. 하나님이 질투하신다는 것은 무엇을 의미하는가? 그리고 무엇을 의미하지는 않는가?

4. 왜 하나님은 아버지들의 죄에 대해 자녀를 벌하시는가? 이것은 공정한가? 왜 그런가?

5. 당신이 당신 자신의 가족 또는 당신이 잘 아는 다른 가족들에 대해 생각할 때, 제2계명 속에 담긴 위협은 당신이 가정 문제들과 부모가 자녀들을 위해 남겨주는 유산을 바라보는 방식에 어떻게 영향을 미치는가?

6. 사도행전 17:16-34을 읽어보라. 바울의 수사학적인 논쟁의 주요한 핵심을 약술하라. 이것이 왜 그가 청중들에게 다가가는 효과적인 접근방법이었는가?

7. 우리가 다른 사람들을 예수님께로 인도할 때, 이 구절이 어떻게 오늘날 우리를 위한 모델로 사용되는가?

8. 이 구절에서 바울은 하나님의 본성과 속성에 관해 무엇을 말하는가?

9. 무엇이 우상들을 그토록 매력적으로 만드는가? 일반적으로 기독교인들이, 특히 당신이 우상을 숭배하도록 유혹받는 길에는 어떤 것들이 있는가?

10. 당신의 교회 안과 당신 자신의 삶 속에서 당신은 어떻게 우상숭배에 대비할 수 있는가?

Written in Stone

The Ten Commandments and Today's Moral Crisis

6.

제3계명
모든 이름 위에 뛰어난 이름

> 너는 네 하나님 여호와의 이름을 망령되게 부르지 말라 여호와는 그의 이름을 망령되게 부르는 자를 죄 없다 하지 아니하리라
>
> — 출애굽기 20:7

부모의 첫 의무들 중 하나는 자녀의 이름을 짓는 것이다. 이것은 어려운 일일 수 있다. 부모는 목록들을 만든다. 그들은 아기 이름과 관련된 책들을 읽고 가족 구성원들로부터 받은 제안들을 처리한다. 다양한 조합을 시도하고, 그 조합이 어떻게 들리는지 알기 위해 큰 소리로 말해본다. 모든 가능한 별명을 고려하고, 그런 다음 머리글자들의 철자를 검토한다. 그러나 심지어 이 모든 것을 한 다음에도 아이를 무어라 부를까에 대한 의견일치에 이르지 못한 채 결국 병원에서 이름을 짓게 된다!

이 모든 것에 있어서 확실한 것 한 가지는 부모가 이름을 짓는다는 사실이다. 인간은 스스로 이름 짓지 않는다. 우리의 성명(姓名)은 선택되지 않고 주어지는 것이다. 이는 이름 짓기가 권위의 행위임을 보여준다. 나는 나의 갓 태어난 자녀들 각각을 내 팔에 안고 그들의 이름을 부르며 내가 그들의 아빠라고 말해주었던 일이 기억난다. 아이의 이름을 짓는 일은 부모가 하나님에게서 부여받은 권위를 행사하는 첫 번째 방식이다.

반대로, 하나님과 관련하여 주목할 만한 것들 중 하나는 아무도 그의 이름을 지어준 적이 없다는 것이다. 널리 인정되는 바와 같이, 때때로 사람들은 하나님을 위해 다양한 잘못된 이름들을 제안해왔다. 그러나 하나님의 진짜 이름은 하나님 자신에 의해 선택되고 계시된다. 우리는 하나님께 그분이 누구신지 말하지 못한다. 그분이 우리에게 말씀하신다. 하나님은 자신의 이름을 짓는 권리들을 갖고 계신다. 이것은 그분의 주권의 표시이다. 하나님의 이름은 다른 모든 이름 앞에 온다.

1. 이름이 담고 있는 것

제3계명은 하나님의 위대한 이름의 명예를 지킨다.

> 너는 네 하나님 여호와의 이름을 망령되게 부르지 말라 여호와

는 그의 이름을 망령되게 부르는 자를 죄 없다 하지 아니하리라(출 20:7).

처음 두 계명과 달리, 여기서 하나님은 자신을 3인칭으로 부르신다. 이렇게 하신 특별한 이유가 있다. 처음에 하나님은 1인칭으로, "너는 나 외에는 다른 신들을 네게 두지 말라"(출 20:3)고 말씀하셨다. 그러나 제3계명에서 하나님은 자신을 더욱 간접적으로 언급하신다. "너는 나의 이름을 망령되게 부르지 말라"라고 말씀하지 않으시고 오히려 "너는 네 하나님 여호와의 이름을 망령되게 부르지 말라"고 말씀하신다. 하나님이 이렇게 하신 것은 그분의 특별한 언약 이름인 여호와, 즉 주(主)에 주의를 기울이도록 하기 위해서이다.

이것은 심지어 이스라엘 백성이 시내산에 도착하기도 오래전에 하나님이 계시하신 이름이었다. 이전에 불타는 떨기나무 사건에서 모세는 하나님의 이름을 요구했다. 그리고 하나님은 자신의 백성에 대한 큰 사랑 때문에 자신의 이름을 그에게 알려주셨다.

> 하나님이 모세에게 이르시되 나는 스스로 있는 자이니라 또 이르시되 너는 이스라엘 자손에게 이같이 이르기를 스스로 있는 자가 나를 너희에게 보내셨다 하라 하나님이 또 모세에게 이르시되 너는 이스라엘 자손에게 이같이 이르기를 너희 조상의 하나님 여호와 곧 아브라함의 하나님, 이삭의 하나님, 야곱의 하나님께서 나를 너희에게 보내셨다 하라 이는 나의 영원한 이름

이요 대대로 기억할 나의 칭호니라(출 3:14-15).

하나님이 계시하신 이름은 그분의 개인 이름인 여호와였다. 이 이름은 히브리어에서 네 개의 문자 YHWH로 이루어져 있기 때문에 가끔 테트라그라마톤(*tetragrammaton*, '네 개의 글자들'-역주)이라 불린다. 문자적으로, 하나님의 이름은 "나는 나다"(I am who I am) 또는 "나는 내가 되고자 하는 대로 될 나이다"(I will be who I will be)를 의미한다. 그것은 하나님의 자존(自存), 자족, 최고의 주권을 말한다. 출애굽의 사건들이 전개되었을 때, 그 이름은 또한 그분의 구원의 능력을 입증했다. 이스라엘 백성은 자신의 이름을 모세에게 계시하신 하나님이 구원하시는 하나님이라는 것을 그들의 구원으로부터 배웠다.

하나님의 이름의 의미를 풀어내기 시작할 때, 곧 "여호와"는 이름 훨씬 이상의 것이라는 사실이 분명해진다. 그것이 하나님의 정체(identity)이다. 이것이 이름에 대한 온전한 히브리적 이해이다. 우리에게 있어 이름이란 꼬리표이다. 이름은 우리가 소유하는 것이지 우리 자신은 아니다. 그러나 히브리인들에게 있어 이름은 사람으로부터 분리될 수 없었다. 그것은 한 사람의 내적인 정체성을 표현했다. 그러므로 우리가 하나님의 이름을 사용할 때, 우리는 그의 신적인 존재의 본질을 언급한다.

그분의 최고의 이름은 단순히 여호와 주 하나님이었다. 이 이름은 하나님을 부르는 편리한 방법 훨씬 이상의 것이다. 그것은 하나님의 전체 명성을 나타낸다. 일부분이 전체를 나타내는 이러한 표현법에 대한 문학적 용어는 제유법(synecdoche)이다. 예를 들어, 누군가가 "회의에 새로운 얼굴들이 많았어요"라고 말할 때, 이것은 그들의 얼굴이 여하튼 그들 몸의 나머지 부분과 연결되지 않았다는 것을 의미하지 않는다. 얼굴은 전체의 일부이다. 따라서 그것은 전체 사람을 나타낼 수 있다. 이와 유사하게, 하나님의 이름은 그의 전체 정체성을 나타낸다.

하나님의 이름은 또한 구약의 다른 곳에서도 이런 방식으로 사용된다. 다윗은 다음과 같이 노래했다.

> 여호와 우리 주여 주의 이름이 온 땅에 어찌 그리 아름다운지요(시 8:1a).

다윗은 하나님의 이름으로 인해 하나님을 찬양할 뿐 아니라 자신의 영광을 위해 만물을 만드신 하나님이심으로 인해 그분을 찬양한다. 하나님은 창조뿐 아니라 구속에 있어서도 명성을 떨치셨다. 이것이 출애굽의 전체 핵심이었다. 하나님은 자신의 영광을 위해 한 민족을 구원하셨다. 시편 기자는 특별히 홍해에서의 구원을 언급하면서 다음과 같이 말했다.

> 그러나 여호와께서는 자기의 이름을 위하여 그들을 구원하셨으니 그의 큰 권능을 만인이 알게 하려 하심이로다(시 106:8; 비교. 시 111:9).

하나님은 자신의 이름의 명예를 위하여 애굽에서 이스라엘을 데리고 나오셨다. 그래서 시내산에 도착했을 무렵, 이스라엘 백성은 하나님의 이름이 이름 훨씬 이상의 것이었다는 사실을 알았어야 했다. 그분의 이름은 창조와 구속 안에 있는 하나님의 영광을 전했다. 그리하여 그분의 이름은 하나님 자신 못지않은 경의와 존경을 받을 만한 가치가 있었다.

2. 하나님의 이름의 오용

하나님의 도덕법 중 나머지 것들처럼, 제2계명은 부정적일 뿐 아니라 긍정적이다. 부정적 형태로 그 계명은 하나님의 이름의 오용을 금지한다.

> 너는 네 하나님 여호와의 이름을 망령되게 부르지 말라
> (출 20:7a).

이 계명을 좀 더 문자적으로 번역을 하면, "너는 주 너의 하나님의 이름을 헛되이 들어 올리지 말라"[1]이다.

하나님의 이름을 "들어 올린다"란 무엇을 의미하는가? 이 용어

---

1 Goran Larsson, *Bound for Freedom: The Book of Exodus in Jewish and Christian Traditions* (Peabody, MA: Hendrickson, 1999), 145.

는 상당히 기술적인 의미를 갖는다. 그것은 맹세와 관련된 법적인 상황에서 사용되었다.[2] 목격자들이 그들의 증언을 확증할 필요가 있을 때, 그들은 성경 위에 맹세하는 대신 손을 올리고 하나님의 이름으로 맹세했다. 그러나 그 용어는 또한 사람들이 하나님의 이름을 자신들 입술에 올리는 다른 상황들을 위해서 더 널리 사용되기도 했다. 예배 때 그리고 그밖에 사람들이 하나님에 대하여 말할 때마다 그분의 이름은 "들어 올려"졌다.

하나님의 백성에게 하나님의 이름의 사용이 금지되지는 않았다. 많은 정통파 유대인은 하나님이 의도했던 것보다 더 엄격히 이 계명을 받아들이고, 하나님의 이름을 오용할까봐 두려워하여 하나님의 특별하고 신성한 이름의 사용을 거부하고 있다. 그러나 하나님은 우리가 그분의 이름을 사용하기를 원하신다! 이것을 구약성경이 증명한다. 하나님의 거룩하고 신성한 이름은 거의 7,000번 사용되었다. 하나님은 우리가 그분을 개인적으로 부를 수 있도록 자신의 이름을 우리에게 주셨다. 하나님의 이름을 부름으로써 그분과 우리 사이의 사랑의 관계는 강화된다.

따라서 하나님이 금하신 것은 하나님의 이름의 사용이 아니라 그 것의 오용이다. 명확히 말하면, 우리는 그것을 헛되이 또는 무의미하게 사용해서는 안 된다. 하나님이 생각하시는 구체적인 오용은 마치 그분이 중요하지 않거나 실제로 전혀 존재하지 않는 것처럼 부주

---

2 Brevard S. Childs, *The Book of Exodus: A Critical, Theological Commentary* (Louisville: Westminster, 1974), 410.

의하게, 생각 없이, 심지어는 경박하게 그분에 대해 말하는 것이다. 하나님의 이름은 깊은 영적인 의미를 갖고 있다. 그래서 그분의 이름을 가치 없는 것처럼 대하는 것은 진정한 의미의 신성모독이다. 그것은 거룩하고 신성한 것을 일반적이고 세속적인 것으로 대우하는 것이다. 어떤 식으로든 하나님의 이름을 더럽히는 것은 그분의 거룩성을 모독하는 것이다. 그것은 하나님 자신이 가치 없다고 말하는 한 방법이다.

독일 학자 요헴 다우마(Jochem Douma)는 십계명에 관한 그의 주의 깊은 연구에서 구약 시대에 하나님의 이름이 일반적으로 훼손되었던 세 가지 방식, 즉 마법, 거짓 예언, 거짓 맹세를 언급한다.[3]

첫 번째로 마법은 비학(秘學, occult, 과학적으로 해명할 수 없는 신비하고 초자연적인 현상에 대한 지식을 의미-역주)과 관련 있다. 고대 세계에서 많은 사람이 마술적인 주문을 외울 때, 신의 이름들을 사용함으로써 초자연적인 세력에 접근할 수 있다고 믿었다. 그들은 그들의 신들에게 몸을 치유해주고, 미래를 말해주고, 전쟁에서 그들에게 승리를 줄 것을 요청했다. 애굽인들은 이런 종류의 일을 전문으로 다뤘다. 그러나 하나님은 조정당하기를 거부하신다. 그래서 하나님은 그분의 백성에게 주문을 걸기 위한 목적으로 그분의 이름을 사용하지 말라고 명령하셨다. 나중에 하나님은 다음과 같이 말씀하셨다.

---

3   Jochem Douma, *The Ten Commandments: Manual for the Christian Life*, trans. Nelson D. Kloosterman (Phillipsburg, NJ: P&R, 1996), 74-75.

> 그의 아들이나 딸을 불 가운데로 지나게 하는 자나 점쟁이나 길흉을 말하는 자나 요술하는 자나 무당이나 진언자나 신접자나 박수나 초혼자를 너희 가운데에 용납하지 말라 이런 일을 행하는 모든 자를 여호와께서 가증히 여기시나니 (신 18:10-12a).

두 번째로 하나님의 이름은 거짓 예언과 관련되어 오용되었다. 선지자들은 항상 "이와 같이 주가 말씀하시니라"라고 말했다. 그러나 거짓 선지자가 하나님을 이런 식으로 인용하려 시도했을 때, 그것은 거짓말이었고, 그 결과 그것은 하나님의 거룩한 이름을 악용한 것이었다. 한 번은 하나님이 다음과 같이 말씀하셨다.

> 선지자들이 내 이름으로 거짓 예언을 하도다…그러므로 내가 보내지 아니하였어도 내 이름으로 예언하여 이르기를 칼과 기근이 이 땅에 이르지 아니하리라 하는 선지자들에 대하여 여호와께서 이와 같이 말씀하셨노라(렘 14:14a-15a).

거짓 예언은 선지자 자신의 주장을 진척시키기 위하여 하나님의 특별한 신성한 이름을 사용하려는 시도였다. 교회 역사에 이러한 사례가 많다. 사람들은 종종 하나님이 자기편이라 주장함으로써 자신의 신뢰성을 높이려 노력한다. 십자군 원정에서 노예 무역에 이르기까지, 정당에서부터 사회적 대의명분에 이르기까지 모든 것을 보증하기 위해 하나님의 이름이 사용되어 왔다. 그로 인한 결과들은 거의 항상 비참하다.

세 번째로 흔한 하나님 이름의 오용은 거짓 맹세에 있었다. 사람들은 자신이 진실을 말하고 있다고 다른 사람들을 설득하기 위해, 예를 들어, 법정에서 또는 사업거래와 관련해서 "여호와께서 살아계심을 두고"(렘 5:2)와 같은 말을 자주 했다. 하나님의 이름을 들어 올림으로써 그들은 그들이 말하고 있는 것이 진실이라고 증명하려 애썼다. 사실상 그들은 그들의 목격자로서 하나님을 불렀다. 사람들이 하나님의 이름으로 맹세하고 거짓말할 때 문제가 발생했다. 이것은 거짓 맹세로 제3계명에 대한 직접적인 위반이었다. 그것은 사실이 아닌 거짓된 것을 확증하기 위하여 하나님의 이름을 사용한 것이었다. 그래서 하나님은 다음과 같이 말씀하셨다.

> 너희는 내 이름으로 거짓 맹세함으로 네 하나님의 이름을 욕되게 하지 말라 나는 여호와이니라(레 19:12).

이것들은 하나님의 신성한 이름이 구약 시대에 오용된 방식들 중 일부이다. 각각의 경우에, 사람들은 자신의 이익을 위해 하나님의 이름을 이용하려 했다. 그러나 하나님은 다음과 같이 말씀하셨다.

> 너는 네 하나님 여호와의 이름을 망령되게 부르지 말라
> (출 20:7a).

또한 하나님은 제3계명을 어기는 사람은 누구든 책임을 져야 한다고 말씀하셨다.

> 여호와는 그의 이름을 망령되게 부르는 자를 죄 없다 하지 아니하리라(출 20:7b).

정확히 그 벌이 무엇인지에 대해서는 명시되어 있지 않다. 사실 그 위협은 거의 줄잡아 말해진 듯하다. 계명위반자는 죄 없게 되지 않는다고만 단순히 말하고 있다.

그러나 이 표현법은 문법학자들이 완서법(緩徐法, meiosis)이라고 부르는 것이다. 이 어법에서는 말은 적게 하나 훨씬 더 많은 것이 의도된다.[4] 예를 들어, 권력을 갖고 있는 사람들이 "내가 당신이라면 난 그것을 하지 않았을 텐데"라고 말할 때, 그들이 단순히 문득 생각난 의견을 제안하고 있는 것이 아니라, 준엄한 경고를 발하고 있는 것이다. 따라서 하나님이 우리를 죄 없다 하지 않겠다고 말씀하실 때, 그분이 뜻하신 바는 그분이 우리를 정죄하시리란 것이다. 우리는 무죄가 아니라 유죄가 될 것이다. 전능하신 하나님이 불의하다고 여기실 것이다.

하나님이 우리를 정죄하시는 것은 그분의 이름의 오용이 매우 큰 죄이기 때문이다. 그것은 그분의 명예와 영광에 대한 직접적인 공격

---

4 Thomas Watson, *The Ten Commandments* (1692; repr. Edinburgh: Banner of Truth, 1965), 91.

이며, 그러한 공격을 하는 사람은 누구든 정죄받아 마땅하다.

여기서 하나님의 의는 한 유비(analogy)를 통해 방어될 수 있다.

> 현대 미국인이 이 계명을 이해하기 시작하게 될 방법 한 가지는 하나님의 이름을 상표 등록된 자산으로서 간주하는 것이다. 그분이 저작권을 갖고 있는 수리 설명서(성경)를 널리 유통시키고 그분의 인가된 프랜차이즈(교회)를 위해 더 큰 시장 점유율을 차지하기 위하여, 하나님은 그분이 기록한 사용설명서에 따라 그분의 이름을 사용할 사람에게 그분의 이름의 사용권을 너그러이 부여하셨다. 그러나 하나님의 이름이 공공 영역으로 공개되지 않았다는 점을 이해할 필요가 있다. 하나님은 자신의 이름에 대한 법적인 통제권을 보유하고 계시고, 최고로 가치 있는 자산이 승인 없이 오용되는 것에 대해서 엄한 벌을 내리겠다고 위협하신다. 모든 상표권 위반행위는 법의 최대한도로 기소될 것이다. 기소자, 판사, 배심원, 그리고 집행자는 하나님이시다.[5]

사람들이 제3계명 또는 다른 계명을 위반할 때, 그들은 하나님 앞에 유죄이다. 그리고 결국 그들은 그들의 죄에 대해 심판 받을 것이다. 성경에는 많은 예가 있다. 가장 충격적인 예는 아마도 레위기

---

5 Gary North, *Chronicles: A Magazine of American Culture* (December 1992), 15.

24장에 나올 것이다. 이스라엘 사람 두 명 사이에서 논쟁이 일어났다. 그중 한 명은 혼혈 애굽인이었다. 그들이 싸울 때, 혼혈인 남자가 하나님에 대해 저주의 말을 내뱉었다. 성경은 그가 "여호와의 이름을 모독하며 저주"(레 24:11a)했다고 말한다. 구경꾼들은 그 남자가 한 말에 경악했다. 그래서 그들은 모세 앞에서 재판받도록 그를 붙잡아 데려갔다.

주(主)께서는 그 남자를 죄 없다 하지 않으셨다.

> 여호와께서 모세에게 말씀하여 이르시되 그 저주한 사람을 진영 밖으로 끌어내어 그것을 들은 모든 사람이 그들의 손을 그의 머리에 얹게 하고 온 회중이 돌로 그를 칠지니라 너는 이스라엘 자손에게 말하여 이르라 누구든지 그의 하나님을 저주하면 죄를 담당할 것이요 여호와의 이름을 모독하면 그를 반드시 죽일지니(레 24:13-16a).

하나님의 이름을 오용하는 사람은 그분에 대한 책임을 지게 될 거라는 하나님의 말씀 그대로 우리는 믿어야 한다!

3. 놀라운 하나님의 이름

도덕법의 나머지 계명들처럼, 제3계명은 부정적일 뿐 아니라 긍정적이다. 그 계명은 하나님의 이름의 오용을 금하고 우리를 죄 있다 하겠다고 위협하는 동시에, 우리에게 그분의 이름을 올바르게 사용하도록 명령한다. 우리는 그분의 이름을 망령되이 부르지 않고 매우 진지하게 불러야 한다. 존 칼빈은 다음과 같이 말했다.

> 이 계명의 목적은, 하나님이 자기의 이름의 위엄을 우리가 거룩히 여기길 원하신다는 것이다. 그러므로 간단히 말하면, 그것은 하나님의 이름을 무례하고 불순한 태도로 다룸으로써 그분의 이름을 모독해서는 안 된다는 뜻이다. 당연히 이 금지에는 경건하고 공경하는 마음으로 하나님의 이름을 존중하도록 열성과 주의를 기울여야 한다는 명령이 부합된다. 그러므로 우리는 생각과 말에 있어서 단단히 마음먹고, 하나님과 그분의 신비에 관한 것을 경외심이나 진지함 없이 생각하거나 말하지 말아야 한다. 하나님의 사역을 평가할 때에도 우리는 그분께 영예가 되는 일만 생각해야 한다.[6]

칼빈이 사용한 단어 "거룩히 여기다"(hallow)는 주기도문의 첫 번째 기원 "이름이 거룩히 여김을 받으시오며"(마 6:9)를 생각나게 한다. 거룩히 여긴다는 것은 성별하는 것, 거룩한 목적을 위하여 구별하는 것이다. 그리고 그것이 하나님이 그분의 이름을 가지고 우리가

---

6 John Calvin, *Institutes of the Christian Religion*, trans. Ford Lewis Battles, 2 vols., Library of Christian Classics, 20-21 (Philadelphia: Westminster, 1960), II.VIII.22.

행하기를 원하시는 것이다. 우리는 예배와 찬양의 목적을 위해 그분의 이름을 보호해야 한다.

하나님의 이름을 올바르게 사용하는 방법들은 많다. 그분의 이름을 찬양하고, 영예롭게 하고, 송축하고, 칭송할 수 있다. 높이 들어 올려 찬양할 수 있다. 경배하고 숭배할 수 있다. 루터는 하나님의 이름을 영예롭게 하는 것에 대해 다음과 같이 말했다.

> 하나님께 요청하고, 그분께 기도하고, 그분을 찬양하고, 그분께 감사드려야 할 때마다 바로 그분의 이름을 사용하는 것이다.[7]

그러나 하나님의 이름의 적절한 사용을 배울 수 있는 최적의 장소들 중 하나는 시편이다. 성경의 많은 시편은 우리에게 어떻게 하나님의 이름을 영예롭게 하는지 보여준다.

> 여호와께 그의 이름에 합당한 영광을 돌리며(시 29:2a; 96:8a).
> 그의 이름의 영광을 찬양하고 영화롭게 찬송할지어다(시 66:2).
> 그 영화로운 이름을 영원히 찬송할지어다(시 72:19a).
> 내 영혼아 여호와를 송축하라 내 속에 있는 것들아 다 그의 거

---

7 Martin Luther, *The Small Catechism* (1529), in *The Book of Concord: The Confessions of the Evangelical Lutheran Church*, eds. Robert Kolb and Timothy J. Wengert, trans. Charles Arand, et al. (Minneapolis: Fortress, 2000), 345-375 (352).

룩한 이름을 송축하라(시 103:1).

다른 곳에서 성경은 우리에게 여호와의 이름을 부르고(창 4:26), 여호와의 이름으로 예언하고(신 18:19), 여호와를 의뢰하고(사 50:10), 모든 방식으로 네 하나님 여호와라 하는 영화롭고 두려운 이름을 경외하라고(신 28:58) 가르친다.

하나님의 이름을 영예롭게 하라는 제3계명은 우리가 하나님을 영예롭게 하고, 그분의 거룩한 이름에 드린 것과 동일한 경의와 존경을 그분께 드리도록 돕는다. 사도 바울은 골로새인들에게 보낸 서신에서 이 명령에 대한 가장 완전하고도 긍정적인 진술을 했다.

또 무엇을 하든지 말에나 일에나 다 주 예수의 이름으로 하고 그를 힘입어 하나님 아버지께 감사하라(골 3:17).

4. 무시무시한 타격

"주 예수의 이름"의 언급은 제3계명의 위반과 준수에 관한 성경 이야기 하나를 상기시킨다. 그것은 바울이 에베소에서의 첫 전도사역에서 만난 스게와의 일곱 아들에 관한 이야기다. 그것은 놀라운 방문이었다. 도착하자마자 곧 바울은 에베소 사람 몇 명에게 세례를 베풀었다. 그리고 그들은 성령을 받았다. 그리고 나서 그는 유대인

6. 제3계명: 모든 이름 위에 뛰어난 이름   191

들과 하나님 나라에 관하여 논쟁하면서 회당에서 3개월을 보냈다. 이후 그는 헬라인들에게 2년 동안 매일 서원에서 설교했다. 이 기간 동안 그는 많은 표적과 기사를 행했다.

> 하나님이 바울의 손으로 놀라운 능력을 행하게 하시니 심지어 사람들이 바울의 몸에서 손수건이나 앞치마를 가져다가 병든 사람에게 얹으면 그 병이 떠나고 악귀도 나가더라
> (행 19:11-12).

그때 바울의 사역을 매우 주의 깊게 지켜보던 일단의 사람들이 있었다. 그들은 바울이 기적을 행할 때마다 그가 늘 예수님의 이름으로 행하는 것에 주목했다. 바울은 예수님의 이름으로 모든 것을 했다. 세례, 설교, 치유, 이 모든 것이 예수님의 이름으로 되었다. 마침내 그들은 이 이름에 강력한 뭔가가 있다는 것을 깨달았다. 그리고 그들은 만약 바울이 그것을 사용할 수 있다면 그들 또한 그것을 사용할 수 있다고 판단했다. 그들은 자신들의 기적을 행하기 위하여 예수 그리스도의 이름(하나님의 바로 그 이름)을 사용하기를 원했다. 그러나 그들이 원했던 대로 일이 잘 되지 않았다.

> 이에 돌아다니며 마술하는 어떤 유대인들이 시험삼아 악귀 들린 자들에게 주 예수의 이름을 불러 말하되 내가 바울이 전파하는 예수를 의지하여 너희에게 명하노라 하더라 유대의 한 제

> 사장 스게와의 일곱 아들도 이 일을 행하더니 악귀가 대답하여
> 이르되 내가 예수도 알고 바울도 알거니와 너희는 누구냐 하며
> 악귀 들린 사람이 그들에게 뛰어올라 눌러 이기니 그들이 상하
> 여 벗은 몸으로 그 집에서 도망하는지라(행 19:13-16).

이 이야기를 이해하기 위해 우리가 알아야 할 것 전부는 바로 제3계명이다.

> 너는 네 하나님 여호와의 이름을 망령되게 부르지 말라 여호와
> 는 그의 이름을 망령되게 부르는 자를 죄 없다 하지 아니하리
> 라(출 20:7).

스게와의 일곱 아들들은 자신들의 개인적인 이익을 위해 마술을 행하는 데 하나님의 이름을 오용했다. 그래서 하나님은 그들을 죄 없다 하지 않으시고, 그들이 받아 마땅한 타격을 입히셨다.

이 이야기에서 가장 중요한 부분은 그 다음 일어난 일일 것이다.

> 에베소에 사는 유대인과 헬라인들이 다 이 일을 알고 두려워하
> 며 주 예수의 이름을 높이고(행 19:17).

하나님은 그분의 이름의 영예를 보호하셨다. 사람이 자기를 조종하는 것을 거부하심으로써, 그분의 최고의 권위를 확실히 보여주셨

다. 자신은 통제 당할 수 있는 이방신들과는 조금도 같지 않다는 것을 보여주셨다. 하나님은 홀로 언제 기적을 행할지 결정하시고, 오직 그분이 선택하신 종들을 통해서만 그것을 행하려 하셨다.

스게와의 일곱 아들들에게 일어난 일은 하나님의 명성을 드높이는 데 도움이 될 뿐이었다. 에베소 사람들은 그것이 무엇을 의미하는지 이해했다. 예수 그리스도께서는 다른 모든 신 위에 뛰어난 주(主)이셨다. 그분의 이름은 모든 이름 위에 뛰어난 이름이었다. 그들은 또한 비학(秘學, occult)에 손대는 것이 얼마나 위험한지도 알았다.

> 믿은 사람들이 많이 와서 자복하여 행한 일을 알리며 또 마술을 행하던 많은 사람이 그 책을 모아 가지고 와서 모든 사람 앞에서 불사르니 그 책 값을 계산한즉 은 오만이나 되더라
> (행 19:18-19).

이야기는 다음의 감격적인 결말로 끝난다.

> 이와 같이 주의 말씀이 힘이 있어 흥왕하여 세력을 얻으니라
> (행 19:20).

하나님의 이름이 영예롭게 될 때, 그분의 나라는 성장한다.

5. 하나님의 이름의 영예를 위하여

앞의 이야기가 보여주는 바와 같이, 하나님의 이름을 영예롭게 하는 것과 복음의 확산 사이에는 분명한 관계가 있다. 예수 그리스도의 이름이 높아져 찬양받을 때, 사람들은 구원을 위해 그분께로 온다. 그러므로 제3계명의 준수는 이중적으로 중요하다. 그것은 법적으로 행해야 할 일일 뿐 아니라, 그것을 행할 때, 죄인들이 믿고 구원받는다. 적용은 명확하다. 주 예수 그리스도의 종들로서 우리는 하나님의 이름을 영예롭게 하기 위해서 우리가 할 수 있는 모든 것을 해야 한다.

우리는 기독교인(Christians)이기 때문에 그리스도(Christ)란 바로 그 이름을 지닌다. 우선 우리가 구원받은 것은 바로 그분의 이름을 부름으로써였다(행 4:12; 롬 10:13; 요일 5:13). 우리가 입교하자마자, "아버지와 아들과 성령의 이름으로"(마 28:19) 세례 받았을 때, 우리는 그분의 이름을 받았다. 우리가 늘 그리스도의 이름을 지니고 있기 때문에, 하나님은 우리의 계속되는 영적 진보에 개인적인 관심을 갖고 계신다. 성경은 다음과 같이 말한다.

> 주 예수 그리스도의 이름과 우리 하나님의 성령 안에서 씻음과 거룩함과 의롭다 하심을 받았느니라(고전 6:11).

이제 그리스도란 바로 그 이름은 우리가 행하는 모든 일과 관련되어 있다. 우리의 명성은 그리스도의 명성의 반영이다. 따라서 우리는 항상 그분의 이름을 영예롭게 하는 것을 우리의 목표로 삼아야 한다.

우리는 우리가 때때로 하나님의 이름을 더럽히도록 유혹받는다는 것을 인정해야 한다. 가장 두드러진 유혹은 그의 이름을 맹세의 단어로 사용하는 것이다. 사람들은 대개 이것이 제3계명이 주로 관계된 내용이라고 생각한다. 오늘날 많은 사람이 좌절의 근원이 되는 것(또는 사람)마다 그것(그 사람)에게 신의 저주가 내리기를 빈다. 혹은 예수 그리스도의 이름을 감탄사로 사용한다. 텔레비전과 영화에 나오는 모든 나쁜 언어는 우리 문화가 얼마나 불경건하게 되었는지 드러낸다. 그러나 그것은 또한 우리가 결코 하나님에게서 도망칠 수 없다는 것을 보여준다.

사람들은 하나님의 이름을 사용하지 않고는 맹세할 수 없는 듯하다. 왜 그런가? 그것은 인간의 상태에 관하여 우리에게 무엇을 말해 주는가? 나는 그것이 하나님의 존재를 증명한다고 생각한다. 사람들이 말하는 다른 모든 것처럼, 저주는 마음에서 나온다. 비기독교인이 하나님의 이름을 사용할 때(심지어 헛되이) 그것은 깊은 곳에서 그들이 정말로 하나님이 존재하신다는 사실을 알고 있음을 보여준다. 그들의 분노는 그분의 영예에 대한 직접적인 반역이다.

기독교인들로서 우리는 우리의 언어를 조심해야 한다. 대부분의 기독교인은 저주하지 않으려 노력한다(적어도 큰소리로 또는 다른 사람이 듣고 있을 때는). 그러나 드물지 않게 교회에 다니는 사람들도 온건한 저주의 말을 사용한다. "빌어먹을!(Gosh darn it!)", "오, 맙소사!(Oh, my God!)", "도대체 무슨 소리하는 거야?(What the heck?)", "하나님 맙소사!(Good Lord!)", "하나님께 맹세해(I swear to God)." 어떤 사람들은 이것들이 표현 방식이라고 생각한다. 그러나 이것들은 정말로 더 정중하게 맹세하는 한 방법일 뿐이다. 이것들은 또한 교회에서 우리가 하는 말보다 더 잘 우리의 진짜 영적인 상태를 나타내는 지표가 될 수도 있다.

우리는 또한 다른 사람들이 그들의 언어를 조심하도록 일깨워줄 책임이 있다. 이것을 하는 데 있어 효과적이고 우아한 방법들이 있다. 롭 쉥크(Rob Schenck)는 십계명에 관한 그의 책에서 그가 제3계명을 위반하는 두 남자와 어떻게 맞섰는지 말한다.

> 몇 년 전, 중서부에서의 긴 집회 일정을 마치고 나서, 나는 집으로 돌아가기 위해 심야 비행에 올랐다. 나는 피곤했고 휴식을 기대하고 있었다. 비행기 안에서 내 뒤에 세일즈맨 두 명이 앉아있었다. 그들의 대화는 신성모독적 발언투성이었다. 그들이 주님의 이름을 시궁창으로 쏟아내기 시작했을 때, 드디어 나는 넌더리났다. 나는 좌석에서 일어나 돌아서서 내 자리에서 그들을 내려다보았다. 그러고 나서 나는 물었다.
> "당신들 중 누가 목사님이신가요?"
> 복도 쪽 좌석에 앉은 남자가 의심스럽다는 듯이 눈썹을 추켜세우며 말했다.

"도대체 뭐 때문에 그렇게 생각하시죠?"

"음, 저는 목사입니다." 나는 미소 지으며 말했다.

"그런데 전 당신들의 의사소통 기술에 놀랐습니다. 조금 전 당신들은 한 문장에서 하나님, 저주, 지옥, 그리고 예수 그리스도라고 말했습니다. 저는 그 모든 것을 한 편의 설교 전체에도 넣을 수 없거든요!"

그들은 둘 다 얼굴을 붉혔다. 나머지 비행시간 동안 난 그들에게서 한마디의 말도 듣지 못했다.[8]

하나님의 영은 하나님의 이름을 내대며 욕설하는 사람들이 하나님의 이름을 망령되이 부르는 것이 얼마나 죄된 일인지 깨닫게 하기 위해 이런 종류의 경건한 대응을 사용하실 수 있다.

제3계명을 어기는 더 심각한 방법은 자신의 의제를 진척시키기 위해 하나님의 이름을 이용하는 것이다. 어떤 기독교인들은 "주님이 나에게 이것을 하라고 말씀하셨어요"라고 말한다. 또는 한층 더 심하게, 그들은 "주님이 당신에게 이것을 하라고 나에게 말씀하셨어요"라고 말한다. 그것은 거짓 예언이다! 하나님은 우리에게 말씀하실 필요가 있는 것은 무엇이든 이미 그분의 말씀 속에서 말씀하셨다. 물론, 성령의 내적 인도도 있다. 그러나 그것은 내적 인도일 뿐이다. 그리고 그 내적 인도를 하나님에게서 나오는 권위의 말씀으로 잘못

---

8 Rob Schenck, *The Ten Words That Will Change a Nation: The Ten Commandments* (Tulsa, OK: Albury, 1999), 53-54.

말해서는 안 된다.

　대부분의 기독교인은 하나님의 음성 듣기를 실제로 요구하지 않는다. 그러나 우리는 종종 우리 자신의 목적을 위해 성경을 잘못 해석하도록 유혹받는다. 성경, 심지어 성경의 한 구절에서 아이디어 하나를 취한 다음, 문맥에서 벗어나 우리 자신의 개인적 견해를 지지하기 위해 그것을 사용하는 것이 얼마나 쉬운가. 하나님이 우리 편에 계시다고 너무 확신한 나머지 다른 신자들에게 귀 기울이거나 교회에 있는 영적인 권위에 복종하기를 거절한다.

　때로는 우리의 정치적 견해를 뒷받침하기 위해 하나님을 일종의 정당 마스코트로 이용한다. 어떤 때는 우리의 지위를 강화하여 다른 사람들이 우리가 말하는 것을 해야만 하도록 만들기 위해 하나님을 이용한다. 어떤 때는 우리의 사역이나 교회를 위한 우리의 계획에 하나님의 승인 도장을 찍는다. 그러나 우리 자신이 원하는 것과 하나님이 원하시는 것을 혼동할 때마다, 우리는 그분의 이름을 망령되이 부른다. 스테픈 카터(Stephen Carter)는 공공 생활에서의 종교의 역할에 관한 책 『하나님이 이름을 망령되이 부르기』(*Taking God's Name in Vain*)에서 다음과 같은 주장을 한다.

> 사실, 제3계명에도 불구하고 서양 세계에서 미국인들만큼 하나님의 이름을 많이, 또는 공공연하게, 또는 많은 목적을 위해 사용하는 나라는 아마 없을 것이다. 관직 입후보자들 가운데는 하나님이 청중 또는 나라, 또는 우리가 착수하고 있는 큰 사

업을 축복해주시길 구하지 않고 연설을 끝낼 수 있는 후보자들이 거의 없다. 그러나 모든 사람은 상대편이 거짓이라고 확신한다…운동선수들은 정치인들처럼 하나님이 자신들의 편이라고 생각하기를 좋아하기 때문에 승리의 터치다운으로 득점한 후에 종종 텔레비전에서 하나님께 감사드린다. 교회들은 거대한 광고판을 세우고 신문에 광고를 낸다…게이의 권리에 반대하거나 그 권리에 찬성하는 이유로서 하나님의 뜻이 인용된다. 하나님이 가난을 묵인하지 않으신다고들 한다. 또는 낙태를. 또는 핵무기를…미국을 변화시키기 원하는 사람과 원하지 않는 사람 모두 하나님의 이름에 대한 국민의 열광을 이해한다. 이것이 모든 사람이 그분의 이름을 부르는 이유이다.[9]

하나님의 이름을 망령되이 부르는 다른 방법들이 많이 있다. 우리가 "주를 찬양하라!"라고 말할 때나 기독교적 상투어를 사용하되 정말로 그것을 의미하지 않으면서 사용할 때, 매출을 올리기 위해 하나님의 이름을 티셔츠나 범퍼 스티커 위에 붙이고 슬로건으로 사용할 때, 농담에 하나님의 말씀을 사용할 때 또는 진부한 가사로 기독교 노래를 쓸 때, 우리는 하나님의 이름을 망령되이 부른다.

이것들은 모두 제3계명의 심각한 위반행위들이다. 그러나 그 계명을 어기는 가장 민감하고도 아마도 가장 흔한 방법은 오히려 예배

---

9 Stephen L. Carter, *Taking God's Name in Vain: The Wrongs and Rights of Religion and Politics* (New York: Basic, 2000), 12-13.

에서의 부주의이다. 오늘날 교회를 바라볼 때, 하나님께 일어났던 일은 무엇이든 이상하게 여기려는 유혹이 있다. 존경심도 경외심도 거의 없고 그분의 위엄 앞에서 떨림도 거의 없다. 우린 하나님을 가볍게 여긴다. 데이비드 웰스(David Wells)는 이것을 "하나님의 무게 없음"(the weightlessness of God)이라 부른다.[10] 다른 사람들은 그것을 "하나님을 하찮게 여김"(the trivialization of God)으로 묘사했다.[11]

이처럼 하나님을 하찮게 보는 견해는 그에 대한 하찮은 대화에서 온다. 예배를 위해 그분의 존전에 나아올 때, 우리는 그분의 참된 영광을 인식하지 못한다. 기도할 때 우리의 생각은 종잡을 수 없다. 우리의 눈이 성경 페이지 위를 지나가지만, 우리의 마음은 하나님의 말씀을 향해 열려있지 않다. 그리고 우리가 노래할 때, 우리의 마음은 우리 목소리와 조화를 이루지 못한다. 우리는 "나의 말은 위로 날아오르는데, 생각은 밑에 머무르는구나. 생각이 없는 말은 결코 하늘로 가지 못하지!"[12]라고 말했던 셰익스피어의 햄릿과 같다. 예배는 격식이 없고, 부주의하고, 성의가 없다. 이런 식으로 우리는 하나님의 이름을 더럽힌다.

---

10 David F. Wells, *God in the Wasteland: The Reality of Truth in a World of Fading Dreams* (Grand Rapids, MI: Eerdmans, 1994), 88.
11 Donald W. McCullough, *The Trivialization of God: The Dangerous Illusion of a Anageable Deity* (Colorado Springs: Navpress, 1995).
12 William Shakespeare, *Hamlet, Prince of Denmark*, Act III, Scene IV, lines 100-101.

6. 예수님의 이름에

만약 우리가 이러한 죄들을 자백하면 그것들을 용서해주시겠다고 하나님은 말씀하셨다(요일 1:9). 하나님은 그렇게 하실 것이다. 왜냐하면 그리스도가 제3계명의 위반을 포함해서 우리의 모든 죄를 위해 십자가에 달리셨기 때문이다. 하나님이 우리를 죄 없다 하지 않겠다고 말씀하셨기 때문에 우리는 하나님의 이름을 오용한 죄를 자백해야 한다. 최후의 심판 때에 우리는 스스로 이 사실을 깨달을 것이다. 그때는 우리가 하나님의 이름에 행한 것이 하나님이 우리에게 행하실 일을 결정하게 될 것이다.

어떤 사람들은 바로 심판의 날까지 계속해서 하나님의 이름을 망령되이 사용할 것이다. 예수님은 다음과 같이 말씀하셨다.

> 나더러 주여 주여 하는 자마다 다 천국에 들어갈 것이 아니요 다만 하늘에 계신 내 아버지의 뜻대로 행하는 자라야 들어가리라 그날에 많은 사람이 나더러 이르되 주여 주여 우리가 주의 이름으로 선지자 노릇 하며 주의 이름으로 귀신을 쫓아내며 주의 이름으로 많은 권능을 행하지 아니하였나이까 하리니 그 때에 내가 그들에게 밝히 말하되 내가 너희를 도무지 알지 못하니 불법을 행하는 자들아 내게서 떠나가라 하리라(마 7:21-23).

얼마나 충격적인가! 최후의 심판 때, 자신들은 예수님을 안다고 생각하지만 영원히 멸망당할 사람들이 있을 것이다. 신앙을 고백하는 기독교인들, 심지어 기독교 사역에 관련된 사람들 가운데 지옥행을 선고받을 사람들이 있을 것이다. 이유는 그들이 하나님의 이름을 처음부터 망령되이 불렀기 때문이다. 그분의 이름이 자주 그들의 입술 위에 있었지만 결코 그들의 마음속에는 없었다.

최후의 심판 때 다른 일도 일어날 것이다. 예수 그리스도의 이름이 진정으로 찬양될 것이다. 십자가에서 죽기까지 예수님이 하나님께 순종하셨다고 성경은 말한다. 예수님은 십자가에서 하나님의 율법에 대한 우리의 모든 위반에 대해 댓가를 지불하셨다. 따라서 성경은 다음과 같이 말한다.

> 하나님이 그를 지극히 높여 모든 이름 위에 뛰어난 이름을 주사(빌 2:9).

그것은 어떤 이름인가? 어떤 이름이 모든 이름 위에 뛰어난가? 성경은 계속해서 다음과 같이 말한다.

> 하늘에 있는 자들과 땅에 있는 자들과 땅 아래에 있는 자들로 모든 무릎을 예수의 이름에 꿇게 하시고 모든 입으로 예수 그리스도를 주라 시인하여 하나님 아버지께 영광을 돌리게 하셨느니라(빌 2:10-11).

모든 이름 위에 뛰어난 이름은 '예수'가 아니라 '주'(主)이다. 하나님의 아들은 성육신 하실 때 '예수'란 이름을 받으셨다. 그러나 그분의 높아진 이름, 즉 그분을 주권자 하나님으로 인정함으로 그분의 신성을 증명하는 이름은 '주'이다. '주'는 구약에 나오는 하나님의 거룩한 이름이었으며, 심지어 그때 하나님은 언젠가 모든 민족이 유일한 구원자와 주로 그 앞에 절하리라고 약속하셨다(사 45:21b-25). 그 약속은 예수 그리스도에 대한 약속이었다. 그분은 곧 모세의 하나님으로서 계시될 것이며, 모든 사람이 그분의 특별한 거룩한 이름이 받아 마땅한 영광을 그분께 돌릴 것이다.

그것이 예수님이 역사의 종말에 받으실 영광이라면, 그것은 또한 그분이 바로 지금 받아 마땅한 영광이며, 우리는 그분께 그것을 드려야 한다. 주 예수 그리스도의 이름을 망령되게 부르지 말라!

학습을 위한 질문들

1. 왜 당신의 부모님은 당신의 이름을 선택했는가?(특별한 의미가 있는가? 누구의 이름을 따서 지었는가? 등등)

2. 하나님의 이름(여호와〈YHWH〉)은 그분의 성품에 관하여 우리에게 무엇을 말해주는가?

3. 오늘날 세상에서 하나님의 이름이 어떤 식으로 오용되고 있는가? 기독교인들은 어떤 식으로 그분의 이름을 오용하는가?

4. 하나님의 이름을 거룩히 여기는 방법에는 어떤 것들이 있는가?

5. 사도행전 19:11-17을 읽으라. 스게와의 아들들은 어떤 잘못을 저질렀는가? 어떻게 이 사건이 결국에 복음 확산을 가져왔는가?

6. 이 이야기로부터 하나님의 이름을 거룩히 여기는 것에 관하여 어떤 교훈을 배울 수 있는가?

7. 골로새서 3:7은 "또 무엇을 하든지 말에나 일에나 다 주 예수의 이름으로 하고 그를 힘입어 하나님 아버지께 감사하라"고 우리에게 말한다. '주 예수의 이름으로' 무언가를 한다는 것은 무엇을 의미하

는가? 바울처럼 우리가 예수님의 이름으로 일을 할 때, 그것은 무엇을 성취하는가?

8. 당신이 구원받은 것이 하나님의 이름으로 말미암아 된 결과이며, 당신이 기독교인으로 그분의 이름을 지니고 있으며, 하나님의 이름을 더럽히는 것이 불법행위일 뿐 아니라 불신자들 사이에서 하나님의 명성을 더럽히는 일이란 점을 명심할 때, 이 계명에 대한 학습이 당신의 삶에 어떻게 영향을 미치는가? 이번 주에 어떻게 당신은 그 계명을 더 온전하게 따를 수 있는가?

9. 어떻게 당신은 재치 있고 적절하게 다른 사람들(기독교인들과 비기독교인들 모두)이 일정 수준까지 이 계명을 따르도록 할 수 있는가? 당신이 이것을 잘 다루었던 상황에 놓인 적이 있는가? 있다면, 당신의 경험을 나누라.

Written in Stone

The Ten Commandments and Today's Moral Crisis

7.

제4계명
일과 휴식

> 안식일을 기억하여 거룩하게 지키라 엿새 동안은 힘써 네 모든 일을 행할 것이나 일곱째 날은 네 하나님 여호와의 안식일인즉 너나 네 아들이나 네 딸이나 네 남종이나 네 여종이나 네 가축이나 네 문안에 머무는 객이라도 아무 일도 하지 말라 이는 엿새 동안에 나 여호와가 하늘과 땅과 바다와 그 가운데 모든 것을 만들고 일곱째 날에 쉬었음이라 그러므로 나 여호와가 안식일을 복되게 하여 그날을 거룩하게 하였느니라
>
> — 출애굽기 20:8-11

몇 년 전, 한 친구가 전화를 걸어 긴급한 부탁을 했다.

"필, 부탁이 있어 전화했어. 난 자네가 갖고 있는 것 중 가장 귀중한 것이 필요해."

그가 무엇을 필요로 했는지 당신은 상상할 수 있는가? 물론, 그는 나의 시간을 요구했다. 큰 교회의 목사이자 커가는 아이들의 아버지로서 나에겐 내 시간보다 더 소중한 것은 거의 없다. 나는 일하고 예배하고 휴식하고 놀 시간이 필요하다. 주님과 함께 보낼 시간이 필요하다. 설교를 준비하고 사람들과 영적 상담을 할 시간이 필

요하다. 나의 가족을 사랑할 시간도 필요하다. 모두 상당히 많은 시간이 걸리는 일들이다. 결코 매우 충분한 시간이 있을 것 같지 않다.

많은 사람이 동일한 좌절을 겪는다. 우리는 자주 재촉당하는 느낌이 든다. 일과 휴식, 가족과 사역을 위한 시간을 결코 갖지 못할 것 같아 보인다. 그래서 우리는 "만약 이번 주에 내게 하루만 더 주어진다면, 나의 일을 모두 마칠 수 있을 텐데"라고 말한다. 아니면 "당신도 아시다시피, 나는 정말로 얼마간의 휴식시간도 사용할 수 없었어"라고 말한다. 또는 "만약 내가 성경을 연구하고 주님의 섬길 시간을 좀 더 갖고 있기만 하다면"이라고 말한다. 이런 저런 식으로 우리는 녹초가 되고 과로한 것에 대해 불평한다. 그것은 모두 타락한 세상에서 유한한 피조물로서의 삶이 겪는 좌절의 일부이다.

큰 자비로 하나님이 치료책을 제공하셨다. 7일 중 하루 온종일 그분의 은혜 안에 쉬게 하셨다. 그분은 우리에게 6일은 일하고 하루는 휴식시간을 갖는 일과 휴식의 리듬을 주셨다. 그리고 하나님은 특별히 그분에 대한 찬양을 위해 우리에게 휴식을 허락하신다. 안식일은 예배를 위한 날, 자비를 위한 날, 휴식을 위한 날이다.

1. 안식일 기억하기

안식일을 거룩하게 지키는 것은 그다지 생산적으로 보이지 않을지도 모른다. 사실 그것은 때때로 사람들을 그리스도에게서 멀어지게 한다. 그들은 일요일에 교회에 가기보다는 오히려 다른 일을 하려 한다. 억만장자 빌 게이츠가 왜 하나님을 믿지 않느냐는 질문을 받았을 때, 그는 "시간 자원의 할당의 관점에서 보면, 종교는 그다지 효율적이지 못합니다. 일요일 아침에 내가 할 수 있는 일이 훨씬 더 많습니다"[1]라고 말했다.

하나님께 하루 전체를 바치는 것이 그다지 효율적으로 보이지 않을지라도, 하나님이 명령하셨기 때문에 그것은 중요함에 틀림없다.

> 안식일을 기억하여 거룩하게 지키라 엿새 동안은 힘써 네 모든 일을 행할 것이나 일곱째 날은 네 하나님 여호와의 안식일인즉 너나 네 아들이나 네 딸이나 네 남종이나 네 여종이나 네 가축이나 네 문안에 머무는 객이라도 아무 일도 하지 말라 이는 엿새 동안에 나 여호와가 하늘과 땅과 바다와 그 가운데 모든 것을 만들고 일곱째 날에 쉬었음이라 그러므로 나 여호와가 안식일을 복되게 하여 그날을 거룩하게 하였느니라(출 20:8-11).

이것은 가장 긴 계명이다. 그리고 그것은 세 부분으로 되어 있다. 8절은 우리에게 무엇을 해야 할지 우리에게 말하고, 9-10절은 우리가 어떻게 그것을 해야 할지 자세히 말하고, 11절은 왜 그런지 설명한다.

---

[1] Bill Gates, Walter Isaacson, "In Search of the Real Bill Gates," *Time* (January 13, 1997), 7에 인용됨.

하나님이 우리에게 원하시는 것은 "안식일을 기억하고 그것을 거룩하게 지키는 것"(출 20:8)이다. '기억하라'는 단어는 이중적 의미를 갖고 있다. 이스라엘 백성에게 있어 그것은 그들이 전에 안식일에 대해 들어본 적이 있었다는 사실을 기억나게 하는 것이었다. 시내산으로 가는 여정에서 하나님은 7일 중 6일 동안 만나를 공급하셨다. 일곱 번째 날은 '휴일로 여호와의 거룩한 안식일'이 되어야 했다(출 16:23a). 그래서 그들이 시내산에 도착했을 때, 하나님은 그들에게 안식일을 '기억하라'고 명령하셨다.

이것은 그들이 한 번만이 아니라 매주 기억해야 하는 것이었다. 이것은 우리도 기억해야 하는 것이다. 그래서 제4계명은 우리로 매주 안식일을 기억하도록 초청한다. 우리는 창조와 구속에 있어 하나님의 위대한 역사를 잊는 경향이 있다. 우리가 잊을 때, 우리는 우리를 만드시고 구원하신 것에 대해 그분을 찬양하지 못한다. 그러나 제4계명은 기억나게 하는 것이다. 그것은 백성에게 주신 하나님의 비망록으로 우리가 그분의 은혜에 대해 그분께 영광을 돌리도록 상기시킨다.

기억함이란 기억 이상의 것들을 포함한다. 그것은 우리의 전인격이 하나님을 섬기는 일에 전적으로 종사할 것을 요구한다. 안식일을 기억하는 것은 기념일을 기억하는 것과 같다. "아, 그래요. 난 기억해요. 우리 결혼기념일이죠!"라고 말하는 것만으로는 충분하지 않다. 저녁식사와 꽃, 보석까지도 둘을 위한 낭만적인 기념일을 위해 필요하다. 거의 같은 방식으로, 안식일을 기억한다는 것은 특별한 방법으로 하나님께 우리의 사랑을 보여주기 위해 그날을 사용하는 것을 의미한다. '거룩하게 지키는 것'을 의미한다. 문자적으로 말해서, 우리는 그날을 거룩한 용도를 위해 따로 떼어 놓고 **거룩하게 해야** 한다.

2. 안식일을 온전히 지키기

우리가 이것을 어떻게 해야 하는가? 제4계명은 안식일을 거룩히 지키기 위한 명확한 지침을 준다. 하나님은 일주일 중 다른 날에는 우리가 무엇을 하길 원하시는지에 관한 말씀으로 시작하신다.

엿새 동안은 힘써 네 모든 일을 행할 것이나(출 20:9).

제4계명의 이 부분이 종종 간과되는데, 일하는 것은 우리의 의무이다. 이는 우리가 매일 하루 종일 일해야 한다는 뜻은 아니다. 하나님이 우리의 휴식뿐 아니라 우리의 일도 통제하신다는 것을 의미한다. 그분은 우리가 지상에서의 소명을 완수하도록 우리에게 6일 전체를 주셨다.

사람들은 일반적으로 일에 대해 부정적인 태도를 갖는다. 기껏해야, 일은 필요악으로 여겨진다. 사실 일은 가끔 죄의 결과라고 생각된다. 랜스 모로우(Lance Morrow)는 「타임」(*TIME*)지(紙)의 칼럼에서 다음과 같이 말했다.

> 하나님이 에덴에서 아담과 하와를 추방하시면서 그들에게 일(work)이라는 형벌을 선고하셨다. 처음부터 주님은 일이 나쁜 것이라고 말씀하셨다. 일은 형벌, 즉 은혜라는 무한하고 무중력 상태의 즐거움 속에서 높이 날아오를 수 있었던 인간의 영혼 위에 놓인 죽음과 수고의 커다란 돌덩이이다.[2]

이 말은 완전히 틀렸다. 일은 타락 이전에 하나님이 주신 신성한 선물이다.

> 여호와 하나님이 그 사람을 이끌어 에덴 동산에 두어 그것을 경작하며 지키게 하시고(창 2:15).

우리는 일하도록 만들어졌다. 문제는 우리의 일이 우리의 죄로 말미암아 저주받은 것이다. 이 저주는 아담이 죄를 지은 후였다.

> 땅은 너로 말미암아 저주를 받고 너는 네 평생에 수고하여야 그 소산을 먹으리라(창 3:17b).

---

2 Lance Morrow, Mark E. Dever, "The Call to Work and Worship," *Regeneration Quarterly* (Spring 1996), 5에 인용됨.

처음부터 그랬던 것은 아니다. 제4계명은 우리가 정직한 일주일 분량의 일을 함으로써 하나님께 영광 돌릴 것을 상기시킨다. 우리는 하나님이 우리에게 요청하신 일을 하는 가운데 그분의 축복을 발견한다.

청교도인 토마스 왓슨(Thomas Watson)에 의하면, 일할 수 있는 6일을 갖는 것은 거룩한 특권으로, 하나님의 은총의 표이다. 하나님께는 모든 날을 안식일로 만들 수 있는 권리가 있으셨다. 그러나 하나님은 그렇게 하시는 대신 우리에게 6일을 주셔서 모든 우리의 일을 할 수 있게 하셨다. 이리하여 왓슨은 다음과 같이 말씀하시는 하나님을 상상했다.

> 나는 모진 주인이 아니란다. 난 네가 너의 직업을 돌아보고 부동산을 구입하기 위해 갖는 너의 시간을 아까와하지 않아. 난 네 일을 하도록 네게 6일을 주었고 나 자신을 위해서는 단지 하루만 가졌어. 난 나 자신을 위해 6일을 떼어두고 너에게 하루만 허용할 수도 있었어. 하지만 난 네 직업의 일을 위해 6일을 네게 주고, 나 자신의 섬김을 위해서는 하루만 취했어. 그러니 네가 특별한 방식으로 나의 예배를 위하여 이 날을 구별하는 것은 정당하고 합리적이야.[3]

---

3 Thomas Watson, *The Ten Commandments* (1692; repr. Edinburgh: Banner of Truth, 1965), 93.

왓슨이 옳았다. 6일은 일을 위한 것이지만, 일곱 번째 날은 예배를 위한 날이다. 어떻게 우리가 제4계명을 지키는가? 주일에 주님을 예배함으로써. 성경적 의미에서 무언가를 거룩하게 지킨다는 것은 그것을 전적으로 예배를 위하여 바치는 것이다. 일주일의 6일이 우리와 우리의 일을 위한 것인 반면에, 안식일은 하나님과 그분의 예배를 위한 날이다. 이것이 제4계명의 긍정적인 면이다.

일곱째 날은 네 하나님 여호와의 안식일인즉(출 20:10a).

다른 곳에서 하나님은 일곱 번째 날을 그분의 안식일, 그분께 속한 날로 언급하신다.

너희 각 사람은 부모를 경외하고 나의 안식일을 지키라 나는
너희의 하나님 여호와이니라(레 19:3).

그 계명은 이스라엘 백성에게 하나님과 그들의 관계가 특별하다는 것을 상기시켜주기 위해서 이런 식의 말로 표현되었다. 다른 어떤 민족도 주(여호와)가 그들의 하나님이라고 주장할 수 없었다. 그래서 다른 어떤 민족도 안식일을 지키지 않았다. 시간을 7일로 나눈 다른 고대 문명들이 몇몇 존재했었다. 그러나 그들은 일반적으로 일

곱 번째 날을 불운과 연관시켰다.⁴ 오직 이스라엘 백성만 안식일을 유일하신 참 하나님을 그들의 구원자요 주(主)로 예배하기 위한 날로 지켰다.

'주'(여호와)께 있어 안식일을 지킨다는 것은 주(여호와)와 그분의 영광을 위하여 그날을 구별하여 그분께 바치는 것이다. 레위기는 안식일을 "성회의 날"(레 23:3)로 부른다. 이는 공동예배를 위해 모이는 시간을 의미한다. 예수님은 회당에서 매주 열리는 안식일 예배에 참석함으로써 이 관습을 승인하셨다(눅 4:16). 예배에 대한 이러한 집중은 청교도인들로 하여금 안식일을 "영혼의 장날"(the market-day of the soul)이라 부르게 했다.⁵ 일주일의 6일이 일반 상거래를 위한 날들인 반면, 안식일은 우리가 천국의 통화로 거래하며 우리의 영적인 일을 행하는 것에 바치는 날이다.

토마스 왓슨은 "이날 기독교인은 높은 곳에 있다"라고 썼다. "그는 하나님과 함께 걷고, 말하면 천국에서 하나님과 함께 산책한다."⁶ 우리는 기도와 말씀 사역, 찬양, 봉헌, 성례전, 교제를 통하여 하나님과 만난다. 왓슨에 의하면, 그 결과 "한 주 내내 얼어붙었던 마음이 안식일에 말씀으로 녹는다."⁷

안식일은 예배를 위한 날일 뿐 아니라 쉼을 위한 날이다. 일 특히

4　Umberto Cassuto, *A Commentary on the Book of Exodus*, trans. Israel Abrahams (Jerusalem: Magnes Press, 1967), 244.
5　James T. Dennison, Jr., *The Market Day of the Soul: The Puritan Doctrine of the Sabbath in England, 1532-1700* (New York: University Press of America, 1983)를 보라.
6　Watson, *The Ten Commandments*, 97.
7　Ibid., 95.

일반적인 노동을 그만두는 날이다. 여기서 제4계명이 긍정적으로뿐 아니라 부정적으로도 언급되었다는 것을 주목해야 한다. 명확하게 그렇게 언급한 유일한 계명이다. 긍정적인 요구가 먼저 온다.

> 안식일을 기억하여 거룩하게 지키라(출 20:8).

그리고 나서 절대적인 금지가 나온다.

> 일곱째 날은…아무 일도 하지 말라(출 20:10).

'안식일'(Sabbath)이란 말은 '그만두다 또는 쉬다'를 의미하는 히브리어에서 온다. 그것은 '평상시의 사업'을 위한 날이 아니다. 도리어 그것은 휴식과 회복을 위한 날, 하나님의 선하심과 은혜를 재발견하기 위해 삶의 일상적인 일에서 물러나는 날이다. 토마스 왓슨의 글에서 다시 인용하면 다음과 같다.

> 안식일에 육체노동을 하는 것은 불경건한 마음을 보여주며, 심히 하나님을 화나게 한다. 이날 세속적인 일을 하는 것은 악마의 쟁기를 따라가는 것이다. 그것은 영혼을 떨어뜨리는 것이다. 하나님은 마음을 천국으로 끌어올리고, 그분과 대화하고, 천사들의 일을 할 목적으로 이날을 만드셨다. 지상의 일에 종

사하는 것은 영혼의 영광을 손상시키는 것이다.[8]

이 명령이 모세의 율법 아래에서 얼마나 엄격한지 보기 위해서, 안식일에 나무를 주운 남자를 생각해보라(민 15:32-36). 그는 돌에 맞아 죽었다. 또는 긍정적인 예를 들면, 매장을 위해 그리스도의 몸을 준비하기 원했던 여인들을 생각해보라(눅 23:56b). 나무를 줍는 일은 행하기에 아주 작은 일이었다. 안식일에 그 일을 하는 것이 무슨 해가 되겠는가? 그리스도의 무덤에 향료를 가져가는 것은 고귀한 경건행위였다. 그러니 왜 그것을 하면 안 되나? 이에 대한 답은 하나님이 쉬는 날 하루를 명령하셨다는 것이다.

이 휴식은 모두가 누려야 하는 것이었다.

> 너나 네 아들이나 네 딸이나 네 남종이나 네 여종이나 네 가축이나 네 문안에 머무는 객이라도 아무 일도 하지 말라
> (출 20:10b).

여기서 제4계명이 더 폭넓은 공동체를 위해 심오한 의미를 갖고 있음을 알 수 있다. 일과 휴식에 관한한, 부모는 자녀들에게 어떻게 예배하고 쉬어야 하는지 가르침으로써 행동지침을 세워야 한다. 안식일은 정말로 가족과 함께 보내는 날이다.

---

8 Ibid., 99.

종을 포함시킴으로써 그 계명은 또한 고용주에게 그들의 노동자들을 돌볼 책임이 있다고 가르친다. 그리하여 어떤 비평가들은 제4계명을 세계 최초의 노동자 권리장전으로 묘사했다. 고대 사회에서는 주인과 노예 사이에 뚜렷한 구분이 있었다. 그러나 여기에는 일과 휴식이 신분에 따라 나뉘지 않는 새로운 사회질서가 있다. 모두가 일해야 하며 모두가 하나님을 자유롭게 예배해야 하기 때문에 모두가 쉬어야 한다. 율법은 성문에까지 이 권리를 확장하여 전체 공동체 안에 있는 모든 사람을 포함시켰다. 심지어 짐 싣는 짐승에게도 적용되었다.

하나님은 그의 모든 창조물이 노동으로부터 얼마간의 휴식을 얻기를 원하셨다. 이제 만약 모든 사람이 성경의 방식대로 이 계명을 지킨다면 세상이 어떻게 될지 상상해보라. 일주일에 한 번 전 세계 사람들이 분투하던 것을 멈추고 하나님께로 돌아갈 것이다.

우리는 무엇을 하도록 명령받는가? 안식일을 거룩히 지키도록. 이것을 어떻게 하는가? 6일간 일하고 예배와 쉼을 위해 주께 하루를 바침으로써. 이 모두가 레위기에 요약되어 있다.

> 엿새 동안은 일할 것이요 일곱째 날은 쉴 안식일이니 성회의 날이라 너희는 아무 일도 하지 말라 이는 너희가 거주하는 각 처에서 지킬 여호와의 안식일이니라(레 23:3).

3. 하나님의 일, 하나님의 쉼

이 계명을 주신 이유는 매우 단순하다. 우리가 일하시고 쉬시는 하나님을 섬기기 때문에 우리는 일하고 쉬도록 요청받는다. 왜 우리는 안식일을 기억해야 하는가?

> 이는 엿새 동안에 나 여호와가 하늘과 땅과 바다와 그 가운데 모든 것을 만들고 일곱째 날에 쉬었음이라 그러므로 나 여호와가 안식일을 복되게 하여 그날을 거룩하게 하였느니라
> (출 20:11).

안식일 준수는 십계명 중에서 가장 오래된 계명일지도 모른다. 왜냐하면 그것이 세상 창조에로 거슬러 올라가기 때문이다.

주일을 거룩히 지켜야 할 부가적인 이유들은 많다. 그것은 하나님 예배를 장려한다. 그것은 영적으로 육적으로 우리를 회복시킨다. 그래서 그것은 우리에게 유익이 된다. 예수님이 말씀하신 바대로다.

> 안식일이 사람을 위하여 있는 것이요(막 2:27).

그것은 아이들과 노동자들에게도 좋다. 심지어 그것은 동물들에게도 좋다. 그러나 제4계명에 순종하는 근본적인 이유는 실질적인 것이 아니고 신학적이다. 하나님이 6일 동안 세상을 만드셨고, 그런

다음 그분은 쉬셨다. 따라서 그분의 창조 활동은 우리 자신의 일과 휴식에 대한 모형이 된다.

우리는 태초부터 일해오신 일하시는 하나님을 섬긴다. 성경은 다음과 같이 말한다.

> 하나님이 그가 하시던 일을 일곱째 날에 마치시니(창 2:2a).

노동의 신성함의 일부는 하나님이 일하신다는 사실에 기인한다. 일하시는 하나님의 형상으로 지은 바 되었기 때문에 우리는 일한다.

우리는 또한 쉬시는 하나님을 섬긴다. 자신의 창조사역이 끝나자 하나님은 신성한 휴식을 취하셨다.

> 그가 하시던 모든 일을 그치고 일곱째 날에 안식하시니라
> (창 2:2b).

이 경우를 두드러지게 하기 위해 다음 구절은 이렇게 이어진다.

> 하나님이 그 일곱째 날을 복되게 하사 거룩하게 하셨으니 이는
> 하나님이 그 창조하시며 만드시던 모든 일을 마치시고 그날에
> 안식하셨음이니라(창 2:3).

하나님이 무언가를 축복하신 첫 시간, 그분은 우리가 그분의 휴

식을 나눌 수 있도록 한 날을 축복하셨다. 하나님이 안식일을 거룩하게 만드셨기 때문에 우리는 안식일을 지킨다. 일과 마찬가지로, 휴식은 "하나님이 이 세상에서 인간의 안녕이란 직물에 넣으신 것"이다.[9]

안식일을 지키는 이유 하나가 더 있다. 그 이유가 여기 출애굽기에는 언급되어 있지 않으나, 신명기에는 언급되어 있다. 거기서 십계명이 되풀이 되고 있다. 거기서 계명의 앞부분은 사실상 동일하다(신 5:12-14). 그러나 그 이유는 다르다.

> 너는 기억하라 네가 애굽 땅에서 종이 되었더니 네 하나님 여호와가 강한 손과 편 팔로 거기서 너를 인도하여 내었나니 그러므로 네 하나님 여호와가 네게 명령하여 안식일을 지키라 하느니라(신 5:15).

여기 모순은 없다. 안식일은 창조뿐만 아니라 구속을 되돌아보았다. 그것은 하나님의 백성에게 그들이 애굽에서의 노예상태에서 구원받았음을 상기시켰다. 그들의 구원이 주는 혜택들 중 하나는 지금은 그들이 항상 일할 필요가 없다는 점이다. 애굽에서 그들은 휴가조차 없이 일주일에 7일, 일 년에 52주 일해야 했다. 그러나 이제 그들은 해방되었다. 안식일은 속박의 한 형태가 아니라 자유의 날이

---

9 Leland Ryken, *Redeeming the Time: A Christian Approach to Work and Leisure* (Grand Rapids, MI: Baker, 1995), 178.

다. 그것은 하나님께 영광을 돌림으로써 자신들의 해방을 기리는 날이었다.

4. 평상시처럼 일하기

슬프게도, 이스라엘 백성은 자주 안식일을 기억하는 것을 잊었다. 그리고 그들이 잊었을 때는 필연적으로 그들은 다시 영적인 속박 상태로 되돌아갔다. 느헤미야서에 이것에 관한 이야기(총독과 장사꾼들 이야기)가 있다.

하나님의 백성은 예루살렘 도시를 재건하기 위하여 바벨론 포로 생활에서 돌아왔다. 느헤미야의 지도 아래 전체 공동체가 회복되었다. 그들은 도시 성벽을 개축하고, 그들의 가정을 재건하고, 공중예배를 위해 다시 모이기 시작했다. 그들은 율법을 읽고 절기를 지켰다. 그들은 그들의 죄에 대해 참회하고 하나님과의 언약을 지키겠다고 약속했다. 그들은 또한 제사장직을 복구했다. 레위인들은 섬기고, 성가대는 노래부르고, 하나님은 거룩한 도성을 축복하셨다.

그러고 나서 총독은 잠시 동안 바빌론으로 돌아갔다. 슬프게도 그가 예루살렘으로 돌아왔을 때, 느헤미야는 이스라엘 백성이 하나님의 언약을 지키지 못하고 있는 것을 발견했다. 특히 그들은 안식일을 상거래행위를 하는 날로 이용함으로써 안식일을 어기고 있었다. 그들은 다음과 같이 약속했었다.

> 혹시 이 땅 백성이 안식일에 물품이나 온갖 곡물을 가져다가 팔려고 할지라도 우리가 안식일이나 성일에는 그들에게서 사지 않겠고(느 10:31).

그러나 무슨 일이 벌어지고 있었는지 느헤미야가 한 말이 여기 있다.

> 그 때에 내가 본즉 유다에서 어떤 사람이 안식일에 술틀을 밟고 곡식단을 나귀에 실어 운반하며 포도주와 포도와 무화과와 여러 가지 짐을 지고 안식일에 예루살렘에 들어와서 음식물을 팔기로 그날에 내가 경계하였고 또 두로 사람이 예루살렘에 살며 물고기와 각양 물건을 가져다가 안식일에 예루살렘에서도 유다 자손에게 팔기로(느 13:15-16).

이 상인들은 예루살렘 주민이 아니라 떠돌이 장사꾼들이었다. 그들한테는 한 날은 그 다음 날과 다르지 않았다. 그래서 그들은 안식일은 평상시와 같이 장사하는 날이라 생각했다. 이것이 하나님 백성에게 유혹의 근원이 되었다. 예루살렘에 있던 사람들 중 다수는 진짜 신앙인들이었다. 그들은 공중예배에 참여하고 십일조와 헌물로 하나님의 역사를 지원했다. 그들은 모든 십계명을 포함하여 하나님의 율법을 알았다(느 9:14-15). 그러나 그들은 안식일을 어기고 있었다. 솔직히, 그들은 오늘날의 기독교인들과 같았다. 기본적으로 그들은 하나님을 따르는 데 헌신했으나, 주변 문화에서 오는 압박 아래 그들은 안식일을 꽤 상당히 주간의 나머지 날들처럼 취급했다.

느헤미야는 강력한 조처를 취할 필요가 있었다. 먼저 그는 이스라엘 죄에 대해 거리낌 없이 이야기했다.

> 내가 유다의 모든 귀인들을 꾸짖어 그들에게 이르기를 너희가 어찌 이 악을 행하여 안식일을 범하느냐 너희 조상들이 이같이 행하지 아니하였느냐 그래서 우리 하나님이 이 모든 재앙을 우리와 이 성읍에 내리신 것이 아니냐 그럼에도 불구하고 너희가 안식일을 범하여 진노가 이스라엘에게 더욱 심하게 임하도록 하는도다 하고 (느 13:17-18).

느헤미야가 좋은 지적을 했다. 하나님이 왜 그분의 백성을 포로로 보내셨는지 설명하실 때, 종종 그들이 안식일을 거룩하게 지키지 못한 사실을 언급하셨다(렘 17:19-27; 겔 20:12-13). 도시의 총독으로서 느헤미야는 제4계명의 준수가 공공의 안전이 걸린 문제라는 것을 알았다.

그러나 느헤미야는 설교 이상의 것을 했다. 총독은 또한 안식일을 특별하게 하기 위한 공법을 강화했다.

> 안식일 전 예루살렘 성문이 어두워갈 때에 내가 성문을 닫고 안식일이 지나기 전에는 열지 말라 하고 나를 따르는 종자 몇

을 성문마다 세워 안식일에는 아무 짐도 들어오지 못하게 하였
으므로(느 13:19).

장사꾼들이 알아차리기까지 시간이 오래 걸리지 않았다.

장사꾼들과 각양 물건 파는 자들이 한두 번 예루살렘 성 밖에
서 자므로 내가 그들에게 경계하여 이르기를 너희가 어찌하여
성 밑에서 자느냐 다시 이같이 하면 내가 잡으리라 하였더니
그 후부터는 안식일에 그들이 다시 오지 아니하였느니라 내가
또 레위 사람들에게 몸을 정결하게 하고 와서 성문을 지켜서
안식일을 거룩하게 하라 하였느니라(느 13:20-22).

우리는 느헤미야의 본보기를 어떻게 따를지 주의해야 한다. 하나
님은 우리가 억지로 안식일을 제정하도록 요구하지 않으신다. 그러
나 여기 우리가 적용할 수 있는 원칙이 있다. 예배와 안식을 위한 하
루를 지키기 위해서는 우리 문화의 시끄러운 소리가 들어오지 못하
도록 문빗장을 질러야 한다. 그렇지 않으면, 우린 결국 이 세상의 일
을 하나님과 함께하는 시간의 즐거움과 혼합시켜버리게 될 것이다.

5. 주일

기독교인에게 제4계명은 무엇을 의미하는가? 이스라엘 백성처럼 우리는 일하시고 쉬시는 하나님의 형상으로 만들어졌다. 우리는 여전히 일해야 하며, 여전히 휴식을 필요로 하고, 여전히 하나님의 성일(聖日)을 축복하는 창조를 받아들일 수 있다. 중요한 변화는 우리가 새롭고 더 큰 구원을 받았다는 점이다. 우리는 더 이상 구원을 위해 옛 출애굽을 돌아보지 않는다. 우리는 우리의 죄를 위하여 죽으시고 다시 살아나셔서 더 큰 출애굽을 성취하신 예수 그리스도께로 시선을 돌린다. 예수님은 다른 모든 계명의 성취이시듯 제4계명의 성취이시다. 구약의 안식일은 오직 예수님 안에서만 발견될 수 있는 완전하고 최종적인 쉼을 가리켰다.

예수님은 일에 완전하고 새로운 의미를 부여하시고, 쉼에 완전하고 새로운 의미를 부여하신다. 그분은 그분의 아버지의 일을 마치시기 위해 세상에 들어오셨다(요 4:34). 그리고 그 사역에 근거하여 그분은 우리 영혼에 쉼을 주실 수 있다(마 11:29). 우리의 구원을 위해 애쓸 필요가 없다. 우리가 해야 하는 일 전부는 예수 그리스도의 완성된 사역 안에서의 안식이다. 다윗은 다음과 같이 말했다.

> 나의 영혼이 오직 하나님 안에서 쉼을 발견함이여, 나의 구원이 그에게서 나오는도다(시 62:1; "My soul finds rest in God alone; my salvation comes from him"〈NIV〉).

우리가 그 안식을 찾는 방법은 우리의 구원을 위하여 오직 그리스도만 신뢰하고, 우리 자신의 사역이 아니라 그의 사역을 의존하는 것이다. 성경은 우리에게 확실히 말한다.

> 그런즉 안식할 때가 하나님의 백성에게 남아있도다 이미 그의 안식에 들어간 자는 하나님이 자기의 일을 쉬심과 같이 그도 자기의 일을 쉬느니라(히 4:9-10).

이것은 제4계명의 주요한 성취이다.

그리스도의 구원 사역은 매주 돌아오는 안식일을 변형시켰다. 더 이상 일주일의 일곱 번째 날이 아니라 첫째 날이다. 그리고 더 이상 안식일이라 불리지 않고 주일이라 불린다. 이 때문에 사도들은 그들의 예배와 쉼의 날을 예수님이 죽음에서 일어나신 날에 준수했다(요 20:19; 행 20:7; 고전 16:2). 그래서 1세기 말에 이미 이그나시우스는 다음과 같이 기록할 수 있었다.

> [기독교인들이] 더 이상 안식일을 지키지 않고, 그분과 그분의 죽음으로 말미암아 그들의 삶이 새롭게 된 주일에 자신의 삶을 맞추고 있다.[10]

---

10 Ignatius, *Letter to the Magnesians*, Jochem Douma, *The Ten Commandments: Manual for the Christian Life*, trans. Nelson D. Kloosterman (Phillipsburg, NJ: P&R, 1996), 139에 인용됨.

워필드(B. B. Warfield)는 그것을 다음과 같이 설명했다.

> 그리스도께서는 자신과 함께 안식일을 무덤으로 가져가시고, 부활의 아침에 자신과 함께 주일을 무덤 밖으로 가지고 나오셨다.[11]

주일을 거룩하게 지키는 것은 7일 중 온전한 하루를 쉬는 안식일의 원칙을 보존한다. 비록 그 특수한 날이 다가오는 이스라엘의 구원의 표로서 잠정적이었을지라도, 그 계명은 영원하다. 나머지 십계명들처럼, 제4계명은 돌에 기록되었다.

앞서 1장에서 우리는 율법의 세 가지 유형을 구분했다. 도덕법, 시민법, 그리고 제의법. 안식일에 대해 가르치는 구약은 이 세 가지 유형 모두의 국면들을 포함하고 있다. 하나의 민족으로서 이스라엘은 안식일 위반에 대해 엄격한 형벌을 집행했다. 그 형벌들이 더 이상 효력이 없기 때문에, 어느 정도 제4계명은 덜 엄격해졌다. 안식일에는 제의적인 측면도 있었다. 안식일이 제공하는 쉼은 구원을 가리키는 표였고, 그것을 일곱 번째 날에 준수하는 것은 그리스도 안에서 성취된 구약시스템 전체의 일부였다(골 2:17). 그러나 비록 제4계명이 그리스도 안에서 성취되었을지라도, 하나님의 율법의 영원한 기준에 근거하여 7일 가운데 온전한 하루를 쉴 의무는 남아있다.

---

11 Benjamin Breckinridge Warfield, *Selected Shorter Writings* (Phillipsburg, NJ: Presbyterian & Reformed, 1970), 319.

요약하면, 계명의 시민법적 측면이 소멸되고 제의적 측면이 성취되었으나, 도덕적 측면은 남아있다. 웨스트민스터 신앙고백에 의하면, 안식일을 거룩하게 지키는 것은 '적극적이고, 도덕적이고 영원한 명령'(21.7)이다.

6. 보증된 안식

기독교인들이 주일을 지킬 때, 하나님은 영광 받으신다. 그러나 우리는 모든 형태의 율법주의를 주의해야 한다. 우리는 우리가 하나님 앞에 설 수 있는 근거를 일요일에 우리가 하는 행위에 두지 않는다. 우리는 주일을 거룩하게 지키거나 또는 지키지 못하는 방식에 대하여 다른 사람을 판단하지 않는다(롬 14:5-6a; 골 2:16). 그리고 우리는 사람이 만든 안식일 준수규정들을 갖고 있지 않다. 이것은 바리새인들이 한 일이며, 예수님은 그들을 책망하셨다. 안식일에 일할 수 없다고 들었기 때문에, 바리새인들은 무엇이 일로 간주되고 무엇이 그렇지 않는지 정확히 알기를 원했다. 그래서 그들은 그들 자신의 지침들을 개발해냈다. 결국은 이 지침들이 너무 정교한 나머지 안식일의 진정한 목적은 거의 상실되었다.

이 모든 율법주의를 피하는 길은, 주일은 그리스도 안에서 우리가 소유한 자유를 경축하는 날이라는 사실을 기억하는 것이다. 예수님은 다음과 같이 말씀하셨다.

> 안식일이 사람을 위하여 있는 것이요 사람이 안식일을 위하여
> 있는 것이 아니니(막 2:27).

이는 어떤 것이라도 허용된다는 뜻은 아니다. 제4계명에서 우리가 받은 자유에로의 부름처럼, 자유에로의 부름은 결코 우리 자신의 쾌락 추구의 핑계가 되지 못한다(사 58:13). 그러나 그리스도 안에서 우리가 소유한 자유는 기독교인에게 있어 안식일이 속박이 아님을 의미한다.

주일을 거룩하게 지키는 것은 일주일의 나머지 날들을 열심히 일하는 것으로 시작한다. 미국에서 우리는 보통 놀 때 일하고, 일할 때 논다. 그러나 하나님은 우리에게 일상적인 생업을 위해 우리에게 6일을 주셨다. 우리는 그 6일을 그의 영광을 위하여 사용해야 한다. 기독교인들은 가장 성실하고 근면하게 일하는 자들이 되어야 한다. 근면은 경건의 중요한 부분이다. 반면 게으름은 매우 큰 죄이다. 시간을 낭비하는 것은 하나님이 우리에게 주신 가장 소중한 자원들 중 하나를 낭비하는 것이다.

일할 의무는 모든 사람을 위한 것이다. 급료를 받는 사람들만 위한 것이 아니다. 그것은 가정주부, 은퇴자, 장애자, 실업자들을 위한 것이다. 우리 모두는 우리의 시간으로 뭔가 유용한 것을 하도록 요청된다. 비록 수입을 벌어들일 필요가 없다 하더라도, 우리는 어떤 일을 하든지 하나님을 영화롭게 해야 한다. 오늘날 많은 미국인이 생애 처음 60년 동안은 일하고 나서 나머지 생애 동안은 휴가를 얻

으리라 생각한다. 이것은 일과 휴식에 대한 성경적 관점이 아니다. 왜냐하면 성경은 우리 모두가 우리 인간에게 절대 필요한 일과 쉼의 리듬을 유지할 것을 요구하기 때문이다.

일주일은 주일로 시작한다. 이것은 비활동적인 날이 아니라, 예배와 자비와 쉼을 위한 날이다. 어떻게 그날을 거룩하게 지킬 것인가에 대해 가장 잘 요약한 것 중 하나가 웨스트민스터 신앙고백에 나온다.

> 사람들이 마음을 충분히 준비하고 일상생활의 용무를 미리 정리한 후에 그들 자신의 세상적인 직업과 오락(recreations)에 관한 일과 말과 생각을 끊고 온종일 거룩한 휴식을 취할 뿐 아니라 내내 공동예배와 사적 예배에 그리고 필요 및 자비의 의무에 종사할 때, 이 안식일은 주께 거룩히 지켜진다(21.8).

'오락'이란 단어 선택이 유감스럽다. 왜냐하면 주일의 목적 중 하나가 창조주의 기쁨 속에서 우리를 새롭게 하는 것, 이를테면 우리를 '재창조'(re-create)하는 것이기 때문이다. 그것은 '한숨 돌리는' 날이며, 하나님 중심의 오락을 포함할 수 있다. 그러나 이것이 세상적인 오락을 위한 날이 아니라고 한 신앙고백서는 옳다.

첫째, 주일은 예배를 위한 날이다. 공동예배에 참여하고 하나님의 백성과의 교제를 즐기고, 밀린 영적 독서를 끝내고, 실제로 하루 온종일을 주의 날로 보내기 위한 날이다. 잘 예배하기 위하여, 우리는 준비되어야 한다. 따라서 주일을 거룩하게 지키는 것은 또한 전날을 준비하는 것을 의미한다. 토마스 왓슨은 다음과 같이 썼다.

> 토요일 저녁이 다가올 때, 후퇴신호를 울려라. 다가오는 날의 위대한 일에 대해 생각하기 위해 당신의 마음을 세상에서 돌이키고, 당신의 생각들을 함께 소환하라…저녁 준비는 악기 조율과 같으며, 그것은 뒤이어 오는 안식일의 의무들을 위해 마음을 잘 준비시킬 것이다.[12]

둘째, 주일은 자비를 위한 날이다. 이것은 바리새인들이 이해하지 못했던 것들 중 하나이다. 어떤 랍비들은 다음과 같이 주장했다.

> 만약 안식일에 누군가의 머리 위로 벽이 무너지면, 그 사람이 얼마나 심하게 부상당했는지 알 수 있을 만큼만 돌을 치울 수 있다. 만약 그가 그다지 심하게 부상당하지 않았으면, 그는 안식일이 끝날 때까지 놔둬야 한다. 그때 구출이 완료될 수 있다.[13]

그러나 예수님은 안식일이 자비를 위한 날이라고 말씀하셨다. 이

---

12 Watson, *The Ten Commandments*, 101.
13 David C. Searle, *And Then There Were Nine* (Fearn, Ross-Shire, England: Christian Focus, 2000), 67.

것이 그분이 안식일에 그토록 많은 기적을 행하신 이유이다. 예수님은 바리새인들이 생각하는 것처럼 제4계명을 위반하신 것이 아니라, 그 계명의 진정한 목적을 이루셨다. 객을 맞이하고 가난한 자를 먹이고 또는 병자를 방문하기 위해 주일을 이용할 때마다 우리는 예수님의 본보기를 따르는 것이다.

셋째, 주일은 쉼을 위한 날, 노동을 중지하는 날이다. 제4계명은 우리에게 근로윤리뿐 아니라 휴식윤리를 갖도록 가르친다.[14] 사업가는 그의 사업을, 가정주부는 그녀의 가사를, 학생은 그의 학업을 멈추고 쉬어야 한다.

물론 기독교인들은 어떤 일은 필요하다고 항상 인정해왔다. 목회자들이나 교회의 다양한 직원들이 일하듯이 치료를 제공하거나 공공의 안녕을 유지하는 일을 하는 사람들은 일을 해야만 한다. 그러한 일을 하는 사람들이 공중 예배를 위해서는 아니더라도 쉼을 위하여 다른 날을 따로 구별하는 것은 현명하다. 또한 매일 해야만 할 기본적인 허드렛일들도 있다.

그러나 이 날은 달력을 덮고, 시계를 떼고, '해야 할 일'의 목록을 치우는 날이다. 그것은 격분상태에서 벗어나고, 구매와 판매를 멈추고, 이윤에 대한 걱정을 멈추는 날이다. 점점 더 일요일을 일주일 중 다른 날처럼 다루고 그 결과 거룩한 것을 세속적인 것으로 바꾸는 문화 속에서, 우리는 일이 우리를 노예화하도록 허용하는 경향에 저

---

14 이 주제에 관해 가장 좋은 책은 앞에서 인용된 Leland Ryken의 *Redeeming the Time*이다.

항해야 한다. 주일을 거룩하게 지키는 것이 일중독에 대한 성경적인 해결책이다.

이 시점에서 많은 기독교인이 여전히 안식일에 무엇을 할 수 있고 무엇을 할 수 없는지 알고 싶어 한다. 텔레비전을 봐도 될까? 프리즈비 게임을 해도 될까? 음식점에 가도 되나? 집으로 돌아가는 비행기를 타도 될까? 모노폴리 게임을 해도 될까? 아니면 성경퀴즈 게임을 고수해야 하나? 보편적인 적용의 위험은 우리가 바리새주의가 되기 쉽다는 점이다. 우리가 율법주의로 빠져드는 것은 쉽다. 제4계명의 준수에는 기독교인의 자유의 여지, 즉 경건한 판단의 지혜로운 행사의 여지가 있다. 예를 들어, 청교도인들조차도 호텔에서 저녁식사 하는 것이 적절하거나 심지어 필요한 때가 있다고 인정했다.[15]

그러나 우리가 이러한 질문들을 하기 시작할 때, 그것은 대개 우리가 벌 받지 않고도 할 수 있는 것을 알고 싶어 하기 때문이다. 우리는 실질적으로 제4계명을 위반하지 않고 어느 정도까지 갈 수 있는지 알고 싶어 한다. 그러나 만약 우리가 주일에 빠져나갈 구멍을 찾고 있다면, 우리는 제4계명의 전체 포인트를 놓치고 있는 것이다. 하나님은 우리가 우리 자신의 일을 떠나 가장 중요한 일, 즉 예배에서 하나님을 찬미하는 일을 하도록 요구하신다. 그리고 우리가 우리 자신의 쾌락을 위해 가능한 한 많은 공간을 만들려고 노력할 때, 우리는 가장 큰 기쁨, 즉 살아계신 하나님과의 교제를 잃는다.

15　Dennison, *The Market Day of the Soul*, 94를 보라.

우리의 문제는 우리가 하나님의 거룩한 기쁨을 진정으로 즐거워하기가 매우 어렵다는 것을 발견하는 것이다. 내가 그걸 감히 말할 수 있을까? 하나님은 우리를 따분하게 하신다. 우리는 기꺼이 우리 시간의 얼마를 그분을 예배하는 데 쓸 것이다. 그러나 그러고 나서 우리는 휴식을 갖고 싶어서 보다 중요하지 않은 세상의 기쁨으로 직행한다. 그러나 우리가 하나님 안에서 즐거워하기를 더 배우면 배울수록, 우리는 더욱 그분의 날을 거룩하게 지키고 싶어진다. 그러고 나서 우리는 한때 그토록 짜증스러워 보였던 질문들에 우리가 답할 수 있다는 것을 발견한다. 일요일에 일해야 하는 직업을 가져도 될까? 뒤쳐진 일을 보충해도 될까? 우리 아이들이 일요일에 열리는 리틀 리그 야구 경기를 하도록 해야 할까? 텔레비전을 시청해도 좋은 날인가? 우리가 주일에 주님을 영화롭게 하기를 원할 때, 실제적인 적용들 대부분은 쉽다. 우리 자신의 일을 하기 위해 주일을 사용하기를 원할 때, 부담과 투쟁이 시작된다.

한번은 로버트 레이번(Robert Rayburn) 박사가 길거리에서 걸인이 다가갔던 한 남자에 관한 이야기를 해주었다.[16] 그 남자는 자기가 뭘 갖고 있는지 알려고 주머니에 손을 넣었다. 7달러는 찾고는 걸인에게 약간 미안해하면서 6달러를 내밀며 "여기 있어요"라고 말했다. 걸인은 그 6달러를 가져갈 뿐 아니라, 다른 손으로 자선을 베푼 사람의 얼굴을 가격하고는 7번째 달러도 잡아챘다.

---

16 Robert G. Rayburn, "Should Christians Observe the Sabbath?"(George W. Robertson이 미주리 주 세인트루이스 소재 Covenant Presbyterian Church에서 한 설교에 인용됨)

당신은 그 걸인에 대해 어떻게 생각하는가? 그가 깡패였다고 생각하지 않는가? 그러면 예수 그리스도의 은혜로 구원받고도 자신을 위해 일주일에 7일 또는 6일 반을 갖겠다고 우기는 죄인에 대해서는 어떻게 생각하는가? 이 불명예를 피하는 길은 주일을 거룩히 지킴으로써 그것을 기억하는 것이다.

학습을 위한 질문들

1. 당신은 일요일을 어떻게 보내는 것을 가장 좋아하는가?

2. 하나님은 왜 우리에게 안식일을 지키라고 명령하시는가?

3. 이 계명을 순종함으로써 얻는 이득은 무엇인가?

4. 하나님을 영화롭게 하는 안식일의 주요한 요소들은 무엇인가?

5. 어떤 활동들이 일요일에 부적절한가? 왜 그러한가?

6. 당신이 진정으로 즐기고 만족감을 발견하는 일의 종류에는 어떤 것이 있는가?(당신은 심지어 그것들을 일로 생각하지 않을 것이다!)

7. "일요일에 일하지 말아야 한다는 것은 알지만, 난 정말로 나의 뒤처진 일을 보충해야 해." 또는 "일요일에 일한다고 해될 게 뭐가 있지?"라고 말하는 사람에게 당신은 어떻게 대답하겠는가?

8. 어떤 식으로 당신은 안식일을 '잊어버리고' 싶은 유혹이 드는가? 당신이 하나님을 영화롭게 하지 않고 일요일을 보내게 만드는 요인들은 무엇인가?

9. 느헤미야 10:31; 13:15-22을 읽으라. 왜 느헤미야 시대의 사람들은 더 이상 안식일을 지키지 않았는가?

10. 느헤미야가 하나님의 백성이 안식일을 지켰는지 확인하는 것은 왜 그리 중요했는가?

11. 우리는 느헤미야가 한 것처럼 다른 사람으로 하여금 안식일을 지키게 할 수도 없고 그렇게 해서도 안 된다. 그러나 우리 자신의 삶과 교회와 크게는 사회에서 일요일이 어떻게 취급되고 있는지에 대하여 생각할 때, 우리는 이 이야기로부터 어떤 원칙들을 배우고 적용할 수 있는가?

12. 율법주의가 되지 않고 주일을 지킬 수 있는 실질적인 방법에는 어떤 것들이 있는가? 주일을 더 잘 지키기 위해서 당신이 계속해서 변화시켜야 할 태도나 관심의 초점이나 활동들은 어떤 것들이 있는가?

8.

제5계명
권위를 존중하라

• •

네 부모를 공경하라 그리하면 네 하나님 여호와가 네게 준
땅에서 네 생명이 길리라

— 출애굽기 20:12

    많은 역사가는 권위에 대한 미국인의 태도에 있어 중요한 전환이 1960년대 동안 일어났다고 믿는다. 이 10년은 반체제 시대였다. 젊은이들은 반기업, 반정부, 반군사, 반학교적이었다. 그러나 공격을 받은 모든 기관 중에서 가장 중요한 기관은 가정이었을 것이다.
    애니 고틀리브(Annie Gottlieb)는 '60년대'를 '미국 가정을 파괴한 세대'로 보는 많은 사람 중 한 명이다. 그녀는 다음과 같이 기록하고 있다.

우리는 국가를 부술 수는 없었을지도 모른다. 그러나 가정은 더 가까이 있었다. 우리는 그것을 손에 넣을 수 있었다. 그리고…우리는 가정이 집단적 정신상태일 뿐 아니라 국가의 기초라고 믿었다. 우리는 가족은 산산이 찢겨져 자유로운 사랑이 되어야 한다고 믿었다. 그 자유로운 사랑만이 원자가 분열되어 에너지를 방출할 때 가해진 손상을 치료할 수 있었기 때문이다. 그리고 첫 단계가 우리 부모에게서 우리를 자유롭게 떼어 내는 것이었다.[1]

고틀리브의 분석을 그토록 섬뜩하게 만드는 것은 그녀가 가정과 국가 사이를 연결시킨 점이다. 그녀가 옳다. 한 국가를 멸망시키는 길은 가정을 파괴하는 것이며, 자녀들은 그들의 부모에게 불순종함으로써 가정을 파괴시킨다.

1. 사랑은 가정에서 시작된다

가정 보존을 위한 하나님의 계획은 제5계명의 준수를 요구한다.

네 부모를 공경하라 그리하면 네 하나님 여호와가 네게 준 땅

---

1 Annie Gottlieb, *Do You Believe in Magic?* (New York: Time, 1987), 234-235.

에서 네 생명이 길리라(출 20:12).

이 계명이 놓인 위치는 가정의 특별한 중요성을 보여준다. 하나님이 율법을 주셨을 때, 그는 그것을 두 돌판에 기록하셨다(출 31:18). 이는 하나님이 모세에게 두 복사본을 주셨다는 것을 의미할 가능성이 크다. 이것은 고대 시대에 쌍방이 계약을 체결할 때마다 하는 관습이었다. 아니면 아마도 율법이 두 부분으로 나뉘어졌을 것이다.

전통적으로 처음 네 계명들은 마지막 여섯 계명들과 구별된다. 율법의 첫 판은 하나님에 대한 우리의 반응을 다루는 네 개의 계명들로 구성되어 있다. 두 번째 판은 우리가 서로를 어떻게 대하여야 하는지를 다루는 여섯 개의 계명들로 구성되어 있다. 분명히, 우리 인간관계들은 하나님에 대한 우리의 관계와 분리될 수 없으나 차이는 있다. 처음 네 계명들은 우리에게 하나님을 사랑하라고 가르친다. 반면에 나머지 여섯 계명들은 우리에게 이웃을 사랑하라고 가르친다.

하나님 사랑이 먼저 와야 한다. 하나님을 사랑하지 않는다면 우리는 진정으로 서로를 사랑할 수 없다. 만약 우리가 하나님을 존중하지 않으면, 우리는 서로를 존중하지 않을 것이다. 그래서 우리는 처음 네 계명을 준수하는 방법을 배울 때까지는 나머지 여섯 계명들을 거의 지키기 시작할 수도 없다. 존 칼빈에 의하면 다음과 같다.

의의 첫 번째 토대는 하나님을 예배하는 것이다. 이것이 무너

> 지면, 의의 모든 다른 부분도 산산히 부서지고 넘어진 건물의
> 조각들같이 산산이 흩어지고 만다…하나님을 경외하지 않으면
> 사람은 상호간의 공정성과 사랑을 유지하지 못한다. 그러므로
> 우리는 하나님 예배를 의의 시작과 토대라고 부른다.[2]

십계명을 이런 식으로 분석하면 율법의 둘째 판은 제5계명으로 시작된다. 이는 중요하다. 우리에게 서로를 어떻게 대우해야 할지 말씀하실 때, 하나님은 우리의 가족으로 시작하신다. 이웃 사랑은 가정에서 시작된다.

> 여호와의 관계가 언약의 시작인 것과 같이 이 관계(즉 부모와
> 자녀 사이의 관계)도 사회의 시작이자 모든 인간관계의 필연적
> 인 출발점이다. 구약에 의하면 생명의 수여자이신 여호와의 관
> 계를 넘어선 첫 관계는 아버지와 어머니와의 관계이다. 이들은
> 함께 여호와의 생명의 선물의 통로이다. 다른 어떤 인간관계도
> 그렇게 기본적이지 않으며, 어떤 것도 더 중요하지 않다[3]

어거스틴은 수사적 질문을 함으로써 제5계명의 중요성을 강조했다. 그는 물었다.

---

2 John Calvin, *Institutes of the Christian Religion*, trans. Ford Lewis Battles, 2 vols., Library of Christian Classics, 20-21 (Philadelphia: Westminster, 1960), II.VIII.11.
3 John I. Durham, *Exodus*, Word Biblical Commentary (Waco, TX: Word, 1987), 290.

"누군가가 자신의 부모님을 공경하지 않는다면, 그가 소중히 여길 사람이 있겠는가?"[4]

아마도 그렇지 못할 것이다. 왜냐하면 부모와 자녀 사이의 관계는 으뜸되고 주요한 관계로서 모든 인간 사회의 시작이다. 일상적인 환경에서 자녀가 알게 되는 최초의 사람들은 부모님이다. 하나님은 가정이 우리의 첫 병원, 첫 학교, 첫 정부, 첫 교회가 되게 하신다.[5] 우리가 가정에서 권위를 존중하지 않으면, 우리는 어떤 곳에서도 권위를 존중하지 않을 것이다. 사랑은 정말로 가정에서 시작된다!

2. 네 부모를 공경하라

하나님의 율법의 나머지 계명들처럼, 제5계명은 주의 깊게 연구될 필요가 있다. 첫 단어는 '공경하라'이다. 문자적으로 이 단어는 무거운 단어이다. 그 단어는 히브리어로 '무거운'을 의미하는 카베드(*kaved*)이다. 그것은 하나님의 영광과 그의 신적인 위엄의 중대함을 위해 구약이 사용한 단어이다. 따라서 부모를 공경한다는 것은 그들의 지위에 합당한 무게를 두는 것이다. 그것은 부모가 하나님께로부

---

4 Augustine, *Exodus, Leviticus, Numbers, Duteronomy*, ed. Joseph T. Lienhard, Ancient Christian Commentary on Scripture (Downers Grove, IL: InterVarsity, 2001), 3:106 에 인용됨.
5 Rob Schenck, *The Ten Words That Will Change a Nation: The Ten Commandments* (Tulsa, OK: Albury, 1999), 88.

터 권위를 받아 마땅하다는 인정을 그들에게 주는 것이다. 공경한다는 것은 부모를 하나님으로부터 받은 선물로서 존중하고 존경하고 중시하고 소중히 여기는 것이다.

공경(honor)의 반대는 불명예(dishonor)이다. 제5계명은 부모에 대한 존경을 요구하는 것만큼, 부모에게 어떤 무례함을 보이는 것을 금한다. 만약 부모가 중요하면, 마치 제5계명이 실로 중요하지 않은 양, 그들이 가볍게 취급되어서는 안 된다. 슬프게도, 부모에 대한 반항이 흔한 죄가 되어버렸다. 10대 소녀들을 위한 한 잡지의 표지는 "당신은 정말로 당신의 부모를 미워하나요? 누군들 안 그럴까요?"라는 문구를 싣고 "당신이 싫어하는 자들을 다루는 방법"에 관하여 조언했다.

성경은 이런 종류의 무례에 대해 깊은 반감을 갖고 그것을 거의 혐오스럽게 다룬다. 젊은 목사였을 때, 나는 내가 맡은 고등학생들과 함께 부모에 대한 불순종을 다루는 성경구절들을 읽은 적이 있었다. 우리는 구약에서 가장 무시무시한 저주 중 일부가 부모를 거역한 자녀들을 위해 예정되었다는 것을 발견했다. 여기 두 가지 예가 있다.

> 만일 누구든지 자기의 아버지나 어머니를 저주하는 자는 반드시 죽일지니 그가 자기의 아버지나 어머니를 저주하였은즉 그의 피가 자기에게로 돌아가리라(레 20:9).

> 사람에게 완악하고 패역한 아들이 있어 그의 아버지의 말이나 그 어머니의 말을 순종하지 아니하고 부모가 징계하여도 순종하지 아니하거든 그의 부모가 그를 끌고 성문에 이르러 그 성읍 장로들에게 나아가서…그 성읍의 모든 사람들이 그를 돌로 쳐죽일지니 이같이 네가 너희 중에서 악을 제하라 그리하면 온 이스라엘이 듣고 두려워하리라(신 21:18-19, 21).

당연히 내가 이 구절들과 이와 비슷한 많은 구절을 읽기를 마쳤을 때, 내 그룹에 있던 아이들은 매우 조용히 있었다. 대부분의 젊은 이처럼 그들은 늘 제5계명의 위반이 자신들의 일의 일부로, 성장기에 흔히 있는 일이라 생각했었다. 하나님은 분명히 부모를 공경하지 않는 것을 우리가 범할 수 있는 가장 나쁜 죄들 중 하나로 생각하신다. 이 계명의 위반에 대한 구약의 형벌이 더 이상 효력은 없으나, 이것은 사실이다. 신약에서는, 부모에 대한 불순종은 우리가 '말세'의 '고통의 때'에 살고 있음을 표시하는 징조 목록 중 하나로 기재되어 있다(딤후 3:1-2).

계명이 아버지와 어머니 모두를 포함하고 있는 것에 주목하라. "네 부모를 공경하라." 다른 곳에서 성경은 아버지가 가정의 영적 리더십에 대한 고유한 책임을 갖고 있다는 것을 분명히 하고 있다. 하지만 이것은 어머니가 공경을 덜 받아야 한다는 것을 의미하지 않는다. 성경은 다음과 같이 말한다.

> 내 아들아 네 아비의 명령을 지키며 네 어미의 법을 떠나지 말고(잠 6:20).

사실 레위기 19:3은 어머니를 먼저 언급한다.

> 너희 각 사람은 부모(his mother and his father⟨NASB⟩)를 경외하고(레 19:3)

하나님은 아이들에게 그들의 어머니들을 이용하려 하지 말고 그녀들도 동일하게 존중하라고 명령하신다.

이 계명은 고대 세계에는 유례가 없는 것이다. 비록 오늘날 성경, 특히 구약이 종종 가부장적인 것으로 여겨짐에도 불구하고, 성경은 항상 적절한 균형을 이루며 모든 문화의 죄의 구조들과 맞선다. 여기서 성경은 어머니가 아버지와 동일한 공경을 받아야 한다고 주장한다(제5계명의 이 부분은 분명히 동성⟨同性⟩부모를 제외시키고 있다). 부모 중 한 명이 죽지 않는 한, 모든 자녀는 아버지와 어머니 모두를 공경할 것으로 기대된다. 이것이 모든 장소에서 모든 사람을 위한 하나님의 방식이다. 예외(예를 들어, 고아의 경우 또는 부모 중 한 명이 죽은 경우처럼)가 있는 곳에서, 그것은 성격적 원칙에서 제외된다.

3. 장수(長壽)와 형통

자녀들은 왜 그들의 부모를 공경해야 하나? 이유들은 많다. 부모는 그들이 자녀들을 위하여 한 많은 희생 때문에 공경 받을 자격이 있다. 뿐만 아니라 그들의 풍부한 인생경험 때문에 그들에게 경청할 가치가 있다. 또한 제5계명이 하나님을 영화롭게 한다는 단순한 사실만으로도 충분한 이유가 된다. 성경은 다음과 같이 말한다.

> 자녀들아 모든 일에 부모에게 순종하라 이는 주 안에서 기쁘게 하는 것이니라(골 3:20).

성경은 또한 부모공경이 옳은 일이라고 말한다.

> 자녀들아 주 안에서 너희 부모에게 순종하라 이것이 옳으니라 (엡 6:1).

이것들은 모두 제5계명을 지켜야 할 좋은 이유들이 된다. 그러나 계명 자체에서 주어진 이유는 부모공경이 우리 자신에게 최상의 이득이 된다는 점이다.

> 네 부모를 공경하라 그리하면 네 하나님 여호와가 네게 준 땅에서 네 생명이 길리라(출 20:12).

사도 바울은 이것이 "약속이 있는 첫 계명"(엡 6:2)이라고 말했다. 그리고 그 약속은 자녀들에게 특별한 격려를 줄 의도로 주어진 것이다. 하나님은 부모에게 순종하는 것이 얼마나 힘든지 아신다. 그분은 또한 자녀들이 보상을 약속받았을 때 더 쉽게 순종할 수 있음을 발견한다는 것을 알고 계신다. 그래서 제5계명은 하나님의 땅에서의 장수에 관한 약속과 함께 온다.

이 약속은 이스라엘 백성에게 특별한 의미를 가졌다. 그들은 막 노예의 땅에서 나왔다. 하나님은 그들에게 새롭고 더 좋은 땅으로 인도하시겠다고 약속하셨다. 그들이 약속의 땅에서 계속 살게 될 것을 보증하는 한 방법은 신앙 안에서 부모를 공경하는 것이었다.

이 일반적인 약속이 부모에게 순종하는 자녀들이 90세까지 살리라는 자동적인 보증으로 여겨져서는 안 된다. 이것이 젊어서 죽는 사람은 제5계명을 범하는 죄를 지었다는 것을 반드시 의미하지는 않는다. 하나님은 그의 더 큰 영광과 관련된 이유 때문에 가끔 사람들로 하여금 비록 그들이 거의 항상 그들의 부모에게 순종하였을지라도 우리가 때 이른 종말이라고 여기는 일을 겪도록 허용하신다. 사람의 생명의 길이를 결정하는 섭리들이 많다. 그러나 약속은 아직 유효하다. 부모를 공경하는 자녀들은 생명의 선물을 받는다.

여기서 성경이 땅에서의 장수에 관하여 말할 때, 그것은 단순히 사람들이 죽을 때 그들의 나이가 얼마인지에 관하여 말하고 있는 것은 아니다. "땅에서 생명이 길리라"는 표현은 하나님의 축복의 충만성에 대한 히브리식 표현이다. 그것은 풍성한 삶을 누리는 것을 의미한다. 이것은 신약에 의해 확증된다.

> 네 아버지와 어머니를 공경하라…이로써 네가 잘되고 땅에서 장수하리라(엡 6:2-3).

제5계명을 지켜야 하는 이유가 하나 더 있다. 그리고 그 이유는 모든 이유 중에 가장 중요한 것이다. 부모는 어떻게 하나님을 알고 섬겨야 할지를 자녀들에게 가르쳐야 할 책임을 하나님에게서 받았다. 그러나 만약 자녀들이 그들의 부모를 존경하지 않는다면 그들은 그 교훈들을 배우려 하지 않을 것이다. 따라서 제5계명 준수는 신앙을 대대로 전하기 위한 하나님의 계획에 불가결하다. 자녀가 부모를 공경하는 모든 방법 중에서 가장 중요한 것은 부모가 하나님과 구원의 길에 관하여 하는 말에 귀 기울이는 것이다.

영적인 가르침은 아버지와 어머니 모두의 책임이다. 솔로몬은 다음과 같이 말했다.

> 내 아들아 네 아비의 훈계를 들으며 네 어미의 법을 떠나지 말라(잠 1:8).

> 내 아들아 나의 법을 잊어버리지 말고 네 마음으로 나의 명령을 지키라 그리하면 그것이 네가 장수하여 많은 해를 누리게 하며 평강을 더하게 하리라(잠 3:1-2).

이 말씀들은 제5계명에 대한 설명이다. 솔로몬은 장수와 형통의 약속을 반복한다. 그리고 그 약속을 특히 가정 내에서의 성경적 가르침과 연결시킨다. 신앙 안에서 부모를 존중함으로써 생명의 선물을 받는 것, 이것이 제5계명의 핵심이다. 오늘날 하나님은 우리에게 부모를 공경하라고 말씀하신다. 왜냐하면 이것이 많은 사람이 예수 그리스도를 처음으로 알게 되는 길이기 때문이다.

가족을 위한 하나님의 계획을 배우는 것은 가끔 좋은 가족적 배경을 결코 갖지 못한 사람들에게 슬픔과 실망을 가져다준다. 기독교 가정에서 자라지 않은 사람은 영적으로 불리한 입장에 있는가? 얼마간은 그렇다. "주의 교훈과 훈계로"(엡 6:4) 자녀들을 기르지 않은 부모의 죄를 포함하여, 우리는 늘 다른 사람들의 죄로 말미암아 손해를 입는다. 그러나 하나님은 은혜가 넘치시며, 그의 성령의 구원하는 역사로 말미암아 고아인 죄인들을 모든 가족 중에서 가장 좋고 가장 중요한 가족인 하나님의 가족 안으로 입양하신다. 성경은 하나님의 모든 자녀에게 다음과 같은 귀중한 약속을 주신다.

> 내 부모는 나를 버렸으나 여호와는 나를 영접하시리이다
> (시 27:10).

4. 마땅히 공경을 받아야 할 자에게 공경을

제5계명을 가장 충분히 그리고 가장 잘 활용하기 위해서 우리는 제5계명이 자녀들을 위한 것일 뿐 아니라 실제로 모두에게 적용된다는 점을 이해해야 한다. 웨스트민스터 소요리문답에 의하면 다음과 같다.

> 다섯째 계명이 요구하는 것은 여러 가지 지위와 관계에 있는 각 사람, 예를 들어, 윗사람이나 아랫사람이나 동등한 사람에게 마땅히 드릴 존경을 드리고 의무를 수행하는 것이다(답 64).

다시 말해서, 권위를 존중하는 것은 모든 관계 속에 있는 모든 사람에게 적용된다.

여기서 우리는 십계명 해석을 위한 법칙들 중 하나를 기억할 필요가 있다. '범주의 법칙'(본서 3장)에 의하면, 모든 계명은 죄와 의무의 전체 범주를 나타낸다. 우리에게 부모를 공경하라고 말씀하실 때, 하나님은 암시적으로 우리에게 우리 위에 합법적인 권위를 갖고 있는 사람을 공경하라고 말씀하시는 것이다. 이것을 이스라엘 백성은 쉽게 이해했을 것이다. 왜냐하면 그들이 종종 가정 밖에서의 관계에서 아버지란 용어를 자주 사용했기 때문이다.

예를 들어, 이스라엘 백성은 왕을 그들의 아버지로 칭했다(예를 들면, 삼상 24:11). 때때로 그들은 선지자들에 대해서도 같은 칭호를 사용했다. 엘리사는 엘리야에게 "내 아버지여 내 아버지여!"(왕하 2:12)라고 외쳤다. 마찬가지로, 이스라엘의 장로들도 백성의 아버지로 존경받았다(행 7:2을 보라). 따라서 이스라엘 백성은 자연스럽게 제5계명을 권위를 수반하는 다른 관계들에도 적용하였을 것이다.

우리도 같은 일을 해야 한다. 제5계명은 정부와의 우리의 관계를 규정한다. 성경은 다음과 같이 말한다.

> 인간의 모든 제도를 주를 위하여 순종하되…뭇 사람을 공경하며…하나님을 두려워하며 왕을 존대하라(벧전 2:13, 17).

오늘날 왕을 존대한다는 것은 경관들과 국가의 대표자들을 존중하는 것을 의미한다. 그것은 정치인들을 위해 기도하고, 정부의 법률에 순종하고 세금을 납부하는 것을 의미한다. 이 모든 방식으로 우리는 권세들에게 복종하도록 요청된다. 왜냐하면 하나님에게서 나오지 않는 권세가 없고, 모든 권세는 다 하나님이 정하신 것이기 때문이다(롬 13:1).

제5계명은 또한 우리의 일을 규정하기도 한다. 우리는 우리의 상관들을 존경하고 우리 고용주에게 경의를 표해야 한다. 바울은 자녀들에게 부모에게 순종하라고 말한 후, 계속해서 종들에게 그들의 상전을 섬기라고 말했다. 그것은 권위를 존중하는 일의 일부이다.

> 종들아 두려워하고 떨며 성실한 마음으로 육체의 상전에게 순

> 종하기를 그리스도께 하듯 하라…이는 각 사람이 무슨 선을 행
> 하든지 종이나 자유인이나 주께로부터 그대로 받을 줄을 앎이
> 라(엡 6:5, 8).

직장에서 제5계명을 지킨다 함은 열심히 일하고 경영진을 좋게 말하는 것을 의미한다.

제5계명은 또한 교회 지도자들에 대한 존경을 요구한다. 특히, 하나님 가정에서 우리의 영적인 아버지로서 섬기고 있는 지도자들인 목사와 장로와 집사들에게의 순종을 명한다. 성경은 다음과 같이 말한다.

> 잘 다스리는 장로들은 배나 존경할 자로 알되 말씀과 가르침에
> 수고하는 이들에게는 더욱 그리할 것이니라(딤전 5:17).

지도자들을 공경하는 것은 그들을 위해 기도하고, 그들을 격려하고, 우리의 영적인 진보를 위한 그들의 수고를 돕는 것이다. 그것은 그들의 권고와 훈육을 겸손하게 받아들이는 것이다. 왜냐하면 성경이 "너희를 인도하는 자들에게 순종하고 복종하라"(히 13:17a)고 말하기 때문이다.

이 모든 관계 속에서, "우리는 하나님이 우리 위에 세우신 자들을

존경하고, 그들을 정중하게 순종과 감사함으로 대하여야 한다."⁶ 심지어 권세자들이 존경을 받을 만한 자격이 없어 보일 때에도 그렇게 해야 한다. 하이델베르그 요리문답이 제5계명이 요구하는 것에 대해 다음과 같이 말하는데, 이는 옳은 말이다.

> 내가 나의 아버지와 어머니와 내게 대하여 권위를 가지고 있는 모든 사람에게 존경과 사랑과 신실함을 보이고, 그들의 모든 신중한 가르침과 훈육에 공손히 순종하고, 또한 그들의 손으로 우리를 다스리는 것이 하나님의 뜻이기 때문에 그들의 실패를 참을성 있게 견디는 것이다(답 104, 강조 부분은 저자 첨가).

권위자들에 대한 존경은 하나님에 대한 존경이다. 왜냐하면 모든 권위가 그로부터 오기 때문이다. 우리의 존경은 그들의 인격적인 자질이나 전문적 능력이 아니라 하나님이 그들에게 주신 지위에 근거한다.

이 모든 것에는 또 다른 면이 있다. 그것은 권위가 있는 사람들은 하나님을 기쁘시게 하면서 권위를 행사할 책임이 있다는 점이다. 우리는 우리의 권위를 거칠게 사용하거나 우리의 한도를 넘어섬으로써 그 권위를 남용해서는 안 된다. 그리고 또한 우리는 반드시 우리의 의무를 행하여야 한다. 정부 지도자들은 그들의 시민을 보호해야

---

6 Calvin, *Institutes*, II. VIII. 35.

한다. 영적 지도자들은 교회에서 하나님의 백성을 이용하지 않고 그들을 섬겨야 한다. 그리고 경영인들은 그들을 위해 일하는 사람들을 돌봐야 한다.

제5계명은 특별히 부모와 관련되어 있다. 가족의 의무들은 상호적이다. 만약 자녀들이 그들의 부모에게 순종하기로 되어 있다면, 명백히 부모들은 그들에게 적절한 훈육을 하게 되어 있다. 신약은 다음의 말들을 제5계명에 첨부하면서 이를 명확하게 만든다.

> 아비들아 너희 자녀를 노엽게 하지 말고 오직 주의 교훈과 훈계로 양육하라(엡 6:4; 비교. 골 3:21).

부모가 자녀들에게 불합리한 요구를 하거나 사랑으로보다는 화를 내며 그들을 교정하려 하거나 자녀들의 자유를 억누름으로써 그들의 성장을 방해할 때, 그들은 그들의 권위를 남용하는 것이다.

부모는 자녀들에게 적절한 훈육 외에 다른 것들도 주어야 한다. 그들을 위해 기도하고, 그들을 격려하고, 그들에게 조언하고, 그들을 보호하고, 일상 필수품들을 제공해야 한다. 우리는 경건한 본보기를 세워야 한다. 왜냐하면 비록 자녀들이 항상 부모의 말에 경청하지는 않을지라도, 그들은 반드시 부모를 모방하기 마련이기 때문이다. 우리는 결혼과 부모가 되는 일을 포함하는 필생의 일을 위해 자녀들을 준비시키면서 그들을 하나님의 섭리에 따라 교육시켜야 한다. 무엇보다도 가장 중요한 것은, 자녀는 부모에게 청종하도록 명령받으며, 우리는 자녀들에게 성경을 가르치고 하나님 예배에 있어 그들을 인도하도록 명령받는다는 것이다.

5. 하나님이 왕을 구원하시길

권위를 존중하는 것이 항상 쉬운 것은 아니다. 이에 관한 이야기가 성경에 있다. 가장 친한 친구들, 즉 다윗과 요나단의 이야기이다. 이 용감한 청년들은 영적인 형제로 우정의 언약을 맺었다. 둘 다 강한 전사였고, 둘 다 이스라엘의 하나님에 대한 용기 있는 신앙을 가졌고, 둘 다 전쟁에서 스스로를 증명했다. 다윗은 골리앗을 죽인 것으로 유명하다. 그러나 요나단도 그만큼 용감했다. 한 번은 이스라엘 백성이 아무 무기도 없이 블레셋과 대면한 경우가 있었다. 오직 요나단만 칼을 갖고 있었다. 그러나 그는 말했다.

> 우리가 이 할례 받지 않은 자들에게로 건너가자 여호와께서 우리를 위하여 일하실까 하노라 여호와의 구원은 사람이 많고 적음에 달리지 아니하였느니라(삼상 14:6).

이 말을 하고, 그는 1인 공격을 개시하여, 블레셋인 20명을 죽이고 나머지 블레셋 군사들을 공황상태에 빠지게 했다.

블레셋 사람들보다 다윗과 요나단에게 더 많은 괴로움을 주었던 유일한 사람은 요나단의 아버지 사울왕이었다. 하나님은 사울을 이스라엘 위에 왕으로 기름부으셨다. 그러나 그는 종종 자신의 백성에게 경솔하게 위협을 가하는 화를 잘 내고 충동적이고 성마른 사람이었다. 한 전투에서 사울은 그가 적에게 보복하기 전에 무엇이든 먹는 군사를 저주하는 맹세를 했다. 불행히도 요나단은 그의 아버지의 맹세를 듣지 못했다. 그래서 땅 위에서 흐르는 꿀을 보았을 때, 그는 가서 그의 지팡이를 벌집에 찍어 꿀을 맛보았다. 마침내 무슨 일이 일어났는지 알았을 때, 사울은 그의 아들에게 다음과 같이 말했다.

> 요나단아 네가 반드시 죽으리라 그렇지 않으면 하나님이 내게 벌을 내리시고 또 내리시기를 원하노라(삼상 14:44).

요나단의 생명을 구하기 위해 다른 군사들이 개입하였으나 그 이야기는 사울이 어떤 종류의 사람인지 보여주었다. 그는 한 입의 음식을 가지고 자신의 아들에게 폭력을 행사하는 부류의 사람이었다.

사울은 다윗을 훨씬 더 악하게 대했다. 처음에 그는 다윗의 하프 연주를 듣는 것을 좋아했기 때문에 그를 기뻐했다. 다윗이 골리앗을 죽인 후에 사울은 그를 자신의 집으로 기꺼이 맞아들여 군대에서 높은 지위를 하사했다. 다윗은 왕이 요청하는 모든 일마다 탁월하게 해냈다. 그러나 그는 곧 사울보다 더 유명하게 되었고, 이는 왕의 질투를 불러일으켰다. 어느 날, 분노의 발작을 일으키며 왕은 창을 던져 다윗을 벽에 박아 죽이려 했다. 다윗은 피신하였으나, 이는 사울의 화를 더욱 돋우기만 했다. 다음으로 사울은 다윗이 전투에서 죽게 함으로써 그를 제거하려 시도했다. 그는 만약 다윗이 블레셋 사람 100명을 죽이면 자기 딸과 결혼하게 하겠다고 그에게 약속했다. 사울의 은밀한 바람은 그 젊은 전사가 적의 손에 의해 죽는 것이었다. 그러나 다윗은 상처 하나 입지 않고 200명의 블레셋 사람들을 죽였다.

  사울은 이 모든 일을 통하여 다윗이 하나님의 축복을 받고 있음을 알 수 있었다. 물론 이것이 사울을 그 어느 때보다도 더욱 화나게 만들었다. 영원한 적의(敵意)를 맹세하면서, 왕은 그의 군사들(그의 아들 요나단 포함)에게 다윗을 죽이라고 명령했다. 이는 요나단을 난처한 입장에 놓이게 했다. 그는 그의 아버지를 공경해야 한다는 것을 알았다. 그러나 그는 또한 살인이 잘못된 것이라는 것도 알고 있었다. 그래서 요나단은 옳을 일을 했다. 그는 아버지에게 불순종함으로써 하나님을 공경했다. 먼저 그는 다윗에게 그의 아버지가 무엇을 하려고 계획하고 있는지를 경고하여 다윗이 피신할 기회를 갖게 했다. 그리고 나서 그는 그의 아버지와의 중재에 나서며 다음과 같이 말했다.

    어찌 까닭 없이 다윗을 죽여 무죄한 피를 흘려 범죄하려 하시나이까(삼상 19:5).

  이렇게 함으로써, 요나단은 그의 아버지에게 불명예를 안겨주고 있었던 것이 아니라, 그의 명예를 보호하고 있었다. 이 경우에, 사울은 그의 아들의 말에 경청했다. 그는 자신의 분노에 대해 후회하고 다윗을 다시 그의 집으로 맞아들였다. 그러나 그들의 휴전은 오래 지속되지 않았다. 다윗은 전투에서 더 많은 성공을 거두었고, 사울은 더욱 질투하게 되어 또다시 분노 속에서 창을 던졌다.

이 비참한 이야기의 핵심은 이전에 아들의 존경을 받을 만한 자격이 없었던 아버지 또는 신하들의 존경을 받을 만한 자격이 없었던 왕이 있었다면 그것은 사울이었다는 것이다. 그러나 다윗과 요나단 모두는 왕을 공경했다. 그들은 하나님이 사울에게 주신 권위를 존중했다. 그들은 하나님을 공경했기 때문에 그를 공경했다.

다윗은 사울의 생명을 취하기를 거부함으로써 사울을 공경했다. 왕이 최후의 격노를 발한 후, 다윗은 영구히 떠났다. 사울은 그를 산으로 몰아넣었고, 거기서 두 차례 다윗은 왕의 목숨을 취할 손쉬운 기회를 가졌다. 한 번은 사울이 다윗이 숨어 있는 바로 그 동굴로 혼자 들어왔다. 다윗의 사람들은 그에게 기회를 잡으라고 말했다.

> 보소서 여호와께서 당신에게 이르시기를 내가 원수를 네 손에 넘기리니 네 생각에 좋은 대로 그에게 행하라 하시더니 이것이 그날이니이다(삼상 24:4a).

그러나 다윗은 사울을 죽이지 않기로 결정했다. 그 대신 그는 몰래 사울의 겉옷자락 귀퉁이를 잘라냈다. 그러나 나중에 다윗은 자기가 한 일에 대해 회개했다. 심지어 사울이 그에게 행했던 모든 일 이후에도 다윗은 양심에 찔려 이스라엘 왕에게 불경(不敬)을 보이는 것은 비열한 것이라고 말했다.

> 내가 손을 들어 여호와의 기름 부음을 받은 내 주를 치는 것은 여호와께서 금하시는 것이니 그는 여호와의 기름 부음을 받은 자가 됨이니라(삼상 24:6).

다윗의 논리에 주목하라. 그의 회개는 사울이 자신을 어떻게 대하였는가에 근거하지 않았다. 그는 사울이 어떤 부류의 왕인지에 대해서 아무 말도 하지 않았다. 유일하게 중요했던 점은 그의 왕권이 하나님께로부터 왔고 다윗의 존경을 요구한다는 것이었다. 그래서 사울이 떠난 후, 다윗은 동굴에서 나와 다음과 같이 외쳤다.

> 내 주 왕이여…내 아버지여 보소서 내 손에 있는 왕의 옷자락을 보소서 내가 왕을 죽이지 아니하고 겉옷 자락만 베었은즉… (삼상 24:8, 11).

다윗은 왕적 권위에 대한 존경의 표시로서 사울을 '아버지'라 불렀다. 요나단 역시 사울을 공경했다. 사울이 다윗에 대해 죄를 범하는 것을 멈추게 하려고 노력함으로써 그렇게 했다. 이것은 그들의 관계에 엄청난 긴장감을 가했다. 한번은 다윗의 편을 드는 요나단에게 너무 화가 난 나머지 사울이 그에게 창을 던지며 "패역무도한 계집의 소생아"(삼상 20:30)라고 말했다. 자연히 이것은 요나단을 화나게 했다. 그의 친구 다윗을 사랑했기 때문에, 이는 또한 그를 슬프게 만들었다. 그러나 모든 폭력적인 격발이 있은 이후에도 요나단은 여전히 아버지에게 충성을 다했다. 그가 그 사람의 과실을 깨닫지 못한 것은 아니었지만, 그는 여전히 그를 아버지로서 사랑했다.

요나단은 최후에 그의 아버지의 편에 서서 필사적으로 그를 블레셋 사람들에게서 지켰다. 요나단은 그의 아버지를 구하기 위해 싸우다가 죽은 존경할 만한 아들이었다(삼상 31:1-6).

분명 사울은 권위를 적절히 행사한 그다지 좋은 모델은 아니다. 다윗과 요나단이 그에게 불순종해야 할 때가 있었다. 그렇게 함에 있어 그들이 제5계명을 위반한 것은 아니었다. 하늘에 계신 그들의 아버지에게 복종하는 더 높은 책무를 존중함으로써 제5계명을 준수하였다. 권위에의 복종은 결코 우리 자신이 가정 폭력이든 다른 폭력이든 폭력을 당하는 것을 의미하지 않는다. 필시 다음의 사항이 강조될 필요가 있다. 육체적 학대가 있을 때, 생명 보존의 의무가 부모에의 순종의 의무에 우선한다. 그러나 이 친구들이 직면한 어려움들은 그들의 예를 더욱 주목할 만하게 만든다. 다윗과 요나단은 권위에 뭔가 신성한 것이 있다는 것을 이해했다. 권위는 하나님에게서 나오기 때문에, 그것은 우리의 최고의 존중을 요구한다.

6. 평생의 존경

부모를 공경함으로써 하나님을 공경하는 방법은 많다. 제5계명은 어린 자녀를 위한 것이다. 하나님은 소년과 소녀들이 예의 바르게 행동하며 부모에게 공손히 말하기를 원하신다. 그는 그들이 부모가 부탁하는 것을 좋은 태도로 항상 그들에게 순종하기를 원하신다. 청교도인들은 "자녀는 부모의 메아리이어야 한다. 아버지가 말할 때, 자녀는 순종을 반향시켜야야 한다."[7]

제5계명은 십대를 위한 것이다. 많은 고등학생이 그들의 부모가 얼마나 현실에서 뒤쳐져 있는지, 그리고 그들이 인생에 관하여 얼마나 적게 알고 있는지를 보고 놀란다. 물론 대부분의 부모, 심지어 여전히 순종할 필요가 없는 부모들조차도 그보다 더 많은 신뢰를 받을 자격이 있다.

부모공경은 친구들에게 그들에 대하여 좋게 말하는 것을 의미한다. 그것은 나쁜 친구들과 시간을 보내거나 또는 영구적인 육체적 정신적 손상을 야기시킬 수 있는 것들을 가지고 실험하는 것에 대한 부모의 경고를 포함하여 부모가 하는 말에 경청하는 것을 의미한다. 그것은 또한 부모에게 말을 걸어 그들로 하여금 무슨 일이 일어나고 있는지 알게 하는 것을 포함한다. 나는 이전에 한 어머니가 자기 아들이 고등학교 상급 학년 내내 그녀에게 투덜거리기만 한다고 하는

---

7 Thomas Watson, *The Ten Commandments* (1692; repr. Edinburgh: Banner of Truth, 1965), 130.

말을 들었다. 몇 년 안에 그가 또다시 영어로 그의 부모와 지적인 대화를 할 수 있었던 것으로 보아, 그는 분명 단어들을 사용하는 방법을 알고 있었다. 그럼에도 불구하고 그는 그의 부모를 욕되게 하였던 것이다!

제5계명은 젊은 성인을 위한 것이다. 종종 20세 무렵, 자녀들은 마침내 부모가 하나님에게서 온 선물이라는 것을 인식한다. 최근 대학 졸업생 한 명이 나에게 그가 부모와 더 좋은 관계를 갖기 시작하고 있어 기쁘다고(그리고 약간은 놀라워하고 있다고) 말했다. 비슷한 말을 하였던 마크 트웨인(Mark Twain)에게 양해를 구하며, 나는 "자네 부모님이 지난 2년 사이에 그토록 성숙해지셨다니 놀랍군!" 하고 말했다. 젊은 성인들은 교육과 경력과 때로는 결혼에 대하여 내려야 할 중요한 결정사항들이 있다. 자녀들은 부모의 조언을 구함으로써 부모를 공경한다. 결정은 그들의 몫이다. 특히 그들이 일단 집을 떠나면 그렇다. 하지만 부모가 제공해야 하는 어떤 도움과 축복이 있다면, 그것이 무엇이든 그것을 얻는 것은 현명하다.

여기서 우리는 부모가 자녀들에게 경건한 조언을 하지 못할 때 자녀가 어떻게 하여야 할지 고려해볼 필요가 있다. 기억하라, 이스라엘 백성은 하나님을 아는 법을 배울 수 있도록 부모를 공경하라고 들었다. 그러나 누군가의 부모가 하나님을 모른다면 어찌될 것인가? 만약 부모가 기독교인이 아니라면 어찌될 것인가? 그리고 만약 부모가 하나님이 명한 것을 자녀들이 행하지 못하도록 한다면 어찌될 것인가? 그때 부모를 공경한다는 것은 무엇을 의미하는가?

이런 상황이 드물지 않다. 어떤 부모들은 자녀들이 교육, 경력, 가정, 그리고 사역에 관한 결정을 내릴 때 그리스도를 최우선으로 하는 것을 받아들이기가 매우 어렵다는 것을 발견한다. 믿음이 있는 곳에서 예수님은 가족들을 모으신다. 그러나 불신이 있는 곳에서 그는 그들을 흩으신다. 기독교인들은 결코 부모공경이 그리스도를 따르는 것을 방해하도록 허용할 수 없다. 이것은 예수님이 다음 말씀에서 의미하신 바이다.

> 아버지나 어머니를 나보다 더 사랑하는 자는 내게 합당하지 아니하고 아들이나 딸을 나보다 더 사랑하는 자도 내게 합당하지 아니하며(마 10:37).

선택할 수밖에 없는 경우, 기독교인의 참된 아버지는 하늘에 계시고, 우리가 따라야 하는 것은 바로 그분의 뜻이다. 이것이 성경이 우리에게 '주 안에서' 부모에게 순종하라고 말한 이유들 중 하나이다(엡 6:1; 골 3:20). 이것은 중요한 유보조건이다. 부모에게 드려야 할 공경은 결코 하나님께 드려야 할 공경을 희생하여 할 것이 아니다.

지도가 필요한 기독교인들이 경건한 조언을 위해 부모를 의지할 수 없을 때, 그들은 결국 우리의 근본적이고 영원한 가족인 교회에 도움을 구해야 한다. 그러나 우리가 부모의 조언을 받아들일 수 없을 때에도 우리는 여전히 그들을 공경하고 존경해야 한다. 이것은 그들이 말하는 바에 귀 기울이고, 그들의 필요를 돌보고, 우리가 할 수 있는 한 가족의 유대관계를 강화시키는 것을 의미한다.

제5계명은 심지어 자녀들이 성장해서 독립하여 나간 후에도 효력을 유지한다. 부모공경은 삶에서 어느 정도의 우선권을 부모에게 주는 것, 그들을 우선시하는 것을 의미한다. 그것은 그들을 사랑하고 그들에게 감사하는 것을 의미한다. 그것은 생애의 마지막 순간까지 그들을 돌보는 것이다. 성경은 다음과 같이 말한다.

> 너를 낳은 아비에게 청종하고 네 늙은 어미를 경히 여기지 말지니라(잠 23:22).

한 고대 작가가 이것을 자세히 설명하여 말했다.

> 너는 네 아비가 늙었을 때 잘 보살피고 그가 살아 있는 동안 슬프게 하지 말아라. 그가 설혹 노망을 부리더라도 잘 참아 받고 네가 젊고 힘이 있다고 해서 그를 업신여기지 말아라.[8]

그러나 이것은 정확히 많은 사람이 하는 일이다. 그들은 부모를 업신여긴다. 미국인들 중 겨우 절반만이 늙으신 부모를 돌볼 책임이 자녀에게 있다고 생각한다.[9] 많은 자녀가 부모를 버리거나, 더욱 나쁘게는 그들이 죽는 것을 도우려 한다. 이것은 하나님의 율법에 대

---

8 외경 집회서 3:12-13(공동번역본).
9 Michael S. Horton, *The Law of Perfect Freedom* (Chicago: Moody, 1993), 134.

한 극악한 경멸을 보여준다.

몇몇 바리새인들이 노년에 있는 부모들을 부양하기를 거절하는 것을 보셨을 때, 예수님은 제5계명을 위반하는 것에 대해 그들을 비난하셨다.

> 하나님이 이르셨으되 네 부모를 공경하라 하시고 또 아버지나 어머니를 비방하는 자는 반드시 죽임을 당하리라 하셨거늘 너희는 이르되 누구든지 아버지에게나 어머니에게 말하기를 내가 드려 유익하게 할 것이 하나님께 드림이 되었다고 하기만 하면 그 부모를 공경할 것이 없다 하여 너희의 전통으로 하나님의 말씀을 폐하는도다(마 15:4-6).

부모를 돌보는 대신에, 바리새인들은 자신들을 위해서 돈을 간직하고 그것을 하나님께 바쳤다고 주장하고 있다. 그러나 자녀들에게는 그들의 부모가 필요한 모든 육체적, 의료적, 영적, 감정적인 돌봄을 받고 있는지 확실히 해야 할 책임이 있다. 이러한 식으로 부모를 공경하는 것이 하나님을 공경하는 것이다. 왜냐하면 성경이 다음과 같이 말씀하셨기 때문이다.

> 너는 센 머리 앞에서 일어서고 노인의 얼굴을 공경하며 네 하나님을 경외하라 나는 여호와이니라(레 19:32).

7. 완벽한 자녀

우리가 제5계명을 지키고 있는지 우리 자신에게 묻는 것은 유익하다. 아버지 또는 어머니와 우리의 관계가 하나님께 영광이 되는가? 사실은 자녀들이 부모를 공경하는 것은 어려운 일이다. 한 사람이 불평했다.

> 요즘 젊은이들은 사치를 사랑한다. 그들은 버릇이 없고, 권위를 경멸하고, 늙은 사람들을 존경하지 않고, 일할 때 쓸데없는 말들을 한다. 젊은이들은 어른들이 방에 들어올 때 더 이상 일어서지 않는다. 그들은 부모에 반박하며, 손님들 앞에서 너무 많이 말하고, 음식을 게걸스럽게 먹고, 다리를 탁자 위에 올려놓고, 손윗사람을 학대한다.[10]

이 사람이 누구였는가? 그는 주전 400년에 살았던 철학자 소크라테스다! 소크라테스의 이 말은 젊은이들이 오늘날에도 여전히 어떠한지를 기술하고 있다. 왜냐하면 그의 말은 젊은이들이 늘 어떠한지를 기술하고 있기 때문이다.

나머지 하나님의 율법처럼, 제5계명 준수는 불가능하다. 여기에 자기 진단을 위한 몇 가지 질문이 있다. 당신은 부모님에게 말대꾸

---

10 Socrates, Fran Sciacca, *Generation at Risk*, rev. ed. (Chicago: Moody, 1991), 25에 인용됨.

한 적이 있는가? 당신은 그들로부터 뭔가를 숨긴 적이 있는가? 당신은 그들을 소리 없이 저주한 적이 있는가? 당신은 부모에 대하여 좋게 말하는가? 당신은 그들과의 관계를 강화하기 위한 시간을 갖는가? 당신은 그들이 필요로 하는 돌봄을 제공하고 당신 삶에 있어 그들의 지위에 적합한 경의를 표하는가? 우리 모두는 어딘가에서 실패한다. 제5계명은 하나님의 율법의 일부이며, 나머지 하나님의 율법처럼 우리는 제5계명을 위반했다. 누구도 완벽한 자녀가 아니다.

예수님은 예외다. 십자가에서 돌아가셨을 때, 예수님은 그 어떤 다른 죄에 대한 것만큼이나 우리가 제5계명을 어긴 것에 대한 형벌을 지불하셨다. 그러나 예수님은 그 이상의 것을 하셨다. 그분은 또한 우리를 위하여 제5계명을 준수하셨다. 예수님이 우리의 죄 값을 치루시는 것만으로는 충분하지 않았다. 그분은 또한 하나님께 율법이 요구하는 순종을 드리셔야 했다. 그리고 예수님은 그렇게 하셨다. 그분은 부모를 공경하셨다. 성경은 다음과 같이 명백히 말한다.

> 함께 내려가사 나사렛에 이르러 순종하여 받드시더라
> (눅 2:51a).

그들의 관계가 긴장되었던 유일한 때는 예수님이 예루살렘 성전에 머무르셨을 때(눅 2:41-50)와 가족과 내왕하기 위해 설교를 멈추지 않고 계속하셨을 때(눅 8:19-21)뿐이었다. 그러나 그때조차도 그분은 하늘에 계신 그분의 아버지께 복종하는 더 높은 책무를 존중함으로써 제5계명을 지키셨다. 그리고 예수님은 생명이 끝나는 순간까지 지상의 부모를 공경하셨다. 그분은 노년의 어머니를 몸소 돌보실 수는 없었으나 친구 요한에게 어머니의 아들이 되어 달라 부탁함으로 죽어가는 순간에도 어머니를 부양하셨다(요 19:26-27).

예수님은 구유에서 십자가에 이르기까지 지상의 부모와 하늘의 아버지를 공경하신 순종적인 아들이셨다. 부모의 권위를 존중함에 있어서, 그분은 우리의 표본 이상이다. 그분은 하나님이 우리에게 요구하시는 완벽한 자녀이시다. 예수님을 믿는 사람은 모두 제5계명에 완전히 순종했다. 왜냐하면 예수님이 부모에게 순종하셨을 때, 그분이 우리를 위해 하나님의 율법을 지키고 계셨기 때문이다.

이것을 실례로 보여주기 위하여, 한번은 내 아들이 자기 방을 청소하지 않은 것에 대하여 내가 어떻게 야단쳤는지 생각해보라.

나는 "넌 네 방을 청소하지 않았어" 하고 말했다.

"내가 네 방 청소를 하라고 말했잖아. 그런데 넌 하지 않았어."

내 아들의 변명(면밀히 전개되었음에도 완전히 설득력 없는 변명)을 들은 후 나는 이렇게 말했다.

"무슨 일이 일어났든지 난 상관없어. 내가 네게 네 방 청소하라고 말했잖아. 그런데 넌 그것을 하지 않았어."

그러고 나서, 나는 그가 복음을 잘 이해할 수 있도록 노력하면서 또 이렇게 말했다.

"너도 알다시피, 너는 네가 꽤 착한 애라고 생각하기를 좋아해. 그러나 사실 넌 착한 아이가 아니야. 실제로 너는 나쁜 아이다. 하나님은 네가 항상 나에게 순종하기를 원하셔. 그러나 가끔 너는 그렇게 안 해. 네가 네 부모에게 계속해서 불순종하면, 하나님이 어떻게 너를 받아들이실 수 있겠니?"

나의 아들은 확신하지는 못했다. 그러나 그의 아버지가 목사였고, 따라서 물론 그는 답이 아마 예수님일거라는 것을 알았을 것이다. 그는 옳았다. 예수님이 답이었다.

하나님은 우리가 행한 바에 근거해서 우리를 받아들이는 것이 아니라, 예수님이 행하신 바에 근거해 우리를 받아들이신다. 예수님이 행하신 일들 중 하나가 제5계명을 지키는 것이다. 따라서 하나님은 우리가 행한 바(우리는 늘 부모를 욕되게 하고 불순종했다)를 보시는 대신에 예수님이 그분의 부모에게 완벽하게 순종하셨을 때 행하신 바를 보신다. 이는 거의 마치 예수님이 우리를 위해 우리 방을 청소하시고 자녀가 하기로 되어 있는 그 외 모든 일을 행하신 것과 같다. 그분이 완벽한 구원자가 되시는 이유들 중 하나는 그분이 완벽한 자녀이셨기 때문이다.

학습을 위한 질문들

1. 당신이 부모에게 불순종한 때의 어린 시절 기억을 나누어보라. 그 결과는 무엇이었는가?

2. "우리가 하나님을 사랑하지 않으면, 우리는 진정으로 서로 사랑할 수 없다." 하나님의 사랑은 어떻게 우리가 서로 더 잘 사랑하도록 돕는가? 우리가 하나님을 사랑하지 않으면, 우리가 인간 사랑의 어떤 면들을 경험할 수 없는가?

3. 자녀의 부모와의 관계는 그 자녀가 일생 동안 다른 사람들과 관계를 맺는 방식에 어떻게 영향을 주는가? 이것은 사회 전반에 어떻게 영향을 주는가?

4. 사회와 미디어는 아이들 가운데서 부모에 대한 경시를 어떤 식으로 조장하는가? 어른들 가운데서는 어떤 식으로 조장하는가?

5. 제5계명을 따라야 할 성경적 근거들은 무엇인가?

6. 자녀들이 이 계명을 따르도록 돕는 데 있어서 부모들의 책임은 무엇인가?

7. 당신 위에 세워진 권위자들 가운데 마땅히 받아야 할 존경을 받지 못하고 있는 권위자들이 있는가? 이 영역에서 당신은 어떻게 향상될 수 있는가? 사무엘상 14:24-30, 43-45; 18:10-11; 19:1-7; 24:2-12을 읽으라.

8. 사울은 스스로 공경을 받기 어렵게 했다. 그것은 무엇인가?

9. 다윗과 요나단은 어떻게 이러한 나쁜 권위자에게조차 경의를 보여 주었는가? 그들의 행동의 결과는 무엇이었는가?

10. 그들의 예들로부터 이 계명에 순종하는 방법에 관하여 어떤 원칙들을 배울 수 있는가?

11. 자녀들이 그들의 부모와의 관계에서 이 계명을 따를 때, 자녀들에게 의무로 지워지는 특정한 책임들은 무엇인가?

12. 우리가 성인이 될 때, 우리의 부모공경의 책임은 어떻게 바뀌는가? 하나님이 부모에게 더 큰 경의를 표하기 위해 당신이 행하기를 요구하시는 특정한 일들이 있는가?

9.

제6계명
살고 살게 하라

살인하지 말라

— 출애굽기 20:13

분명 일부 미국인들은 십계명을 위험한 것으로 간주한다. 직장이나 교실이나 법원에 그것들을 게시해보라. 그러면 누군가가 당신으로 하여금 그것들을 내리게 하려고 애쓸 것이다. 이런 이유로 학생들이 줄서서 금속감지기를 통과하고 있는 것을 지켜보는 공립학교 행정관 두 명을 묘사하고 있는 최근의 만화가 나왔다. 여기서 공립학교 행정관들 중 한 명이 다음과 같이 설명한다.

그것은 학교 안전장치들 중에서 가장 최신의 것입니다.

> 만약 학생이 총이나 칼이나 폭탄 또는 십계명 한 권을 몰래 반입하려고 하면 불빛과 경적이 울립니다.[1]

어떤 계명들이 논쟁을 일으키는가? 거의 모든 계명이 논쟁을 일으킨다. 사람들은 다른 신들을 금지하는 제1계명에 강하게 반대한다. 그들은 매주 하루의 휴식을 요구하는 제4계명의 요점을 사실상 알지 못한다. 그들은 때때로 작은 성적인 죄에의 탐닉을 즐긴다. 그래서 그들은 제7계명에 유념하지 않는다.

그럭저럭 모든 사람이 여전히 받아들이는 것으로 보이는 유일한 계명은 여섯 번째 계명이다. 아무도 살인에 찬성하지 않는다. 그것은 자연법에 반(反)하는 것이어서 모든 문화는 살인에 반대하는 일종의 금령을 갖고 있다. 미국에서조차 살인은 여전히 범죄행위이다. 그러나 제6계명을 면밀히 연구하고 그것의 완전한 의미를 이해하게 될 때, 우리는 이보다 더 노골적으로 또는 야만스럽게 위반되는 계명이 없음을 발견한다.

1. 적법한 살인과 불법적인 살인

제6계명은 가장 짧은 계명들 중 하나이다. 원문에서 그것은 단지

---

[1] Dick Wright, *Christianity Today* (March 11, 2002), 15.

두 단어로 되어 있다. 로 티르짜흐(*lo tirtzach*), 즉 "살인하지 말라." 그러나 성경은 어떤 종류의 죽임(killing)을 의도하는가? 히브리어 언어는 죽임(killing)에 대해 적어도 8개의 다른 단어들을 갖고 있다. 그리고 여기서 사용된 단어는 주의깊게 선택되었다. '티르짜흐'의 어근인 '라짜흐'(*ratzach*)는 결코 사법체계나 군사체계에서는 결코 사용되지 않는다. 사형선고의 집행 또는 목숨을 건 전투에서 군인이 행한 살인의 종류에 대해서는 다른 히브리어 단어들이 사용되었다. 단어 라짜흐는 동물을 사냥하고 죽이는 것에는 사용되지 않았다. 따라서 "Thou shalt not kill"("죽이지 말라", 출 20:13)라고 말하는 킹제임스역은 다소 부정확하다. 계명이 금하는 것은 죽이는 것(killing)이 아니라 불법적으로 사람을 죽이는 것이다.

다른 번역들 중에서 "You shall not murder"("살인하지 말라", 출 20:13,)라고 번역한 영어표준역(English Standard Version)이 더 진실에 가깝다. 살인(murder)은 바로 제6계명에서 주로 의도하는 것으로, 계획적으로 무고한 생명을 취하는 것, 고의로 개인의 적을 죽이는 것을 말한다. 그러나 라짜흐는 어떤 형태의 잘못된 죽음에 대해서 사용될 수 있기 때문에 심지어 단어 'murder'도 다소 부정확하다. 그것은 고의적인 살인(voluntary manslaughter), 즉 치정에 얽힌 범죄에 대해서도 사용된다. 그것은 또한 과실치사(involuntary manslaughter)에 대해서도 사용된다. 고의적이진 않을지라도, 그럼에도 어떤 사고사들은 과실이 있다. 이것이 하나님의 율법이 "과거에 원한이 없이 부지중에 살인한 자"(신 4:42)에 대한 법적 제재규약을 포함하고 있는 이유이다.

요약하면, 제6계명이 금하는 것은 법적으로 무죄한 생명을 불법적으로 취하는 것이다. 그것은 "냉혈 살인, 격정에 의한 고살, 무분별 또는 부주의에서 기인한 과실 살해(negligent homicide)"에 적용된다.[2] 아마 가장 좋은 번역은 "You shall not kill unlawfully"("불법적으로 죽이지 말라")일 것이다.

하나님의 백성은 생명을 취하는 것이 허용될 뿐 아니라 실제로 정당화되는 상황들이 있다는 것을 늘 인지해왔다. 그러한 경우 중 하나가 정당방위, 즉 폭력적인 공격으로부터 자신과 가족의 보호이다. 이 원칙을 확장하면, 우리는 또한 우리나라를 방어할 때 살해할 수 있다. 스테픈 카터(Stephen Carter)가 설명한 바와 같이, "전쟁은 무서운 것으로 더 큰 참사를 피하기 위해서만 드물게 일어나야 한다."[3] 그러나 이 견해는 점점 공격을 받아왔다. 뉴욕시에 있는 세계무역센터에 대한 끔찍한 공격 이후, 어떤 사람들은 "만약 우리가 이 큰 비극에 대한 반응으로서 살해한다면, 우리는 이 무시무시한 공격을 감행한 테러리스트들이나 다름없다. 살해는 살해일 뿐, 살해는 나쁜 것이다"라고 말했다.[4] 이것은 성경적 입장이 아니다.

성경은 전쟁이 정당하다면, 전시에 적을 죽이는 것은 불법적이지 않다고 가르친다. 물론 전쟁의 정당성을 특히 미국과 같이 중무장한

---

2 Jochem Douma, *The Ten Commandments: Manual for the Christian Life*, trans. Nelson D. Kloosterman (Phillipsburg, NJ: P&R, 1996), 216.
3 Stephen L. Carter, *God's Name in Vain: The Wrongs and Rights of Religion and Politics* (New York: Basic, 2000), 126.
4 *Christianity Today* (February 4, 2002), 80에 인용됨.

나라들이 주의 깊게 고려해야 한다. 기독교인들은 전쟁은 합법적인 정부에 의하여, 가치 있는 명분을 위하여, 공격에 비례하는 병력을 가지고, 민간인이 아닌 군인들을 대상으로, 다른 모든 해결책이 실패했을 때 수행되는 경우에만 정당하다고 오랫동안 믿어왔다.

살해가 합법적일 수 있는 또 다른 상황은 사형선고의 집행이다. 우리가 우리 마음대로 제재를 가하는 것은 항상 그릇된 것이다. 만약 정의가 행하여지려면, 원고가 배심원과 판사와 집행자로서 일해서는 안 된다. 그러나 성경은 개인과 국가를 구분한다. 사형은 그것이 통치 당국에 의해 과해질 때 적법한 형태의 살해가 된다. 공무원이 "범법자를 죽이는 것은 살해가 아니라 정의다."[5]

이것은 구약에서뿐만 아니라 신약에서도 가르친다. 바울은 당시 황제의 권위 아래 놓여있던 로마인들에게 통치자는 하나님의 사역자가 되어 악을 행하는 자에게 진노하심을 따라 보응하는 자이기 때문에 정부가 공연히 칼을 가지고 있는 게 아니라고 말했다(롬 13:4b). 친히 원수 갚는 것이 항상 옳지는 않으나(롬 12:19을 보라), 정부에게는 하나님에게서 부여받은 원수 갚는 책임이 있다.

이 예들은 모든 살해가 도덕적으로 잘못된 것은 아니라는 것을 보여준다. 그런데 왜 하나님은 몇몇 형태의 살해를 허용하시는가? 무엇이 그것들을 적법한 것으로 만드는가? 답은 그것들의 목적이 생명 파괴가 아니라 생명 보존이라는 것이다. 이것은 정당방위의 경

---

5 Thomas Watson, *The Ten Commandments* (1692; repr. Edinburgh: Banner of Truth, 1965), 141.

우에 명백히 사실이다. 때때로 생명을 구하기 위하여 생명을 취할 필요가 있다. 정당한 전쟁의 경우에, 같은 원칙이 좀 더 대규모로 적용된다. 군대를 갖는 목적은 사람을 죽이는 것이 아니라 나라의 시민들을 안전하게 지키는 것이다.

동일한 생명 보존의 원칙은 심지어 사형에도 유효하다. 살인자의 처형은 그로 하여금 다시는 살해하지 못하게 막고 범죄자가 되려 하는 다른 사람들이 동일한 죄를 행하지 못하도록 저지한다. 그의 처형 또한 정의의 문제이다. 성경은 다음과 같이 말한다.

> 다른 사람의 피를 흘리면 그 사람의 피도 흘릴 것이니 이는 하나님이 자기 형상대로 사람을 지으셨음이니라(창 9:6).

이것이 사형 배후에 있는 성경적 논리이다. 불법적으로 생명을 취하는 사람이 죽임을 당해야 하는 이유는 정확히 생명이 귀중하기 때문이다. 생명을 그토록 귀중하게 만드는 것은 모든 인간이 하나님의 형상으로 지음 받았다는 사실이다. 위대한 화가가 작품에 서명하듯이 하나님은 각각의 우리 모두에게 자신의 인을 치셨다. 그러므로 생명을 해치는 것은 하나님의 걸작들 중 하나를 손상시키는 것이다. 칼빈은 다음과 같이 기록했다.

> 우리의 이웃은 하나님의 형상을 지니고 있다. 그를 이용하고, 학대하고, 또는 그를 오용하는 것은 각 인간의 영혼에 자신의

형상을 만드신 하나님의 사람에게 폭력을 행하는 것이다.[6]

제6계명은 인간 생명의 존엄성을 보호한다. 그것은 또한 생명과 죽음에 대한 하나님의 주권을 보호한다. 예수 그리스도께서는 생명의 주(主)이다. 그는 생명의 창조주이자 창안자이자 통치자이자 지탱자이다. 그가 생명의 수여자이기 때문에 생명을 취하고 그 자신의 시간에 그의 방식대로 그렇게 하는 것 또한 그의 특권이다. 생명과 죽음의 문제에는 항상 하나님의 주권이 관계한다. 이제 하나님은 어떤 경우에는 한 사람이 다른 사람의 생명을 취하는 것이 합법적일 수 있도록 그의 권한을 위임하셨다. 그러나 이것은 오직 하나님의 뜻에 의해서만 행해질 수 있다. 불법적으로 생명을 취하는 것은 생명과 죽음에 대한 하나님의 주권을 침해하는 것이다.

그것은 또한 하나님에게서 그분의 영광을 강탈하는 것이다. 하나님은 우리가 그분을 찬송하며 살아가도록 우리에게 생명과 호흡을 주셨다. 시편 저자는 다음과 같이 기록했다.

> 내가 죽지 않고 살아서 여호와께서 하시는 일을 선포하리로다
>
> (시 118:17).

생명은 우리 자신을 위해서가 아니라 하나님의 영광을 위하여 주

---

[6] John Calvin, Michael S. Horton, *The Law of Perfect Freedom* (Chicago: Moody, 1993), 175에 인용됨.

어졌고, 이런 이유 때문에 생명은 불법적으로 취해질 수 없다. 어느 한 신학자는 다음과 같이 진술했다.

> 사람은 그가, 실제적으로든 잠정적으로든, 하나님의 찬송을 선언할 자라는 이유 때문에 죽임을 당할 수 없다. 따라서 다른 사람을 죽이는 사람은 누구나 그렇게 함으로써 하나님에게서 강탈하는 것이다.[7]

2. 생명의 비(非)존엄성

제6계명은 현대 사회에 주요한 의미를 갖는다. 우리는 미국을 문명화된 나라로서 여기기를 좋아한다. 그러나 우리는 성나고 폭력적인 시대를 살아가고 있으며 온갖 형태의 살인이 매우 흔하다. 인간의 생명을 너무 냉담하게 무시하기 때문에 많은 사람이 우리는 지금 교황 요한 바오로 2세가 "죽음의 문화"(culture of death)라고 옳게 지칭한 문화 속에서 살고 있다고 말한다. 죽음이 모든 곳에 있다. 도시에 죽음이 있다. 필라델피아와 같은 곳에서는 거의 매일 충격 사건이 일어난다. 수백 명의 사람들이 죽는다. 학교에 죽음이 있다. 켄터키 주 고등학교에서 콜럼바인고등학교에 이르기까지 빈번한 충격사건

---

7 J. L. Koole, *De Tien Geboden*, Douma, *The Ten Commandments*, 213에 인용됨.

이 있어왔고, 교사들은 무기를 소지한 학생들을 감시해야 한다. 리틀 리그 부모들은 심판을 죽이고 싶어 하고, 가끔은 그렇게 한다. 고속도로 위에 죽음이 있다. 거기서 자동차 운전자들이 분노하거나 알코올의 영향 아래 운전한다. 심지어 가정에도 폭력이 있다. 가정에서 부모는 화가나 때림으로써 그들의 신성한 신뢰를 훼손한다.

이 모든 폭력은 어디로부터 오는가? 하나님에게서 돌아선 악한 마음에서 온다. 그러나 미국에서의 잔인성의 급속한 확산은 미디어 폭력으로 인해 가속화되어 왔다. 미디어분야에서 산업 전체가 제6계명의 위반을 조장한다. 미국심리학회에 의하면, 보통 아이가 초등학교를 마칠 무렵, 그/그녀는 텔레비전에서 방영된 8,000건의 살인과 100,000건의 폭력행위를 시청하게 될 것이다. 그리고 상황은 더욱 악화되고 있다. 「뉴욕타임즈」(*New York Times*)는 다음과 같이 논평했다.

> 당신이 오늘날 영화가 과거 그 어느 때보다도 더 유혈이 낭자하고 더 잔인하고 영화에 나오는 인명 피해자 수가 급증하고 있다는 인상을 갖고 있다면, 당신이 절대적으로 옳다. 액션-어드벤처 영화가 크게 증가했다.[8]

뭔가 다른 일도 일어나고 있다. 영화는 더욱 폭력적으로 될 뿐만

---

8 Vincent Canby, *New York Times*, Michael Medved, *Hollywood vs. America* (New York: HarperCollins, 1992), 187에 인용됨.

아니라 폭력을 유머스런 오락의 한 형태로 취급하고 있다. 영화평론가 마이클 메드베드(Michael Medved)는 다음과 같이 기록하고 있다.

> 현재의 경향은 신체상해를 희희낙락의 주제로 만드는 것이다. 스크린상의 절단과 토막내기는 점차 더 기괴하고 끔찍해지기 때문에 영화제작자는 오락의 필수요소로 가학적 유머를 도입함으로써 등장인물들의 고통을 경시한다…웃음을 자아낼 것으로 기대하고 청중이 배를 움켜쥐고 웃게 하는 것은 바로 폭력 자체이다…코미디와 대량학살의 끔찍한 혼합은 다른 어떤 것보다도 더 분명히 오늘날 영화 속에 있는 잔인성이 단지 정도의 차이가 아니고 그 종류에 있어 과거의 스크린 폭력과 다르다는 것을 증명한다.[9]

이 모든 것에 있어 매우 우려가 되는 점은 그것이 사람들이 살아가는 방식에 영향을 준다는 것이다. 1998년에 미국법정심리학대학(the American College of Forensic Psychiatry)은 스크린 폭력과 실생활에서의 폭력 사이의 관계에 관한 과학적 연구들을 종합적으로 재검토 했다. 1,000개의 연구 중에서 980개 이상이 스크린 폭력과 실생활에서의 폭력 사이의 뚜렷한 관계를 확정지었다.[10] 최고의 평가에 의하

---

9 Medved, *Hollywood vs. America*, 188-190.
10 Parents Television Council, *Special Report: What a Difference a Decade Makes* (March 30, 2000)를 보라.

면, 미디어 폭력은 미국의 살인률을 배가시켰다. 데이비드 그로스만 (David Grossman)은 놀라지 않는다. 은퇴한 군대심리학자인 중령 그로스만은 살인에 대한 자연적인 거부감을 극복하도록 사람들을 가르치는 데 있어 전문가이다. 그는 TV를 시청하고 폭력적인 비디오게임을 하는 아이들이 군대가 군인들을 훈련시키기 위해 사용하는 방법과 같은 방법들, 즉 조건화와 탈감각화의 영향 하에 놓인다는 것을 깨닫고 충격 받았다. 우리가 우리 아이들에게 죽이는 방법을 가르치고 있으니 그들이 죽이더라도 놀라지 말아야 한다.[11]

모든 형태의 살인이 폭력적인 것은 아니다. 때때로 죽음은 클립보드를 휴대하고 실험실 코트를 입는다. 웨슬리 J. 스미스(Wesley J. Smith)는 『죽음의 문화』(*Culture of Death*)라 불리는 최근의 책에서, 철학자들과 보건의료정책 입안자들로 구성된 작지만 영향력 있는 한 그룹이 다음과 같은 주장으로 우리 문화를 설득하려고 노력한다.

> 죽이는 것은 유익하고, 자살은 합리적이고, 자연사는 품위가 없으며, 노인, 조산아, 장애인, 절망하는 사람 또는 죽어가는 사람들을 적절하고 온정적으로 돌보는 것은 감정적이고 재정적인 자원을 낭비하는 짐이다.[12]

---

11   David Grossman, "Trained to Kill," *Christianity Today* (August 19, 1998), 2-3.
12   Wesley J. Smith, *Culture of Death: The Assault on Medical Ethics in America*, Richard M. Doerflinger가 *First Things*, No. 115 (August/September 2001), 68-72 (68)에서 논평함.

이런 종류의 사고는 인간성에 관한 성경적 관점에 대한 직접적 공격이다. 종종 그 공격은 계획적이다. 한 의학 교수가 다음과 같이 말했다.

> 우리는 더 이상 우리의 윤리학의 근거를 인간은 하나님의 형상으로 만들어지고 다른 모든 동물 중에서 선택되고 홀로 불멸의 영혼을 소유하고 있는 특별한 형태의 피조물이라는 생각에 두어서는 안 된다. 이 종교적인 주문을 벗겨내면, 우리는 우리 종(種)의 보통 구성원들을 다른 종의 구성원들보다 합리성, 자의식, 의사소통 등의 더 큰 능력을 소유한 자들로서 계속 볼 수 있을 것이다. 그러나 우리는 우리 종의 모든 각각의 구성원의 생명을 신성불가침한 것으로서 여기지 않을 것이다.[13]

이런 종류의 웅변술은 어떤 생명은 다른 생명보다도 살 가치가 덜하며, 실제 어떤 생명은 전혀 살 가치가 없다고 미국인들에게 확신시켰다. 그 결과 낙태, 유아살해, 안락사(euthanasia)와 조력자살(assisted suicide)이 아주 흔하게 일어난다. 몇몇 경우에는 그것들을 법이 보호한다. 그러나 그것들은 온갖 형태의 살인, 즉 제6계명의 위반이다.

기독교인들은 아직 태어나지 않은 아이가 하나님의 바로 그 모양

---

13 Malcolm Potts, W. Wlson Benton의 발행되지 않은 설교 "Life Is for Living" (April 18, 1993)에 인용됨.

대로 만들어진 인격이라고 항상 믿어왔다. 한 예로 칼빈의 말을 인용하면 다음과 같다.

> 태아는 엄마의 자궁에 싸여있을지라도 이미 인간이다. 그리고 그가 아직 즐기기 시작하지도 못한 생명을 그에게서 빼앗는 것은 거의 극악무도한 범죄다.[14]

이는 성경이 가르치는 바이기 때문에 기독교인들이 항상 믿어온 것이다.

> 주께서 내 내장을 지으시며 나의 모태에서 나를 만드셨나이다…내가 은밀한 데서 지음을 받고 땅의 깊은 곳에서 기이하게 지음을 받은 때에 나의 형체가 주의 앞에 숨겨지지 못하였나이다 내 형질이 이루어지기 전에 주의 눈이 보셨으며
> (시 139:13, 15-16a).

자궁 속에 있는 아이는 하나님과 그의 어머니와 관계를 맺고 있는 살아있는 인간이다. 그러한 아이를 죽이는 것은 하나님의 율법에 대한 위반행위이다.

태어나지 않은 아이에 대해 진실인 것은 모든 하나님의 자녀에

---

14 John Calvin, *Commentaries on the Four Last Books of Moses*, Calvin's Commentaries (Edinburgh; repr. Grand Rapids, MI: Baker, 1999), 41-42.

대해서도 진실이다. 젊은 사람, 늙은 사람, 무력한 사람, 허약한 사람, 병든 사람, 그리고 장애인 등 우리 모두 하나님의 형상과 모양으로 만들어졌다. 각각의 생명은 자기의 관점에서 보면 귀하다. 어느 것도 버려질 수 없다. 모두 보존되어야 한다.

이는 기독교인으로서 우리에게 안락사를 반대할 의무가 있음을 의미한다. 하나님만이 생명의 주(主)시며, 그분만이 누군가가 죽어야 할 때가 언제일지 결정할 권리를 갖고 계시다. 곤란한 일은 지금 우리가 죽음의 때가 온 뒤에도 오랫동안 몸이 계속해서 기능하도록 하는 의학적 능력을 갖고 있다는 것이다. 이것은 우리가 여기서 말할 수 있는 것보다 훨씬 더 많은 윤리적 질문을 일으킨다.

그러나 간략히 말하면, 우리에게 항상 기본적인 영양물을 제공할 의무는 있다 하더라도 우리에게 인공호흡과 같은 특별한 조치를 제공할 의무가 항상 있는 것은 아니다. 죽이는 것과 말기 환자가 죽어 가도록 허용하는 것 사이에는 합법적인 도덕적 구분이 존재한다. 다른 말로 하면, 결코 허용될 수 없는 생명 중단과 생명을 하나님께로 되돌리는 방법일 수 있는 치료 중단 사이에는 차이가 있다. 그러나 이것은 끊임없는 주의를 요한다. 왜냐하면 (많은 의료종사자를 포함해서) 많은 사람이 그 차이를 알지 못해서 종종 결코 넘지 말아야 할 선을 넘기 때문이다.

우리에게는 또한 자살을 반대할 의무가 있다. 하나님은 우리에게 스스로 목숨을 끊을 권리를 주지 않으셨다. 자살을 감행하는 것은 우리 자신의 생명에 대한 주권(lordship)을 주장하는 것이다. 의사가 환자의 자살에 종범(從犯)이 되는 의사조력자살은 특히 위험하다. 그러한 자발적 안락사는 그 자체가 잘못된 것이지만, 또 다른 위험이 있다. 자발적 안락사는 거의 늘 비자발적인 것이 된다. 이것은 네덜란드에서 경험되었던 것으로, 거기서는 해마다 수천 명의 환자들이 죽임을 당한다. 특히 놀라운 점은 이러한 소위 자비로운 살인에 대한 요청들 대부분이 환자 자신에게서 오지 않고, 솔직히 그들을 떠나보내고자 하는 가족에게서 온다는 것이다.

이것들은 우리가 죽음의 문화 속에서 살아가고 있다는 많은 표시 중 일부에 지나지 않는다. 그리고 우리만 그런 것도 아니다. 인간의 마음의 증오가 그런 것이기 때문에 전 세계에 걸쳐 사람들이 서로를 죽이고 있다. 유럽에는 인종적 폭력이, 아프리카에는 미수로 그친 대량학살, 중동에는 종교전쟁이 있다. 공산주의자들은 중국에서 기독교인들을 박해하고, 호전적인 이슬람교가 서구 사회와 만나는 곳마다 테러의 위협이 존재한다. 비록 이 테러들을 우리가 직접 직면하지는 않더라도, 제6계명은 세계적인 시각을 요구한다. 존 칼빈이 말한 다음 내용은 옳다.

> 이 계명의 목적은, 주께서 일종의 통일성으로 인류를 한데 묶어두셨으므로 각 사람은 모두의 안전과 함께 자기 자신을 걱정해야 한다.[15]

---

15 John Calvin, *Institutes of the Christian Religion*, trans. Ford Lewis Battles, 2 vols., Library of Christian Classics, 20-21 (Philadelphia: Westminster, 1960), II.VIII.39.

3. 친(親)생명 사마리아인

많은 성경 이야기가 제6계명을 설명한다. 아마도 가장 눈에 띄는 이야기는 최초의 살인자와 그의 희생자인 가인과 아벨 이야기이다. 최초의 갱스터 랩을 부른 라멕의 이야기도 있다.

> 아다와 씰라여 내 목소리를 들으라
> 라멕의 아내들이여 내 말을 들으라
> 나의 상처로 말미암아 내가 사람을 죽였고
> 나의 상함으로 말미암아 소년을 죽였도다
> 가인을 위하여는 벌이 칠 배일진대
> 라멕을 위하여는 벌이 칠십칠 배이리로다(창 4:23-24).

그리고 이 예들은 창세기의 처음 몇 장에서만 나온다. 성경의 나머지 부분은 너무나 많은 폭력행위를 포함해서 어느 것을 선택해야 할지 아는 것이 어렵다.

그러나 거의 다른 어떤 것보다 더 통절하게 마음에 와 닿는 이야기 하나가 있다. 그것은 예수님이 노상강도를 만난 사람과 후에 그에게 어떤 일이 일어났는지에 대해 말씀해주신 이야기이다. 그것은 다음과 같이 시작된다.

> 어떤 사람이 예루살렘에서 여리고로 내려가다가 강도를 만나

> 매 강도들이 그 옷을 벗기고 때려 거의 죽은 것을 버리고 갔더
> 라(눅 10:30).

그것은 무서운 범죄였다. 만약 세상에 정의라는 것이 있다면, 그것을 저지른 사람들은 제6계명을 위반한 것에 대해 벌을 받을 것이다. 비록 그들이 실제로 사람을 죽이지는 않았지만, 그들은 거의 그렇게 했다. 하나님은 어떤 형태든 불법적인 폭력을 금하신다.

그러나 그 강도들이 그날 제6계명을 어긴 유일한 사람들은 아니었다. 죽이지는 않았으나 죽어가는 사람이 살 수 있도록 도울 수 있을 때 그를 버리고 떠남으로써 역시 그 율법을 어긴 훌륭하고 정직한 시민 두 명도 있었다. 예수님은 이야기를 계속 이어가셨다.

> 마침 한 제사장이 그 길로 내려가다가 그를 보고 피하여 지나
> 가고 또 이와 같이 한 레위인도 그 곳에 이르러 그를 보고 피하
> 여 지나가되(눅 10:31-32).

예수님이 말씀하신 많은 이야기처럼, 이 이야기의 의도는 충격을 주고 감정을 상하게 하는 것이었다. 제사장과 레위인은 종교적인 지도자들로서 존경받았다. 그들을 목사나 장로나 집사라고 생각해보라. 그들은 둘 다 그 남자가 곤궁에 처한 것을 보았다. 그러나 그들 누구도 돕기 위해 아무 일도 하지 않았다. 왜 그랬는지 이유들을 상상하는 것은 어렵지 않다. 아마 그들은 예배에 늦었을지도 모른다.

아마 그들은 단지 연루되기를 원치 않았을지도 모른다.

이유가 무엇이든, 그들은 모두 죽어가는 사람을 구하지 않기로 신중한 선택을 했다. 제사장과 레위인은 그가 곤궁에 처한 것을 보았으나 그를 피하기로 의식적인 결정을 내렸다. 그들은 못본 체하며 외면하고 길의 다른 쪽 편으로 갔다. 그것은 그들과 같은 지위에 있는 사람들이 하기에는 충격적인 일이었다. 어떤 뜻에서는, 그날 희생자에게 일어났던 최악의 일은 노상강도를 만난 것이 아니라, 그의 영적 지도자들에 의해 거부당한 일이었다. 그들은 너무 바빠서 그의 생명을 구할 수 없었다.

이 이야기가 보여주는 바는, 아무것도 하지 않는 것조차도 제6계명을 어기는 것이라는 점이다. 마틴 루터는 다음과 같이 말했다.

> 이 계명은 사람이 실제로 악을 행할 때뿐 아니라 이웃에게 선을 행하지 않을 때, 즉 기회가 있음에도 불구하고 그가 신체적으로 상해 또는 부상을 당하지 않도록 그를 지키고 보호하고 구하지 않을 때도 위반된다. 만약 당신이 옷을 입힐 수 있을 때 벌거벗은 채로 사람을 떠나보낸다면, 당신이 그를 얼어 죽게 만든 것이다. 만약 당신이 누군가가 배고픔으로 고통당하는 것을 보고도 그를 먹이지 않으면, 당신이 그를 굶어죽게 한 것이다. 마찬가지로, 만약 당신이 누군가가 죽을 운명에 처해 있거나 비슷한 위험에 놓인 것을 보고도 당신이 그를 구할 방법과 수단을 알고 있음에도 불구하고 그를 구하지 않으면, 당신이

그를 죽인 것이다. 당신이 말이나 행동으로 그의 죽음에 기여한 바 없다고 탄원해도 소용없다. 왜냐하면 당신이 당신의 사랑을 그에게 주지 않았고, 그의 생명이 구원받을 수 있는 도움을 그에게서 빼앗았기 때문이다.[16]

죽음의 문화 속에 살고 있는 기독교인들에게 이것들은 정신이 들게 하는 말이다. 미디어 폭력, 살해, 강간, 낙태, 안락사, 조력자살, 전쟁(warfare), 테러행위 등 이 악들이 너무나 압도적이어서 전혀 아무 것도 하고 싶지 않은 마음이 들게 한다. 그러나 우리는 적어도 우리가 할 수 있는 일을 해야 한다. 우리는 우리 자녀들에게 폭력의 힘을 빌리지 않고 분쟁을 해결하는 방법을 가르쳐야 한다. 우리는 세계의 불안정한 지역에서의 평화를 위해 기도할 수 있다. 우리는 태아와 장애인과 노인들을 위해 중보할 수 있다. 우리는 입양과 위탁보호를 통해 어린이 구호를 도울 수 있다. 우리는 아픈 사람들과 죽어가는 사람들을 돌볼 수 있다. 우리는 압제에 시달리는 사람들에게 구호물자를 보낼 수 있다. 우리는 정의를 가져오고 생명을 촉진시키는 법을 제정하도록 일할 수 있다.

이것은 제6계명 준수의 긍정적인 면이다. 하나님은 우리가 생명을 불법적으로 취하는 것을 금하시는 동시에, 우리에게 생명을 신중히 보호하라고 명령하신다. 우리는 한 번에 한 생명씩 생명을 보호

---

16 Martin Luther, *Large Catechism*, Horton, *The Law of Perfect Freedom*, 157-158에 인용됨.

하라는 명령을 받는다. 다른 말로 하면, 우리는 예수님의 이야기의 주인공인 선한 사마리아인처럼 되라는 명령을 받는다. 그 이야기는 다음과 같이 끝난다.

> 어떤 사마리아 사람은 여행하는 중 거기 이르러 그를 보고 불쌍히 여겨 가까이 가서 기름과 포도주를 그 상처에 붓고 싸매고 자기 짐승에 태워 주막으로 데리고 가서 돌보아 주니라 그 이튿날 그가 주막 주인에게 데나리온 둘을 내어 주며 이르되 이 사람을 돌보아 주라 비용이 더 들면 내가 돌아올 때에 갚으리라 하였으니(눅 10:33-35).

제6계명의 준수에는 사람들에게 강도짓하지 않는 것 이상의 의미가 있다. 사마리아인은 그 남자가 무엇을 필요로 하는지 보기 위해 시간을 할애했다. 그리고 그 필요를 보았을 때, 그는 불쌍히 여기는 마음으로 가득 찼다. 그의 감정의 흐름을 막지 않고, 그는 다른 사람의 고통에 의해 마음이 움직이도록 자신의 마음을 열어놓았다. 그는 심지어 상황이 난처한 때에 개입했다. 그는 필요한 것을 제공하기 위해 자신의 가치 있는 시간과 돈을 투자했다. 그리고 그는 희생자가 완전히 회복되도록 계속해서 끝까지 노력했다.

그러나 무엇보다도 가장 주목할 만한 것은, 그가 자신의 민족 밖에 있는 누군가를 위해 이 모든 것을 했다는 것이다. 그 당시에 유대인들은 사마리아인들과 사귀지 않았다. 그러나 그런 종류의 민족적 증오감에 굴복하지 않고, 그 선한 사마리아인은 친구를 대하는 것과 똑같이 그의 적을 대했다.

예수님은 누가 그의 이웃인지 알기를 원하는 한 남자에게 친생명 사마리아인의 이야기를 말씀해주셨다. 그 남자는 자기가 그의 이웃을 사랑해야 한다는 것을 알았으나 그것은 너무 범위가 정해져 있지 않아 보였다. 그것은 누구라도 포함할 수 있다! 그의 의무에 한계를 정할 어떤 방법이라도 찾기를 희망하면서, 그는 예수님께 "그러면 내 이웃이 누구니이까"(눅 10:29)라고 물었다. 이에 대한 응답으로 예수님은 여리고로 내려가는 길에 강도를 만난 남자에 대한 이야기를 해주셨다. 이야기를 마치셨을 때, 예수님이 물으셨다.

> 네 생각에는 이 세 사람 중에 누가 강도 만난 자의 이웃이 되겠느냐(눅 10:36).

답은 분명했다. 예수님께 질문했던 남자는 "자비를 베푼 자니이다"라고 대답했다. 그때 자신의 요점을 잘 이해시킬 수 있는 기회를 잡았을 때, 예수님이 말씀하셨다.

> 가서 너도 이와 같이 하라(눅 10:37).

그것은 예수님이 우리에게도 말씀하시는 것이다. 제6계명을 지키는 것은 아무도 살인하지 않는 것 이상을 의미한다. 그것은 우리의 이웃을 사랑하는 것을 의미한다. 그것은 낯선 사람들에게 친절을 베풀고 우리의 원수에게 자비를 베푸는 것이다. 하이델베르그 요리 문답은 그것을 잘 말하고 있다.

> 그렇다면 그러한 방식으로 우리가 이웃을 죽이지 않으면 그것으로 충분한가?
> 그렇지 않다. 왜냐하면 하나님이 시기와 증오와 분노를 정죄하실 때, 그분은 우리 이웃을 우리 자신처럼 사랑하고, 그에게 인내와 온유와 자비와 친절을 베풀고, 우리가 할 수 있는 한 이웃의 상해를 방지하고, 또한 우리 원수에게 선을 행하도록 요구하시기 때문이다(답 107).

4. 마음의 살인

나머지 하나님의 율법처럼, 제6계명은 처음에 보이는 것보다 준수하기가 훨씬 더 어렵다. 대부분의 사람은 자기 자신을 살인자로 생각하지 않는다. 가끔 심지어 살인자들조차도 자신들을 그렇게 생각하지 않는다.

1931년으로 거슬러 올라가, 미국에서 가장 악명 높았던 지명수배자들 중 하나는 투건 크라울리(Two-Gun Crowley)였다. 투건은 경찰관 살해를 포함하여 일련의 잔인한 살인으로 기소 당했다. 그해 봄 그의 여자 친구의 아파트에서 맹렬한 총격전 끝에 드디어 그가 체포되었다. 경찰이 그를 수색했을 때, 그들은 "나의 코트 아래에는 지쳐 있지만 인정 있는 심장, 어떤 누구에게도 전혀 해를 끼치지 못할 심장이 있다"[17]라고 적힌 피 묻은 메모지를 발견했다.

투건은 틀렸다. 그의 심장은 몰인정했다. 그는 누군가를 해치기를 정말 원했다. 그러나 우리 모두에게는 같은 종류의 자기기만의 죄가 있다. 우리는 제6계명을 우리가 실제로 지키는 소수 계명들 중 하나로 생각한다. 적어도 우리는 아무도 살해하지 않았어! 그러나 예수님은 다음과 같이 말씀하셨다.

> 옛 사람에게 말한 바 살인하지 말라 누구든지 살인하면 심판을 받게 되리라 하였다는 것을 너희가 들었으나 나는 너희에게 이르노니 형제에게 노하는 자마다 심판을 받게 되고(마 5:21-22).

여기서 우린 십계명을 해석하는 법칙들 중 하나를 기억할 필요가 있다. '내-외 원칙'(inside/outside rule)에 따르면(본서 3장), 각 계명은 외적인 행동뿐 아니라 내적인 태도를 포함한다. 하이델베르그 요리문답은 그것을 다음과 같이 설명한다.

> 나는 내 이웃을 생각이나, 말이나, 몸짓으로, 그리고 더구나 행

---

17 John Macarthur, Jr., *The MacArthur New Testament Commentary, Matthew 1-7* (Chicago: Moody, 1985), 293.

동으로 모욕하거나, 미워하거나, 상해를 입히거나 죽이지 말아야 한다(답 105).

그래서 "살인하지 말라"는 지키기 가장 쉬운 계명들 중 하나가 아니라, 실제로 지키기 가장 어려운 계명들 중 하나이다. 왜냐하면 비록 우리가 행동으로는 서로를 죽이지 않더라도, 우리가 자주 말과 생각으로 서로를 모욕하기 때문이다.

칼빈이 '마음의 살인'[18]이라 일컬은 것을 범하기가 얼마나 쉬운가! 이 기준에 의하면, 낙태를 실행하는 사람들이 먼저 낙태를 행하는 것 못지않게 그들을 미워하는 것도 잘못이다. 다시 하이델베르그 요리문답에서 인용하면 다음과 같다.

> 살인을 금하심으로써 하나님은, 그분이 시기, 미움, 분노, 복수심과 같은 살인의 근원을 싫어하시며, 그분은 이 모든 것을 살인으로 간주하신다는 것을 우리에게 가르치신다(답 106).

그런데 이것들은 우리 모두가 범하는 살인의 종류들이다. 성경적 의미의 시기는 단순히 다른 사람이 갖고 있는 것을 갖고 싶어하는 욕구가 아니라 그들에게서 그것을 빼앗아 그 빼앗은 과정에서 그들에게 해를 입히는 것이다. 미움은 뿌리 깊은 분노, 영속적이고 앙심

---

18 Calvin, *Institutes of the Christian Religion*, II.VIII.39.

이 깊은 원한, 누군가에게 복수하고자 하는 욕구이다. 그것은 참으로 누군가가 죽었으면 하고 바라는 것이다. 왜냐하면 성경이 "그 형제를 미워하는 자마다 살인하는 자니"(요일 3:15; 비교. 레 19:17)라고 말하기 때문이다. 분노는 훨씬 더 갑작스럽고 더 폭력적인 격정이다. 가끔 우리는 "만약 얼굴 표정으로 죽일 수 있다면…" 하고 말한다. 예수님이 주장하려 하신 것은 때때로 그럴 수 있다는 것이었다. 우리의 분노에는 거의 항상 살인적인 뭔가가 있다. 물론 의로운 분노의 여지는 있으나, 우리는 그다지 의롭지 못하며 우리의 불의는 보통 분노 속에서 나타난다.

우리는 또한 우리의 말로 제6계명을 어긴다. 예수님은 다음과 같이 말씀하셨다.

> 이는 마음에 가득한 것을 입으로 말함이라(마 12:34b).

이것은 우리가 분노의 말을 사용할 때, 즉 사람들을 헐뜯을 때, 그들의 명성에 대해 몰래 험담할 때, 인종차별주의 또는 성차별주의적인 발언을 할 때, 우리는 우리 마음속에 살인이 있음을 드러낸다. 잠언에 의하면, 함부로 하는 말은 칼과 같다(잠 12:18). 이것은 우리 말이 살인무기로 사용될 수 있음을 다른 식으로 말하는 것이다. 우리가 하는 말은 집과 직장, 그리고 교회에서 치명적일 수 있다.

당신은 살인자인가? 당신은 늘 누군가에게 상처를 주는 말을 하는가? 당신은 남의 불행을 내심 만족해하는가? 당신은 원수가 있는가? 당신은 누군가가 자기가 한 일에 대해 댓가를 지불하도록 만들기 원하는가? 당신은 늘 통제하지 못할 정도로 화를 내는가? 제6계명을 어기는 방법들은 많다. 우리는 모두 그 전부는 아니라도 그 일부의 죄를 범하고 있다. 이것이 진짜 문제이다. 왜냐하면 성경은 하나님 나라에서 살인자들을 분명히 배재시킨다고 말하기 때문이다. 요한계시록은 "불과 유황으로 타는 못"으로 보내질 죄인들 가운데 살인자들을 언급한다(계 21:8). 갈라디아서는 다음과 같이 말한다.

> 원수 맺는 것과 분쟁과…분냄과…투기와…이런 일을 하는 자들은 하나님의 나라를 유업으로 받지 못할 것이요(갈 5:20-21).

그러니 비록 마음으로만 우리가 살인을 저지르더라도 우리는 지옥에 가야 한다. 살인자들이 구원받을 길이 없다면, 어느 누구도 구원받을 길은 없다. 우리 모두는 구원자가 필요하다.

예수님이 "너는 불법적으로 살인하지 말라"는 계명을 포함하여 하나님의 율법을 준수하신 것은 좋은 일이다. 성경은 예수님이 강포를 행하지 아니하셨음에도 불구하고 곤욕과 괴롭힘을 당하셨다고 말한다(사 53:7a, 9). 성경은 더 나아가 예수님이 도수장으로 끌려가는 어린 양 같이 그의 입을 열지 아니했다고 말한다(사 53:7b). 다른 말로 하면, 예수님은 자신을 화나게 할 때조차도 평화적이셨다. 이런 식으로 그분은 제6계명에의 완전한 순종을 보여주셨다.

예수님이 십자가 위에서 죽으셨을 때, 그분이 다른 사람들을 위해서만큼 살인자들을 위해서도 죽으셨다는 것은 역시 좋은 일이다. 그분이 그분을 살해한 바로 그 사람들을 용서하셨기 때문에 우리는 이 사실을 안다(눅 23:34). 나중에 예수님이 하늘로 올라가셨을 때, 사도 베드로는 예루살렘에서 그리스도를 십자가에 못 박도록 요구했던 동일한 사람들에게 설교했다. 그는 기본적으로 그들을 살인자, 그들의 구원자가 되기 위해 오신 분을 죽였다며 정죄했다. 그들이 자기들이 행한 일을 깨달았을 때, 그들은 필사적으로 그들이 무엇을 해야 할지 알기를 원했다. 이에 베드로는 다음과 같이 말했다.

> 너희가 회개하여 각각 예수 그리스도의 이름으로 세례를 받고 죄 사함을 받으라(행 2:38a).

그들의 살인죄가 용서받을 수 있는 길이 있었다. 그들이 요구함으로 죄를 지었던 바로 그 죽음 곧 십자가 위에서의 그리스도의 죽음이 그들의 죄를 대속하는 죽음이었다.

만약 당신이 제6계명을 어기는 사람이라면, 그리스도의 십자가에 당신을 위한 소망이 있다. 만약 당신이 쉽게 분노하는 경향이 있다면, 당신이 남몰래 분개하는 누군가가 있다면, 당신의 마음속에 살인이 있다면, 또는 당신이 과거에 (낙태, 유아살해, 또는 안락사를 포함하여) 생각이나 말이나 행동으로 다른 종류의 살인을 범했다면, 당신의 죄의 용서를 위해 회개하고 예수 그리스도를 믿으라. 그분을 신뢰함으로써 한 생명(당신 자신의 생명!)을 구원하라.

학습을 위한 질문들

1. 당신은 어떤 상황에서, 만약 그런 상황이 있다면, 당신이 누군가를 죽일 수 있으리라 생각하는가?(전쟁, 가족에 대한 위협, 등)

2. 왜 살인이 잘못인지, 그 성경적이고 신학적인 이유는 무엇인가?

3. 현재 널리 유행하는 영화나 TV 쇼 가운데 제6계명의 위반을 너무 가볍게 여기고 있는 것은 어떤 것인가?

4. 미디어에 있는 폭력은 죽음에 대한 우리의 태도에 어떻게 영향을 미치는가? 그것이 어떻게 사회적 관습들을 변화시켜왔는가? 누가복음 10:29-37을 읽으라.

5. 집 없는 사람, 지방 목사, 저명한 정치인, 그리고 사회적으로 버림받은 자를 등장인물로 했을 때, 저녁 뉴스에서 이 이야기가 어떻게 방송될지 토론해보라. 당신은 뉴스에서 이 성경이야기를 상기시키는 최근의 이야기를 생각해낼 수 있는가?

6. 당신이 해야 하는 일을 하지 않음으로써 제6계명을 어기는 방법에는 어떤 것들이 있는가?

7. 당신은 일상생활에서 생명의 존엄성을 어떻게 지지할 수 있는가?

8. 선한 사마리아인의 본을 따르고 제6계명의 긍정적인 면에 순종하는 구체적인 방법에는 무엇이 있는가?

9. 당신의 인생에서 사랑하기 힘든 누군가가 있다면, 당신이 그를 또는 그녀를 대하는 방법에 있어서 제6계명의 내적 요구를 따를 수 있는 구체적인 방법들은 무엇인가?

10. 하나님이 시기와 미움을 살인만큼 잘못된 것으로 여기는 것이 공정한가? 왜 그러한가?

Written in Stone

The Ten Commandments and Today's Moral Crisis

10.

제7계명
성(性)의 기쁨

간음하지 말라

― 출애굽기 20:14

나의 청소년기에 보다 더 당황스럽게 한 경험들 중 하나는, 나의 아버지의 이름이 「크리스채너티 투데이」(*Christianity Today*)의 표지에 등장한 일이다. 왜 이것이 당황스러운 일이었는가? 검은색 바탕에 굵고 하얀 글씨체로 인쇄된 그의 표지 논문의 제목이 "청교도인들과 성(性)"이었기 때문이다.

그것이 나의 10대 감수성에는 거슬렸으나, 그 논문의 제목에는 많은 청교도가 진가를 인정할 만한 솔직함이 있었다. 종교개혁 이전에 교회는 일반적으로 성(性)을, 심지어 결혼관계 안에서도 필요악으로 간주했다. 터툴리안(Tertullian)은 인류의 멸종을 생식보다 더 나은 것으로 여겼다. 암브로스(Ambrose)는 결혼한 커플은 그들의 성생활에 대해 부끄러워해야 한다고 말했다. 어거스틴(Augustine)은 성교가 합법적이라며 기꺼이 인정했으나 성적 욕정은 항상 죄라고 가르쳤다. 많은 사제가 부부에게 전적으로 성생활을 삼가라고 조언했다. 가톨릭교회는 점진적으로 특정 성일에 성관계를 금하기 시작했는데, 마틴 루터 시대에 이르러서는 그날이 연 183일까지 늘어났다![1]

종교개혁을 주신 하나님께 감사하라. 종교개혁은 혼인관계 내에서의 육체적인 성관계를 찬양함으로써 성의 건전성을 회복시키기 시작했다. 이와 관련해서 나의 아버지는 다음과 같이 말했다.

> 청교도의 성에 대한 교리는 서구 문화의 역사에 있어 분수령이었다. 청교도인들은 독신생활의 가치를 감소시키고, 우애(友愛) 결혼(companionate marriage)을 미화하고, 부부간의 성교를 필요할 뿐만 아니라 순수한 것으로 단언하고, 결혼으로 맺어진 낭만적인 사랑의 이상을 확립하고, 아내의 역할을 드높였다.[2]

다시 말해서, 그들은 인간의 성에 대하여 성경적인 견해를 더욱 증진시켰다.

---

1 Leland Ryken, *Worldly Saints: The Puritans as They Really Were* (Grand Rapids, MI: Zondervan, 1986), 40-41을 보라.
2 Ibid., 53.

1. 성(性)이란 선물

성에 대한 성경적 견해는 우리의 성을 하나님에게서 온 선물로 인정하는 것으로 시작한다. 결국, 남편과 아내 사이의 육체적 결합은 처음에 하나님의 생각이었다. 그것은 그분의 창조의 선(善)의 일부였다. 하나님은 아담에게 생육하고 번성할 수 있도록 그의 아내와 연합하라고 말씀하셨다(창 1:28a). 그리고 성경이 아래에 나오는 사랑하는 자와 그의 사랑받는 자 사이의 이중창을 포함하게 된 것은 하나님의 영의 영감으로 말미암아 된 것이다.

> 내게 입맞추기를 원하니
> 네 사랑이 포도주보다 나음이로구나…
> 왕이 나를 그의 방으로 이끌어 들이시니
> 너는 나를 인도하라 우리가 너를 따라 달려가리라(아 1:2, 4a).

> 내 사랑아 너는 어여쁘고 어여쁘다
> 네 눈이 비둘기 같구나
> 나의 사랑하는 자야
> 너는 어여쁘고 화창하다
> 우리의 침상은 푸르고(아 1:15-16).

> 내 누이, 내 신부야 네 사랑이 어찌 그리 아름다운지

네 사랑은 포도주보다 진하고
네 기름의 향기는 각양 향품보다 향기롭구나
내 신부야 네 입술에서는 꿀 방울이 떨어지고
네 혀 밑에는 꿀과 젖이 있고(아 4:10-11a).

내가 잘지라도 마음은 깨었는데
나의 사랑하는 자의 소리가 들리는구나
문을 두드려 이르기를 나의 누이, 나의 사랑,
나의 비둘기, 나의 완전한 자야 문을 열어 다오
내 머리에는 이슬이,
내 머리털에는 밤이슬이 가득하였다 하는구나
내가 옷을 벗었으니
어찌 다시 입겠으며
내가 발을 씻었으니
어찌 다시 더럽히랴마는
내 사랑하는 자가 문틈으로 손을 들이밀매
내 마음이 움직여서
일어나 내 사랑하는 자를 위하여 문을 열 때
몰약이 내 손에서,
몰약의 즙이 내 손가락에서
문빗장에 떨어지는구나(아 5:2-5).

성령이 어떤 종류의 성적인 친밀감을 의도하고 있는지 이해하는 데 많은 상상력이 필요치 않다. 하나님의 말씀은 결코 외설적이지 않지만, 부끄러워하지 않으며 에로틱하다. 만약 이것이 일부 기독교인들에게 당혹스러운 것으로 다가온다면, 그것은 오직 우리가 하나님보다 더 고상한 체하기 때문일 뿐이다. 성경은 사랑의 성행위(오로지 결혼생활 내에서만〈잠 5:15-19〉)를 하나님에게서 온 선물로 본다.

전통적인 로마 가톨릭의 성에 관한 관점은 실용주의적이었다. 성교는 오직 생식, 즉 인류의 번식을 위한 것이다. 성경적 관점은 성은 생식을 위한 것일 뿐 아니라 관계적이며, 심지어 오락적이다. 성은 사랑과 즐거움과 기쁨을 위한 것이다. 그리고 하나님이 우리에게 제7계명 "간음하지 말라"(출 20:14)를 주신 것은 이 기쁨을 보호하기 위해서이다.

2. 더럽혀진 에로스(eros)

간음하는 것은 무엇을 의미하는가? 가장 단순한 대답은, 간음은 부부간의 배신행위이다. 결혼언약의 결속을 깨는 것은 성교이다. 따라서 이 계명의 주요 목적은 결혼을 보호하는 것이다. 간음은 남편과 아내 사이의 신뢰를 깨기 때문에 가장 큰 성적인 죄이다. 간음은 하나님 앞에서 한 약속인 결혼언약을 깬다. 이런 이유 때문에, 간음은 혼전 성관계와 같은 다른 형태의 성적인 죄보다 더 많은 해를 입힌다. 성경은 간음에 대한 형벌을 매우 중하게 함으로써 이를 확증한다.

> 누구든지 남의 아내와 간음하는 자 곧 그의 이웃의 아내와 간음하는 자는 그 간부와 음부를 반드시 죽일지니라(레 20:10).

이 형벌이 정당한가? 더글라스 윌슨(Douglas Wilson)은 다음과 같이 주석한다.

> 확실히 간음한 사람은 죽어 마땅하다. 아내를 배반한 남자는 누구든지 그리고 어떤 것이라도 배반할 것이다. 간음은 가족에 대한 반역이고, 하나님은 그것을 싫어하신다.[3]

그러나 성교가 간음의 유일한 길은 아니다. 우리가 보았다시피, 십계명은 일반적으로 각 종류의 죄의 가장 극단적인 형태를 금지한다. 그러나 십계명은 또한 점차 그 죄로 이끄는 보다 작은 모든 죄도 함축적으로 금지한다. 제7계명의 경우, 금지되는 것은 간음의 원인이 되는 모든 것이다. 대부분의 간통 관계는 성관계로 시작하지 않는다. 그것들은 부적절한 친밀감으로 시작한다. 이리하여 제7계명은 결혼한 남자가 다른 여자에게 집적거리거나, 미혼인 남자가 다른

---

3 Douglas Wilson, *Fidelity: What It Means to Be a One-Woman Man* (Moscow, ID: Canon, 1999), 53.

사람의 아내에게 가까이 하는 것을 금한다. 유혹을 미연에 방지하기 위해서는 일정한 사회적 거리가 유지되어야 한다. 그 계명은 또한 결혼한 여자가 직장이나 교회나 또는 인터넷 채팅방에서 다른 남자에게서 기본적인 정서적 지원을 찾는 것을 금한다. 더 단정적으로 말하면, 제7계명은 남편과 아내가 성적으로뿐 아니라 정서적으로도 영적으로도 서로에 대한 사랑을 키워나갈 것을 요구한다.

더 나아가, 간음행위가 제7계명을 위반하는 유일한 길은 아니다. '범주의 원칙'(the rule of categories)에 의하면(본서 3장), 각 계명은 같은 종류의 모든 죄에 적용된다. 그래서 제7계명은 어떤 형태의 성적 부도덕 또는 헬라어 신약이 포르네이아(*porneia*, 음란, 음행)라 부르는 것을 금지한다. "간음(adultery)하지 말라"는 또한 적절한 전문용어를 사용해서 말하면 "간음하지 말라"(You shall not fornicate)를 뜻한다(fornicate, 지금까지 '간음'으로 번역된 단어 adultery는 '간통'을 의미한다. 개역개정본이 본문 자체를 '간음'으로 번역하였기 때문에 역자도 그 번역을 그대로 따랐다. 영어 fornication은 특히 두 미혼인 사람의 성관계를 의미한다-역주). 간음(fornication)은 결혼의 언약적 책임 밖의 관계에서의 성교이다. 가장 구체적으로 말하면, 그것은 혼전 성관계를 가리킨다. 이는 제7계명의 위반행위이다.

데이트를 하고 있는 연인들은 종종 그들이 어디까지 가야 할지 궁금해 한다. 성경은 그 선이 어디인지 말하지 않는다. 분명한 것은, 그 어떤 종류의 생식기 자극은 금지된다. 남녀가 실제로 결혼하기 전까지 그들은 상대방의 몸의 성기를 즐길 권리가 없다. 그러나 진짜 문제는 그 질문 자체이다. 무엇을 벌 받지 않고 할 수 있을지 묻는 대신에, 연인들은 "내가 어떻게 나의 성적 순결을 보호할 수 있을까?" 그리고 "내가 어떻게 내가 사랑하는 사람의 기쁨을 보존할 수 있을까?"와 같은 질문을 해야 한다. 기독교인으로서 우리는 순결하도록 요구받는다. 이는 우리가 성적으로 억눌려 있기 때문이 아니라, 부부간의 성교의 기쁨을 사람들에게서 빼앗는 부정한 쾌락에 만족하고 싶지 않기 때문이다.

그밖에 무엇이 금지되는가? 매춘은 간통과 간음과 동일한 근거로 금지된다. 동성 간의 성관계가 금지된다. 왜냐하면 성경적 모범이 성을 남편과 아내 사이에서만 공유되도록 요구하기 때문이다. 강간, 소아성애, 근친상간, 또는 결혼생활 안에서의 모든 형태의 성적 학대(sexual abuse)를 포함한 성적 폭력 또한 금지된다. 간략히 말해, 제7계명은 결혼언약을 침해하는 어떤 성적인 활동도 금한다. 이상 끝! 예외도 없고, 빠져나갈 구멍도 없다.

왜 모든 형태의 간음이 금지되는가? 성이 악해서가 아니라, 성은 영원히 매우 강력한 세력이기 때문이다. 성은 강력한 순간접착제 같다. 적절하게 사용될 때, 성교는 결혼관계의 결속을 보증한다. 그것은 결혼을 안전하게 유지하도록 돕는 풀(뉴욕시의 팀 켈러〈Tim Keller〉에 의하면 '언약 시멘트')이다. 이는 남편과 아내가 성관계를 갖도록 요구되는 이유이다. 성경은 다음과 같이 말한다.

남편은 그 아내에 대한 의무를 다하고 아내도 그 남편에게 그

렇게 할지라…서로 분방하지 말라(고전 7:3, 5a: 비교. 히 13:4).

하나님은 남편과 아내 사이의 사랑을 보증하기 위해 우리를 성적인 존재로 만드셨다. 그들의 성적인 연합은 그들의 완전한 영적인 교제를 견고하게 한다.

성은 오직 평생 헌신의 보증 내에서만 하나님의 축복을 누린다. 성교가 그러한 헌신에서 분리될 때, 그것은 그 진정한 목적과 최고의 기쁨을 잃는다. C. S. 루이스(C. S. Lewis)는 다음과 같이 말한다.

> 기독교의 결혼관은 남편과 아내는 하나의 단일한 유기체로서 간주되어야 한다는 그리스도의 말씀에 근거한다…남자와 여자는 단지 성적인 차원에서만 짝으로 결합되는 것이 아니라 모든 차원에서 완전히 결합되도록 만들어졌다. 혼외정사의 기괴성은 그것에 탐닉한 사람들이 한 종류의 연합(성적인 연합)을 그것과 함께 어울려 총체적인 연합을 이루기로 되어 있는 모든 다른 종류들의 연합에서 분리시켰다는 데 있다. 기독교적 사고에 의하면, 먹는 쾌락보다 성적인 쾌락에 더 뭔가 잘못된 것이 있다고 보지 않는다. 그것은 당신이 음식을 삼켜 소화시키지 않고 씹다 다시 뱉어내면서 미각적 쾌락을 얻으려 하면 안 되는 것처럼, 성적 쾌락을 분리시켜 그것만 얻으려 해서는 안 된

다는 것을 의미한다.[4]

성적 쾌락만을 따로 떼어놓으려 할 때마다, 사람들은 항상 결국 자신과 다른 사람들에게 해를 끼치게 된다. 성은 강력 순간접착제와 같아서, 잘못된 때나 잘못된 장소에서 그것을 짜내면 늘 굉장히 곤란한 일이 발생한다. 잘못된 것들이 함께 결합된 상태에서 그것들을 다시 떼어내려 하면 영혼이 찢긴다. 이런 이유로 간음이 금지된다. 그것은 성이 한 남자와 한 여자를 평생 결합시키기 위해 사용될 때에만 영원히 큰 힘이 되기 때문이다.

하나님이 간음을 금하시는 또 다른 이유는 우리의 성과 영성 사이에 밀접한 관계가 있기 때문이다. 남편과 아내의 연합은 하나님과 그분의 백성사이의 배타적 관계를 예시하기로 되어 있다. 우리의 성에는 뭔가 초월적인 것이 있다. 남편과 아내가 아무것도 숨겨 두지 않고 서로에게 자기 자신을 주는 것과 같은 방식으로, 하나님은 우리에게 자신을 주시고 우리가 우리 자신을 그분께 드리기를 원하신다. 구약에서 하나님은 종종 그분과 그분의 백성과의 관계를 남편과 아내 사이의 로맨스에 비유하셨다. 그분의 백성이 충실하지 못했을 때, 즉 그들이 그분과의 사랑의 언약을 어겼을 때, 그들은 영적으로 간음죄를 지었다(예, 렘 3:1-10; 5:7-11; 호 2장; 말 2:10-16).

신약은 결혼을 우리와 예수 그리스도와의 관계로 규정함으로써

---

4 C. S. Lewis, *Mere Christianity* (New York: Macmillan, 1952), 95-96.

그 신비를 깊게 한다. 바울이 창세기의 말씀을 인용하여 말한다.

> 사람이 부모를 떠나 그의 아내와 합하여 그 둘이 한 육체가 될지니(엡 5:31).

그리고 나서 그는 다음과 같은 말을 덧붙인다.

> 이 비밀이 크도다 나는 그리스도와 교회에 대하여 말하노라(엡 5:32).

다시 말해서, 남편과 아내의 연합은 그리스도와 그분의 교회의 연합을 예시한다. 이는 우리의 성생활에 중요한 의미를 지닌다. 기독교인에게 있어, 성적으로 부도덕한 모든 행동은 일종의 영적인 신성모독이다. 그것은 성부 하나님에 대한 범죄다. 바울은 고린도인들에게 다음과 같이 말한다.

> 몸은 음란을 위하여 있지 않고 오직 주를 위하여 있으며 주는 몸을 위하여 계시느니라…너희 몸이 그리스도의 지체인 줄을 알지 못하느냐(고전 6:13b, 15a).

만약 그것이 사실이라면, 만약 우리의 몸이 그리스도 안에 있고 그리스도를 위하여 있다면, 음란은 성자 아들에 대한 범죄이다. 바울은 계속해서 다음과 같이 말한다.

> 내가 그리스도의 지체를 가지고 창녀의 지체를 만들겠느냐 결코 그럴 수 없느니라 내가 그리스도의 지체를 가지고 창녀의 지체를 만들겠느냐 결코 그럴 수 없느니라 창녀와 합하는 자는 그와 한 몸인 줄을 알지 못하느냐 일렀으되 둘이 한 육체가 된다 하셨나니 주와 합하는 자는 한 영이니라(고전 6:15b-17).

기독교인들이 배우자가 아닌 누군가와 성교를 하는 것은 그들의 그리스도와의 연합의 거룩성을 더럽히는 것이다. 우리의 배우자(또는 미래의 배우자)에 대한 우리의 정절을 지킴으로써 우리는 하나님께 우리의 언약적 충성을 보여드린다.

성적인 죄는 또한 성령을 욕되게 한다. 바울은 계속해서 다음과 같이 말한다.

> 음행을 피하라 사람이 범하는 죄마다 몸 밖에 있거니와 음행하는 자는 자기 몸에 죄를 범하느니라 너희 몸은 너희가 하나님께로부터 받은바 너희 가운데 계신 성령의 전인 줄을 알지 못하느냐 너희는 너희 자신의 것이 아니라 값으로 산 것이 되었으니 그런즉 너희 몸으로 하나님께 영광을 돌리라 (고전 6:18-20).

우리 몸은 그리스도께서 십자가에서 죽으셨을 때, 하나님을 위해 값으로 사진 바 되었다. 이제 우리 몸엔 성령이 거주하신다. 이것은 우리 몸으로 무엇을 하든지 그것은 삼위일체 하나님과 우리의 교제와 직접 관련되어 있다는 것을 의미한다. 간음은 우리 자신과 다른 사람들을 해칠 뿐 아니라, 성부, 성자, 성령 하나님을 욕되게 한다.

3. 음욕의 치명적인 죄

성적인 부도덕이 우리 문화에서 널리 퍼져 있다. 사람들은 사랑을 찾는다. 그러나 그들은 성교로 만족하고 있다. 대학 캠퍼스에서의 우발적인 성교, 동성애를 하나의 생활양식으로 만드는 공격적인 홍보, 그리고 텔레비전에서의 모든 성적인 소재를 생각해보라. 직접 만나든 암시적으로든 미국인은 1년에 평균 10,000번 이상 성적인 소재를 본다.[5] 그리고 열에 하나 이상의 비율로 텔레비전에서의 커플의 결합은 혼외정사와 관련되어 있다. 그 이유는, 한 TV 프로듀서가 설명한 바와 같이, 기혼자이거나 독신주의자(금욕주의자)인 등장인물들은 그만큼 재미없기 때문이다.[6] 게다가 또한, 방대한 포르노 산업

---

5 David Murray, Oversight of Government Management, Restructuring, and the District of Columbia에 관한 상원 분과위원회 앞에서의 증언(May 8, 1997), 2.

6 Terry Fisher, Michael Medved, *Hollywood vs. America* (New York: HarperCollins, 1992), 111-112에 인용됨.

을 생각해보라. 비디오 가게, 스트립 클럽, 전화 라인, 그리고 케이블 채널. 그리고 판촉을 위하여 성이 이용되는 광고 산업의 가벼운 포르노를 생각해보라. 그리고 이 모든 음란이 개인에게 가져온 결과, 곧 이혼, 질병, 그리고 아동 성학대 등에 대해 생각해보라.

우리의 성욕과다문화가 문제라고 생각하려 하는 유혹이 있다. 그러나 물론 성적 부도덕은 교회에서도 거의 널리 퍼져 있다. 목사와 다른 영적인 리더들을 포함하여, 기독교인들은 동일한 모든 종류의 성적인 죄에 사로잡혀있다. 주일에 교회 안에는 전날 밤 포르노 비디오를 보거나 혼외정사를 한 사람들이 앉아있다. 이는, 모든 문화적 유혹에도 불구하고, 문제는 우리 문화가 아니라는 것을 보여준다. 문제는 우리 자신의 죄된 마음이다.

예수님은 다음과 같이 말씀하셨다.

> 또 간음하지 말라 하였다는 것을 너희가 들었으나 나는 너희에게 이르노니 음욕을 품고 여자를 보는 자마다 마음에 이미 간음하였느니라(마 5:27-28; 비교. 15:19).

이 유명한 말씀을 하셨을 때, 예수님은 십계명 해석을 위해 '내-외 원칙'(inside/outside rule)(본서 3장)을 사용하셨다. 율법은 우리의 외적 행동뿐 아니라 내적인 생각에도 적용된다. 율법은 마음의 소원과 육체의 행위를 다룬다. 제7계명에 있어서, 이는 음욕을 품는 것이 우리에게 금지되었다는 것을 의미한다.

음욕을 품는 것은 여자(또는 남자)를 보고 성적인 가능성을 상상하는 것이다. 예수님은 그분의 제자들에게 누구든 **음욕을 품고** 바라보지 말라고 말씀하셨다. 보는 것은 문제가 아니다. 문제는 성적인 흥분에 이를 정도로 누군가를 보는 것이다. 우리가 누군가를 그런 식으로 보면서 욕구를 만족시키기 위해 사람을 한 사물로 바라볼 때마다, 우리는 죄를 갈망하고 있는 것이다. 그 죄는 음욕이 자기숭배의 행동인 성적인 자기욕구충족 곧 자위에 이르게 될 때 형성된다.

내적인 간음을 행하는 다른 방법들도 많다. 마틴 루터는 다음과 같이 말했다.

> 이 계명은 그것이 어떻게 불리든 모든 형태의 부정(不貞, unchastity)에 적용된다. 외적 행동이 금지될 뿐 아니라 또한 모든 종류의 원인과 동기와 수단도 금지된다. 당신의 마음과 입술과 온 몸은 순결해야 하며, 부정(不貞)을 가져올 기회나 도움 또는 조장을 허용해서는 안 된다.[7]

웨스트민스터 소요리문답은 이 문제를 더 간단히 말한다.

> 제7계명에서 요구하는 것은 마음과 말과 행위에 있어서 우리 자신과 우리 이웃의 정절을 보존하는 것이다(답 71).

---

[7] Martin Luther, *The Large Catechism*, trans. Robert H. Fischer (Philadelphia: Fortress, 1959), 36.

이 원칙들을 적용하면, 로맨스 소설 같은 성적인 문학을 읽음으로써 우리는 제7계명을 위반한다. 성적인 친밀행위를 포함하는 관계에 대해 공상에 빠짐으로써 그것을 위반한다. 또한 우리가 말하는 것, 도발적인 말을 하거나 더러운 농담을 함으로써 그것을 위반한다. 성경은 다음과 같이 말한다.

> 음행과 온갖 더러운 것과 탐욕은 너희 중에서 그 이름조차도 부르지 말라 이는 성도에게 마땅한 바니라 누추함과 어리석은 말이나 희롱의 말이 마땅치 아니하니 오히려 감사하는 말을 하라(엡 5:3-4).

이것들이 마음속으로 제7계명을 위반하는 모든 방법이다.

대부분의 사람은 외적인 죄에 대해서보다 내적인 죄에 대해서 한층 더 관대하다. 우리는 마음의 죄에 대해서 덜 걱정한다. 왜냐하면 아무도 그 죄에 대해 알지 못하기 때문이다(혹은 우리가 그렇다고 생각하기 때문이다). 그러나 우리의 내적인 결함들은 반드시 치명적이다. 이것은 음욕에 대해서도 사실이다. 이 음욕을 중세 교회가 7가지의 치명적인 죄악들(seven deadly sins) 중 하나로 목록에 넣은 것은 당연하다. 7가지 이상의 죄가 있는 것은 의심의 여지가 없지만, 얼마나 많은 죄가 있든 음란은 분명히 그 목록에 포함된다!

음란은 많은 불행한 결과를 낳는다. 그것의 값은 비싸다. 돈이 들 것이며, 심지어는 그의 생명을 잃을 수도 있다.

네 마음에 그의 아름다움을 탐하지 말며 그 눈꺼풀에 홀리지
말라 음녀로 말미암아 사람이 한 조각 떡만 남게 됨이며 음란
한 여인은 귀한 생명을 사냥함이니라(잠 6:25-26).

음란에 굴복하는 것은 불을 가지고 노는 것과 같다. 솔로몬은 다음과 같이 반문했다.

불을 가슴에 안았는데 어찌 그 옷이 타지 않겠느냐?
(잠 6:27, 공동번역).

음란은 남자와 여자를 수치와 창피로 이끈다(잠 6:32-33). 그러나 무엇보다도 가장 나쁜 것은, 성적인 죄가 우리를 하나님의 진노 아래로 데려간다는 것이다.

불의한 자가 하나님의 나라를 유업으로 받지 못할 줄을 알지
못하느냐 미혹을 받지 말라 음행하는 자나 우상숭배하는 자나
간음하는 자나 탐색하는 자나 남색하는 자나…하나님의 나라
를 유업으로 받지 못하리라(고전 6:9-10).

모든 사람은 결혼을 귀히 여기고 침소를 더럽히지 않게 하라
음행하는 자들과 간음하는 자들을 하나님이 심판하시리라
(히 13:4).

감사하게도, 하나님은 자신의 음란에 대해 회개하고 예수 그리스도를 믿게 된 죄인들에게 은혜를 주신다. 영생에서 제외된 다양한 유형의 사람들을 나열한 후, 바울은 계속해서 다음과 같이 말한다.

> 너희 중에 이와 같은 자들이 있더니 주 예수 그리스도의 이름과 우리 하나님의 성령 안에서 씻음과 거룩함과 의롭다 하심을 받았느니라(고전 6:11).

예수 그리스도의 죽음과 부활을 통하여 하나님은 음란한 죄인들에게 용서를 베푸신다.

그러나 하나님은 용서 이상의 것을 주신다. 그분의 영으로 유혹의 때에 은혜를 주신다. 하나님은 또한 우리의 순결을 보존하는 실질적인 방법을 제공하셨다. 그것을 결혼이라 일컫는다. 널리 인정되고 있는 것처럼, 절제 또는 독신의 은사를 받은 일부 기독교인들이 있다. 어떤 육체적 또는 영적인 이유 때문에, 그들은 성적인 죄를 삼가는 특별한 능력을 갖고 있다. 그러나 대부분의 기독교인에게는 그 은사가 없다. 그들이 결혼하는 것이 좋으리란 것은 분명하다. 사도 바울은 다음과 같이 말했다.

> 각각 하나님께 받은 자기의 은사가 있으니 이 사람은 이러하고 저 사람은 저러하니라 내가 결혼하지 아니한 자들과 과부들에게 이르노니 나와 같이 그냥 지내는 것이 좋으니라 만일 절제

> 할 수 없거든 결혼하라 정욕이 불 같이 타는 것보다 결혼하는 것이 나으니라(고전 7:7b-9).

결혼하지 않은 기독교인 모두에게 성적 순결이 요구된다. 우리가 앞으로 알게 될 바와 같이, 그 요구대로 살아갈 수 있는 실질적인 방법들이 있다. 하나님은 순결을 지킴으로써 하나님을 공경하려고 애쓰는 사람들에게 은혜를 주신다. 그러나 성적인 자기 통제와 싸우는 사람은 결혼을 위해 영적인 준비를 해야 한다. 남자들한테 이것은 다른 사람을 위해서 사는 것, 그리스도의 자기희생적 사랑을 실천하는 것을 의미한다. 여자들한테 이것은 다른 사람들을 섬기는 법을 배우는 것, 그리스도께 순종하며 살아가는 것을 의미한다.

불행히도, 많은 기독 남성이 너무 자기중심적이어서 자신을 벗어나 다른 사람들을 사랑할 수 없다. 종종 그들은 포르노와 자위를 포함한 은밀한 성적인 죄에 사로잡혀 있다. 관계적으로 깨진 채, 그들은 어떻게 한 여인을 사랑해야 하는지 배운 적도 없이 그릇된 친밀함과 자아실현의 그릇된 수용으로만 만족하고 있다. 그 결과 슬프게도 많은 좋은 기독 여성이 좋은 기독 남성의 결핍으로 괴로워하고 있다. 만약 이 남성들이(그리고 이 여성들도) 결혼을 위한 영적인 준비를 한다면 당사자들 모두에게 더 좋을 것이다. 이렇게 하는 가장 좋은 방법은 순종과 희생에서 성장하는 것이다.

순종과 희생은 결혼이 요구하는 미덕들임이 판명된다. 그리고 놀랄 것도 없이, 그것들은 또한 성(性)에 기쁨을 가져다주는 미덕들이 된다. 우리 문화는 지나치게 기술을 강조하면서 성교를 일종의 과학적 기교로 바꾸어버리려 한다. 그러나 남편과 아내는 '성교' 이상을 하도록 요구된다. 그들은 그들이 나누는 성적인 사랑 안에서 기쁨을 발견할 것을 요구받는다. 부부가 만족을 발견하지 못할 때, 대개 문제는 성적인 문제가 아니라 관계적이고 영적인 문제이다. 종종 남편과 아내는 서로의 단점에 대해 비판하면서 책임전가를 많이 한다. 해결책은 무엇인가?

지나치게 간략화시키는 위험은 있지만, 해결책은 남편이 아내를 희생적인 방법으로 사랑하는 것이다. 남편의 영적 리더십은 침대 안에서 일어나는 일을 포함해서 결혼 생활에서 일어나는 모든 일의 토대를 이룬다. 물론 아내도 성적인 의무를 포함해서 남편에 대한 의무가 있다. 이는 일찍이 언급되었던 바이다.

> 남편은 그 아내에 대한 의무를 다하고 아내도 그 남편에게 그렇게 할지라(고전 7:3).

흥미롭게도 성경이 상호 순종을 가르치는 한 곳이 여기 있다.

> 아내는 자기 몸을 주장하지 못하고 오직 그 남편이 하며 남편도 그와 같이 자기 몸을 주장하지 못하고 오직 그 아내가 하나니(고전 7:4).

그래서 남편과 아내는 청교도인들이 '신체의 상호 소통'이라 칭하였던 것에 있어서 서로에게 자신을 제공해야 한다. 이것이 그들의 결혼 의무이다. 그러나 만약 아내를 그녀의 남편이 소중히 여기지 않는다면, 그것은 항상 힘든 일이 될 것이다. 성적으로든 다른 면으로든, 행복한 결혼을 위한 열쇠에 대해 성경은 다음과 같이 말한다.

> 남편들아 아내 사랑하기를 그리스도께서 교회를 사랑하시고 그 교회를 위하여 자신을 주심 같이 하라(엡 5:25).

4. 다윗의 어리석음

시인 웬델 베리(Wendell Berry)는 일찍이 성적인 사랑을 '부부를 함께 결합하는 힘'이라 정의하고 결혼을 '성적인 사랑이 하나의 이야기가 될 수 있는 가능성을 보호하는 방법'으로 정의를 내렸다.[8] 베리의 말이 옳다. 한 남자와 한 여자가 결혼으로 함께 결합될 때, 그들의 사랑은 이야기가 된다. 그러나 그들의 사랑이 배반당할 때, 그 이야기는 다윗과 밧세바의 이야기에서처럼 비극이 된다.

다윗은 이스라엘의 왕이었다. 성경은 어느 날 밤 그가 어떻게 해서 그의 침상에서 일어나 왕궁 옥상을 거닐고 있었는지 말한다(삼하

---

8 Wendell Berry, *Modern Reformation* (November/December 2001), 40에서 인터뷰함.

11:2a). 그 따뜻한 봄날 저녁, 다윗은 남자가 원하는 모든 것을 가지고 있었다. 그는 그의 적들을 정복하였고 그의 왕국을 안정시켰다. 그는 왕궁의 화려함 속에서 살았다. 그는 유명하고 잘 생겼다. 그에 더 나아가, 그는 하나님 마음에 합한 자로 의인이었다. 그는 그에게 영원한 왕국을 약속하셨던 하나님께 아름다운 찬양시들을 써드렸다. 지붕 위를 거닐었을 때, 다윗은 그가 내려다보는 모든 것의 주인이었다. 그가 얻을 것은 더 이상 없었다. 하지만 그는 여전히 잃을 수 있는 모든 것을 갖고 있었다.

불행하게도, 다윗은 자신을 유혹에 노출시켰다. 지붕 위를 거니는 것은 충분히 결백해 보인다. 그러나 다윗이 거기에 있을 일이 전혀 없었다. 전투에서 그의 백성을 지키며 밖에 있어야 했는데 말이다. 그 대신 그는 아무데도 가지 않고 시간을 죽이며 왔다 갔다 거닐고 있었다. 그의 비극적인 몰락 이야기는 전조가 되는 다음의 말로 시작된다.

> 그 해가 돌아와 왕들이 출전할 때가 되매 다윗이 요압과 그에게 있는 그의 부하들과 온 이스라엘 군대를 보내니 그들이 암몬 자손을 멸하고 랍바를 에워쌌고 다윗은 예루살렘에 그대로 있더라(삼하 11:1).

이 구절은 다윗이 어디에 있었는지 우리에게 말해주는 것 이상이다. 우리에게 그가 어디에 있었어야 하는지 그리고 그가 무엇을 하고 있었어야 하는지를 우리에게 말해준다. 그의 국가는 여전히 전쟁 중이었고, 왕으로서 그의 군대를 이끌고 전쟁터로 나가는 것이 그의 의무였다. 그 대신에 다윗은 편하게 있기로 결정했다. 성경이 우리에게 그가 "예루살렘에 그대로 있더라"고 말할 때, 이것은 질책하려는 의도로 말한 것이다. 왕은 다른 사람을 위해 섬기고, 희생하고, 생명을 바치기를 그만두었다. 그가 성적인 죄에 빠진 때가 다름 아닌 바로 이때였던 것은 전혀 놀라운 일이 아니다.

간음행위는 가끔 남성적인 일로 여겨진다. "그게 바로 남자지" 하고 사람들은 말한다. 그러나 다윗의 예는 진짜 진실은 그와 정반대라는 것을 보여준다. 성적인 죄는 경건한 남자다움(godly manliness)의 실패이다. 다른 곳에서 성경은 제7계명을 어기는 것은 존영을 남에게 잃어버리게 되고 수한을 잔인한 자에게 빼앗기는 것이라고 말한다(잠 5:9). 하나님의 사람은 자신을 위해서 살지 않고, 타인을 위해 산다. 그리고 이것은 그로 하여금 그의 성적인 욕망을 사랑의 힘 아래에 간직할 수 있게 한다. 남자가 내부로 돌아설 때, 그는 온갖 종류의 성적인 유혹의 공격을 받기 쉽다.

이것은 제7계명에 반하는 죄와 싸우는 사람을 위해서 중요한 통찰력이다. 성적인 죄는 결코 성에 대한 것만은 아니다. 그것은 항상 삶의 나머지 부분과 연결되어 있다. 만약 다윗이 하나님이 그에게 요청하신 일을 하고 있었다면, 그는 결코 간음을 행하지 않았을 것이다. 그러는 대신에, 그는 그의 왕으로서의 책임을 버리고 그의 궁전으로 물러나 있었다. 거기서 따로 떨어져 빈둥거리다 그는 유혹에 굴복했다. 이는 우리가 우리 자신을 위하여 살아가고 다른 사람을 위하여 살아가지 않을 때, 우리가 얼마나 성적인 죄의 공격을 받기 쉬운지를 보여준다. 우리 몸을 가지고 우리가 하는 일은 단지 육체적일 뿐만 아니라 영적이기도 하다. 그것은 마음의 가장 깊은 욕구에서 나온다. 성적인 죄에서 승리하는 한 방법은 제멋대로가 아니라 자기희생적으로 살고 삶의 모든 영역에서 그렇게 하는 것이다. 한 영역에서의 경건은 다른 영역들에서의 경건을 조성한다.

다윗이 사랑으로 자신을 내어주기를 그만두었을 때, 그는 전략적으로 큰 실수를 범했다. 그때 그는 중대한 전술상의 실수를 했다.

> 그곳에서 보니 한 여인이 목욕을 하는데(삼하 11:2).

만약 다윗이 단지 그 여자를 흘끗 보기만 했다면, 그는 죄를 짓지 않았을 것이다. 그러나 그는 그 이상을 했다. 그의 흘끗 보던 시선이 응시로 변했다. 그는 그 여자를 위아래로 보고 그녀와 함께 하고 싶은 일에 대해 생각하면서 그녀에게 추파를 던졌다.

이것은 우리에게 성적 유혹과 그것을 피하는 방법에 대한 더 깊은 통찰력을 준다. 눈은 죄된 욕망을 위한 창문이다. 그러므로 성적인 죄를 이기는 한 방법은 음란한 시선을 돌리는 것이다. 경건한 여자들은 이것이 그녀들로 검소하게 옷을 입도록 요구한다고 항상 이해해왔다. 그리고 경건한 남자들은 성적 순결의 보존이 우리가 계속해서 바라보는 것을 조심하는 것을 의미한다고 항상 이해해왔다. 사도 베드로가 '음심이 가득한 눈'을 가진 것에 대하여 경고한 것은 현명한 일이다(벧후 2:14; 비교. 요일 2:16). 욥의 구제책은 다음과 같았다.

> 내가 내 눈과 약속하였나니 어찌 처녀에게 주목하랴(욥 31:1).

우리가 보는 것에 조심하는 것이 오늘날보다 더 중요한 때는 결코 없었다. 오늘날엔 우리가 바라보는 곳마다 거의 성적인 이미지들이 있다. 포르노 영화가 일반적인 것이 되어 버렸다. 그리고 무엇보다도 가장 큰 위험은 인터넷이다. 인터넷은 세계 역사에 있어 포르노의 가장 강력한 조달자이다. 인터넷을 그토록 위험하게 만드는 것은 그것이 익명적이고, 이용 가능하고, 입수할 수 있다는 점이다.[9] 컴퓨터를 갖고 있는 사람은 누구든 완전히 은밀하게 포르노를 다운로드할 수 있다. 그리고 성적인 소재의 흐름은 끝이 없다. 포르노의 다른 형태들은 결국에는 매력을 잃는다. 왜냐하면 그 이미지들은 모두 전에 본 적이 있으나, 인터넷에서는 항상 새로운 것이 있기 때문이다. 인기 있는 한 남성 잡지에 의하면 다음과 같다.

> 섹스 온라인을 플라스틱 피막으로 포장된 외설 출판물보다 훨씬 더 저항하기 어렵게 만드는 것은 끊임없는 다양성 속에서

---

[9] 이 세 가지 범주는 R. Kent Hughes가 2001년 12월 2일, 일리노이 주 휘튼에 있는 College Church에서 한 설교문 "Set Apart to Save Sexual Conduct"에 나온다.

의 즉각적인 만족이다. 당신은 결코 잡지 끝에 도달한 후에 같은 사진들을 다시 보기 시작할 필요가 없다. 오래된 포르노물의 경우, 일단 그것을 보고 나면, 당신은 그것을 소비해버린 것이다. 당신은 껌을 씹어 단물을 다 맛봤다. 이런 일이 인터넷에서는 일어나지 않는다. 껌은 결코 단맛이 떨어지지 않는다. 고기 한 점 먹으면, 새로운 고기 한 점이 기다리고 있고, 기대감이 당신에게 더 멀리 가보라고 명령한다. 훨씬 더 멀리. 다가올 것이 더 많은 한, 당신은 계속 볼 것이다. 이 모든 것이 매우 새롭다. 이런 자극이 지금껏 이전에는 존재하지 않았었다.[10]

볼거리가 더 있는 한, 일부 기독교인들을 포함해서 어떤 사람들은 계속해서 볼 것이다. 한 인터넷 전문가가 그의 목사에게 다음과 같은 편지를 썼다.

> 퇴폐적인 컨텐츠란 대로(大路)가 가정 안으로 열린 점에 대해 저는 심히 걱정스럽습니다.
> 많은 선한 기독교인 남성 친구들을 갖고 있는 저는 복 받은 사람입니다. 저는 그들에게 비밀을 털어놓고 그들의 신앙과 그들이 고투하고 있는 삶의 영역에 관하여 숨김없이 이야기할 수 있습니다. 나에게 놀라웠던 것은 내가 이야기한 10여 명 가량

---

10 Greg Gutfield, "The Sex Drive," *Men's Health* (October 1999), *Leadership* (Summer 2000), 69에 인용됨.

의 친한 친구들 중에서 한 명만 제외하고 모두 그들이 이 영역에서 고투하고 있고 자주 넘어진다고 인정한 것입니다. 이 친구들 모두는 그리스도를 매우 헌신적으로 따르는 사람들이며, 다수는 풀타임 기독교 사역과 관련되어 있습니다. 제가 보는 것은 성인용품 가게에 들어간다거나 R/X 등급의 성인영화를 대여하거나 900번에 전화 거는 것에 대해 전혀 생각조차 하지 않았던 기독교인들이 지금은 인터넷 상에서 익명성과 이런 종류의 컨텐츠에의 자유롭고 용이한 접근성 때문에 계속해서 이 영역에서 넘어지고 있는 것입니다. 더욱 나쁜 것은, 일단 사람들이 이 길에 접어들면, 그것이 사람들을 움켜쥐고 있는 것을 보는 것입니다.

저의 경험에 근거해볼 때, 인터넷은 21세기에 사탄의 제일가는 도구가 되었습니다. 그리고 인터넷은 전형적으로 사용자와 그들의 컴퓨터만을 필요로 하기 때문에 신앙인들의 몸 안으로 더욱 조용히 감염되는 것 같습니다.[11]

교회 내에서의 포르노의 조용한 전염은 치명적이다. 이것은 여자들을 모욕하고, 관계에 손상을 입히고, 남자의 영적인 지도 능력을 파괴한다. 청교도인 토마스 왓슨(Thomas Watson)이 외설적인 사진들이 "몰래 심장으로 독을 나르고 있다"라고 한 말은 옳다.[12]

---

11 익명, Hughes, "Set Apart to Save: Sexual Conduct," 5에 인용됨.
12 Thomas Watson, *The Ten Commandments* (1692; repr. Edinburgh: Banner of Truth,

음욕이 얼마나 치명적인지 알기 위해, 다윗에게 일어난 일을 보라. 그가 그 여인을 보면 볼수록, 그는 그녀를 더욱 원했다. 죄가 그를 통제하기 시작했다. 다윗이 공상하기 시작했을 때, 그는 자신이 도망칠 수 없다는 것을 알았다. 유혹에서 도망치기보다는(창 39:12; 잠 5:8; 딤후 2:22을 보라), 오히려 그는 "정욕을 위하여 육신의 일을 도모"(롬 13:14)하기 시작했다. 그는 가능성들을 생각해보았다. 그 여인은 매우 아름다웠다. 그래서 다윗은 신하를 보내어 그 여인에 관하여 조사했다. 그러자 한 사람이 "그는 엘리암의 딸이요 헷 사람 우리아의 아내 밧세바가 아니니이까"(삼하 11:3)라고 말했다.

모든 일은 거기서 바로 끝났어야 했다. 밧세바는 결혼한 여인이었다. 그녀에 대해 더 깊이 생각하는 것은 하나님의 사람에게는 있을 수 없는 일이었다. 그러나 다윗은 아무래도 자기가 그녀를 가져야만 할 것 같았다. 밧세바는 강박관념이 되어버렸다. 이것이 음란이 일하는 방식이다. 음란은 자신의 힘을 모아 우리가 저항하기에는 무력하다고 느낄 때까지 점점 더 깊은 곳으로 끌고 들어간다. 다윗이 왕이었기 때문에, 대부분의 남자가 꿈만 꿀 수 있었던 일을 할 수 있었다. 만약 그가 여자를 원하면, 그는 그녀를 취할 수 있었다. 그래서 그는 그렇게 했다.

다윗이 전령을 보내어 그 여자를 자기에게로 데려오게 하고 그

1965), 160.

> 여자가 그 부정함을 깨끗하게 하였으므로 더불어 동침하매
>
> (삼하 11:4a).

그것은 아주 작은 일처럼 보였다. 곧 한 순간의 약함일 뿐 그게 전부인 것처럼 보였다. 그러나 곧 밧세바는 자기가 임신한 사실을 발견했다. 그러자 사건의 은폐가 시작되었다. 다윗이 끝났다싶을 무렵, 밧세바의 남편이 죽었다. 그리고 왕은 간음뿐만 아니라 거짓말과 도둑질과 살인의 죄를 지었다. 당분간 그가 그 일에서 완전히 벗어난 듯했다. 물론 그는 그 일이 일어나도록 약간 서둘러야 했다. 그러나 모든 일은 계획에 따라 진행되었다. 다음 일은 예외였다.

> 다윗이 행한 그 일이 여호와 보시기에 악하였더라
>
> (삼하 11:27b).

다윗처럼, 기독교인들은 종종 그들이 벌 받지 않고 죄를 지을 수 있다고 생각하는 것 같다. 우리는 소소한 성적 환상(sexual fantasy)을 가진다. 왜 안 되지? 그런 다음 우리는 포르노물 몇 개를 본다. 누군들 안 보겠어? 처음에는 그렇게 해롭게 보이지 않는다. 우리는 여전히 예전처럼 효과적으로 우리의 사역을 수행할 수 있다. 아무도 결코 알지 못할 것이다. 그러나 하나님은 항상 아신다. 솔로몬은 다음과 같이 말했다.

> 내 아들아, 어찌하여 음행하는 여자를 사모하며, 부정한 여자
> 의 가슴을 껴안겠느냐? 주님의 눈은 사람의 길을 지켜보시며,
> 그 모든 길을 살펴보신다(잠 5:20-21, 새번역).

하나님은 우리가 우리 몸을 가지고 하는 모든 것을 보신다. 그분은 우리가 무엇을 보고 생각하고 바라고 만지는지 아시고, 우리에게 책임을 지우신다.

하나님은 확실히 다윗에게 책임을 지우셨다! 왕이 자신의 음란을 좇아 행하기로 결심한 순간부터 그의 삶은 비극적이게도 실망의 연속이었다. 그는 그가 얻으려고 그토록 열심히 일했던 모든 것을 거의 잃었다. 밧세바의 아들은 죽었다. 다윗의 가족은 강간과 근친상간과 형제살해로 갈가리 찢겼다. 그의 왕국은 분열되었다. 그의 사랑하는 아들은 그에게 반역을 일으키고, 심지어 왕궁 지붕 위에서 다윗의 아내들과 동침하고, 그의 아버지의 집을 수치스럽게 만들었다. 그런데 이 모든 것이 침상에서의 몇 분 때문에 일어났다.

당신은 그것이 그만한 가치가 있었다고 생각하는가? 그렇지 않다면, 당신 자신의 성적인 죄는 어떠한가? 당신은 정말로 무엇을 얻고, 기꺼이 무엇을 잃을 것인가?

5. 회복된 에로스

이 모든 더러운 사건 가운데, 다윗이 유일하게 옳게 행한 일이 한 가지 있었다. 그는 그의 죄를 자백했다. 하나님은 다윗을 사랑하셨고, 그의 경이로운 자비와 놀라운 은혜로 인해 나단 선지자를 보내 그를 대면하게 했다. 일단 그의 죄가 드러나자, 다윗은 그가 죄인이라는 것을 알았다. 한층 더 나아가 그는 그가 행한 일이 죽어 마땅한 일이라는 것을 알았다. 그래서 그는 죄인이 할 수 있는 유일한 일을 했다. 그것은 자비를 구하며 하나님께 부르짖는 것이었다. 그는 자기 죄를 자백했다.

> 내가 여호와께 죄를 범하였노라(삼하 12:13a).

다윗이 나단과 나눈 대화로부터 배울 수 있는 교훈들이 많다. 우리는 하나님으로부터 우리의 죄를 숨길 수 없음을 배운다. 죄에는 항상 결과가 있음을 배운다. 성적인 부도덕은 비밀상태에서 무성해지기 때문에 다른 신앙인들, 특히 목사들의 솔직한 도움이 우리가 죄에서 돌아서도록 도울 수 있게 해야 함을 배운다. 그러나 우리는 또한 다음의 것도 배운다. 죄를 지었으면, 곧장 하나님께로 돌아가 죄를 자백해야 한다.

다윗의 온전한 자백이 시편 51편에 기록되어 있다. 그는 하나님이 용서해주시기를 부르짖었다.

하나님이여 주의 인자를 따라
내게 은혜를 베푸시며
주의 많은 긍휼을 따라
내 죄악을 지워 주소서
나의 죄악을 말갛게 씻으시며
나의 죄를 깨끗이 제하소서(시 51:1-2).

다윗은 대속적 희생, 즉 그의 죄에 적용된 어린 양의 피에 근거하여 용서를 호소했다.

우슬초로 나를 정결하게 하소서 내가 정하리이다
나의 죄를 씻어 주소서 내가 눈보다 희리이다(시 51:7).

그리고 나서 그는 자신의 삶에서 하나님이 성화의 사역을 계속해 나가시기를 기도했다.

하나님이여 내 속에 정한 마음을 창조하시고
내 안에 정직한 영을 새롭게 하소서
나를 주 앞에서 쫓아내지 마시며
주의 성령을 내게서 거두지 마소서
주의 구원의 즐거움을 내게 회복시켜 주시고
자원하는 심령을 주사 나를 붙드소서(시 51:10-12).

다윗이 마침내 제대로 이해했다. 그는 온전하고 솔직한 자백을 했다. 그리고 하나님은 진심으로 회개하는 모든 죄인에게 하시는 바와 같이 그에게 자비를 베푸셨다. 나단이 다윗에게 다음과 같이 말했다.

> 여호와께서도 당신의 죄를 사하셨나니 당신이 죽지 아니하려니와(삼하 12:13b).

물론 다윗은 여전히 그의 죄의 결과를 직면해야만 했다. 그러나 그의 죄는 용서받았다. 그의 죄는 제거되었다.

그토록 자주 제7계명을 위반할 때, 우리는 심한 죄책감에 우리 자신을 십자가로 끌고가는 것만이 우리가 할 수 있는 일 전부라고 느낀다. 이때 우리가 해야 하는 일이 십자가로 달려가 죄를 자백하는 일이다. 십자가에서 우리는 우리 죄를 대신할 희생제물을 발견하고 죄씻음을 받아 그리스도를 위하여 다시 살아가기 시작할 힘을 얻는다.

하나님이 우리로 성적인 죄와 맞서게 하실 때, 우리에게 선택권이 있다. 계속해서 우리의 죄를 감추면, 우리는 그것이 결국에는 우리를 파멸시키리라는 것을 확신한다. 그러나 만약 우리의 죄에 대해 회개하면 하나님이 불쌍히 여기실 것이다. 간음에 관한 설교에서, 마틴 로이드 존스(Martin Lloid-Jones)는 다음과 같이 말했다.

간음조차도 용서할 수 없는 죄는 아닙니다. 그것은 무시무시한 죄입니다. 그러나 하나님은 누구든 간음 때문에 하나님의 사랑 밖에서 또는 그분의 왕국 밖에서 죄를 지었다고 느끼는 사람이 있는 것을 용납하지 않으십니다. 아닙니다. 만약 당신이 진심으로 회개하고 당신의 죄의 극악함을 깨닫고 하나님의 무한한 사랑과 자비와 은혜를 의지하면, 당신은 용서받을 수 있습니다. 내가 당신에게 용서를 보증합니다.

로이드 존스는 여기서 멈출 수도 있었다. 하지만 그는 다음과 같은 말을 덧붙였다.

> 그러나 우리의 찬양받으실 주님의 말씀을 들으십시오. "가서 다시는 죄를 범하지 말라"[13]

이것은 간음의 현장에서 붙잡힌 여자에게 예수님이 하신 말씀이었으며, 또한 우리에게 그분이 하시는 말씀이기도 하다. 왜냐하면 성경이 다음과 같이 말하기 때문이다.

> 하나님의 뜻은 이것이니 너희의 거룩함이라 곧 음란을 버리고 각각 거룩함과 존귀함으로 자기의 아내 대할 줄을 알고 하나님

---

13 Martyn Lloyd-Jones, *Studies in the Sermon on the Mount* (Grand Rapids, MI: Eerdmans, 1984), 261.

을 모르는 이방인과 같이 색욕을 따르지 말고 이 일에 분수를 넘어서 형제를 해하지 말라 이는 우리가 너희에게 미리 말하고 증언한 것과 같이 이 모든 일에 주께서 신원하여 주심이라 하나님이 우리를 부르심은 부정하게 하심이 아니요 거룩하게 하심이니 그러므로 저버리는 자는 사람을 저버림이 아니요 너희에게 그의 성령을 주신 하나님을 저버림이니라(살전 4:3-8).

학습을 위한 질문들

1. 아가서에서 인용된 구절(1:2, 4a; 1:15-16; 4:10-11a; 5:2-5)이 성경 안에 있다고 생각할 때, 이 구절들에 대한 당신의 반응은 무엇인가?

2. 제7계명은 하나님께서 성(性)을 어떻게 보시는가에 대해 우리에게 무엇을 가르치는가?

3. 왜 간음이 그토록 중대한 죄로 다뤄지는가? 간음이 광범위하게 미치는 영향에는 어떤 것들이 있는가?

4. 혼전성교가 초래하는 어떠한 즉각적이고 잠재적인 결과들이 혼전성교를 매우 위험한 죄로 만드는가?

5. 남편과 아내 사이의 관계는 어떤 식으로 하나님과 그분의 백성 사이의 관계를 반영하는가?

6. 간음은 어떻게 성부, 성자, 성령을 욕되게 하는가?

7. 사람들이 '그렇게 심각하지 않는' 것으로 너그러이 봐주고 싶은 유혹에 빠지는 간음의 보다 작거나 내적인 형태들에는 어떤 것들이 있는가?

8. 사무엘하 11:1-17; 12:1-15을 읽으라. 어떤 형편없는 결정들이 결국 다윗의 유혹이 되었는가?

9. 다윗의 타락으로부터 제7계명을 지키는 방법에 대하여 어떤 원칙들을 배울 수 있는가?

10. 시편 51편을 읽으라. 다윗의 고백의 주요 구성요소들은 무엇인가? (이 시편의 간략한 개요를 써보는 것이 도움이 될 수 있다.)

11. 당신은 제7계명에 대한 이 학습을 당신 자신의 삶에 어떻게 적용시킬 수 있는가? 당신은 내적인 또는 외적인 간음의 원인이 될 수 있는 무언가를 하고 있는가? 당신은 이 유혹들을 피할 수 있는가?

Written in Stone

The Ten Commandments and Today's Moral Crisis

11.

제8계명
나의 것은 하나님의 것

도둑질하지 말라

— 출애굽기 20:15

    십계명에 관한 그의 책에서 세실 마이어스(Cecil Myers)는 노먼 락웰(Norman Rockwell)의 그림을 묘사한다. 「더 새터데이 이브닝 포스트」(*The Saturday Evening Post*)의 표지에 처음 등장한 그 유명한 그림은 추수감사절 만찬을 위해 칠면조를 사고 있는 여자를 보여준다. 칠면조가 저울 위에 놓여 있다. 카운터 뒤편에는 쾌활한 푸줏간 주인이 있다. 그의 넓은 배 위에는 앞치마가 팽팽하게 펼쳐져 있고, 그의 귀 뒤에는 연필이 말쑥하게 꽂혀 있다. 그의 고객은 60세 가량의 신분이 높아 보이는 여자이다. 푸줏간 주인처럼 그녀도 만족해 보인다.

그 두 사람은 거의 마치 농담을 주고받고 있는 양, 다 알고 있다는 듯한 미소를 교환한다.

그러나 그 농담은 실제로 그들에 대한 것이다. 왜냐하면 그 그림은 그들이 몰래 하고 있는 일을 보여주기 때문이다. 푸줏간 주인은 가격을 올리려고 그의 크고 살찐 엄지손가락으로 저울을 누르고 있다. 동시에 그 여자는 그녀의 집게손가락으로 저울을 밀어 올리며 더 유리한 거래를 하려고 애쓰고 있다. 그들 둘 모두가 행복해 보이는 이유는 두 사람 모두 상대가 무엇을 하고 있는지 모르고 있기 때문이다!

전형적인 락웰 스타일로, 그 그림은 우리로 하여금 우리 자신의 약점을 보고 비웃게 만드는 미국식 삶에서 비롯된 매력적인 장면이다. 그러나 실제로 푸줏간 주인과 그의 고객이 하고 있었던 행동은 제8계명의 위반행위였다. 마이어스는 다음과 같이 논평한다.

> 그 푸줏간 주인과 그 사랑스런 부인은 둘 다 도둑으로 불리는 것에 분개할 것이다. 그 사랑스러운 부인은 결코 은행을 털거나 자동차를 훔치려 하지는 않았다. 그 푸줏간 주인은 만약 누군가가 그가 도둑질하고 있다고 고발하면 분개할 것이다. 그리고 만약 고객이 그에게 불량어음을 준다면, 그는 경찰에 전화를 걸 것이다. 그러나 두 사람은 모두 한 사람한테 몇 센트를 벌게 해주거나 또는 다른 쪽에게 몇 센트를 절약하게 해주는

작은 속임에 무언가 잘못된 것이 있음을 보지 못했다.[1]

한마디로 말하면 그들은 도둑질하고 있었다.

1. 자기 이익만 추구

모든 사람은 도둑질이 나쁘다는 것을 안다. 성경을 읽지 않는 사람들조차도 "너는 도둑질하지 말라"(출 20:15)고 말하는 제8계명은 안다. 도둑질은 당신에게 속하지 않는 무언가를 취하는 것이다. 도둑질에 대한 히브리어 단어, 가나브(*ganav*)는 문자적으로 뭔가를 마치 몰래 하듯 가져가는 것을 의미한다. 더 전문적인 정의를 내리자면, 도둑질이란 불법적으로 다른 사람의 소유물을 자기 것으로 삼는 것이다.

제8계명이 금지하는 것은 매우 단순해 보인다. 그러나 대부분의 사람은 그것의 온전한 의미를 이해하지 못한다. 나머지 하나님의 율법처럼 도둑질에 대한 금지는 범위가 넓다.

가나브(*ganav*, 도둑질)는 모든 전통적인 유형의 도둑질을 포함

---

[1] T. Cecil Myers, *Thunder on the Mountain* (Nashville: Abingdon, 1965), 119-120, Maxie D. Dunnam, *Exodus*, the Communicator's Commentary (Waco, TX: Word, 1987), 251에 인용됨.

한다. 주거침입(훔치기 위해 가정이나 건물에 침입하기), 강도질(폭력이나 협박을 사용해 다른 사람으로부터 직접적으로 소유물을 취하는 것), 절도(허락 없이 무언가를 취하거나 돌려주지 않는 것), 강탈(운송중인 물품을 취하기 위해 무력을 사용하거나 버스, 트럭, 비행기 등에 대한 통제력을 장악하는 것), 들치기(영업시간에 값을 지불하지 않고 상점에서 물건 가져오기), 소매치기와 날치기. 가나브란 용어는 또한 횡령(자신의 보관 하에 맡겨진 돈이나 다른 물품을 속여 빼앗는 것)과 같은 넓은 범위의 복잡한 신종 절도를 포함한다. 금품강요행위(위협이나 권력의 남용을 이용해서 누군가로부터 돈을 취하는 것)와 공갈(어떤 불법적인 수단으로 돈을 얻는 것)이 있다.[2]

이것은 사람들이 제8계명을 위반하는 셀 수 없는 방법들 중 일부만 나열한 목록에 불과하다. 그들은 병원과 건축부지와 교회들로부터 공급품을 도둑질하며 공공 재산을 훔친다. 어느 한 호텔은 사업 첫해에 38,000개의 숟가락과 18,000개의 타일과 355개의 커피포트, …그리고 100개의 성경을 교체해야만 했다고 보고했다.[3]

시민들은 그들의 세금을 충분히 납부하지 않거나 장애와 사회보장에 대해 거짓 청구함으로써 정부로부터 도둑질하고 있다. 정부도

2　Rob Schenck, *The Ten Words That Will Change a Nation: The Ten Commandments* (Tulsa, OK: Albury, 1999), 155.
3　George W. Robertson, "The Eighth Commandment," *Leader to Leader* (July/August 1997), 3.

도둑질하고 있다. 거대한 관료제도로 연방정부는 공공자금을 낭비하고 완전히 변제할 계획도 없이 부채를 쌓아감으로써 국가적인 규모로 도둑질하고 있다. 적자 지출은 실제로 미래의 시민들로부터 도둑질하는 한 방법이다.

일터에서도 도둑질이 있다. 피고용인들은 거짓 근무시간 카드를 기입하고 휴일을 원할 때 아파서 결석한다고 전화한다. 그들은 사무용품을 마음대로 취하고, 개인적인 장거리 전화를 걸고, 지출보고서를 부풀려 기재한다. 가끔 그들은 심지어 횡령하기까지 한다. 그러나 보다 더 자주 일어나는 일터 도둑질은 단순히 꼬박 하루 일과를 하지 않는 것이다. 그 대신 노동자들은 사무실에 앉아 인터넷을 검색하고, 친구들에게 이메일을 보내고, 심지어 컴퓨터 게임을 하면서 그들의 시간을 낭비한다. 우리의 최선의 노력 이하를 들일 때마다, 우리는 고용주로부터 우리가 지불할 의무가 있는 생산성을 훔치고 있다.

이것들은 피해자 없는 범죄이다. 시간과 자산에 대한 피고용인의 도둑질은 미국의 사업과 투자자들에게 일 년에 2천억 달러 이상에 달한다. 이것은 우리 모두에게 영향을 미친다. 몇몇 평가에 따르면, 생산 비용의 3분의 1이 시장으로 가는 도중에 발생하는 다양한 형태의 도둑질을 메우는 데 소용된다. 분석가들이 칭하는 바와 같이, 이 "도난 추징금"이 우리의 경제 전체의 장애물이다.

고용인들은 그들의 입장에서 자주 노동자들로부터 도둑질한다. 그들은 계약서가 허용하는 것보다 더 긴 시간을 요구한다. 그들의 이익을 향상시키기 위하여 노동력을 재편성하고, 여전히 일자리를 갖고 있는 노동자들이 결국 해고된 사람들이 하였던 모든 일을 (물론 그들 자신의 일에 더하여) 하게 된다! 이것이 바로 회사들이 그들의 최고의 피고용인들로부터 도둑질하는 정교한 방식이다.

큰 기업들은 일반 대중으로부터 도둑질한다. 그들은 그들의 상거래 일부를 장부에 기록하지 않는다. 그들은 그들의 손실액을 해외 구좌에 숨긴다. 그들은 거짓 정보를 제공함으로써 유가증권을 조작한다. 최근 역사에서 가장 나쁜 범법자들 중 하나는 거대한 에너지 회사인 엔론(Enron)이었다. 2001년도에 그 회사의 붕괴는 전체 미국 경제에 손해를 입혔고, 어떤 사람들에게는 평생 모은 저축액을 잃게 했다. 엔론의 붕괴를 아더 앤더슨(Arthur Andesen), 월드콤(WorldCom), 아델피아(Adelphia), 라이트-에이드(Rite-Aid) 같은 일련의 회사들이 곧 뒤따랐고, 다른 유명한 기업들은 대중을 속이려다 잡혔다. 이 회사들의 사악한 경영간부진은 모든 속임수를 알고 있었다.

그러나 이것은 전혀 최근의 현상은 아니다. 마틴 루터는 그의 시대의 어떤 사람들을 '신사 사기꾼 또는 큰 경영자'라 밝혔다. 금고를 약탈하는 자물쇠를 여는 사람들과 빈집털이와는 거리가 먼 그들은 사무실 의자에 앉아 위대한 영주와 존경할 만한 선량한 시민이라 불리면서, 합법성을 가장하며 빼앗고 훔친다.[4]

그리고 존 칼빈은 이러한 사람들에 대해 다음과 같이 묘사했다.

---

4 Martin Luther, Michael S. Horton, *The Law of Perfect Freedom* (Chicago: Moody, 1993), 206에 인용됨.

그러므로 몰래 다른 사람들의 소유물을 훔치는 도둑들뿐만 아니라 다른 사람의 손해로부터 이득을 추구하는 사람들은 불법적인 관행으로 부를 축적하고 공정함보다 그들 사적인 이익에 더 몰두하게 된다.[5]

많은 일반적인 사업 관행들은 비록 그것들이 법적으로는 불법적이지 않다 하지만 비도덕적이다. 이것은 특히 마케팅에서 사실이다. 많은 사업가가 좋은 판매술로 여기는 것이 실제로는 제8계명을 위반한다. 무력한 소비자들을 이용하기 위해 공급과 수요의 법칙이 사용되는 가격 속임수가 있다. 상품을 실제보다 더 크고 좋게 보이게 할 목적의 허위 광고 및 거짓 포장이 있다. 세일즈맨들은 사람들이 실제로 필요로 하지 않는 물건을 그들에게 팔려고 애쓰면서 그들의 제품의 가치를 과장한다. 판매 전에 모든 차량은 자동차 역사에서 가장 좋은 차량으로서 극찬 받는다. 그러나 일단 판매가 이뤄지고 서비스 계약에 관하여 이야기할 때가 되면, 갑자기 그 차는 선불로 지불되어야 할 온갖 종류의 수리를 필요하게 될 것이다! 일이 그런 식으로 진행된다.

이 관행들은 모두 제8계명의 위반행위들이다. 칼빈이 한 다음의 말은 옳다.

---

5 John Calvin, Peter Lewis, *The Message of the Living God*, the Bible Speaks Today (Downers Grove, IL: InterVarsity, 2000), 158에 인용됨.

우리 이웃의 소유물과 돈을 획득하려는 모든 책략은 그것들이 진실한 애정에 벗어나 속이거나 어떤 식으로든 해를 끼치려고 하는 욕구로 향할 때, 절도로 간주되어야 한다.[6]

이와 비슷하게, 루터는 "우리가 어떤 종류의 거래든 우리 이웃의 손해로 끝나는 거래에서 그를 이용할"[7] 때마다 우리가 제8계명을 어기는 것이라고 말했다. 얼마나 많은 사업이 그 단순한 기준에 미치지 못하는가?

그리고 신용과 관련된 온갖 절도가 있다. 부당이득을 얻으려고 터무니없는 이자율로 돈을 빌려주는 고리대금이 있다. 오늘날 가장 뻔뻔한 범법자들은 이자를 거의 20%나 부과하는 신용카드회사들이다. 이와 동일한 죄가 국제은행들이 채무 국가를 재정적으로 속박할 때 대규모로 자행된다. 이것은 작은 소수 집단이 세계 자원의 대부분을 사용하고 그들이 자신의 이익을 보호하기 위해 할 수 있는 모든 것을 행하는 훨씬 더 광범위한 문제의 한 작은 국면에 불과하다.

그러나 성경은 가난한 사람들이 우리의 도움을 필요로 하며 적어도 하나님의 백성 공동체 안에서는 이자 없이 돈을 빌려야 한다고 가르친다(레 25:35-38; 신 15:7-8). 물론 이것의 또 다른 면이 있는데, 그것은 어떤 사람들은 전혀 갚을 의도도 없이 외상으로 구매한다는

---

6 John Calvin, *Institutes of the Christian Religion*, trans. Ford Lewis Battles, 2 vols., Library of Christian Classics, 20-21 (Philadelphia: Westminster, 1960), II.VIII.45.
7 Martin Luther, *The Large Catechism* (Philadelphia: Fortress, 1959), 39.

점이다. 의심의 여지없이, 이것은 왜 최근 몇십 년 사이에 신용카드 빚이 50억에서 5,000억 달러 이상으로 상승했는지 설명하는 데 도움을 준다.

목록은 계속된다. 허위 청구권을 서류로 작성하는 보험사기가 있다. 일이 계약체결 될 때마다 견적과 최종 가격 사이의 차이를 메꾸는 고의적인 비용초과가 있다. 음악과 비디오의 불법 복제를 포함한 저작권 위반인 지적 재산 절도, 다른 사람의 작품을 오용하는 표절이 있다. 그리고 명의도용(identity theft)이 있다. 터무니 없는 청구금액을 올리기 위해 인터넷 상에서 개인정보를 훔치고 사용한다.

도둑질하는 방법은 수없이 많다. 하이델베르그 요리문답은 제8계명과 관련해서 다음과 같이 요약한다.

> 하나님은 전문적인 도둑질과 강도짓뿐 아니라 잘못된 무게와 측정, 사기성 판매, 위조화폐, 고리대금과 같은 악한 계획 및 방책들을 금하신다. 우리는 강제적으로든 정당함을 가장하든 어떤 식으로든 이웃을 속여 빼앗지 말아야 한다. 게다가 하나님은 모든 탐욕과 그분이 주신 은사들의 모든 남용 또는 낭비를 금하신다(답 110).

문제는 도둑질에 관한 한, 거의 모든 사람이 그렇게 하고 있다는 점이다. 그러나 복음주의 기독교인들 중 거의 90%는 그들이 결코 제

8계명을 어기지 않는다고 주장한다.[8] 이 통계는 전혀 격려가 되지 않는다. 그것이 보여주는 바는 기독교인들이 도둑질이 정말로 무엇을 의미하는지 잊어버렸다는 것이다. 실은 절도가 미국 사회의 모든 계층에 널리 퍼져 있고, 모든 다른 사람처럼, 우리는 자신의 이익만을 추구하고 있다. 그러나 이것이 미국의 문제만은 아니다. 전 인류가 도둑 집단이며, 우리 모두 손실을 입고 있다. 마틴 루터는 다음과 같이 말했다.

> 만약 우리가 모든 상황에 놓인 인류를 본다면, 그것은 큰 도둑들로 가득한 하나의 광대하고 넓은 마구간일 뿐이다.[9]

그는 또한 만약 우리가 모두 재판에 회부된다면 무슨 일이 일어날 것인가 추측하기도 했다.

> 교수형을 당하는 이들은 바로 극소수의 도둑들이다. 만약 우리가 그들 모두를 교수형에 처해야 한다면, 우리가 어디에서 밧줄을 충분히 구할 것인가? 우리의 벨트와 끈들을 모두 교수형 밧줄로 만들어야 한다.[10]

---

8 George Barna, *The Barna Report*, 1992-93 (Ventura, CA: Regal, 1992), 117.
9 Martin Luther, Horton, *The Law of Perfect Freedom*, 206에 인용됨.
10 Martin Luther, Dunnam, *Exodus*, 265에 인용됨.

2. 하나님의 섭리, 우리의 청지기직

여하튼 도둑질이 뭐가 잘못되었는가? 나머지 하나님의 율법처럼, 제8계명은 깊은 영적 의미를 갖고 있다. 우리에게 속하지 않는 무엇인가를 우리가 취할 때마다, 그것을 어떤 식으로 하든지 우리는 우리 이웃뿐 아니라 하나님께 대하여 죄를 짓는다.

절도는 적어도 두 가지 면에서 하나님께 대한 죄이다. 먼저, 모든 도둑은 하나님의 섭리를 신뢰하지 못하는 것이다. 우리에게 속하지 않는 무언가를 취할 때마다, 우리는 하나님이 우리가 정말로 필요로 하는 모든 것을 우리에게 주셨거나 주실 수 있다는 것을 부인하는 것이다. 그러므로 제8계명의 준수는 하나님의 섭리에 대한 우리의 믿음의 실제 연습이다.

모든 절도는 또한 다른 사람을 위한 하나님의 섭리에 대한 공격이다. 이것은 도둑질이 하나님께 대하여 죄가 되는 두 번째 측면이다. 도둑질은 하나님이 다른 사람에게 공급하신 것을 강탈하는 것이다. 여기서 제8계명이 소유권을 나타내고 있음을 이해하는 것은 중요하다. "도둑질하지 말라"라고 말씀하심으로써, 하나님은 사람들이 사적인 재산을 소유할 권리를 갖고 있다고 말씀하셨다. 그렇지 않으면, 도둑질에 대한 전체 개념이 전혀 이치에 맞지 않는다. 누군가에게 속한 것만 그에게서 훔칠 수 있다. 그러나 어떤 것이 누군가에게 속하는 이유는 그것이 하나님에게서 오기 때문이다. 그리고 하나님이 다른 사람에게 주신 것을 우리는 자신을 위해 취할 권리가 우리에게는 없다.

이것은 우리를 제8계명의 긍정적인 면으로 이끈다. 소유권이라 할 때, 성경이 의미하는 바는 우리 자신의 목적을 위해서 사용할 물건을 소유하는 것이 아니라 하나님에게서 하나님의 영광을 위해 사용할 물건을 받는 것이다. 따라서 우리는 우리에게 속하지 않은 물건을 취하는 것이 금지된 동시에, 우리가 소유한 것을 하나님을 기쁘시게 하는 방법으로 사용해야 한다. 아주 간단히 말해서, 제8계명은 단지 도둑질에 관한 것만은 아니다. 그것은 또한 청지기직에 관한 것이다.

청지기는 다른 사람의 소유물을 돌보는 사람이다. 그는 자기 마음대로 그것을 사용할 자유가 없고 다만 주인의 의도에 따라 그것을 관리할 뿐이다. 이것이 정확히 우리의 상황이다. 우리가 소유하는 것마다 하나님의 소유물이다. 그분이 우리에게 그것을 돌볼 신성한 책임을 주셨다. 이는 태초 이래로 계속 되어온 방식이다. 아담은 어떤 재산도 소유하지 않았다. 그는 단지 그것을 관리만 했다.

> 여호와 하나님이 그 사람을 이끌어 에덴 동산에 두어 그것을 경작하며 지키게 하시고(창 2:15).

칼빈은 다음과 같이 설명한다.

> 그 동산의 관리는 아담의 책임 하에 맡겨졌다. 이는 하나님이

우리 손에 맡기신 것을 검소하고 절제 있게 사용하는 것으로 만족하면서 남아있을 것들을 돌봐야 한다는 조건하에 우리가 그 맡기신 것들을 소유하는 것임을 보여주기 위해서이다…하나님이 즐기라고 우리에게 주신 그 좋은 것들과 관련하여, 이러한 절약과 이러한 근면이 우리 가운데 꽃피우게 될 것이다. 모든 사람으로 하여금 그가 소유한 모든 것에 있어서 자기 자신을 하나님의 청지기로 생각하게 하라. 그러면 그는 방탕하게 행동하지도 않고 하나님이 보전하도록 명하시는 그것들을 남용으로 망가뜨리지도 않을 것이다.[11]

아담처럼, 우리는 하나님의 세계의 좋은 청지기들이 되도록 부름받는다. 좋은 청지기정신은 우리가 받은 것을 돌보는 것을 의미하지 그것들이 파손되도록 하는 것을 의미하지 않는다. 그것은 낭비하지 않는 것을 의미한다. 다른 것에 더 잘 쓰일 수 있는 돈을 낭비할 때마다, 우리는 일종의 절도죄를 범한다. 이것은 도박이 갖는 문제들 중 하나이다. 도박은 제8계명을 어기는 가장 흔한 방법들 중 하나가 되었다. 해마다 미국인들은 음식이나 의류보다 다양한 형태의 도박에 더 많은 돈을 쓴다. "그게 뭐가 잘못됐다는 건가?" 하고 어떤 사람들은 물을지도 모른다. 남침례교협의회(southern Baptist Convention)가 훌륭한 답변을 제공했다.

---

11   John Calvin, *Commentary on Genesis*, Horton, *The Law of Perfect Freedom*, 204에 인용됨.

성경이 도박과 관련해 "너는 ~하지 말라"는 구절을 포함하지 않는다 해도, 성경은 도박이 잘못됐다는 것을 나타내는 많은 통찰력과 원칙을 포함하고 있다. 성경은 인간에게 일어나는 사건들 관리에 있어서의 하나님의 주권을 강조한다(마 10:29-30). 도박은 우연과 행운에 의지한다. 성경은 사람이 창조적으로 일하고 그의 소유물을 타인들의 이익을 위해 사용해야 함을 지적한다(엡 4:28). 도박은 무언가를 수고없이 공짜로 얻으려는 태도를 조장한다. 성경은 주의 깊은 청지기정신을 요구하나, 도박은 무모한 방종을 요구한다. 성경은 탐욕과 물질주의를 비난하나(마 6:24-34), 도박은 그 중심에 이 두 가지를 모두 가지고 있다. 성경의 도덕적인 주제는 하나님 사랑과 이웃 사랑이지만(마 22:37-40), 도박은 타인의 손실과 고통에서 개인적 소득과 기쁨을 찾는다.[12]

좋은 청지기정신은 또한 열심히 일하는 것을 의미한다. 성경은 이에 관하여 매우 명확하다. 잠언은 게으름은 가난으로 이끈다고 가르친다(잠 6:10-11). 물론 그것이 가난의 유일한 이유는 아니지만, 그것은 그 이유들 중 하나이다. 다음으로 가난은 훔치고 싶은 유혹을 가져온다(잠 30:8-9). 이 유혹을 피하는 분명한 방법 하나는 재정적으로 자립하려는 목표를 갖고 정직한 소득을 위해 열심히 일하는 것이

---

12 *Issues and Answers: Gambling*, the Christian Life Commission of the Southern Baptist Convention (November 1993).

다(살전 4:11-12). 성경은 다음과 같이 말한다.

> 도둑질하는 자는 다시 도둑질하지 말고 돌이켜 가난한 자에게
> 구제할 수 있도록 자기 손으로 수고하여 선한 일을 하라
> (엡 4:28).

다시 말해, 강도는 삭개오가 했던 것처럼 자선을 베푸는 사람이 되어야 한다. 삭개오는 제8계명을 어긴 그의 많은 죄에 대해 변제를 했다(눅 19:8). 우리가 무엇을 도둑질했는지 깨닫자마자 곧 우리가 빚진 것과 그 위에 얼마를 더해 갚는 것이 우리의 책임이다.

이것은 우리를 좋은 청지기정신의 마지막 국면에 이르게 한다. 좋은 청지기정신이란 다른 사람들이 필요로 하는 것을 그들이 가질 수 있도록 하나님이 우리에게 주신 것을 나누어주는 것이다. 제리 브릿지(Jerry Bridges)는 소유물을 향해 우리가 취할 수 있는 기본적인 자세 세 가지가 있다고 말했다.

첫 번째 자세는 "너의 것은 내 것이니, 내가 그것을 취할 거야"라고 말하는 자세이다. 이것은 도둑의 자세이다.

두 번째 자세는 "내 것은 내 것이니, 나는 그것을 지킬 거야"라고 말하는 자세이다. 우리는 본성적으로 이기적이기 때문에, 이것은 대부분의 사람이 거의 늘 갖고 있는 자세이다.

세 번째 자세는 경건한 자세로서 "내 것은 하나님의 것이니, 나는

그것을 나눌 거야"라고 말하는 자세이다.[13]

기독교인들은 관대하게 살아야 한다. 우리는 우리 자신의 욕구를 만족시킬 뿐 아니라 다른 사람의 필요를 제공하기 위해서 일한다. 이는 하나님이 우리에게 주신 것을 우리가 결코 누릴 수 없다고 말하는 것은 아니다. 결국 하나님의 선물을 즐기는 것은 좋은 청지기정신의 한 국면이다. 그러나 우리만큼 부유한 기독교인들은 다른 사람에게 우리가 줄 수 있는 것에 대해 항상 생각하고 있어야 한다. 오직 이렇게 해야만 돈이 우리에 대한 지배력을 상실한다. 켄트 휴즈(Kent Hughes)는 다음과 같이 말한다.

> 내가 줄 때마다, 나는 돈이 나를 지배하지 못한다고 선언하는 것이다. 끊임없는 관대함은 돈의 끊임없는 탈신격화이다.[14]

좋은 청지기정신은 우리 가족들의 필요를 채우는 것으로 시작한다. 그런 다음 그것은 교회로 그리고 복음의 세계적 사역으로 확장된다. 마침내, 그것은 우리 자신의 공동체와 전 세계에 있는 가난한 사람들에게 닿는다. 성경은 다음과 같이 말한다.

> 너는 반드시 그에게 줄 것이요, 줄 때에는 아끼는 마음을 품지

---

13 Jerry Bridges, *The discipline of Grace: God's Role and Our Role in the Pursuit of Holiness* (Colorado Springs: NavPress, 1994), 88.
14 R. Kent Hughes가 2001년 11월 4일, 일리노이 주 휘튼에 있는 College Church에서 한 설교문 "Set Apart to Save Materialism"에서 발췌.

말 것이니라 이로 말미암아 네 하나님 여호와께서 네가 하는 모든 일과 네 손이 닿는 모든 일에 네게 복을 주시리라 (신 15:10).

그러한 관대함의 결과는 영원히 지속될 것이다. 토저(A. W. Tozer)는 일찍이 다음과 같이 설명했다.

일시적인 소유가 영원한 부로 바뀔 수 있다. 그리스도께 드려진 것마다 즉시 불멸로 어루만져진다.[15]

이를 다른 식으로 말하면, 언젠가 다시 보리라 기대할 수 있는 유일한 돈은 우리가 하나님 나라에 투자하는 돈이다. 예수님은 다음과 같이 말씀하셨다.

너희를 위하여 보물을 땅에 쌓아 두지 말라 거기는 좀과 동록이 해하며 도둑이 구멍을 뚫고 도둑질하느니라 오직 너희를 위하여 보물을 하늘에 쌓아 두라 거기는 좀이나 동록이 해하지 못하며 도둑이 구멍을 뚫지도 못하고 도둑질도 못하느니라 네 보물 있는 그 곳에는 네 마음도 있느니라(마 6:19-21).

---

15 A. W. Tozer, *Born After Midnight* (Harrisburg, PA: Christian Publications, 1959), 107.

만약 이 투자를 하지 못하면, 우리는 제8계명을 위반하는 죄를 짓는다. 4세기의 유명한 설교가 크리소스톰(Chrysostom)은 콘스탄티노플이란 대도시에 있는 부유한 회중을 섬겼다. 크리소스톰은 그의 사람들에게 인색하지 말라고 도전한 것으로 유명했다. 한번은 그가 다음과 같이 말했다.

소유물을 나누지 않는 것 또한 도둑질입니다. 아마도 이 말이 여러분에게 놀랍게 들릴 것입니다. 그러나 놀라지 마십시오… 제국의 국고를 맡은 관리가 그가 명령받은 곳에서 배급하는 것을 게을리 하고, 그 대신 자신의 나태함을 위해 사용하면 형벌에 처해져 죽어야 하는 것처럼, 부자 또한 가난한 사람들에게 분배되어야 할 돈을 맡은 일종의 청지기입니다. 그는 가난한 그의 동료 하인들에게 그것을 분배하도록 명령받고 있습니다. 그러니 만약 그가 필요 이상으로 자신에게 더 많은 것을 쓴다면, 그는 장차 가장 혹독한 형벌을 치룰 것입니다. 왜냐하면 그 자신의 물건은 그 자신의 것이 아니고 그의 동료 하인들에게 속하기 때문입니다…저는 여러분이 이것을 반드시 기억하시길 요청합니다. 우리 자신의 부를 가난한 사람들과 나누지 않는 것은 가난한 사람들에게서 도둑질하는 것이며 그들의 생활수단을 탈취하는 것입니다. 우리는 우리 자신의 부가 아니라

그들의 부를 소유하고 있습니다.[16]

3. 도둑들의 장막

성경 이야기들 속에는 많은 도둑이 등장한다. 하지만 그들 중에서 가장 대담한 도둑은 아마도 아간일 것이다. 아간은 이스라엘군대의 군사였다. 그는 여리고 전투에서 싸웠다. 그때 이스라엘 백성은 벽이 무너질 때까지 도시 주위를 행진했다.

그 유명한 승리의 날 아침, 여호수아 장군은 그의 군대에게 그날의 명령을 내렸다. 그는 그들에게 다음과 같이 명령했다.

> 외치라 여호와께서 너희에게 이 성을 주셨느니라 이 성과 그 가운데 있는 모든 것은 여호와께 온전히 바치되…너희는 온전히 바치고 그 바친 것 중에서 어떤 것이든지 취하여 너희가 이스라엘 진영으로 바치는 것이 되게 하여 고통을 당하게 되지 아니하도록 오직 너희는 그 바친 물건에 손대지 말라 은금과 동철 기구들은 다 여호와께 구별될 것이니 그것을 여호와의 곳간에 들일지니라 하니라(수 6:16b-17a, 18-19).

---

16 John Chrysostom, *On Wealth and Poverty*, trans. Catherine Roth (New York: St. Vladimir's Seminary, 1984), 49-55.

이것은 거룩한 전쟁이었다. 이스라엘 백성은 자신의 이익을 위해서가 아니라 하나님의 영광을 위해 싸우고 있었다. 그들은 그의 신적 정의의 대리자들이었다. 그리고 그러한 자들로서 그들에게는 전리품의 요구가 허용되지 않았다. 위반하면 사형의 처벌을 받게 된다는 조건하에 모든 것이 하나님께 바쳐져야 했다.

전쟁에서 모든 것이 계획에 따라 진행되었다. 백성이 외치자 성벽은 무너지고 이스라엘 백성들은 가나안을 정복했다.

> 그 성 안에 있는 모든 것을 온전히 바치되…칼날로 멸하니라…
> 무리가 그 성과 그 가운데에 있는 모든 것을 불로 사르고 은금과 동철 기구는 여호와의 집 곳간에 두었더라(수 6:21, 24).

군사들은 여호수아가 내린 명령을 모두 수행하였다. 그러나 아간은 예외였다. 전쟁이 끝난 직후, 그가 잔해더미를 뒤질 때, 그의 마음이 그 도시의 보물에 사로잡혔다. 금, 은, 그리고 디자이너의 라벨이 붙은 멋진 옷. "여기에 물건이 아주 많아서 내가 무언가를 가져도 아무도 그것이 없어졌는지 알아채지 못할 거야" 하고 그는 혼자 말 했음에 틀림없다. 더 많은 보물을 보면 볼수록, 그는 더욱더 자신을 위해 그중 얼마를 원했다. "결국 나는 이 군대의 군사야. 그러니 나는 싸운 것에 대한 얼마의 보상을 받을 자격이 있어!" 하고 아간은 합리화했다.

아간은 그 보물의 얼마를 그의 장막으로 어떻게 몰래 갖고 들어갈 수 있을지 생각하기 시작했다. 그의 마음이 그 가능성으로 동요할 때, 그는 해보기로 결심했다. 그는 노략한 물건 중에 시날 산의 아름다운 외투 한 벌과 은 이백 세겔과 그 무게가 오십 세겔 되는 금덩이 하나를 보았다(수 7:21a). 그는 그것들이 몹시 탐나 훔쳤다. 그런 다음 그는 그의 장막으로 서둘러 돌아갔다. 그가 숨죽이고 도착했을 때, 그는 그의 약탈품 모두를 숨기기 위해 땅에 구덩이를 팠다. 그것은 그들 가족의 작은 비밀이 되었다.

일반적인 강도행위와 비교해서, 아간이 많이 취한 것도 아니었다. 오늘날 시장에서 그것은 500달러짜리 옷 한 벌, 몇 백 달러어치의 은과 몇 천 달러어치의 금 정도에 달할 것이다. 그러나 그 얼마 안 되는 듯한 도둑질이 이스라엘에게 죽음과 파멸을 가져왔다. 패배는 빨리 왔다. 여리고에서의 대성공 이후에 여호수아는 이웃 도시를 공격하기를 매우 원했다. 장군은 그 지역을 조사하기 위하여 그의 정탐꾼들을 보냈다. 그리고 곧 그들은 돌아와서 그들의 다음 목표가 손쉬운 먹잇감이라고 말했다. 여호수아는 심지어 그의 군대 전부를 보낼 필요조차 없었다. 몇 천 명의 군사들이면 충분했다. 그러나 충격적이고 당황스럽게도 이스라엘 백성은 심히 패배당했다.

여호수아에게 이것은 군사적 위기처럼 보였다. 겨우 퇴각한 후, 그는 땅에 엎드려 하나님께 불평했다. 그러나 주님은 그에게 다음과 같이 말씀하셨다.

여호와께서 여호수아에게 이르시되 일어나라 어찌하여 이렇게 엎드렸느냐 이스라엘이 범죄하여 내가 그들에게 명령한 나의 언약을 어겼으며 또한 그들이 온전히 바친 물건을 가져가고 도둑질하며 속이고 그것을 그들의 물건들 가운데에 두었느니라 그러므로 이스라엘 자손들이 그들의 원수 앞에 능히 맞서지 못하고 그 앞에서 돌아섰나니 이는 그들도 온전히 바친 것이 됨이라 그 온전히 바친 물건을 너희 중에서 멸하지 아니하면 내가 다시는 너희와 함께 있지 아니하리라(수 7:10-12).

문제는 누군가가 제8계명을 위반한 데 있었다. 그래서 하나님은 계속해서 도둑을 밝히고 처형하도록 지시를 내리셨다.

이튿날 아침 백성 전체가 재판을 위해 여호수아 앞에 나왔다. 아간은 처음에는 무슨 일인가 궁금해하고, 나중에는 필사적으로 그의 죄가 드러나지 않기를 바라며 그곳에 있었다. 아마도 그는 "괜찮아, 여기 100만 명이 있는데, 장군이 어떻게 찾아낼 수 있겠어?" 하고 혼잣말 했을지도 모른다. 지파들을 앞으로 나오게 하였더니 유다가 제비 뽑혔다. 아간의 마음이 조마조마했다. 유다! 이런, 그건 그가 속한 지파였다. 그럴 가능성이 얼마나 됐겠는가! 그러자 유다의 모든 족속이 앞으로 나왔고, 세라 족속이 뽑혔다. 그가 누구의 조상인지 추측해보라! 물론 아간의 조상이다. 그의 얼굴에서 핏기가 가셨다. 세라 족속이 앞으로 나왔고, 삽디가 뽑혔다. 그때 아간은 그가 죽어야 할 사람이라는 것을 알았다. 왜냐하면 삽디는 그의 할아버지였기 때문이다. 그 가족의 모든 구성원이 한 명씩 앞으로 나왔다. 마침내 여호수아가 도둑인 아간에게 다가갔다.

　죽기 직전에 모세는 이스라엘 백성에게 만약 그들이 하나님께 순종하면 여호와께서 그들에게 약속의 땅을 주실 것이라 말했다. 그러나 그는 또한 그들에게 경고했다.

> 너희가 만일 그같이 아니하면 여호와께 범죄함이니 너희 죄가 반드시 너희를 찾아낼 줄 알라(민 32:23).

　그 일이 정확히 아간에게 일어났다. 그의 죄가 그를 찾아냈다. 그것은 놀라운 일이 아니다. 왜냐하면 그것은 처음부터 저지르기에는 너무나 어리석은 죄였기 때문이다. 훔친 물건을 숨기는 것은 또 다른 문제이지만, 그의 도둑질로 어떤 것을 실제로 획득하기 위해서 아간은 그가 취한 것을 사용해야만 할 것이었다. 생각해보라. 그가 언제 그의 멋진 외투를 입거나 귀금속 은닉처를 자랑해 보일 수 있겠는가?

　아간은 결코 기회를 갖지 못하고, 끝내 모든 것을 잃었다. 여호수아는 그로 하여금 온 백성 앞에서 그의 죄를 자백하게 했다. 그리고 사자들을 보내어 훔친 물건들을 찾게 했다. 과연 그것들은 도둑의 장막 안에 묻혀 있었다. 사자들은 모두가 볼 수 있는 곳으로 모든 것을 가지고 돌아왔다.

> 여호수아가 이스라엘 모든 사람과 더불어 세라의 아들 아간을

> 잡고 그 은과 그 외투와 그 금덩이와…그에게 속한 모든 것을 이끌고 아골 골짜기로 가서 여호수아가 이르되 네가 어찌하여 우리를 괴롭게 하였느냐 여호와께서 오늘 너를 괴롭게 하시리라 하니 온 이스라엘이 그를 돌로 치고 물건들도 돌로 치고 불사르고(수 7:24-25).

아간은 그의 목숨을 포함하여 모든 것을 잃었다. 그리고 이 모든 것은 부정수단으로 얻은 보물에 대한 대가였다.

왜 하나님은 아간을 그토록 가혹하게 다루셨는가? 부분적으로 그것은 아간을 본보기로 삼아 하나님은 거룩하시며 그분은 그분의 백성도 거룩하기를 원하신다는 것을 모든 사람이 알게 하기 위해서였다. 도둑이 되고자 하는 다른 사람들로 하여금 하나님께 속한 것을 취하는 것에 대하여 생각조차 하지 못하도록 할 더 좋은 방법이 무엇이겠는가? 그러나 그것은 또한 정의의 문제였다.

아간은 제8계명을 어기는 죄를 지었다. 그는 여리고로부터 도둑질함으로써뿐 아니라 하나님에게서 도둑질함으로써 계명을 어겼다. 이것이 그의 범죄를 그토록 가증스럽게 만드는 것이다. 모든 전리품은 하나님께 속했다. 그것들은 하나님의 집 곳간에 넣어야 했다. 거기서 그것들은 그분을 찬양하는 데 헌납될 것이었다. 아간이 취한 것은 하나님께 속했던 것이다. 따라서 그는 모든 도둑질 중에서 가장 큰 죄, 즉 하나님에게서 그분의 영광을 강탈하는 죄를 지었다.

4. 두 도둑 사이에

아간의 죄와 그 형벌은 하나님께 속한 것을 훔치는 사람에게 경고가 된다. 이렇게 하는 방법들은 많다. 가장 명확한 방법들 중 하나는 우리의 돈을 후하게 하나님께 돌려드리기보다 오히려 우리 자신을 위해 사용하는 것이다. 우리가 가지고 있는 모든 것은 하나님께 속한다. 하나님은 우리에게 우리가 필요로 하는 것을 사용할 자유를 주시면서도, 그분은 또한 우리에게 그분의 복음 사역을 위하여 드리라고 명하신다. 이 의무를 게을리 하는 것은 하나님의 것을 강탈하는 것이다.

대부분의 기독교인은 그들이 하나님에게서 훔치고 있다는 것을 부인하려 할 것이다. 그들은 이스라엘 백성들이 말라기 시대에 했던 식으로 그것을 부인하려 할 것이다. 그 충실한 선지자가 그들에게 그들이 하나님에게서 도둑질하고 있다고 말했을 때, 그들은 심히 기분이 상했다. "어떻게 우리가 그의 것을 도둑질합니까?" 하고 그들은 물었다. 하나님은 다음과 같은 말씀으로 대답하셨다.

> …이는 곧 십일조와 봉헌물이라 너희 곧 온 나라가 나의 것을 도둑질하였으므로 너희가 저주를 받았느니라 만군의 여호와가 이르노라 너희의 온전한 십일조를 창고에 들여 나의 집에 양식이 있게 하고 그것으로 나를 시험하여 내가 하늘 문을 열고 너희에게 복을 쌓을 곳이 없도록 붓지 아니하나 보라(말 3:8-10).

십일조는 10%이다. 그리고 이것은 기독교인의 헌금에 대한 유용한 가이드라인이다. 그러나 하나님은 퍼센티지를 근거로 일하지 않으신다. 우리가 교회에 얼마를 헌금하느냐는 기독교인 자유의 문제이다. 그러나 우리는 항상 더욱더 많이 헌금하려고 노력해야 하며, 우리가 할 수 있는 것보다 적게 내는 것은 영적인 도둑질이다.

하나님에게서 도둑질하는 또 다른 방법은 우리의 시간과 재능의 최상의 것을 그에게 드리지 않는 것이다. 우리의 모든 능력과 기회는 하나님에게서 온다. 그리고 그것들은 모두 그의 영광을 위해 사용되어야 한다. 성경은 다음과 같이 말한다.

> 무슨 일을 하든지 마음을 다하여 주께 하듯 하고 사람에게 하듯 하지 말라(골 3:23).

우리가 우리의 시간을 낭비하거나 우리의 은사를 최고의 가능성까지 개발하지 않을 때, 우리는 하나님에게서 도둑질하고 있다.

하나님에게서 도둑질하는 또 다른 방법은 그분의 율법을 어기고, 그렇게 함으로써 그에게서 순종하기를 거부하는 것이다. 모든 십계명 위반은 어떤 형태의 도둑질과 관련되어 있다. 우상에게 절하는 것은 하나님 예배를 훔친다. 안식일을 속되게 하는 것은 하나님의 거룩한 날을 훔친다. 살인은 생명을 훔친다. 간음은 순결을 훔치고, 거짓말은 진실을 훔친다. 그러나 진짜 도둑질은 우리가 범하는 모든 죄가 하나님의 이름을 더럽히고, 그리하여 우리 삶이 그분께 드려야 할 영광을 훔치는 것이다.

당신은 도둑인가? 십계명을 공부하는 유익들 중 하나는 십계명이 우리로 하여금 우리의 죄와 대면하게 한다는 것이다. 십계명의 완전한 의미들을 연구할 때, 우리는 우리가 온전하게 지킬 수 있는 계명이 단 하나도 없다는 사실을 발견한다. 따라서 율법은 우리를 정죄한다. 율법은 "당신은 우상숭배자이다. 당신은 음탕한 말을 하는 죄인이다. 당신은 안식일 위반자이며 반역자이다. 당신은 살인자, 간통자, 그리고 도둑이다"라고 선언한다. 율법은 우리가 복음이 필요한 죄인들이라는 것을 보이기 위해 이 모든 것을 말한다.

복음은 예수님이 그분을 믿는 모든 사람에게 구원을 베풀기 위해 십자가 위에서 죽으시고 다시 살아나셨다는 좋은 소식이다. 예수님은 죄인들을 대신하여, 명확히 말하면, 도둑들을 대신하여 십자가 위에서 죽으셨다. 성경은 예수님이 십자가에 달리셨을 때, 강도 둘이 예수님과 함께 하나는 우편에 하나는 좌편에 못 박혔고(마 27:38), 그리하여 구원자가 범죄자 중 하나로 헤아림을 받을 것이라는 예언이 성취되었다고 말한다(사 53:12). 십자가에 못 박힐 때, 예수님은 도둑으로 간주되었다. 마틴 루터는 그 상황을 다음과 같이 설명했다.

> 그리스도께서는 그 자신의 인격에 관한 한 무죄이시다. 그러므로 그분은 나무에 달리시지 않았어야 했다. 그러나 율법에 의하면, 모든 도둑은 나무에 달려야 하기 때문에, 모세의 율법에 따라 그리스도께서는 친히 나무에 달리셔야 했다. 그분은 죄인

과 도둑(한 사람이 아니라 모든 죄인과 도둑들)의 인격을 떠맡았다. 우리는 죄인이며 도둑들이다. 그러므로 우리는 사망과 영벌을 받을 만하다. 그러나 그리스도께서는 자신 위에 우리의 모든 죄를 담당하시고, 그 죄들을 위하여 십자가 위에서 죽으셨다. 그러므로 그분이 도둑이 되고, 이사야가 말한 것처럼 범죄자 중 하나로 취급 받은 것(사 53:12)은 적절했다.[17]

그리스도께서 두 도둑들 사이에서 십자가에 못 박히신 것은 잘 알려진 사실이다. 그러나 하나님의 정의에 관한한, 그날 십자가 위에는 실제로 세 명의 도둑들이 있었다. 자신들의 범죄 때문에 죽은 두 명의 도둑들과 우리의 죄를 자신에게 짊어지신 한 명의 도둑. 루터는 다음과 같이 설명했다.

법집행관은 만약 그가 도둑들 사이에 있는 누군가를 체포하면, 비록 그가 나쁜 일이나 죽어 마땅한 일을 결코 범하지 않았더라도 그를 범죄인으로 간주하고 벌을 준다. 그리스도께서는 죄인들 가운데서 발견되셨을 뿐 아니라 자기 자신의 자유의지와 성부의 뜻에 의해 죄인과 도둑들과 온갖 종류의 죄에 잠겨있는 사람들의 살과 피를 자기 것으로 하여 죄인들의 동료가 되기를 원하셨다. 그러므로 율법이 그분을 도둑들 사이에서 발견했을

---

17 Martin Luther, *Luther's Works: Lectures on Galatians, 1535, Chapters 1-4*, ed. Jaroslav Pelikan (Saint Louis: Concordia, 1963), 26:277.

때, 그것은 그분을 도둑으로 정죄하고 처형했다.[18]

이것은 과거 제8계명을 어긴 모든 사람에게 큰 위로가 된다. 그리스도께서 십자가 위에서 죽으셨을 때, 그분은 그분을 믿는 모든 도둑이 구원받도록 도둑들을 위해 죽으셨다. 구원받은 첫 번째 도둑은 십자가에서 그분 옆에 달렸던 자였다. 그는 예수님께 다음과 같이 말했다.

> 예수여 당신의 나라에 임하실 때에 나를 기억하소서(눅 23:42).

예수님은 회개하며 믿음으로 그에게 돌아서는 모든 율법위반자에게 주시는 대답을 그에게 하셨다.

> 내가 진실로 네게 이르노니 오늘 네가 나와 함께 낙원에 있으리라(눅 23:43).

---

18 Ibid., 277-278.

학습을
위한 질문들

1. 당신의 가장 귀중한 소유물은 무엇인가? 만약 당신의 집에 화재가 난다면, 당신은 무엇을 가지러 다시 달려 들어가겠는가?

2. 어떤 형태의 도둑질이 기독교인들에게서조차 '괜찮다'라고 여겨지고 있는가?

3. 당신은 고용인, 판매원, 사업 파트너 또는 친구에 의해 도둑질의 희생자가 된 적 있는가? 그 상황과 어떻게 당신이 그것에 반응했는지 설명해보라.

4. 왜 도둑질이 하나님께 죄가 되는가?

5. 우리가 소유한 것들이 하나님께 속한 것이라는 생각은 우리가 그것들을 다루는 방법을 어떻게 변화시키는가?

6. 좋은 청지기정신은 어떤 태도와 행동을 요구하는가?

7. 하나님이 당신에게 주신 것의 더 좋은 청지기가 될 수 있는 구체적인 방법들은 무엇인가?(소유물, 시간, 재능, 기회 등 다양한 범주들에 대해 생각해보라.)

8. 당신이 후하게 드리고 나서 돈이나 소유물이 당신에 대한 힘을 잃은 것을 알게 되었던 때를 나누라. 여호수아 6:16-21; 7:1; 7:10-26을 읽으라.

9. 전리품과 관련해 군사들은 어떤 규정들을 받았는가? 왜 여호수아는 이 규정들을 만들었는가?

10. 어떤 행동과 생각이 아간의 죄의 원인이었는가?

11. 아간과 이스라엘에게 미친 아간의 죄의 결과는 무엇인가? 이 형벌은 가혹해 보이는가? 왜 그런가??

12. 이 이야기에서 어떤 원칙들을 취하여 우리 자신의 삶에 적용시킬 수 있는가?

Written in Stone

The Ten Commandments and Today's Moral Crisis

12.

제9계명
진실 말하기

네 이웃에 대하여 거짓 증거하지 말라

— 출애굽기 20:16

2001년 12월에 조지 오리어리(George O'Leary)는 세계 정상에 있었다. 그는 노트르담대학 축구팀 파이팅 아이리시(the Fighting Irish)의 감독으로 막 임명되었다. 그것은 일생의 꿈이었다. 오리어리는 세계에서 가장 명성 있는 스포츠 프로그램들 중 하나의 책임을 맡았다.

그리고 이틀 후, 그의 업무의 첫날이 끝나갈 때, 그 전화가 걸려왔다. 한 기자가 뉴햄프셔에서 오리어리와 함께 축구경기를 했던 선수들 중 몇 명과 접촉하려고 애써오고 있었다. 이상한 일은 누구도 조지 오리어리란 이름을 가진 사람을 기억할 수 없었다는 것이다.

그래서 스포츠 정보담당 감독관이 그것을 확인하기 위해서 전화했다. 오리어리는 마지못해 그가 실제로 뉴햄프셔에서 **축구를** 하지 않았다고 인정했다. 그러니까 그는 일 년간 무릎 부상을 당하고, 그런 다음 단핵증에 걸렸다…누군가 실수한 것이 틀림없었다.

실제로 누군가 실수를 했었다. 그리고 그 다음날 그 기자는 전화를 걸어 그가 증거서류를 갖고 있다고 말했다. 몇 년 전, 일자리를 위해 시라큐스대학에 지원했을 때, 오리어리는 선수 경력에 대한 정보를 요구받았었다. 그가 제공한 것들 중 일부(가령 고등학교 축구선수권)는 사실이었다. 그러나 아무래도 그것은 만족할 만큼 인상적으로 보이지 않았다. 그래서 그 지원자는 그의 이력서를 좋게 하려고 결심했다. 21년이 지나, 그는 자필로 '뉴햄프셔대학 3년간 우수학생'이라고 기입했다. 그것은 정말로 단지 작은 거짓말에 불과했다. 그러나 그것은 오리어리의 꿈을 악몽으로 돌리기에 충분히 큰 거짓말이었다. 그것은 그로 하여금 직업뿐 아니라 명성도 잃게 만들었다.

아마도 가장 인상적인 반응은 그 감독의 형제로부터 나온 반응이었을 것이다. 그는 다음과 같이 말했다.

> 이력서가 진실되다고 어느 누가 저에게 말할 수 있겠습니까? 우리가 사는 미국에서, 이력서에까지 굳이 거짓말을 하려고 하는 것은 당신이 그 일을 얼마나 간절히 원하고 있는지를 나타

내는 표시입니다.[1]

슬프게도 이 태도는 아주 너무나도 전형적이다. 거의 3백만 명의 일자리 지원자들을 대상으로 한 조사에 의하면, 미국인 이력서의 거의 50%가 한 개 이상의 거짓을 포함하고 있다.[2]

우리는 모두 거짓말 하는 것이 잘못이라는 것을 알고 있다. 그러나 우리는 개인적인 이익을 위해 진실을 조작하는 데 너무 익숙해져서 거짓에 반대하며 버티는 데 어려움을 갖는다. 「타임」(TIME)의 한 칼럼니스트는 다음과 같이 썼다.

> 돌에 새겨지고 모세가 산꼭대기에서 가지고 내려온 거짓 증언 금지령은 항상 양면적이고 상반되는 감정을 유발해왔다. 한편으로는 거의 모든 사람이 거짓말하는 것을 정죄한다. 다른 한편으로는 거의 모든 사람이 매일 거짓말한다…십계명 중에서 전화상으로 그토록 쉽게 그리고 거의 발각될 위험 없이 위반할 수 있는 계명이 몇 개나 되겠는가?[3]

---

1 Gary Smith, "Lying in Wait," *Sports Illustrated* (April 8, 2002), 70-87에 기록되어 있다.
2 Colorado's Avert Inc.가 시행한 조사는 Jeffrey Kluger에 의해 "Pumping Up Your Past," *Time* (Spring 2002)에 실렸다.
3 Paul Gray, Michael S. Horton, *The Law of Perfect Freedom* (Chicago: Moody, 1993), 225-226에 인용됨.

1. 오직 진실만

전화상으로 거짓말했던 때보다도 오래 전에, 하나님은 그분의 백성에게 제9계명을 주셨다.

> 네 이웃에 대하여 거짓 증거하지 말라(출 20:16).

이 계명과 관련된 직접적인 상황은 법정이다. 그것은 배심원 앞에서 열린 공공 재판에서 목격자가 하는 법정 증언에 적용된다. '이웃'이란 단어는 언약공동체 안에서 일어나는 재판을 암시한다(레 19:8). 그러나 그것은 재판에만 국한되지 않는다. 결국, 예수님은 모든 사람이 우리 이웃이라고 가르치셨다(눅 10:25-37). 그러므로 하나님이 제9계명에서 매우 분명하게 정죄하시는 것은 거짓말하는 목격자, 즉 범죄로 고소당한 사람에 반대하여 거짓 증언하는 사람이다.

이 계명을 이해하기 위해, 고대 세계에서의 사법체계에 대해 더 많이 아는 것이 도움이 된다. 그 당시에, 범죄로 고소당한 사람들은 거의 보호를 받지 못했다. 그들은 유죄가 증명될 때까지 무죄로 간주되지 않고, 무죄로 증명될 때까지 유죄로 간주되었다. 증거 제시를 위한 기준이 거의 없어서, 가끔 피고인은 변호를 준비할 기회조차 갖지 못했다. 더구나, 가장 오래된 법정들은 단 한 명의 목격자에 근거하여 누군가의 유죄를 기꺼이 선고하려 했다.

이 법체계 전체가 남용되기 십상이었다는 것은 명백하다. 이는 왜 하나님이 제9계명을 "네 이웃에 대하여 거짓 증거하지 말라"(출 20:16)는 식으로 말씀하셨는지를 설명한다. 법의학적 증거 이전의 시대에는, 거의 모든 것이 증언에 달려있었다. 보통 증언은 다른 사람의 말에 반대하는 한 사람의 말이 되었다. 그리고 많은 범죄가 사형에 처할 범죄로 취급되었기 때문에, 피고의 생명이 자주 위험에 처해졌다. 거짓 증언의 말은 치명적일 수 있었다.

하나님의 지혜와 섭리 가운데 이스라엘에서의 상황은 달랐다. 언약공동체의 일원이 재판에 놓였을 때, 그는 장로들로 구성된 배심원단 앞에 등장했다. 한 명보다 더 많은 증인이 있어야 했다. 왜냐하면 하나님이 그분의 율법에서 다음과 같이 말씀하셨기 때문이다.

> 사람의 모든 악에 관하여 또한 모든 죄에 관하여는 한 증인으로만 정할 것이 아니요 두 증인의 입으로나 또는 세 증인의 입으로 그 사건을 확정할 것이며(신 19:15).

이것은 특히 사형에 처할 범죄에 대한 재판에서 중요했다. 아무도 한 명의 증인으로는 죽게 할 수 없었다(민 35:30; 신 17:6).

또 다른 보호책이 판결의 집행과 관련되어 있었다. 누군가가 사형선고를 받았을 때, 그의 원고가 첫 번째 돌을 던져야 했다(신 17:7; 비교. 요 8:7). 누군가를 고소하는 것과 그를 사형에 처하는 것은 별개의 문제이기 때문에, 이것은 중요한 안전장치였다. 더구나, 만약 그 주장이 거짓으로 판명되면, 고소자가 형벌을 받았다.

> 재판장은 자세히 조사하여 그 증인이 거짓 증거하여 그 형제를 거짓으로 모함한 것이 판명되면 그가 그의 형제에게 행하려고 꾀한 그대로 그에게 행하여 너희 중에서 악을 제하라 (신 19:18-19).

이 법적인 안전장치들은 죄 없는 자를 불의로부터 보호하기 위해 고안되었다. 하나님의 사람들에게는 서로에 대한 거짓 증거가 허용되지 않았다. 후에 선지자 스가랴는 다음과 같이 말했다.

> 너희는 이웃과 더불어 진리를 말하며 너희 성문에서 진실하고 화평한 재판을 베풀고(슥 8:16b).

이 원칙들은 민사재판이든 또는 종교재판이든 오늘날의 재판과 여전히 상관있다. 많은 사람이 공공 정의(public justice)에 대한 신뢰를 잃어버렸다. 그리고 그것은 모든 형태의 거짓을 거부함으로써만 회복될 수 있다. 진실이 없는 곳에는 정의가 있을 수 없다. 요헴 다우마(Jochem Douma)는 우리가 제9계명을 생각할 때, 다음과 같이 해야 한다고 말한다.

> 우리는 항상 사법 체계의 중요성에 대한 언급을 포함해야 한다. 제9계명에 대한 과거의 해석자들은 결코 망설이지 않고 법을 집행하는 역할을 하는 다양한 사람들을 언급했다. 이 해석

자들은 판사에게 부패하지 않고 성급하게 판결을 내리지 않도록 요구하곤 했다…그들은 고소인에게 반감이나 복수심으로 결코 누군가를 불필요하게 고소하지 않기를 요구했다. 그들은 증인이 진실을 말하되 진실 외에 아무것도 말하지 않을 것을 기대했다. 변호사는 그가 고소인을 돕고 유죄의 증거(만약 있다면)가 완벽할 것을 요구하는 중요한 역할을 갖고 있을 때조차도 검은 것을 하얗다고 하고 하얀 것을 검다고 해서는 안 된다. 이 해석자들은 피고인은 그의 죄가 증명된 곳에서는 그의 죄를 자백할 것을 요구했다.[4]

다른 말로 하면, 전체 법적 절차에 관련된 모든 사람은 진실을, 있는 그대로의 완전한 진실을 그리고 진실만을 유지할 의무가 있다.

2. 거짓말쟁이, 거짓말쟁이!

법정만이 거짓 증언을 할 수 있는 유일한 장소는 아니다. 십계명이 어떻게 작용하는지 기억하라. 그것들이 금지하는 것은 특정 죄의 가장 극단적인 형태이다. 살인은 증오의 가장 나쁜 종류이고, 간음은 가장 파괴적인 성적인 죄이다. 이와 비슷하게 제9계명은 가장 치

---

4 Jochem Douma, *The Ten Commandments: Manual for the Christian Life*, trans. Nelson D. Kloosterman (Phillipsburg, NJ: P&R, 1996), 315-316.

명적인 거짓말, 즉 무죄한 사람을 그가 저지르지 않은 범죄에 대해 정죄하는 거짓말을 금하고 있다.

'범주의 원칙'(the rule of categories)(본서 3장)에 의하면, 각 계명은 같은 종류의 더 작은 죄들에도 적용된다. 제9계명의 경우, 기본 원칙은 하나님이 모든 형태의 거짓을 금하신다는 것이다. 이것은 선지자 호세아에 의해 확증된다. 그는 '저주와 속임과 살인과 도둑질과 간음'죄로 이스라엘 백성들을 고발했다(호 4:2a). 호세아는 확실히 십계명을 언급하고 있었다. 그러나 거짓 증거에 대한 히브리어 용어 '샤카르'(shaqar)를 사용하지 않고, 그는 모든 종류의 거짓말과 관련된 더 일반적인 단어 '카하쉬'(kachash)를 사용했다. 제9계명은 "너는 거짓말 하지 말라"를 의미한다. 그것은 사람들이 법정에서 하는 거짓 증거에 관한 것일 뿐 아니라 뒷마당 울타리 너머 이웃에게 말하는 거짓말과 교회의 회중석 사이에서 속삭이는 소문에 관한 것이기도 하다.

거짓말하는 방법들은 많다. 사전 『로젯의 시소러스』(Roget's Thesaurus)는 인상적인 동의어 목록을 제시한다. 거짓은 허구, 애매한 언사, 위증, 위조, 또는 둘러대기로서 설명될 수 있다. 부정직 또한 온갖 다른 크기로 나타난다. 큰 거짓말들(터무니없는 거짓말, 대형 사기)이 있고, 우리가 말하는 온갖 작은 거짓말들(반쪽 진실, 아첨, 악의 없는 거짓말)이 있다. 우리가 말하는 것이 그 자체로는 진실일 수 있으나, 우리는 우리를 불리한 입장에 놓을 수 있는 세부사항들은 빠뜨린다. 또는 우리는 법적으로는 진실되지만 그럼에도 속이기 위해 의도된 것을 말한다. 우리는 우리 자신을 가능한 한 가장 유리한 상황에 놓으면서 우리의 성취를 과장하며 말한다. 동시에 우리는 다른 사람들의 실패를 과장하고, 그들에 대해서 최악의 것을 생각하고 말한다. 우리는 속이고, 잘못 인용하고, 잘못 해석한다. 우리는 문맥을 무시하면서 사람들의 말을 왜곡한다. 이런 저런 많은 방식으로 우리는 진실을 버리고 거짓말을 취한다.

제9계명에 대한 가장 뻔뻔스런 위반은 다른 사람을 해롭게 하는 거짓말이다. 특별히 금지된 것은 이웃을 상대로 한 거짓이다. 하나님은 우리에게 말할 수 있는 능력을 주셔서 우리가 그분을 찬양하고 다른 사람들을 축복하는 데 우리의 말을 사용할 수 있게 하셨다. 그러나 우리의 말은 우리의 죄로 말미암아 타락했다. 그래서 그것은 큰 피해를 주는 힘을 갖고 있다. 사도 야고보는 다음과 같이 말했다.

> 혀는 우리 지체 중에서 온 몸을 더럽히고 삶의 수레바퀴를 불사르나니 그 사르는 것이 지옥 불에서 나느니라(약 3:6).

부주의한 단 한사람이 저지른 대형 산불처럼, 거짓말하는 혀는 그것이 지나는 길에 있는 모든 것을 다 태워버린다. 야고보는 또한 다음과 같이 말했다.

> 혀는 능히 길들일 사람이 없나니 쉬지 아니하는 악이요 죽이는 독이 가득한 것이라(약 3:8).

진실로 혀는 몸에서 가장 위험한 부분이다! 말이 얼마나 위험할 수 있는지를 고려하면, 신약이 우리가 피해야 할 죄의 목록을 나열할 때 자주 우리에게 말하는 바를 조심하라고 이야기하는 것은 놀라운 일이 아니다. 사도 바울은 다툼과 비방과 수근거림(gossip, 본서에서 'gossip'의 의미를 저자는 '수근거림'보다 '험담'의 의미에 가깝게 사용하고 있기 때문에, 이하 '험담'으로 번역한다-역주)에 대해 고린도인들을 경고했다 (고후 12:20). 그는 갈라디아인들에게 분쟁과 분열은 죄된 본성의 행위들("육체의 일"-개역개정)이라고 말했다(갈 5:19-20). 그는 에베소인들에게 비방과 악의를 제하라고 말했다(엡 4:31). 말로 하는 이러한 죄들은 모두 제9계명을 위반한다. 왜냐하면 말이 사람들을 칭찬하기 위해 사용되기보다는 그들을 헐뜯기 위해 사용되기 때문이다.

성경이 험담을 정죄할 때, 그것은 단지 다른 일에 관하여 무심결에 하는 이야기 이상의 무언가를 의미한다. 험담은 다른 사람과 함께 사람들의 명성을 손상시키는 식으로 그들에 대해 이야기하는 것이다. 명성은 중요하다. 성경은 다음과 같이 말한다.

> 많은 재물보다 명예를 택할 것이요 은이나 금보다 은총을 더욱 택할 것이니라(잠 22:1).

험담이 갖는 문제 하나는 그것이 이 보물을 훔치려 한다는 것이다. 이것이 연설에서 행해질 때, 그것은 중상이라 불리고, 그것이 출판물에서 나타나면 그것은 비방하는 글이라 불린다. 어떻든, 험담의 희생자들은 결코 자신을 방어해낼 수 없다. 그들은 결코 그들의 정황을 설명하거나 그들의 동기를 해명하거나 또는 사람들이 그들에 관하여 갖고 있는 그릇된 생각들을 바로잡을 기회를 갖지 못한다. 그 대신에, 그들은 여론의 재판장에서 고발당하고 재판받고 선고받는다.

대부분의 험담은 상당한 양의 그릇된 정보를 포함한다. 험담하는 사람들은 소문, 풍문, 빈정댐, 그리고 다른 악의적으로 신뢰할 수 없는 형태의 의사소통을 거래한다. 그러나 심지어 진실한 말조차도 제9계명을 위반할 수 있다. 가끔 험담이 전하는 것이 사실일 때도 있다. 그러나 그것이 그릇된 대상에게 말해지거나 그릇된 이유로 인해 말해져서 타인을 다치게 한다. 말이 약간의 진실을 포함할 수 있으나, 그 증언은 악의적이기 때문에 잘못된 것이다. 요험 다우마는 다음과 같이 설명한다.

> 어쩌면 험담을 퍼뜨리는 사람이 거짓말하지 않을 수 있다. 그러나 그 또는 그녀는 진실성이 없다. 진실한 것들을 말해도 비방하는 상황에서 말하는 것은 거짓이다. 이웃의 실수와 과실과 단점이 상세하게 이야기된다. 사람들은 이런 종류의 잡담이 그들에게 경청하는 청중을 갖게 한다는 것을 깨닫는다. 왜냐하면 우리가 이웃에 대해 좋은 것보다는 나쁜 것을 들으려 하는 것은 보편적인 현상이기 때문이다. 그리고 더러운 것은 항상 대화가 끝난 후에도 오랫동안 없어지지 않는다. 마틴 루터가 그

의 대요리문답에 진술한 바와 같이, 명성은 속히 도난당하지만 속히 돌아오지 않는 것이다.[5]

험담이 너무 흔한 죄이기 때문에 우리는 그것이 얼마나 죄된 것인지 잊는다. 그러나 입술을 열어 다른 사람에 관하여 이야기하기 시작하기 전에 우리 자신에게 몇 가지 어려운 질문을 할 필요가 있다. 내가 말하려 하는 것이 사실인가? 만약 그렇다면, 그것이 정말 이 대화에서 이 사람에게 말해져야 하는가? 내가 이야기하고 있는 사람이 그것을 듣기 위해 여기에 있는 것이라면, 내가 그것을 이런 식으로 말해야 하는가? 만약 우리의 말이 이 간단한 테스트에서 통과하지 못한다면, 우리는 아예 말하지 않는 편이 더 나을 것이다.

이것에는 또 다른 면도 존재한다. 험담하는 것이 잘못이듯이, 험담에 귀 기울이는 것도 잘못이다. 이것도 진실에 해롭다. 옛 랍비 속담에 의하면 중상은 다음과 같다,

세 사람, 즉 그것을 말한 사람과 그것을 귀담아 들은 사람과 이야기된 사람을 죽인다.[6]

청교도 토마스 왓슨(Thomas Watson)도 비슷한 주장을 하였다.

---

5 Ibid., 316-317.
6 이러한 형태의 유명한 속담은 Göran Larsson, *Bound for Freedom: The Book of Exodus in Jewish and Christian Traditions* (Peabody, MA: Hendrickson, 1999), 153에 나온다.

> 중상하는 사람은 그의 혀에 악마를 운반한다. 그리고 중상을 받아들이는 사람은 악마를 그의 귀에 운반한다.[7]

왓슨은 옳았다. 우리가 험담에 귀 기울일 때마다, 우리는 그것의 죄에 말려들게 된다. 판단하는 것이 우리의 할 바가 아닐 때, 다른 사람에 대해 판단을 내리는 일에 끌려들어간다. 문제는 우리들 대부분이 작은 험담 듣기를 좋아한다는 점이다. 특히 그것이 흥미진진하면, 우리는 그것에 대한 욕구를 갖는다. 잠언에서는 다음과 같이 말한다.

> 남의 말하기를 좋아하는 자의 말은 별식과 같아서 뱃속 깊은 데로 내려가느니라(잠 18:8).

그러나 아무리 재미있다 하더라도 험담은 여전히 독약이다.

우리가 들어서는 안 된다고 알고 있는 것을 누군가가 우리에게 말하려고 시도할 때, 우리는 어떻게 해야 하는가? 중단시켜라! 우리는 "있잖아, 이게 험담처럼 들리기 시작하고 있어. 우리 다른 것에 대해 이야기해야겠어"라고 말해야 한다. 또는 "잠깐, 네가 더 말하기 전에, 우리 멈추고 이것에 대해 기도하는 것이 어때?" 하고 말해야 한다.

---

7 Thomas Watson, *The Ten Commandments* (1692; repr. Edinburgh: Banner of Truth, 1965), 169-170.

그리고 나서 주 앞에 그 문제를 가져간 후에 "자 이제, 네가 이야기하려 했던 게 뭐였지?"라고 말할 수 있다. 또는 "미안하지만, 난 더 이상 이것을 들을 수 있을지 모르겠어. 말해봐. 넌 관련된 사람들한테 가서 그것에 대해 말한 적 있어? 왜냐하면, 만약 네가 그러지 않았다면, 우리가 그것에 대해 이야기하는 것은 옳지 않을 것이기 때문이야"라고 말해야 한다.

너무나 자주, 다른 사람들에 대하여 불평하기를 좋아하는 사람들은 그들이 경건하게 자랄 수 있도록 돕는 어려운 영적인 사역은 하려 하지 않는다. 그러나 성경은 다른 사람의 죄를 다루는 올바른 방법에 관하여 매우 명료하다. 우선, 다른 누구와도 말하기 전에 우리가 직접 그들에게 가서 그것에 관해 이야기해야 한다(마 18:15). 만약 그들이 그들의 죄를 자백하고 싶어 하지 않으면, 그 문제를 다루는 일에 교회의 다른 사람들을 끌어들이는 적절한 방법들이 있다.

그러나 우리가 다른 사람의 죄에 대해 이야기할 수 있는 유일한 시간은 그들에게 영적인 도움을 주는 것이 우리에게 하나님이 주신 책임일 때이다. 그렇지 않다면, 그것은 우리 일이 아니다. 만약 모든 사람이 이 단순한 지침들을 따르기만 하면, 험담할 사람은 아무도 없을 것이다!

3. 최선의 정책

'양면의 원칙'(the two-side rule)(본서 3장)에 의하면, 각 계명이 금지하는 것도 있고, 또한 그것이 요구하는 것도 있다. 제9계명과 관련해, 이 법칙을 적용하는 것은 쉽다. 만약 거짓말하는 것이 금지된다면, 요구되는 것은 진실을 말하는 것이다.

진실의 편에 서는 것은 쉽지 않다. 조지 오웰(George Orwell)은 다음과 같이 말했다.

> 속임이 판을 치는 시대에, 진실을 말하는 것은 혁명적인 행동이다.[8]

그것이 사실이라면, 기독교인들은 혁명가가 되어야 한다. 왜냐하면 분명 우리가 모든 사람이 거짓말하고 있는 것처럼 보이는 속임이 판을 치고 있는 시대에 살아가고 있기 때문이다. 우리가 앞 장에서 본 바와 같이, 사업가들이 하는 거짓말(그들이 진실에 혼란을 가하는 온갖 방법)이 있다. 대학인들이 말하는 거짓말이 있다. 요즈음 캠퍼스에서 하는 가장 큰 거짓말은 보편적 진리는 없고 여러 다른 형태의 현실만 존재할 뿐이라는 것이다. 이것은 일부 학자들이 포스트모더니즘이라 일컫는 것의 일부이다. 대학인들이 온갖 종류의 다른 거짓말

---

[8] George Orwell, 필라델피아 범퍼 스티커 위에서 보이는 것처럼.

들을 할 수 있게 만드는 것이 바로 그 큰 거짓말이다. 그리고 정치인들이, 특히 선거운동 기간 동안에 말하는 온갖 거짓말들이 있다. 온갖 공격적인 광고와 지켜지지 않는 약속들 이후에, 유권자들은 어느 때보다도 더 냉소적으로 된다. 우리는 종종 「타임」이 최근의 대통령 선거 전에 했던 질문을 우리 자신이 하는 것을 발견한다. "이번 선거운동에서 누군가 진실을 말하고 있는가?"[9] 또한 기자들이 하는 거짓말도 있다. 지어낸 이야기가 진실보다 더 중요할 때, 사실과 허구 사이의 선이 희미하게 된다. 온갖 거짓말이 만연한 가운데, 기독청년들 가운데 객관적인 기준의 진리가 있다고 믿는 청년들이 절반도 되지 않는다는 사실을 알아도 그다지 놀랍지 않다.[10]

거짓말문화, 즉 찰스 콜슨(Charles Colson)이 "탈진실 사회"(Post_Truth Society)[11]라는 용어로 지칭한 문화 속에서 우리는 진리의 사람이 되도록 요구된다. 만약 학자라면, 인용하는 것에 주의하고 비평할 때 공정해야 한다. 만약 정치인이라면, 상대의 기록뿐 아니라 자신의 기록에 대해서도 정직해야 한다. 사업에 종사한다면, 사람들과 정직하게 거래해야 한다. 만약 기자라면, 이야기가 객관적 사실이 되게 해야 한다. 이것들은 물론 예에 불과하다. 모든 분야가 그 자체의 속임을 갖고 있다. 그러나 우리가 종사하는 분야에서 사람들이 어떤 거짓말들을 하든지, 우리는 진실을 말하도록 요구받는다.

---

9 Paul Gray, Horton, *The Law of Perfect Freedom*, 225에 인용됨.
10 "Churched Youth Survey," Barna Research Group (1994).
11 Charles Colson, "Post-Truth Society," *Christianity Today* (March 11, 2002), 112.

우리가 진리의 사람이 되도록 요구되는 이유는 우리가 진리를 말씀하시는 하나님을 섬기기 때문이다. 성부 하나님은 진실하시다.

> 사람은 다 거짓되되 오직 하나님은 참되시다(롬 3:4).

성자 하나님은 진실하시다. 성경은 그분이 아버지로부터 와서 은혜와 진리가 충만하며(요 1:14), 그분의 입에 거짓이 없었다고 말한다(사 53:9). 왜냐하면 그분은 인격화된 진리이시기 때문이다. 예수님은 다음과 같이 말씀하셨다.

> 내가 곧 …진리요(요 14:6)

> 무릇 진리에 속한 자는 내 음성을 듣느니라(요 18:37).

성령 하나님 역시 진실하시다. 사실 성경은 그분을 "진리의 영"(요일 4:6)으로 부른다. 하나님(성부, 성자, 성령)이 진실하시면, 그분은 그분의 말씀에 진실하심에 틀림없다. 그리고 그분은 그러하시다. 하나님이 말씀하셨던 모든 것(성경의 각 페이지에 있는 모든 단어를 포함하여)은 절대적으로, 실수 없이, 그리고 완전히 진실하다. 그러므로 우리는 항상 하나님이 말씀하신 대로 믿을 수 있다.

> 아버지의 말씀은 진리니이다(요 17:17b).

만약 하나님이 우리에게 진실하시면, 우리는 그에게 진실해야 하고 또한 서로에게 진실해야 한다. 성경은 다음과 같이 말한다.

> 너희는 도둑질하지 말며 속이지 말며 서로 거짓말하지 말며 너희는 내 이름으로 거짓 맹세함으로 네 하나님의 이름을 욕되게 하지 말라 나는 여호와이니라(레 19:11-12).

> 그런즉 거짓을 버리고 각각 그 이웃과 더불어 참된 것을 말하라 이는 우리가 서로 지체가 됨이라(엡 4:25).

존 칼빈은 성경의 가르침을 다음과 같이 요약했다.

> 이 계명의 목적은, (진리이신) 하나님이 거짓말을 증오하시므로 우리는 서로 속이지 말고 진실을 행하라는 것이다[12]

정직이 참으로 최선의 정책이다. 왜냐하면 그것이 우리가 다른 사람들과 좋은 관계를 갖도록 도와줄 뿐 아니라 우리의 개인 사이에 일어나는 의사소통이 하나님의 성품에 근거해야 하기 때문이다.
진실을 말하는 것은 사람들에 관하여 가장 좋은 것을 생각하고 말하는 것을 의미한다. 그들의 동기에 대해 의심하기보다는, 그들이

---

12 John Calvin, *Institutes of the Christian Religion*, trans. Ford Lewis Battles, 2 vols., Library of Christian Classics, 20-21 (Philadelphia: Westminster, 1960), II.VIII.47.

말하거나 행한 것을 선의로 해석해야 한다. 진실을 말하는 것은 또한 사람들이 부당하게 공격받을 때, 그들을 옹호해주는 것을 의미한다. 너무나 자주, 사람들은 침묵하며 방관한다. 그러나 윌리엄 바클레이(William Barclay)가 쓴 바와 같이, "비겁하거나 무관심하고 책임감 없는 침묵은 그릇되고 거짓된 말 만큼 몰지각한 범죄일 수 있다는 것은 중요한 원칙이다. 침묵의 죄는 말의 죄만큼 실질적이다."[13]

가끔은 죄와 맞서야 할 때가 있다. 그리고 그런 경우에 제9계명을 지키는 것은 "사랑 안에서 진리를 말하는 것"(엡 4:15, 강조 첨가)을 의미한다. 불행하게도, 대개 그 사랑이 결여되어 있다. 어떤 기독교인들은 "있는 그대로 말하는 것"을 너무도 꺼리지 않는다. 그러나 그들의 정직에는 무언가 잔인한 면이 있다. 제9계명을 준수하는 것은 하고 싶은 대로 말하는 것을 의미하지 않는다. 삶에는 전혀 아무것도 말하지 않는 편이 더 나은 상황들이 많이 있다. 제9계명이 의미하는 바는 정직한 것을 말하는 것이 우리의 의무일 때 그것을 사랑의 방식으로 말하는 것이다.

가끔 사람들은 거짓말이 허용되는 때가 있는지 궁금해 한다. 코믹한 효과를 위해서 또는 누군가를 놀리기 위해 과장된 이야기를 하는 것은 어떤가? 만약 이런 종류의 농담들이 애정을 가지고 이야기 된다면, 궁극적으로는 속이려는 의도가 없기 때문에 그것들은 정말로 제9계명을 위반하는 것은 아니다. 그러나 다른 사람의 존엄에 손

13　William Barclay, Maxie D. Dunnam, *Exodus*, The Communicator's Commentary (Waco, TX: Word, 1987), 266에 인용됨.

상을 주기 위해 유머를 사용하는 것은 항상 잘못된 것이다.

전쟁(warfare) 또는 박해의 시대에는 어떻게 되는가? 그때는 거짓말해도 괜찮은가? 어거스틴에게 거슬러 올라가면, 많은 신학자가 안 된다고 말했다. 그러나 성경에는 속임이 정죄 받지 않는 사건들이 많이 있었다. 예를 들어, 바로를 속여 대량학살을 막은 히브리 산파 십브라와 부아를 생각해보라. 가나안 사람들을 속여 여호수아의 정탐꾼들을 구원한 라합이 있었다. 전쟁의 전략으로서 잠복을 이용했던 기드온이 있었다. 성경은 이러한 거짓들을 정죄하지 않는다. 그러나 그것들 각각은 악한 사람들이 살인과 같은 훨씬 더 큰 죄를 행하는 것을 막기 위해 말해졌다.

그러나 우리는 우리가 어려운 상황에 놓여있을 때나 목적이 우리의 수단을 정당화한다고 생각할 때, 거짓을 정당화하기 위해 이러한 극단적인 경우들을 이용해서는 안 된다. 거짓말이 다른 사람들을 보호하기 위해 필요해 보이는 그러한 드문 경우에조차도, 거짓은 여전히 본질상 잘못된 것이다.

4. 급사(急死)를 부른 거짓말

성경에는 많은 거짓말쟁이가 있다. 에덴동산에서 하와에게 거짓말한 뱀, 형을 속여 장자권을 팔게 한 야곱, 이세벨이 나봇에게 반대하는 증언을 하도록 매수한 남자들, 예레미야를 비판한 거짓 선지자들이 그들이었다. 그리고 물론 예수 그리스도에 관하여 거짓말한 모든 사람이 있었다. 그러나 속임에 관한 가장 두려운 이야기는 초대 교회에서 나온다. 그것은 한 남편과 그의 아내와 그들의 급사를 부른 거짓말에 관한 이야기이다.

아나니아와 삽비라는 예루살렘 초대 교회의 구성원들이었다. 기독교인이 된다는 것이 흥분되는 시기였다. 예수님은 하늘로 돌아가시고 교회에 그분의 성령을 부어주셨다. 사도들은 복음을 전하고 놀라운 표적과 기사를 행했다. 이에 사람들은 매일 그리스도를 믿는 믿음으로 나아오고 있었다!

초대 교인들이 서로의 실제적인 필요에 신경써주는 방식은 거의 놀라울 정도였다. 성경은 다음과 같이 말한다.

> 믿는 무리가 한마음과 한 뜻이 되어 모든 물건을 서로 통용하고 자기 재물을 조금이라도 자기 것이라 하는 이가 하나도 없더라…그중에 가난한 사람이 없으니 이는 밭과 집 있는 자는 팔아 그 판 것의 값을 가져다가 사도들의 발 앞에 두매 그들이 각 사람의 필요를 따라 나누어 줌이라
>
> (행 4:32, 34-35; 비교. 2:45).

초대 교인들이 이렇게 했을 때, 그들은 중요한 무언가를 말하고 있었다. 그들은 그리스도 예수 안에서 그들의 보물을 찾았기 때문에 하나님 나라의 사역을 위해 자기들이 소유한 모든 것을 기꺼이 드리

기 원했다는 것을 증명하고 있었다. 그들이 그들의 재산을 팔아 그 것 전부를 하나님께 돌려드렸을 때, 그것은 그리스도에의 전적인 헌신을 공공연하게 표시하는 몸짓이었다.

이렇게 한 사람들 중 하나가 구브로에서 온 요셉이란 이름을 가진 남자였다. 성경은 그에 대하여 다음과 같이 말한다.

> 그가 밭이 있으매 팔아 그 값을 가지고 사도들의 발 앞에 두니라(행 4:36-37).

요셉은 심지어 예루살렘 출신도 아니었다. 그러나 그는 그 큰 도시에서의 하나님의 사역을 위해 내놓았다. 그것은 매우 후한 헌금이라 사도들은 그에게 새로운 별명을 지어주었다. 그들은 그를 바나바라고 불렀다. 그 의미는 '위로의 아들'이었다.

아나니아와 삽비라는 바나바가 한 일을 보았다. 그들은 또한 그의 헌금이 교회에서의 그의 명성을 얼마나 높였는지도 주목했다. 그 부부는 만약 그들 자신이 받아 마땅하다고 생각하는 그런 종류의 주목을 받고 싶으면, 사도들에게 거액의 기부를 해야 한다는 것을 깨닫고, 그렇게 했다.

> 아나니아라 하는 사람이 그의 아내 삽비라와 더불어 소유를 팔아 그 값에서 얼마를 감추매 그 아내도 알더라 얼마만 가져다가 사도들의 발 앞에 두니(행 5:1-2).

그들은 '아무도 모를거야' 하고 속으로 생각했음에 틀림없다.

아나니아와 삽비라가 그들의 재산을 자신들이 원하는 방식대로 사용할 권리를 갖고 있었다는 것을 이해하라. 하나님이나 다른 누구도 그들에게 그들의 밭을 팔라고 요구한 적이 없었다. 그리고 그들이 그것을 팔더라도, 그들에게는 그들의 돈 전부를 하나님께 드릴 의무도 없었다. 그건 청지기정신 문제였다. 그들이 어떤 식으로 선택하였든 그들에게는 그들의 소유를 사용할 자유가 있었다. 만약 그들이 그중 얼마만을 교회에 드리거나 심지어 전혀 아무것도 드리지 않았더라도, 그들이 궁극적으로 하나님의 영광을 위해 그렇게 한 것인 한 하나님은 그들을 받아들이셨을 것이다.

문제는 아나니아와 삽비라가 행한 바에 있지 않고 그들이 한 말에 있었다. 그들은 실제로는 에누리하고 있으면서 그 값 전부를 하나님께 드리고 있다고 말했다. 아나니아가 어떤 식으로 이것을 말했는지는 완전히 명확한 것은 아니다. 아마도 그가 그것을 큰 소리로 말했을지도 모른다. 또는 그것이 단순히 사도들의 발 앞에 돈을 놓는 행동에 의해 암시되었을 수도 있다. 그러나 그가 어떤 식으로 그것을 하였든 간에 아나니아는 거짓말했다. 실제로 부분적으로는 하나님을 위하고 또 부분적으로는 자신을 위하여 했으면서도, 그는 무언가를 완전히 하나님을 위하여 한 것처럼 행동했다.

어쨌든 베드로는 아나니아가 한 일을 알고 있었다. 왜냐하면 그가 헌금을 받자마자 다음과 같이 신랄하게 꾸짖었기 때문이다.

> 아나니아야 어찌하여 사탄이 네 마음에 가득하여 네가 성령을 속이고 땅 값 얼마를 감추었느냐 땅이 그대로 있을 때에는 네 땅이 아니며 판 후에도 네 마음대로 할 수가 없더냐 어찌하여 이 일을 네 마음에 두었느냐 사람에게 거짓말한 것이 아니요 하나님께로다(행 5:3-4).

베드로는 아나니아에게 세 가지 중요한 것을 말했다.

첫째, 그는 아나니아에게 그의 죄가 무엇인지 말했다. 그것은 본질적으로 도둑질의 죄이거나 심지어 탐욕의 죄가 아니라 속이는 죄였다. 그가 어긴 것은 제9계명이었지, 단지 제8계명과 제10계명만은 아니었다.

둘째, 베드로는 아나니아에게 그의 죄가 어디에서 왔는지 말했다. 그의 죄는 악마의 속임의 독에 감염된 마음에서 왔다. 사탄이 아나니아의 마음을 거짓말로 채운 자인데 이는 놀랄 일도 아니다. 왜냐하면 사탄은 처음부터 거짓말쟁이였기 때문이다. 예수님은 그를 "거짓말쟁이요 거짓의 아비"(요 8:44)라 부르셨다. 궁극적으로 모든 거짓말은 사탄에게서 나온다. 이것은 왜 거짓말이 그토록 비열한지 그리고 왜 그토록 하나님이 그것을 증오하시는지를 우리가 이해하도록 돕는다(잠 6:16-19; 슥 8:17). 모든 진리가 하늘에 계신 우리 아버지에게서 오는 반면, 모든 거짓말은 악마 자신에게서 나온다.

셋째, 베드로가 한 세 번째 일은 아나니아에게 그가 누구에게 죄를 지었는지 말하는 것이었다. 그는 본질적으로 베드로와 그의 사도

적 권위, 또는 심지어 교회에 대해 죄를 지은 것이 아니라, 무엇보다도 먼저 하나님께 대하여 죄를 지었다. 베드로는 아나니아가 성령을 속였다고 말했다(행 5:3). 그러고 나서 그는 아나니아가 사람에게 거짓말한 것이 아니라 하나님께 한 것이라고 말했다(행 5:4). 모든 진리의 하나님께 대항하는 죄, 이것이 거짓말의 실체이다.

그토록 많은 다른 계명에서도 그러했듯이, 여기서도 다시 우리는 죄의 전적인 어리석음에 직면한다. 어떻게 하나님께 거짓말하고 벌 받지 않고 피해갈 수 있으리라 기대할 수 있겠는가? 물론 그는 피해가지 못했다.

> 아나니아가 이 말을 듣고 엎드러져 혼이 떠나니 이 일을 듣는 사람이 다 크게 두려워하더라 젊은 사람들이 일어나 시신을 싸서 메고 나가 장사하니라(행 5:5-6).

어떤 이유에서인지 삽비라가 그것에 대해 듣지 못했다는 것만 빼고는 이야기는 끝난다.

> 세 시간쯤 지나 그의 아내가 그 일어난 일을 알지 못하고 들어오니(행 5:7).

베드로는 그녀에게 죄를 회개할 기회를 주었다. 그는 "그 땅 판 값이 이것뿐이냐 내게 말하라"(행 5:8a)라고 말했다. 베드로가 언급한 값은 땅을 판 값 전체가 아니었다. 삽비라도 잘 알다시피 그것은 헌금으로 드린 액수에 불과했다. 그러나 그녀는 "예 이것뿐이라"(행 5:8b)라고 대답했다.

거짓말할 때마다, 우리가 우리 자신의 속임의 거미줄에 빠질 위험이 늘 존재한다. 그러나 이 경우에 삽비라는 결코 그것이 오고 있는 것을 보지 못했다. 먼저 베드로는 그녀의 속임에 대해 정죄했다. "너희가 어찌 함께 꾀하여 주의 영을 시험하려 하느냐"(행 5:9a) 하고 그는 물었다. 그때 하나님의 심판의 완벽한 타이밍에 맞춰 그는 "보라 네 남편을 장사하고 오는 사람들의 발이 문 앞에 이르렀으니 또 너를 메어 내가리라"(행 5:9b)라고 말했다. 그 남자들이 문지방에 발을 들여놓자마자 그들은 돌아서서 매장지로 떠났다.

> 곧 그가 베드로의 발 앞에 엎드러져 혼이 떠나는지라 젊은 사람들이 들어와 죽은 것을 보고 메어다가 그의 남편 곁에 장사하니(행 5:10).

5. 우리에 관한 진실

당신은 하나님이 아나니아와 삽비라에게 하신 일로 충격 받았는가? 만약 이 일이 당신의 교회에서 발생한다면 어떠할지 상상해보라. 한 존경받던 부부가 대부분의 사람이 사소한 속임으로 여기는 것(헌금접시에 얼마를 놓았는지에 대한 작은 하얀 거짓말)으로 인해 목사의 발 앞에서 엎드러져 죽었다. 모두가 아연케 되고…그리고 두려워할 것이다. 이것이 정확히 예루살렘에서 사람들이 한 반응이었다. 성경은 다음과 같이 말한다.

> 온 교회와 이 일을 듣는 사람들이 다 크게 두려워하니라
> (행 5:11).

정말이다! 전체 이야기가 등골을 오싹하게 했다. 형벌이 너무 가혹하고 갑작스러웠다. 어느 날 아나니아와 삽비라는 찬양을 하고 성경공부를 하면서 교회에 있었다. 그 다음날 그들이 죽었다! 몇 시간 내에 둘 다 모두 끌려 나가 묻혔다. 하나님이 그렇게 하신 것은 정말 공정하였나?

물론 공정했다! 거짓말은 죽음에 해당하는 죄이기 때문에 공정했다. 다윗 왕은 주께서 "거짓말하는 자들을 멸망시키시리이다"(시 5:6a)라고 말했다. 그리고 아나니아와 삽비라가 엎드러져 죽었을 때, 그의 말은 사실이 되었다. 다윗은 또한 다음과 같이 묻고 답했다.

> 여호와여 주의 장막에 머무를 자 누구오며 주의 성산에 사는 자 누구오니이까…그의 마음에 진실을 말하며 그의 혀로 남을 허물하지 아니하고"(시 15:1-3).

그 의미인즉, 하나님의 왕국에 들어갈 자격이 있는 사람들은 제 9계명을 지키는 사람들이다. 그러나 그것을 어기는 사람은 어떠한가? 예수님은 거짓말한 자들이 속한 곳은 "불과 유황으로 타는 못"(계 21:8)이며, "거짓말을 좋아하며 지어내는 자"(계 22:15)는 그의 영원한 도성에서 영원히 내쫓길 것이라 말씀하셨다. 모든 거짓말쟁이는 죽어 마땅하고, 그 이후에는 죄에 대한 하나님의 영원한 진노를 겪어 마땅하다.

모두가 겁먹은 것은 당연하다. 아나니아와 삽비라에게 일어난 일은 다가올 심판의 예고편이었다. 그들은 자기들도 거짓말쟁이라는 것을 알았기 때문에 겁먹었다. 그들은 아나니아와 삽비라가 한 일은 그들이 말했던 많은 거짓말보다 나쁘지 않았다. 그것은 과장된 이야기일 뿐이었다. 그뿐이다. 수학에서의 한 실수였다. 만약 하나님이 그런 것 때문에 사람들을 죽이신다면, 그들도 죽어 마땅하고, 조만간 어떤 교회도 남아있지 않을 것이다! 의심할 바 없이 그 후 몇 주 동안 그들은 그들이 하나님을 위해 실제로 한 것보다 더 많은 것을 했다고 주장하지 않으려고 매우 주의했을 것이다!

하나님이 증오하시는 한 가지가 있다면, 그것은 기독교인들이 자신들을 실제보다 더 의롭게 보이게 하려고 말하는 거짓말들이다. 우리의 고백은, 우리가 불의하며 예수 그리스도 안에 있는 하나님의 은혜가 아니면 구원받을 수 있는 길이 없다는 것이다. 우리에 관한 진짜 진실은 우리의 죄가 너무 많아 하나님의 아들까지 우리의 죄의 값을 치르시기 위해 십자가에 못 박히셔야 했다는 것이다. 그것이 사실이라면, 왜 우리는 은혜로 구원받은 죄인들 이상의 무엇이라도 된 체하려 하는가? 우리가 영적으로 함께 이긴 것처럼 행동하는 것은 거짓말이다. 그러나 그 이상으로, 그것은 하나님의 은혜를 부인하는 것이다. 그 은혜만이 우리를 구원할 힘을 갖고 있다.

지방 교회의 한 모임에서 다른 목사가 나와 맞섰다. 그는 내가 율법주의자이며 하나님의 은혜를 보여주지 않고 있다며 나를 비난했다. 솔직히, 그는 약간 주제넘었고, 난 그의 비난이 정당했다고 확신할 수 없다. 그러나 내가 뭐라 말할 수 있었겠는가? 물론 그는 옳았다. 나는 내심 바리새인이다. 하지만 이것도 최악의 상황은 아니다. 나는 다른 신들을 따르기 좋아하는 범죄자이다. 내가 신성한 목사직을 갖고 있을지라도, 나는 하나님의 이름을 모독한다. 나는 살인 의도, 음란한 생각들, 탐욕스런 욕망들로 말미암아 죄를 지었다. 그러나 나는 그것 대부분을 대부분의 시간 동안에 숨길 수 있다(또는 적어도 내가 그렇게 할 수 있다고 생각한다). 그러나 그것이 나에 관한 진짜 진실, 즉 그토록 많은 거짓말로 가려져 있지 않았더라면 사람들이 볼 수 있었을 진실이다.

당신에 관한 진실은 무엇인가? 당신은 어떤 거짓말들을 해오고 있는가? 당신이 당신 자신에게 하는 거짓말은 무엇인가? 당신이 다른 사람에게 물건을 팔기 위해 시도하는 거짓말들에는 어떤 것이 있는가? 가장 큰 거짓말은 우리가 매일 지니고 살고 있는 거짓말, 우리가 유지하려고 그토록 열심히 애쓰는 거짓말이다. 그것은 우리가 외적으로 가장하는 모습이 우리의 내적인 모습이라고 하는 거짓말이다. 그러나 예수님은 다음과 같이 말씀하셨다.

> 화 있을진저 외식하는 서기관들과 바리새인들이여…이와 같이 너희도 겉으로는 사람에게 옳게 보이되 안으로는 외식과 불법이 가득하도다(마 23:27-28).

우리가 우리 자신과 우리의 모든 죄에 관한 참된 진실을 기꺼이 자백하려고 할 때, 놀라운 일이 일어난다. 우리가 예수님과 그가 우리의 구원을 위해 행하신 일에 관한 참된 진실을 볼 수 있게 된다. 우리가 얼마나 구원자, 곧 "진리를 알지니 진리가 너희를 자유롭게 하리라"(요 8:32)라고 말씀하신 그 구원자를 필요로 하는지 알 수 있는 것은 오직 우리가 우리의 죄에 관한 진실을 말할 때뿐이다.

학습을 위한 질문들

1. 당신이 이제껏 들어본 거짓말 중에서 가장 큰 거짓말은 무엇인가? (당신이 알고 있는 누군가나 미디어에 등장한 누군가가 한 거짓말일 수 있다) 당신이 진실을 알게 되었을 때 당신은 어떻게 반응했는가?

2. 하나님은 부정(不正)을 막기 위해 어떤 안전장치들을 그분의 율법에 마련하셨는가?

3. 기독교인들이 정당화하기 가장 쉬운 거짓말들의 형태는 무엇인가? 왜 그런가?

4. 이러한 '작은' 거짓말들이 초래하는 결과 및 영향은 무엇인가?

5. 무엇이 험담을 매우 해로운 형태의 거짓말로 만드는가?(비록 말해진 것의 일부가 사실임에도 불구하고.)

6. 험담이나 다른 유형의 거짓 증거의 유포 또는 경청을 막기 위한 실질적인 방법들은 무엇인가?

7. 일상생활의 어떤 상황들 속에서 당신은 진실 편에 서도록 요청을 받는가?

8. 보편적인 진리가 없다고 말하는 사람에 대한 당신의 반응은 무엇인가? 당신은 절대 진리의 개념을 어떻게 옹호할 것인가?

9. 사도행전 4:32-5:11을 읽으라. 무엇이 아나니아와 삽비라의 죄를 그토록 위중하게 만들었는가?

10. 당신은 이런 상황이 교회에 어떻게 영향을 끼쳤다고 생각하는가? 비슷한 상황은 당신의 교회에 어떻게 영향을 끼치겠는가?

11. 당신은 어떤 거짓말들을 당신 자신 또는 타인들에게 말하고 싶은 생각이 드는가?

12. 거짓말하는 것이 더 쉬웠으나 당신이 진실을 말했던 때에 관하여 이야기해보라. 진실 편에 선 결과는 무엇인가?

13.

제10계명
만족하기

네 이웃의 집을 탐내지 말라 네 이웃의 아내나 그의 남종이나 그의 여종이나 그의 소나 그의 나귀나 무릇 네 이웃의 소유를 탐내지 말라

— 출애굽기 20:17

예수님은 대부분의 사람의 삶의 방식과 직접적으로 대립하는 것들을 많이 말씀하셨다.

온유한 자는 복이 있나니 그들이 땅을 기업으로 받을 것임이요 (마 5:5).

너희 원수를 사랑하며 너희를 미워하는 자를 선대하며 (눅 6:27).

그러나 예수님이 하신 말씀들 중에서 가장 직접적으로 우리의 소비문화의 가치들을 반대하는 말씀은 다음의 말씀이다.

> 삼가 모든 탐심을 물리치라 사람의 생명이 그 소유의 넉넉한 데 있지 아니하니라(눅 12:15).

그러나 물론 오늘날 대부분의 미국인은 생명이 소유의 넉넉한데 정말 있다고 믿는 것처럼 보인다. 우리는 항상 적은 것을 심고 더 많은 것을 얻으려 애쓰며, 늘 소비를 하면서도 결코 만족하지 못한다. 한 목사가 다음과 같이 고백했다.

> 나는 '조금 더 교'(the Cult of the Next Thing)에 속해 있다. 이 교에 가입하는 것은 위험할 정도로 쉽다. 종교를 선택하지 않고도 그것에 저항하지 않으면 가입은 저절로 된다. '조금 더 교'는 종교적인 용어들로 주조(鑄造)된 소비주의이다. 이 교는 '더 많이', '너는 그것을 받을 자격이 있어', '새로운', '더 빨리', '더 깨끗한', '더 화려한'과 같은 거룩한 단어들로 된 자체의 기도문을 갖고 있다. 그것은 '외상 구매', '즉석 신용승인', '계약금 없음', '후불', '3개월 무이자'라는 자체의 뿌리 깊은 예배의식을 가지고 있다. 그것은 자체의 설교자, 전도자, 선지자, 사도를 갖고 있는데, 광고제작자, 상품을 선전하는 사람, 그리고 유명 스폰서들이 그들이다. 물론 그것은 자체의 사당, 예배당, 신전,

성지를 갖고 있는데, 쇼핑몰, 대형 슈퍼마켓, 클럽 창고형마트가 그것들이다. 그것은 신용카드와 직불카드라는 자체의 성례전도 있다. 그것은 흥청망청 돈 쓰기라는 자체의 황홀한 경험을 갖고 있다. '조금 더 교'가 선언하는 중심적인 메시지는 "갈망하라, 소비하라, 물질의 왕국이 여기 있느니"이다.[1]

왜 우리는 그토록 '조금 더 교'에 가입하도록 유혹받는가? 그것은 우리의 마음이 죄된 욕망으로 가득하기 때문이다. 우리가 가지고 있는 것에 만족하지 못하고, 우리는 항상 다른 무언가를 갈망한다. 만족하는 대신에 우리는 탐낸다.

1. 불경건한 욕망

제10계명은 탐하는 것을 엄격히 금한다.

> 네 이웃의 집을 탐내지 말라 네 이웃의 아내나 그의 남종이나 그의 여종이나 그의 소나 그의 나귀나 무릇 네 이웃의 소유를 탐내지 말라(출 20:17).

---

[1] Mark Buchanan, "Trapped in the Cult of the Next Thing," *Christianity Today* (September 6, 1999), 64.

탐낸다는 것은 무엇을 의미하는가? 탐낸다는 것은 다른 사람에게 속한 것을 갈망하고, 열망하고, 동경하는 것이다. 마땅히 우리의 것이 아닌 것에 우리의 마음을 둘 때마다 우리는 탐낸다.

존 맥케이(John Mackay)는 탐내는 것을 "타인에게 속한 것을 그릇된 방식으로 소유하려는 지나친 욕구"라고 칭한다.[2] 그것은 우리가 소유하지 않는 무언가를 단순히 원하는 것이 아니라, 다른 사람이 소유하고 있는 것을 원하는 것이다. 탐하는 것은 원하는 것과 관련 있기 때문에, 그것은 욕망의 죄이다.

청교도인 토마스 왓슨(Thomas Watson)은 그것을 "세상을 갖고자 하는 만족할 줄 모르는 욕구"로 정의 내렸다.[3] 그가 사용한 '세상'은 오직 하나님에게서만 올 수 있는 영적인 것과 반대되는 것으로, 이 세상이 제공할 수 있는 것들을 의미한다.

최근의 한 주석가는 탐내는 것을 "무언가에 대한 과도하고 제어되지 않는 이기적인 욕구"로 묘사했다.[4]

물론 모든 욕구가 이기적인 것은 아니다. 하나님은 우리를 욕구의 피조물로 만드셨다. 음식에 대한 욕구는 우리로 하여금 먹는 걸 생각나게 한다. 무언가 유용한 일을 하고자 하는 욕구는 우리로 하여금 일을 하도록 동기를 부여한다. 우정에 대한 욕구는 우리를 공

---

2 John L. Mackay, *Exodus* (Fern, Ross-shire, England: Christian Focus, 2001), 354.
3 Thomas Watson, *The Ten Commandments* (1692; repr. Edinburgh: Banner of Truth, 1965), 174.
4 John D. Currid, *A Study Commentary on Exodus*, 2 vols. (Auburn, MA: Evangelical Press USA, 2000), 2:49.

동체 안으로 이끈다. 친밀감(성적 친밀감 포함)에 대한 욕구는 우리로 하여금 결혼하게 한다. 모든 욕구 중에서 가장 깊은 욕구인 하나님을 알고자 하는 욕구를 포함해서 우리는 많은 건강한 욕구를 갖고 있다. 그러나 우리와 관련된 다른 모든 것과 마찬가지로 우리의 욕구들은 죄로 인해 타락했다. 우리는 자주 잘못된 것을 잘못된 방식으로, 잘못된 시간에, 잘못된 이유로 원한다. 그런데 이것은 제10계명이 금지하는 것이다. 웨스트민스터 소요리문답에 의하면 다음과 같다.

> 제10계명은 우리 자신의 재산에 대한 모든 불만족과 이웃이 가진 좋은 것을 시기하거나 슬퍼하는 것과 이웃이 가진 것에 대한 모든 부적절한 내적 충동과 애착을 금한다(답 81).

탐내는 것 주변에는 늘 시기하는 무언가가 있다. 이것은 에덴동산으로 거슬러 올라간다. 하와가 금지된 열매를 취하기 전에, 그녀는 그것을 탐냈다(창 3:6). 이는 그녀가 그 열매를 한 개의 열매로서 감탄하며 바라보았기 때문이 아니라, 사탄이 만약 그것을 먹으면 하나님과 같이 될 것이라고 그녀에게 말함으로써 그녀가 시기하게끔 유혹했기 때문이다. 하와는 그녀가 갖도록 의도되지 않았던 것을 얻기 위하여 그 열매를 취했다.

그 이후로 우리는 이런 식으로 죄를 지어왔다. 그것을 볼 수 있는 좋은 장소가 아장거리는 아이들로 가득한 탁아실이다. 다른 아이의 손에 들려있는 장난감을 보는 것만큼 어떤 것도 장난감에 대한 아이의 관심을 일으키지 못한다. 탐심에서 도둑질로의 변화는 거의 순간적으로 일어난다. 어른들은 더 교묘하지만, 우리는 동일한 죄를 짓고 있다. 탐심은 다른 누군가가 우리가 원하는 것을 갖고 있을 때마다 실망이란 작은 고통을 야기시키는 것이다. 그것은 동료가 승진할 때, 룸메이트는 로맨스를 찾았는데 우리는 아직 싱글일 때, 또는 우리에겐 꿈에 불과한 곳으로 친구가 휴가를 떠날 때 우리가 반응하는 방식이다. 우리는 항상 우리 자신을 다른 사람들과 비교하고, 솔직히 그들이 갖고 있는 것을 우리가 갖고 있지 못할 때 그것에 분개한다. 사도 야고보는 다음과 같이 말했다.

> 너희 중에 싸움이 어디로부터 다툼이 어디로부터 나느냐 너희 지체 중에서 싸우는 정욕으로부터 나는 것이 아니냐 너희는 욕심을 내어도 얻지 못하여 살인하며 시기하여도 능히 취하지 못하므로 다투고 싸우는도다(약 4:1-2a).

온갖 종류의 것들을 탐한다. 보통 우리는 탐심을 물질적 소유물과 연결지어 생각하는데, 정말 그렇다. 제10계명은 집, 종, 가축과 같은 다양한 형태의 재산을 언급한다. 오늘날 대부분의 사람이 과거보다 당나귀와 황소에 관심을 덜 갖고 있지만, 그 계명은 여전히 유효하다. 우리는 더 큰 집, 더 빠른 차, 그리고 더 나은 오락과 같은 것들을 탐낸다. 우리는 또한 유명 디자이너의 라벨이 붙은 옷, 더 많은 기능을 갖춘 가전제품, 통신판매 카탈로그에 있는 소품, 쇼핑망의 작은 장신구, 그리고 백만 가지의 다른 사소한 상품들을 탐낸다.

소비는 우리의 생활방식이 되었다. 우리가 얼마나 많이 갖고 있든지, 우리는 늘 더 많은 것을 원하고, 더 새롭고 더 좋은 물건에 대한 우리의 욕구는 거의 만족할 줄 모른다. 제10계명을 지킬 수 없는 우리의 불능 상태, 이것으로 인하여 광고가 그토록 성행하게 된다. 미국보다 더 탐욕적인 나라가 있었는가? 전형적인 미국인 작가인 랄프 왈도 에머슨(Ralph Waldo Emerson)은 "물질이 말안장에 앉아 인간을 몰고 있노라"라고 말했다. 우리는 보통 그것을 '아메리칸 드림을 좇는 것'이라 부르지만, 성경은 그것을 탐심이라 부른다.

그밖에 우리는 무엇을 탐내는가? 제10계명은 "네 이웃의 아내"(출 20:17)를 언급한다. 이것은 성(性)이 우리의 가장 제어하기 어려운 욕망들 중 하나일 수 있다는 사실을 일깨워준다. 우리가 성적 환상을 좇을 때마다, 우리는 일종의 탐욕의 죄를 짓는다. 우리는 곧 충족시켜주길 요구하는 죄된 욕망을 키우고 있다.

요약하면, 제10계명은 우리가 탐하도록 유혹받는 것들 몇몇을 열거하고 있다. 그러나 이 목록은 "~이나(or) 무릇 네 이웃의 소유"(출 20:17)라는 말로 끝나기 때문에 완전한 목록이 아니다. 이것은 최후의 어떤 빠져나갈 구멍도 막는다. 목록에 열거된 항목들은 총망라한 항목이 아니다. 단지 암시적인 것에 불과하다. 여하간 어떤 것이든 우리가 탐내는 것은 금지된다. 우리는 다른 사람들의 특성(나이, 외모, 두뇌 또는 재능)을 탐해서는 안 된다. 우리는 삶에서의 그들의 상황(결혼, 미혼, 자녀들)을 탐해서는 안 된다. 우리는 교회에서의 더 눈에 띄는 사역지 또는 영적 은사의 더 폭넓은 인정과 같은 영적 재능을 탐해서도 안 된다. 어떤 것도 우리가 탐하는 것이 허용되지 않는다. 하나님의 법은 모든 불법적인 욕망을 금지한다.

2. 죽음에 이르는 욕망

대부분의 사람은 탐내는 것을 비교적 중요하지 않은 죄로 생각한다. 여하간 그것은 살인과 간음처럼 '큰' 죄들과 같은 범주에 들지 않는 것처럼 보인다. 한 주석가는 다음과 같이 고백했다.

> 누가 이 계명들의 최종 순서를 승인했든지 그가 그다지 긴장이나 절정에 대한 감각을 갖고 있지 못했다는 생각이 들었다. 그는 도둑질, 간음, 살인과 같은 극적이고 흥미를 자아내는 죄들을 모두 앞에 열거했다. 그리고 나서 그는 탐심으로 끝냈다. 탐심과 같이 덤덤하고 대수롭지 않는 죄로 시작해서 중대한 내용에 이르는 것이 더 논리적으로 보였을텐데 말이다.[5]

그러나 탐하는 악을 낮게 평가하고픈 유혹을 받을 때마다, 우리

---

5 익명, Maxie D. Dunnam, *Exodus*, the Communicator's Commentary (Waco, TX: Word, 1987), 267에 인용됨.

는 하나님이 그것을 십계명에 포함시키셨다는 사실을 기억할 필요가 있다. 한층 더 나아가, 탐욕은 성경의 곳곳에서 정죄 받는다. 예수님은 그것을 도둑질, 살인, 음란과 나란히 열거하셨다(막 7:21-22). 사도 바울은 탐욕을 부리는 사람은 하나님 나라를 유업으로 받지 못할 것이라고 주장했다(고전 6:9-10). 그는 또한 다음과 같이 말했다.

> 너희도 정녕 이것을 알거니와 음행하는 자나 더러운 자나 탐하는 자 곧 우상숭배자는 다 그리스도와 하나님의 나라에서 기업을 얻지 못하리니(엡 5:5; 비교. 골 3:5).

청교도인 토마스 왓슨은 생생한 예증을 제시했다.

> 나룻배 사공이 뱃삯을 늘리려고 너무 많은 승객을 실어 배를 가라앉게 하는 것처럼, 탐욕스러운 사람은 그의 재산을 증식시키려고 너무 많은 금을 실어서 결국 멸망에 빠져 죽는다.[6]

탐욕은 우리를 그 어떤 다른 죄 만큼이나 빨리 우리를 지옥으로 빠져들게 할 수 있다.

탐욕이 악한 또 다른 이유는 그것이 다른 많은 죄악의 원인이 되기 때문이다. 탐욕은 매우 강렬한 욕망이기 때문에, 그것은 거의 불

---

6 Watson, *The Ten Commandments*, 178.

가피하게 사람들이 다른 계명들을 위반하도록 이끈다. 탐하는 사람은 단순히 무언가를 바라는 것을 넘어서서 어떻게 하면 그것을 얻을 수 있을까 궁리하는 데 이른다. 그 좋은 예가 아간이다. 그는 우리가 제8계명을 공부했을 때 만난 도둑이다. 성경은 아간이 여리고로부터 보물을 훔치기 전에, 그가 그것을 탐냈다고 말한다(수 7:21). 이것은 그가 그것을 사모했다는 사실 그 이상을 의미한다. 이는 그것을 몹시도 원했기 때문에 그가 그것을 얻을 방법을 계획하기 시작했다는 것을 의미한다. 그리고 일단 실행 가능한 계획을 세우게 되자, 그는 계획을 추진하였고 죄를 범했다. 아간이 자기 마음속에 간직했던 죄된 욕망은 그가 다른 사람의 물건에 손대지 않을 수 없기까지 그의 의지를 지배했다.

이것이 죄된 행동들이 항상 시작되는 방식이다. 죄된 행동은 죄된 욕망으로 시작된다. 먼저 우리는 우리가 원하는 무언가를 본다. 그러고 나서 우리는 우리가 그것을 얼마나 그리고 왜 그것을 원하는지에 대해 생각하기 시작한다. 곧 그것이 우리의 생각을 지배하기 시작하고, 마침내 그것은 집착이 된다. 이 지점에 도달할 즈음에 죄는 우리를 가지고 맘대로 할 것이다. 사도 야고보는 다음과 같이 설명했다.

> 오직 각 사람이 시험을 받는 것은 자기 욕심에 끌려 미혹됨이니 욕심이 잉태한즉 죄를 낳고 죄가 장성한즉 사망을 낳느니라 (약 1:14-15).

악한 욕심이 죄를 낳고 마침내 사망을 낳는다. 이것이 하나님께서 십계명에 탐욕을 포함시키신 이유이다. 불경건한 욕심은 빨리 치명적인 욕망으로 변한다. 성경은 다음과 같이 말한다.

> 부하려 하는 자들은 시험과 올무와 여러 가지 어리석고 해로운 욕심에 떨어지나니 곧 사람으로 파멸과 멸망에 빠지게 하는 것이라(딤전 6:9).

탐욕은 다른 어떤 죄만큼이나 치명적일 수 있어, 우리로 하여금 매우 실질적인 질문을 하게 한다. 나의 마음이 무엇을 원하며, 그 욕망이 결국에 나를 어디로 이끌 것인가?

3. 문제의 핵심

제10계명에는 그것을 나머지 계명들과 구별되게 하는 뭔가 색다른 점이 있다. 제10계명은 곧장 마음으로 향한다. 다른 9개의 계명들은 분명하게 우상 만들기, 안식일에 일하기, 무고한 희생자 죽이기와 같은 외적인 행위들을 정죄한다. 우리가 본 바와 같이, 이 계명들은 또한 미움과 음욕 같은 죄들을 금하기도 한다. 우리의 '내-외 원칙'(본서 3장)에 의하면, 각각의 계명은 외적인 행위뿐 아니라 내적인 태도에도 적용된다. 그러나 처음 9개의 계명들은 일반적으로 외부에서 시작하고, 그런 다음 우리가 그것들을 어떻게 적용할 것인지 배울 때 내적으로 진행한다.

제10계명의 다른 점은 그것이 내적인 면에서 시작한다는 점이다. 탐욕에 관한 계명은 우선 우리가 행하는 것과 관련되지 않고, 우리가 하기를 원하는 것과 관련된다. 그것은 우리의 내적 욕구들에 적용된다. 이 때문에 일부 주석가들은 혹 제10계명이 불필요한 것이 아닌가 하는 생각을 하였다. 탐욕은 실제로 제8계명에 포함되지 않는가? 만약 도둑질을 금하는 하나님의 율법이 도둑질하는 손뿐만 아니라 탐욕적인 마음을 정죄한다면, 왜 제10계명이 필요한가?

답은 제10계명이 다른 계명들이 암시하기만 하는 것, 즉 하나님이 외적인 순종뿐 아니라 내적인 순종을 요구하신다는 점을 명백하게 만든다는 것이다. 만약 하나님이 제10계명을 주시지 않았다면, 우리는 외적인 순종이 우리가 드려야 할 전부라고 생각하려는 유혹에 빠지기 쉬웠을 것이다. 그러나 제10계명은 하나님이 마음을 판단하신다는 것을 증명해준다. 누군가가 그 핵심을 놓치는 경우에, 탐욕을 금하는 명령은 하나님의 법이 영적이라는 점을 보여준다.

마이클 호튼(Michael Horton)은 자기에게 다음과 같이 말했던 랍비에 관하여 이야기한다.

> 당신도 아시다시피, 우리 두 종교 사이의 가장 큰 차이점들 중 하나는 단지 그것을 바라거나 생각함으로써 당신이 죄를 지었다고 하는 이 사상에 있습니다. 우리는 그것이 실제로 죄가 되

기 전에 당신이 실제로 육체적인 행위를 해야만 한다고 믿습니다. 그렇지 않으면, 우리는 늘 죄를 짓고 있는 셈이 되니까요!"[7]

그 랍비는 옳았다. 만약 하나님이 우리를 외적인 것뿐만 아니라 내적인 것에 대해서도 우리를 판단하시면, 우리는 모두 항상 죄를 짓고 있는 것이다. 이것이 **정확히 제10계명**이 가르치려고 의도한 것이다. 마틴 루터는 다음과 같이 말했다.

> 이 마지막 계명은 세상이 사악한 불량배들로 간주하는 사람들을 향해 말해진 것이 아니라, 정확히 가장 의로운 사람들, 즉 앞에 나온 계명들을 어기지 않았기 때문에 정직하고 고결하다고 칭찬받기 원하는 사람들을 향해 말해진 것이다.[8]

루터가 인정한 바와 같이, 이 계명은, 그 어떤 계명보다도 더, 우리에게 우리가 죄인이라는 점을 확신시킨다. 우리에게 구원자가 필요하다는 것을 보여주려는 은혜로운 목적에서 그렇게 한다.

제10계명이 사도 바울의 삶에서 이러한 효력을 미친 것으로 보인다. 바울은 자신이 하나님의 율법의 완전한 기준에 일치한다고 생각하면서 그의 삶의 전반부를 지냈다. 그는 살인하지 않았고, 간음

---

7 Michael S. Horton, *The Law of Perfect Freedom* (Chicago: Moody, 1993), 167에 자세히 이야기됨.
8 Martin Luther, *Large Catechism*, Ibid., 241에 인용됨.

하지 않았고, 도둑질하지 않았고, 거짓말하지 않았다. 적어도 외적으로는 그렇게 하지 않았다. 그러고 나서 바울이 제10계명에 이르렀을 때, 그 율법이 그의 죄를 드러냈다. 그는 그의 경험을 다음과 같이 서술하고 있다.

> 율법으로 말미암지 않고는 내가 죄를 알지 못하였으니 곧 율법이 탐내지 말라 하지 아니하였더라면 내가 탐심을 알지 못하였으리라 그러나 죄가 기회를 타서 계명으로 말미암아 내 속에서 온갖 탐심을 이루었나니(롬 7:7-8a).

그러므로 탐욕을 금지하는 하나님의 율법은 결코 점강법(漸降法)이 아니다. 그것은 우리가 구원이 필요한 죄인들이라는 점을 우리에게 확신시킨다. 제10계명은 우리가 하나님의 율법을 지킬 수 있다는 생각을 우리에게서 제거해준다. 프란시스 쉐퍼(Francis Schaeffer)는 다음과 같이 쓴 바 있다.

> "탐내지 말라"는 자신을 도덕적이라고 생각하는 사람에게 그가 참으로 구원자를 필요로 한다는 사실을 보여주는 내적인 계명이다. 자기 자신을 다른 사람들과 비교하고 다소 쉬운 법률 목록에 비교하면서 살아 온 보통의 그러한 '도적적'인 사람은, 바울이 그랬던 것처럼, 자기가 잘 살아가고 있다고 느낄 수 있다. 그러나 갑자기 그가 탐하지 말라는 내적인 명령에 직면할

때, 그는 무릎을 꿇게 된다"⁹

4. 분노의 포도

탐욕에 관한 모든 성경 이야기 중에서 가장 재미있는 이야기는 아합과 분노의 포도에 대한 이야기이다. 성경은 그것을 "이스르엘 사람 나봇에게 속한 포도원과 관련된 사건"(NIV)이라 부른다. 그런 다음 계속해서 그 포도원이 이즈르엘에, 사마리아의 왕 아합의 궁전 곁에 있었다고 설명한다(왕상 21:1). 이것이 탐욕에 관한 이야기를 위한 완벽한 배경이었다. 두 명의 남자들, 그러나 최상의 소유지는 한 구획 뿐이었다.

사건은 단지 욕망에서 시작되었다. 아합 왕은 나봇의 포도원이 얼마나 좋은지 그리고 그것이 왕궁에서 얼마나 가까운지에 주목했다. 그리고 그것에 대해 생각하면 할수록 그는 더욱 그것을 갖기를 원했다. 그것은 왕에게 어울릴 만한 포도원이었다. 혹은 적어도 그에겐 그렇게 보였다! 자연스럽게 아합은 만약 그가 그 땅을 소유하면 그것을 어떻게 개발할지에 대해 생각하기 시작했다. 그것이 포도원으로서 아무리 좋다 하더라도, 그것은 채소밭, 특히 그에게 속한 밭으로서는 훨씬 더 좋을 것이었다. 아합의 입은 침을 흘리기 시작

---

9 Francis A. Schaeffer, *True Spirituality* (Wheaton, IL: Tyndale, 1971), 8.

했다. 그는 실제로 방풍나물과 순무를 맛볼 수 있게 될 것이다.

그래서 왕은 사업제안을 하기로 결심했다.

> 아합이 나봇에게 말하여 이르되 네 포도원이 내 왕궁 곁에 가까이 있으니 내게 주어 채소 밭을 삼게 하라 내가 그 대신에 그보다 더 아름다운 포도원을 네게 줄 것이요 만일 네가 좋게 여기면 그 값을 돈으로 네게 주리라(왕상 21:2).

그것은 공정한 제안처럼 보였다. 아합은 나봇에게 적어도 왕궁 곁에 있는 것에 버금가는 좋은 포도원을 줄 것이다. 또는 만약 나봇이 아주 포도 산업을 그만두는 것을 선호한다면, 아합은 얼마가 되든지 그 땅값을 그에게 지불할 것이다.

그러나 나봇은 다음과 같이 말하면서 즉각 거절했다.

> 내 조상의 유산을 왕에게 주기를 여호와께서 금하실지로다
> (왕상 21:3).

나봇이 아합을 거절한 이유는 그가 성경을 알았기 때문이었다. 모세의 율법에 의하면, 이스라엘 자손에게는 토지 매매가 허용되지 않았다. 하나님은 다음과 같이 말씀하셨다.

> 토지를 영구히 팔지 말 것은 토지는 다 내 것임이니라 너희는

> 거류민이요 동거하는 자로서 나와 함께 있느니라(레 25:23).
> 이스라엘 자손이 다 각기 조상 지파의 기업을 지킬 것이니라
> (민 36:7).

토지는 하나님께 속한 것이기 때문에 포도원을 팔 수 없었다. 나봇은 돈보다 하나님을 섬긴 그런 사람이었다. 만약 하나님의 율법을 어기는 일이라면, 그것이 아무리 그에게 재정적 이익이 되더라도 그는 가족 농장을 팔지 않으려 했다. 아합에게는 단지 사치에 불과한 것이 나봇에게는 경건의 문제였다. 하나님은 그가 그의 조상의 유산인 주(主)께 속한 포도원을 내주는 것을 금하셨다!

나봇은 예수님이 하신 다음 말씀의 좋은 본보기다.

> 네 보물 있는 그 곳에는 네 마음도 있느니라(마 6:21).

나봇은 그의 보물을 하나님의 약속에서 찾았다. 반대로, 아합의 마음은 전혀 잘못된 곳에 있었다. 이 작은 부동산 투기사업이 그의 손가락에서 빠져나가고 있다는 것을 알았을 때, 아합은 어린 아이가 자기 뜻대로 하지 못할 때 하는 것처럼 행동했다. 그는 토라졌다.

> 아합이 근심하고 답답하여 왕궁으로 돌아와 침상에 누워 얼굴을 돌리고 식사를 아니하니(왕상 21:4).

불쌍한 아합! 한가한 생각으로 시작된 일이 죄된 강박관념이 되어버렸다. 그의 욕망은 철저한 탐욕이 되어버렸다. 그는 오직 그 포도원을 가져야만 했다! 그리고 그가 그것을 가질 수 없을 때, 그는 못 먹는 감 찔러나 보자는 식의 오기로 가득 찼다. 마이어(F. B. Meyer)는 이 구절에 관한 그의 주석에서 그 탐욕스러운 왕을 유쾌한 풍자로 다루었다. 그는 다음과 같이 쓰고 있다.

> 왕궁의 한 방에서, 이스라엘 왕 아합은 먹기를 거부하며 얼굴을 벽을 향한 채 그의 침상에 누워있었다. 무슨 일이 일어난 걸까? 왕의 군대에게 재앙이 닥쳤나? 바알의 제사장들이 또다시 학살당했나? 왕의 배우자가 죽었나? 아니다. 군인들은 시리아에 대한 최근의 승리로 아직 의기양양해하고 있다. 바알숭배는 갈멜에서의 끔찍한 재앙에서 상당히 회복되었다. 단호하고 어기차고 잔인하고 아름다운 이세벨은 지금 그 옆에 서서 걱정하며 이 슬픔의 원인을 찾고 있다.[10]

이세벨의 염려에 대한 묘사는 거의 감동적이다. 그녀는 무언가가 잘못되었다는 것을 알 수 있었다. 그녀의 남편은 심지어 저녁식사에도 오려하지 않았다!

이세벨은 무엇이 아합을 괴롭히고 있는지 알아내자마자 즉시 책

---

10 F. B. Meyer, *Elijah* (Fort Washington, PA: Christian Literature Crusade, 1992), 135.

임을 떠맡았다. 그녀는 하나님의 율법과 같은 사소한 일들이 그녀가 원하는 것을 방해하도록 내버려두는 그런 여자가 전혀 아니었다. 그녀는 그녀의 남편에게 다음과 같이 말했다.

> 왕이 지금 이스라엘 나라를 다스리시나이까 일어나 식사를 하시고 마음을 즐겁게 하소서 내가 이스르엘 사람 나봇의 포도원을 왕께 드리리이다(왕상 21:7).

그리고 그녀는 그렇게 했다. 이세벨은 불량배들 몇 명에게 뇌물을 주어 나봇을 신성모독죄로 고발하도록 했다. 두 명의 증인이 있었기 때문에, 사람들은 즉각 나봇을 끌어내어 돌로 쳐 죽였다. 이리하여 아합이 그의 값비싼 채소들을 심을 수 있는 길을 청소했다. 이 사악한 계략은 다음 말씀을 증명한다.

> 돈을 사랑함이 일만 악의 뿌리가 되나니(딤전 6:10a).

왜냐하면 탐욕적인 욕심으로 시작한 것이 결국 거짓 증거와 살인과 도둑질이 되었기 때문이다.

그러나 하나님은 조롱당하시지 않는다. 결국 하나님의 율법의 위반은 아합의 파멸의 원인이 되었다. 이세벨이 그에게 나봇이 죽었다고 말하자마자, 아합은 "일어나서, 이스르엘에 있는 나봇의 포도원을 차지하려고 내려갔다"(왕상 21:16, 새번역). 왕이 그곳에 이르렀을 때, 하나님의 선지자 엘리야가 그를 만나 그의 영혼까지 오싹하게 하는 말씀을 전하기 위해 기다리고 있었다.

> 네가 죽이고 또 빼앗았느냐…개들이 나봇의 피를 핥은 곳에서 개들이 네 피 곧 네 몸의 피도 핥으리라(왕상 21:19).

아합의 아내도 동일한 선고를 받았다. 왕과 왕비는 모두 개들에게 던져졌다.

만약 성경의 이야기들로부터 우리가 배우는 한 가지가 있다면, 그것은 십계명을 위반한 사람들에겐 일이 결국 잘되지 못한다는 것이다. 그들은 항상 결국에 그들이 받아 마땅한 것을 받는다.

5. 오직…하기만 하면 좋으련만

아합의 몰락은 그의 불만족에서 시작되었다. 왕은 삶에서 더 멋진 물건들 대부분을 가지고 있었다. 그러나 그는 그가 가지고 있는 것에 대해 하나님께 감사하기보다는 그가 가지지 못한 한 가지, 곧 왕궁 옆에 있는 채소밭에 집착하게 되었다. 모든 일이 이렇게 시작되었다. 아합은 그에게 속하지 않은 무언가를 원했다. 그리고 점점 더 심하게 그것을 원하다가 마침내 그것을 탐내는 데 이르렀다. 이 모든 것은 불만족에서 비롯되었다.

삶에서 우리가 겪는 좌절의 상당 부분은 하나님이 우리에게 주시지 않은 것들을 원하는 데서 비롯된다. 탐욕으로 인해 우리는 우리가 실제로 가지고 있는 것보다는 우리가 가지고 있지 않은 것에 집중한다. 아합은 "내가 나봇의 포도원을 갖기만 한다면, 난 행복할 텐데" 하고 말했다. 우리의 모든 불만족은 동일한 종류의 논법(論法)에서 비롯된다. 오직…하기만 하면 좋으련만.

가끔 우리는 물질적 소유물에 대해 "오직…하기만 하면" 하고 말한다. "내가 좀 더 많은 돈을 갖고 있기만 하면", "내가 사는 장소가 더 컸으면." 일단 우리가 이런 식으로 생각하기 시작하면, 우리의 불만족에는 끝이 없다. 억만장자 넬슨 록펠러(Nelson Rockefeller)에게 행복하려면 얼마만큼의 돈이 있어야 하는지 질문한 기자에 관한 이야기를 종종 듣는다. 록펠러는 "단지 조금만 더 있으면 됩니다"라고 대답했다. 전도서에서 다음과 같이 말하는데 이는 맞는 말이다.

> 은을 사랑하는 자는 은으로 만족하지 못하고 풍요를 사랑하는 자는 소득으로 만족하지 아니하나니(전 5:10).

이것은 가난한 자나 부유한 자 모두에게 있어 사실이다. 탐욕은 특정한 과세등급에 제한되지 않는다.

가끔 우리는 우리의 신체적 특성에 만족하지 못한다. "오직 내가 다른 체형을 갖고만 있다면, 사람들이 나를 더 좋아할 텐데", "오직 내게 이 장애만 없다면, 나는 주님을 더 효과적으로 섬길 수 있을 텐데." 다른 경우들에 있어, 우리는 교회에서의 사역 장소에 만족해하지 못한다. "오직 사람들이 내 사역이 얼마나 중요한지 인정해주기만 하면", "오직 그들이 나에게 나의 은사를 제대로 사용할 기회를 주기만 하면."

삶에서 우리가 처한 상황에 불만족한 때가 있다. 미혼자들은 독신인 것에 만족해하지 않는다. "오직 내가 결혼할 누군가를 찾을 수만 있다면, 모든 게 달라질 텐데." 그리고 나서 우리가 결혼하고 나면 우리는 그것에 대해서도 만족하지 못한다. 우리는 "오직 내 배우자가 내 필요를 충족시켜 줄 더 나은 직업을 갖고 있기만 하면" 하고 말한다. 오직…하기만 하면 좋으련만.

우리가 우리의 만족감의 근거를 세상에 있는 것에 두는 한, 우리는 늘 우리 자신을 비참하게 만들 구실을 발견하게 될 것이다. 우리의 문제는 밖에 있지 않고 안에 있다. 따라서 그 문제는 우리가 원하는 것을 더 많이 갖는다고 해서 결코 해결되지 않는다. 만약 우리가 바로 지금 우리의 현재 상황에 만족하는 법(그것이 무엇이든)을 배우지 못하면, 우리는 결코 전혀 만족하지 못할 것이다. 나는 한때 찰스 스윈돌(Charles Swindoll)이 아래의 시를 인용하는 것을 들었다.

봄이었다. 그러나 내가 원한 건 여름이었다.
따뜻한 날들과 멋진 야외.

여름이었다. 그러나 내가 원한 건 가을이었다.

13. 제10계명: 만족하기   427

화려한 나뭇잎들과 시원하고 마른 공기.
가을이었다. 그러나 내가 원한 건 겨울이었다.
아름다운 눈과 휴가철의 즐거움.

겨울이었다. 그러나 내가 원한 건 봄이었다.
따사로움과 꽃 피는 자연.

나는 어린아이였다. 그러나 내가 원한 건 어른이었다.
자유와 존경.

나는 스무 살이었다. 그러나 내가 원한 건 서른이었다.
성숙과 세련됨.

나는 중년이었다. 그러나 내가 원한 건 스물이었다.
젊음과 자유로운 정신.

나는 은퇴했다. 그러나 내가 원한 건 중년이었다.
제한 없는 침착함.

나의 삶은 끝났다.
그런데 난 내가 원했던 걸 결코 얻지 못했다.

6. 만족의 비결

사실 만약 하나님이 우리가 지금 당장 더 많이 갖기를 원하신다면, 우리는 그것을 갖게 될 것이다. 만약 우리가 하나님을 영화롭게 할 수 있는 다른 은사들을 필요로 하면, 그분은 그것들을 공급해주실 것이다. 만약 우리가 원하는 직업이나 사역을 위해 우리가 준비되어 있다면, 그는 우리를 그곳에 넣으실 것이다. 만약 우리가 삶에서 다른 상황에 있기로 되어 있다면, 우리는 그곳에 있을 것이다. 항상 "오직 이것만 되면" 그리고 "오직 저것만 되면" 하고 말하는 대신에, 하나님은 우리에게 우리가 어떤 상황에 놓여있든지 바로 지금 최대한 그분을 영화롭게 하라고 요구하신다.

이것에 적합한 단어가 만족이다. 만족은 마지막 계명의 긍정적인 면이다. 그것은 탐욕적인 욕심에 대한 치료책이다. 웨스트민스터 소요리문답은 다음과 같이 말한다.

> 제10계명은 우리 이웃과 그에게 속한 모든 것에 대하여 올바르고 관대한 마음을 가지면서 우리 자신의 처지에 대하여 완전히 만족해할 것을 요구한다(답 80).

만족에 대한 이 강조는 철저히 성경적이다.

> 자족하는 마음이 있으면 경건은 큰 이익이 되느니라(딤전 6:6).

> 돈을 사랑하지 말고 있는 바를 족한 줄로 알라 그가 친히 말씀 하시기를 내가 결코 너희를 버리지 아니하고 너희를 떠나지 아니하리라 하셨느니라(히 13:5).

만족이란 우리가 우리를 위하여 원하는 것이 아니라 하나님이 우리를 위해 원하시는 것을 원하는 것을 의미한다. 이런 종류의 만족을 누리는 비결은 하나님이 주신 것이든 주지 않으신 것이든 그것을 받아들일 수 있도록 하나님으로 만족해하는 것이다. 이를 달리 말하면, 탐욕은 신학적 문제이다. 궁극적으로 그것은 하나님과의 관계와 관련된다. 그러므로 우리의 탐욕적인 욕심을 제거하는 방법은 완전히 하나님과 그분이 공급하시는 것에 완전히 만족하는 것이다.

청교도 제레마이어 버로우즈(Jeremiah Burroughs)는 『그리스도인의 만족이란 진귀한 보배』(*The Rare Jewel of the Christian Contentment*)라 불리는 훌륭한 저서에서 우리가 만족하지 못하는 유혹에 빠질 때마다 우리 자신에게 무엇을 말해야 하는지를 설명했다.

> 나는 내 안에 계신 그리스도의 은혜로 말미암아 내 자신의 마음속에서 충분한 만족을 발견한다. 비록 나의 필요를 채워주는 외적인 편의 도구와 세상적인 편의 시설을 갖고 있지는 않으나, 나는 그리스도와 나의 영혼 사이에 모든 상황속에서도 풍

성히 나를 만족시킬 충분한 몫을 갖고 있다.[11]

경건한 사람들은 항상 이 비결을 알았다. 아삽도 알았다. 사실, 아삽의 인생에서 그가 하나님께 실망했던 때가 있었다. 그는 악인들이 번영하는 것을 보았다. 반면에 그 자신에게는 그의 경건에 대해 보여줄 만한 것이 아무것도 없었다. 이로 인해 그는 하나님께 화가 났고, 삶이 제공할 것같이 보이지 않는 것에 대해 비통해했다. 그러나 그때 아삽은 만족함의 비결을 배웠다. 그래서 그는 주(主)께 다음과 같이 말할 수 있었다.

> 하늘에서는 주 외에 누가 내게 있으리요 땅에서는 주 밖에 내가 사모할 이 없나이다(시 73:25).

사도 바울도 그 비결을 알았다.

> 어떠한 형편에든지 나는 자족하기를 배웠노니 나는 비천에 처할 줄도 알고 풍부에 처할 줄도 알아 모든 일 곧 배부름과 배고픔과 풍부와 궁핍에도 처할 줄 아는 일체의 비결을 배웠노라(빌 4:11b-12).

---

11 Jeremiah Burroughs, *The Rare Jewel of Christian Contentment* (1648; repr. Edinburgh: Banner of Truth, 1964), 18.

다시 말해, 바울은 만족은 환경적인 것이 아님을 배웠다. 만족은 우리가 처한 삶의 상황에 달려있지 않다. 그러면 그 비결은 무엇인가? 바울은 다음과 같이 말했다.

내게 능력 주시는 자 안에서 내가 모든 것을 할 수 있느니라
(빌 4:13).

하나님이 우리에게 필요한 전부이며, 따라서 그가 우리가 바라야만 하는 전부이다. 훨씬 더 명확히 말하면, 우리에게 필요한 전부는 예수님이다. 하나님은 우리가 원하는 것을 얻는 더 나은 방법으로서 그분의 아들을 우리에게 주시지 않는다. 그렇다. 하나님은 우리에게 예수님을 주시면서 "자, 너희가 깨닫지 못할지라도, 그가 너희에게 정말로 필요한 전부란다" 하고 말씀하신다. 우리가 예수님께로 갈 때, 우리는 그분의 죽음과 부활을 통하여 죄의 용서를 받는다. 우리는 하나님과 함께하는 영생의 약속을 받는다. 우리는 그분이 결코 우리를 떠나거나 버리지 않으시고 삶의 모든 시험 가운데서 우리를 도우시리라는 약속을 받는다. 그밖에 무엇이 우리에게 필요하겠는가?

그리고 그 밖의 모든 것, 즉 우리가 탐내며 그토록 많은 시간을 보내는 모든 것에 대해서 하나님은 "나를 믿어라. 내가 너희에게 참으로 필요한 것 모두를 제공해줄게"라고 말씀하신다. 믿음이 항상 우리의 불만족에 대한 답이다. 마이클 호튼은 다음과 같이 말한다.

우리를 만족과 주님에 대한 신뢰로 이끄는 것은 가난이나 부가 아니라, 만약 하나님이 우리를 택하시고 구속하시고 부르시고 양자로 삼으시고 의롭게 하시고 우리가 그리스도의 형상에까지 자라나도록 하시기 위해 그의 성령을 보내주심으로써 구원을 위해 그토록 풍성하게 공급하셨다면 확실히 일상생활을 위해 보다 덜 필수적인 것들을 위해서 우리가 그를 의지할 수 있다는 확신이다.[12]

예수님은 그것을 훨씬 더 분명하게 말씀하셨다.

> 그런즉 너희는 먼저 그의 나라와 그의 의를 구하라 그리하면 이 모든 것을 너희에게 더하시리라(마 6:33).

정말로 중요한 첫째 되고 주요하고, 유일한 것은 예수님을 믿는 것이다. 그는 우리를 위해 충분하시다. 정말로 그렇다.

---

12 Horton, *The Law of Perfect Freedom*, 247.

학습을 위한 질문들

1. 만약 누군가가 당신에게 2만 달러를 준다면, 당신은 무엇을 구매할 것인가?

2. 무언가를 탐하는 것과 바라는 것의 차이는 무엇인가?

3. 탐하는 것의 내적, 외적 결과들은 무엇인가?

4. 탐하는 것은 어떤 다른 죄로 이끄는가?

5. 어떤 사람들은 탐내는 것이 제8계명에 포함되기 때문에 제10계명이 불필요하다고 말한다. 왜 이 계명이 그 자체만으로도 중요한가?

6. 열왕기상 21:1-29을 읽으세요. 아합과 이세벨을 묘사하기 위하여 당신은 어떤 단어들을 사용할 것인가?

7. 아합과 이세벨은 어떤 죄를 지었는가? (당신이 이 질문에 대해 생각할 때, 십계명을 읽어보는 것이 도움이 될 것이다.)

8. 우리는 이 단락으로부터 제10계명 준수에 관한 어떤 원칙들을 배울 수 있는가?

9. 어떤 "오직…하기만 하면 좋으련만"이 자주 당신의 마음에 떠오르는가?

10. 당신의 심령에 만족감과 충족감을 품기 위해 어떤 전략을 사용할 수 있는가?

EPILOGUE

에필로그
율법의 목적

● ○

> 뭇 백성이 우레와 번개와 나팔 소리와 산의 연기를 본지라 그들이 볼 때에 떨며 멀리 서서 모세에게 이르되 당신이 우리에게 말씀하소서 우리가 들으리이다 하나님이 우리에게 말씀하시지 말게 하소서 우리가 죽을까 하나이다
>
> — 출애굽기 20:18-19

    존 번연(John Bunyan)의 유명한 책 『천로역정』(*Pilgrim's Progress*)은 크리스천의 파멸의 도성에서 천상의 도성으로의 긴 영적 여정에 대하여 이야기한다. 그 이야기는 커다란 죄의 짐에 눌리고 다가오는 심판을 두려워하는 크리스천으로 시작된다. 그러나 전도자(Evangelist)가 그에게 다가 와서 그의 짐을 벗어버릴 수 있는 구원의 좁은 길로 들어가는 방법을 말해준다.

    크리스천이 그의 순례를 시작한지 오래 되지 않은 때, 그는 그의 짐을 벗어버릴 수 있는 보다 빠른 길에 대해 알려주는 한 남자를 만

났다. 크리스천이 해야 하는 일 전부는 가서 도덕(Morality)이란 마을에 살고 있는 합법(Legality)이란 이름의 신사를 만나는 것이었다. 영적인 말로 바꿔 말하면, 그는 단지 하나님의 율법을 준수함으로써 그의 죄를 제거할 수 있었다. 분명 그는 그의 여정을 필요 이상으로 어렵게 만들고 싶지 않았다. 합법씨는 그가 자신의 짐을 제거하도록 도울 수 있었을까?

크리스천이 도덕으로 가는 길을 물었을 때, 그 남자는 한 높은 산을 가리키며 "당신은 저 언덕까지 가야만합니다"라는 말로 대답했다. 크리스천은 그 남자가 가리킨 방향을 따라갔다.

> [그는] 합법 씨네 집에 가서 도움을 얻으려고 그의 길을 벗어났다. 그러나 어찌된 영문인가! 그가 그 언덕까지 힘들게 다다랐을 때, 언덕은 무척 높아 보였다. 그리고 또한 길가에 인접한 면도 경사가 너무 가팔라 언덕이 머리 위로 무너질 것만 같아 더 이상 위험을 무릅쓰고 갈 수 없었다. 그래서 그는 거기에 가만히 서 있었다. 그는 어떻게 해야 할지 몰랐다. 게다가 지금 그의 짐은 길에 있었을 때보다 더 무거운 것 같았다. 더구나 언덕에서는 불꽃들이 나와 크리스천으로 하여금 타 죽게 될까봐 두려워하게 했다. 그래서 여기서 그는 땀을 흘리고 두려움으로 떨었다.[1]

---

1 John Bunyan, *The Pilgrim's Progress* (New York: New American Library, 1964), 26-27.

존 번연이 이 언덕의 이름을 언급하지 않았지만, 그가 어떤 이름을 염두에 두고 있었는지 추측하는 것은 어렵지 않다. 그것은 불과 연기의 언덕, 하나님의 율법의 산인 시내산이었다. 크리스천의 짐을 제거하기는커녕, 그 거대한 언덕은 단지 그로 하여금 더욱 두려워하게 만들었다. 이는 율법이 구원하는 힘이 아니라 단지 심판으로 우리를 위협하고 그리하여 구원의 필요를 우리에게 보여주는 힘을 갖고 있기 때문이다.

1. 율법과 하나님에 대한 두려움

이스라엘의 자녀들이 시내산에 섰을 때, 그들은 크리스천과 같은 식으로 느꼈다. 그들은 두려웠다.

> 뭇 백성이 우레와 번개와 나팔 소리와 산의 연기를 본지라 그들이 볼 때에 떨며 멀리 서서(출 20:18).

그것은 무서운 광경이었다. 산에서 굽이쳐 일어나는 연기와 타오르는 커다란 불덩어리들. 소리 또한 무섭다. 커다란 천둥소리와 강력한 나팔 소리가 났고, 땅은 이스라엘의 발밑에서 흔들렸다. 이런 자연적 현상들과 초자연적인 현상들은 19장에서 처음 언급되었다. 거기서 성경은 그토록 두려운 광경과 소리의 이유를 설명했다. 그것은 "여호와께서 불 가운데서 거기 강림"하셨기 때문이었다(출 19:18). 이스라엘 백성이 본 것은 보이지 않는 하나님의 영광의 가시적인 현현이었다.

어떤 학자들은 왜 시내산에 대한 묘사가 20장에서 반복되는지 궁금해했다. 왜 성경은 십계명 수여 이전과 이후 모두 천둥과 번개를 묘사하는가? 답은 이 무서운 광경과 소리들이 하나님이 그분의 율법을 주시고 있는 동안 내내 지속되었다는 것이다. 단순히 이스라엘 백성들이 어떻게 반응했는지 보여주기 위해 이것들이 20장에서 다시 언급되고 있다. 19장에서 하나님은 산 둘레에 경계를 세우고 백성에게 그 경계를 넘어오지 말라고 경고하셨다. 그렇지 않으면 그들은 멸망당할 것이다. 하나님이 율법을 주시는 일을 마치셨을 때, 그 예방조치들은 거의 불필요해 보였다! 백성은 두려움으로 떨고 있었다. 그들은 신을 신고 떨고 있었다. 성경은 그들이 멀리 서 있었다고 말한다(출 20:18). 이는 그들이 모세가 산 둘레에 친 안전 경계선 뒤에 잘 위치하고 있었다는 것을 암시한다.

왜 이스라엘 백성은 그토록 두려워했는가?

이스라엘 백성이 두려워했던 한 가지는 율법 자체였다. 하나님이 십계명의 형태로 그분의 의로운 요구조건들을 그들에게 방금 주셨다. 그들은 하나님이 삶의 모든 면에서 그들의 전적인 충성을 요구하고 계시다는 것을 알 수 있었다. 하나님은 그들이 행하고 말하는 모든 것에 있어서 그들이 그만을 예배하고 서로 사랑하도록 요구하셨다.

이스라엘 백성은 아마도 하나님의 율법의 완전한 범위를 깨닫지 못했을지도 모른다. 틀림없이 십계명에 관하여 그들이 아직 이해하지 못한 것들이 몇 가지 있었을 것이다. 어떻게 각 계명이 긍정적이면서도 부정적인지, 어떻게 그것이 외적인 행위뿐만 아니라 내적인 태도에도 적용되는지, 혹은 어떻게 그것이 죄와 의무의 전체 범주를 대표하는지. 그러나 확실히 그들은 하나님이 그들의 예배, 시간, 관계, 소유, 몸, 언어, 그리고 욕구에 대해 절대적인 요구를 하고 계시다는 것을 이해했다.

그래서 이스라엘 백성은 십계명을 처음 들었을 때, 심지어 그것들 모두를 외워서 배우기 전에, 하나님이 그들에게 삶 전체를 위한 하나의 의로운 규범을 주시고 있다는 것을 알았다. 하나님은 항상 그들의 전부를 원하셨고, 이것이 그들을 두렵게 했다. 19장에서 그들은 하나님이 말씀하신 것마다 다 행할 것이라 약속했다(8절). 그러나 무엇이 포함되었는지 발견하자마자, 그들은 당황했다. 하나님의 율법의 전적인 요구에 그들은 놀랐다.

이스라엘 백성은 또한 하나님의 심판 위협에 놀랐다. 이것이 아마 그들이 두려워한 주요한 이유였을지도 모른다. 불과 연기, 천둥과 번개, 커다란 나팔 소리, 이스라엘 백성들이 알았든 몰랐든 간에, 이 징조들은 모두 최후의 심판 때 다시 나타날 것이다. 그 백성들은 모든 죄를 심판하시는 위대하고 무시무시한 심판자의 바로 그 현존 속으로 들어갔다. 그들은 거룩하신 하나님 앞에서 죄 많은 죄인들이었고, 그들은 이것이 생명을 위협하는 만남이라는 것을 감지할 수 있었다. 정말로, 산 위에 있는 연기 속에서 그들은 다가올 진노를 흘 끗 보았다. 시내산에서의 이스라엘에 관한 설교에서, 찰스 스펄전 (Charles Spurgeon)은 다음과 같이 말했다.

> 이 무시무시한 장관은 또한 율법의 정죄하는 힘을 백성에게 암시해줄 의도로 보여진 것일지도 모릅니다. 율법은 달콤한 하프 소리나 천사들의 노래와 함께 주어진 것이 아니라, 무서운 불 한가운데로부터 나오는 무시무시한 소리와 함께 주어졌습니다…인간의 죄 때문에, 율법은 진노를 일으킵니다. 그리고 이 것을 나타내기 위해, 율법은 두려움과 죽음을 동반하며 공표되었습니다. 전능하신 신(神)의 대군들이 그 장면 위에 정렬하였고, 하나님의 무서운 포병은 무섭게 일제 사격을 가하며 매 음절 하나하나를 강조했습니다. 또한 어떤 면에서는 시내산에서의 이 무시무시한 장면은 리허설은 아니더라도 심판의 날에 대한 예언이기도 합니다.[2]

이스라엘 백성이 두려워한 것은 당연하다! 시내산을 바라봤을 때, 그들은 마지막 날에 세계를 심판하실 율법수여자 하나님의 정죄하는 힘에 직면했다.

---

2 Charles H. Spurgeon, "The Mediator-the Interpreter" (No. 2097), *The Metropolitan Tabernacle Pulpit* (1890; repr. London: Banner of Truth, 1970), 35:409.

2. 중보자 모세

법적인 문제로 곤란을 겪게 될 때 사람들이 제일 먼저 하는 일들 중 하나가 변호사를 고용하는 것이다. 이스라엘 백성들이 시내산에서 한 일이 정확히 이것이다. 하나님의 율법의 요구사항들을 듣자마자 그들은 모세에게 그들의 법적인 대변자, 즉 그들의 중보자가 되어달라고 요청했다.

> 당신이 우리에게 말씀하소서 우리가 들으리이다 하나님이 우리에게 말씀하시지 말게 하소서 우리가 죽을까 하나이다
> (출 20:19).

이스라엘 백성은 몇몇 분명한 이유들 때문에 직접 하나님을 상대하는 것을 두려워했다. 그들은 그분의 율법의 계명들을 듣고 그의 영광의 불과 연기를 보았다. 그러나 그들은 이것을 감당할 수 없었다. 그래서 모세에게 "우리는 하나님께 말하기를 원하지 않습니다. 당신이 그분께 말씀해주십시오!" 하며 대변자가 되어달라고 간청했다. 19절에서의 '당신'은 강조의 말로 사용되었다. 그들은 사실상 모세에게 "당신 자신이 우리에게 말씀하십시오" 하고 말했다.

많은 사람이 중보자 없는 하나님 경험을 갖기를 원한다고 주장한다. "만약 하나님이 나에게 직접적으로 말씀하신다면" 또는 "만약 하나님이 나에게 자신을 보여주신다면 내가 믿을 텐데" 하고 그들은

말한다. 이러한 요구를 하는 사람들은 자신들이 무엇을 요구하고 있는지 전혀 모르고 있다. 왜냐하면 하나님의 참 영광을 심지어 아주 조금이라도 흘끗 보았던 사람은 누구나 두려움으로 가득 찼다. 그는 두렵고 전능하신 하나님이시며, 그의 거룩은 죄인들에게 두려움이 된다.

이는 이스라엘 백성이 중보자를 요청한 것이 옳았다는 것을 의미한다. 그들은 한 사람이 필요했다! 중보자란 두 당사자들을 화해시키기 위해 틈바구니에 서 있는 사람이다. 그리고 이스라엘 백성이 필요로 했던 것이 바로 이런 사람, 즉 하늘과 땅 사이에 서서 하나님의 신성과 그들의 인간성 사이의 틈에 다리를 놓아줄 사람이었다. 그들은 하나님 앞에서 그들을 대표하고, 그들 앞에서는 하나님을 대표할 누군가가 필요했다. 그들은 하나님의 목소리를 자신들이 감당할 수 없었기 때문에 하나님의 대변인이 될 누군가가 필요했다. 그리고 그들이 깨닫지 못했을지라도, 무엇보다도 그들이 가장 필요로 했던 것은 그들의 죄에 대한 하나님의 저주, 즉 그분의 율법의 형벌로부터 그들을 보호해줄 누군가였다.

이스라엘 백성이 모세에게 그들의 중보자가 되어달라고 요청했을 때, 그들은 하나님이 이미 주신 것을 요청하고 있는 것이었다. 과거로 거슬러 올라가 하나님은 불타는 떨기나무에서 모세를 중보자로 삼으셨고, 그 선지자는 그 이후로 죽 하나님을 대변하여 말해왔었다. 그러나 하나님이 그분의 율법을 계시하셨을 때, 이스라엘 백성은 마침내 스스로 중보자에 대한 자신들의 필요를 이해했다. 두려움 속에서 그들은 모세에게 하나님과의 관계에서 그들의 중보자가 되어주기를 간청했다.

이스라엘 백성이 요청하자마자, 모세는 그들의 중보자로서 섬기기 시작하면서, 중보자에게 요구되는 두 가지 일을 했다.

첫째, 그는 하나님을 대변하여 그들에게 말했다.

> 모세가 백성에게 이르되 두려워하지 말라 하나님이 임하심은 너희를 시험하고 너희로 경외하여 범죄하지 않게 하려 하심이니라(출 20:20).

나중에 모세가 이 경험을 회고했을 때, 그는 다음과 같이 말했다.

> 그 때에 너희가 불을 두려워하여 산에 오르지 못하므로 내가 여호와와 너희 중간에 서서 여호와의 말씀을 너희에게 전하였노라(신 5:5).

둘째, 모세가 백성들에게 말했을 때, 그것은 부분적으로 하나님의 율법의 목적을 설명하는 것이었다. 2장으로 돌아가서 보면, 하나님의 율법은 다중 사용 아이템이다. 그것은 세 가지 주요 목적을 갖고 있다.

① 하나는, 형벌로 우리를 위협함으로써 우리의 죄를 제어하는

것이다. 인간 사회에서 법은 이 기능을 수행한다. 법의 형벌은 억제책으로서 기능을 하여, 사람들로 하여금 죄에서 멀어지게 한다.

② 율법의 또 다른 사용은 우리가 하나님의 완벽한 기준에 따라 살 수 없다는 것을 증명함으로 우리의 죄를 드러내는 것이다.

③ 이 외에 율법의 다른 한 가지 사용은 나중에, 율법은 우리가 은혜로 구원받은 후에, 우리에게 하나님께 영광을 드리는 삶을 살아가는 방법을 보여주는 것이다.

율법은 우리로 하여금 죄짓지 못하게 하는 반면 은혜에 대한 우리의 필요를 우리에게 보여준다. 그리고 동시에 우리를 의(義) 안에서 가르친다.

모세가 하나님의 율법의 목적을 설명했을 때, 그는 율법의 세 가지 주요 사용 중에서 어떤 것을 마음에 염두에 두었을까? 처음엔 모세가 율법의 시민적 사용(civic use), 즉 사회에서 죄를 제어하는 힘에 관하여 말하고 있는 것으로 보일 수 있다. 결국, 그는 이스라엘 백성에게 "너희로 경외하여 범죄하지 않게 하려 하심이니라"(출 20:20b)라고 말했다.

이스라엘 백성이 산으로부터 하나님의 음성을 들었기 때문에, 확실히 그들은 두려워했다. 그리하여 모세가 이 경험이 그들로 하여금 범죄하지 못하도록 도울 것이라고 말한 것이 이해가 된다. 하나님의 계명 중에서 어떤 것을 범하도록 유혹 받을 때마다 그들은 그분의 무시무시한 목소리를 기억할 것이며, 이것은 그들로 하여금 그분의 율법을 범하지 않도록 일깨워줄 것이다.

모세는 또한 이스라엘의 하나님과의 만남을 시험(test)으로 묘사했다. 그는 "하나님이 임하심은 너희를 시험하고"(출 20:20a)라고 말했다. 하나님의 율법은 이스라엘의 순종에 대한 시험이었다. 그들이 그 시험을 통과했는가? 아니다. 그들은 하나님께 죄를 지었다. 따라서 여기에 적어도 율법의 두 번째 사용, 즉 하나님의 백성에게 그들의 죄를 보여주는 기능에 대한 암시가 있다.

그러나 하나님은 또한 그분의 백성이 그분의 율법을 지키기를 원하셨다. 이것이 율법의 세 번째 사용이었다. 율법은 백성의 순종을 위해 주어졌고, 순종하도록 백성을 격려하는 것은 중보자의 일이었다. 모세가 백성에서 말한 첫 번째 말은 두려워하지 말라는 것이었다. 하나님의 의도는 그들을 멸하는 것이 아니라 그들을 구원하는 것이었다. 따라서 그들은 하나님의 율법으로 인해 무서워하며 두려움 속에서 움츠려들기보다는, 기쁨과 순종 속에서 하나님을 위해 살도록 부름 받았다. 모세는 주(主)에 대한 두려움(처참한 공포를 의미하는 두려움뿐 아니라 경의와 존경을 의미하는 두려움)이 그들과 함께 있을 것이라고 말했다. 시내산에서의 그들의 하나님 경험은 그들이 순종하도록 돕기 위해서 그들에게 남아있을 것이다. 경의는 결국 순종으로 이끌 것이다.

문제는 이스라엘 백성이 그들에게 이 모든 것을 말해줄 중보자를 필요로 했다는 점이다. 그들은 그들에게 두려워하지 말라고 말해주며 율법이 목적하는 바, 즉 율법의 세 가지 주요 목적들을 그들에게 설명해줄 하나님에게서 온 대리자가 필요했다. 그 중보자는 모세였다. 그는 백성이 듣고 순종할 수 있도록 하나님을 대신해 그들에게 말했다.

모세가 이스라엘 백성을 위하여 행한 두 번째 일이 있었다. 그들의 중보자로서 그는 그들을 대신하여 하나님께 나아갔다.

> 백성은 멀리 서 있고 모세는 하나님이 계신 흑암으로 가까이 가니라(출 20:21).

'하나님이 계신 흑암', 이 구절은 가끔 어려운 환경에 놓여 있는 신앙인들을 위한 위로의 말씀으로 여겨진다. 그러나 모세가 가까이 다가간 어둠은 개인적인 어려움의 어둠이 아니었다. 그것은 하나님 자신의 존재의 신비로운 어둠이었다. 시내산 위에서의 불과 연기 속에 하나님은 그분의 영원한 신성의 무한한 신비를 간직하셨다. 누가 감히 가까이 다가가겠는가? 누가 하나님이 계신 흑암으로 들어가는 것을 견뎌낼 수 있겠는가?

오직 중보자만 가능하다. 이것이 중보자가 하는 일이다. 그는 하나님의 백성을 위하여 하나님의 임재 안으로 들어간다. 그는 그들의 대리자로서 하나님께 가까이 다가간다. 다른 말로 하면, 그는 그 외에 아무도 감히 들어가려고 하지 않는 곳으로 담대하게 들어간다. 그런데 모세가 그 일을 했다. 이스라엘 가운데 다른 사람 모두가 두려워 떨고 있을 동안, 그는 하나님을 만나 그분과 이야기 나누고 나머지 율법을 받기 위해 혼자서 올라갔다. 그는 하나님의 백성이 그들의 삶에 대한 하나님의 뜻을 알도록 그들을 위하여 이 일을 했다. 모세는 하나님을 대신하여 백성에게 말하였고, 백성을 대신하여 하나님께 갔다. 그는 하나님이 그들을 구원의 길로 인도하시기 위해 선택하신 중보자였다.

3. 율법의 한계들

모세의 중보사역이 중요한 이유는 우리 또한 변호사가 필요하기 때문이다. 일찍이 나는 찰스 스펄전을 인용했다. 그는 시내산에서의 율법 수여를 심판의 날을 위한 총연습으로서 묘사했다. 스펄전은 계속해서 다음과 같은 도발적인 질문을 했다.

> 율법이 아직 깨어지지 않았는데도 율법을 주실 때 두려움을 불러일으키는 힘의 과시가 동반되었다면, 주님이 의도적으로 그분의 율법을 범한 사람들에게 타오르는 불로 복수할 그날에는 어떠하겠는가?[3]

---

3   Ibid., 409.

그것은 좋은 질문이다. 단지 율법을 듣기만 하는 것이 그토록 두려운 경험이었다면, 율법을 위반한 후에 하나님을 만나는 것은 얼마나 두려운 일이겠는가? 이것은 특히 십계명을 공부한 후에 질문하기 좋은 질문이다. 많은 사람은 그들이 대체로 법에 따라 살고 있기 때문에 하나님이 그들을 받아들이실 거라고 생각한다. 아이러니하게도 그들 대부분은 십계명을 준수하는 것은 고사하고 십계명에 뭐가 있는지 말하는 것조차 어려워한다. 그럼에도 불구하고, 그들은 그들이 결코 누군가를 살인하거나 위증을 하지 않았기 때문에 하나님이 기꺼이 그들을 천국에 들어가게 하실 거라고 당연히 생각한다.

하나님의 율법을 준수할 수 있다고 생각하는 사람은 누구든 한번 시도해봐야 한다. 그러나 하나님의 율법이 정말로 무엇을 요구하는지 알면, 곧 우리는 십계명 준수가 얼마나 불가능한지 발견하게 된다. 우리는 본성적으로 죄인들이다. 그렇기 때문에 우리는 모든 것에서 하나님께 순종할 수 없다. 우리가 십계명으로부터 배우는 한 가지가 있다면, 그것은 우리가 그것들을 준수할 수 없다는 것이다. 솔직히, 우리는 다른 신들을 섬기고, 나쁜 언어를 사용하고, 권위에 저항하고, 성적 쾌락을 갈망하고, 다른 사람들의 물건을 취하고, 사람들에게 상처주는 말 하기를 좋아하는 그런 유의 사람들이다. 그래서 우리는 웨스트민스터 소요리문답이 옳다는 것을 경험상 안다.

> 타락 이후로 단 한 사람도 이 세상에서 완전하게 하나님의 계명을 지킬 수 없고, 다만 생각과 말과 행위에 있어서 그것들을

매일 어기고 있다(답 82).

만약 우리가 하나님의 율법을 지킬 수 없다면, 그것이 우리에게는 위협, 그것도 치명적인 위협이 된다. 유명한 미국인 선교사 데이비드 브레이너드(David Brainerd)는 그의 삶에서 율법에 대한 두려움이 그로 하여금 하나님에게서 멀리 떨어지게 했던 때를 기억했다. 율법이 너무 엄격했기 때문에 그것이 그를 화나게 만들었다. 브레이너드는 다음과 같이 썼다.

극도의 고통을 겪은 후 나는 내가 그것의 요구에 응하는 것이 불가능하다는 것을 알았다. 나는 자주 새로운 결심을 하였고, 그만큼 자주 그것들을 어겼다. 나는 그 모든 것을 부주의와 조심성의 부족 탓으로 돌렸고, 나의 태만 때문에 나 자신을 바보라고 부르곤 했다. 그러나 더 강한 결심을 하고, 더 큰 노력을 들이고, 금식과 기도에 공들여 열심을 내고도 모든 시도가 실패로 돌아간 것을 발견했을 때, 나는 하나님의 율법을 두고 불합리하게 엄격한 법이라고 불평했다. 나는 만약에 율법의 범위가 나의 외적인 행위와 행동들까지만 미친다면, 내가 그것을 참아낼 수 있다고 생각했다. 그러나 나는 율법이 나의 악한 생각과 죄악들로 인해 나를 정죄한다는 것을 발견했다. 그런데

> 나는 그것들을 도저히 막을 수 없었다.[4]

브레이너드가 발견한 바와 같이, 만약 우리가 우리 자신의 힘으로 하나님의 율법을 지키려고 노력한다면, 우리는 실패하고 좌절하게 되어 있다. 성경은 다음과 같이 말한다.

> 그러므로 율법의 행위로 그의 앞에 의롭다 하심을 얻을 육체가 없나니 율법으로는 죄를 깨달음이니라(롬 3:20).

성경은 더 나아가 다음과 같이 말한다.

> 누구든지 온 율법을 지키다가 그 하나를 범하면 모두 범한 자가 되나니(약 2:10).

율법은 우리를 구원할 수 없다. 그것은 단지 우리에게 우리의 죄를 보여줄 수 있을 뿐이다. 존 머레이(John Marray)는 다음과 같이 말했다.

> 어떤 특별한 경우든 율법의 신성함을 위반하여 율법의 저주 아래 들어온 사람을 의롭게 하기 위해 율법이 할 수 있는 일은 아

---

[4] David Brainerd, Ernest C. Reisinger, *The Law and the Gospel* (Phillipsburg, NJ: P&R, 1997), 78에 인용됨.

무것도 없다. 율법은, 법으로서, 어떤 속죄규정을 갖고 있지 않다. 그것은 어떤 용서의 은혜도 행사하지 못한다. 그것은 그 자체의 요구를 수행 가능하게 할 어떤 능력도 갖고 있지 않다. 그것은 죄책감의 경감을 위한 어떤 관대함도 모른다. 그것은 우리의 불법행위에 대항할 만한 어떤 의(義)도 제공하지 못한다. 그것은 제멋대로 하려는 우리의 고집을 교정하기 위해 어떤 구속력도 발휘하지 못한다. 그것은 참회와 새로운 순종 가운데 우리 마음을 녹여줄 만한 어떤 자비도 알지 못한다. 그것은 죄의 속박을 완화시키기 위해 아무것도 할 수 없다. 그것은 그 속박을 강화시키고 확정한다.[5]

우리는 우리가 무엇을 해야 하는지 알고 있다. 그것은 문제가 아니다. 하나님은 우리에게 그분의 율법 안에서 무엇을 해야 할지 말씀하셨다. 문제는 우리가 그것을 할 수 없다는 것이다! 우리가 율법을 지킬 수 있다면, 우리는 그것에 의해 구원받을 수 있을 것이다. 그러나 우리가 율법을 지킬 수 없기 때문에 우리는 단지 그것에 의해 정죄받을 수 있을 뿐이다. 이스라엘 백성처럼, 우리는 두려움에 떨면서 멀찌감치 서 있어야 한다.

5　John Murray, *Principles of Conduct: Aspects of Biblical Ethics* (Grand Rapids, MI: Eerdmans, 1957), 185-186.

4. 더 나은 중보자

우리에게 필요한 것은 좋은 변호사이다! 그리고 이것이 율법이 우리를 복음으로 이끄는 방식이다. 우리가 일종의 법적인 구제책을 찾고, 그런 다음 하나님이 우리를 위해 한 구제책을 제공하셨다는 것을 발견하도록, 율법은 우리의 죄에 대하여 우리를 정죄한다. 예수님은 율법이 할 수 없는 것을 하실 수 있다. 그것은 우리를 구원하는 것이다.

> 율법이 육신으로 말미암아 연약하여 할 수 없는 그것을 하나님은 하시나니 곧 죄로 말미암아 자기 아들을 죄 있는 육신의 모양으로 보내어 육신에 죄를 정하사(롬 8:3).

신약은 하나님의 아들이 우리의 중보자라고 가르친다. 사실 그분은 언제나 우리에게 필요한 유일한 중보자이시다.

> 하나님은 한 분이시요 또 하나님과 사람 사이에 중보자도 한 분이시니 곧 사람이신 그리스도 예수라 그가 모든 사람을 위하여 자기를 대속물로 주셨으니 기약이 이르러 주신 증거니라 (딤전 2:5-6).

히브리서는 모세와 비교함으로써 그리스도의 중보사역을 서술

한다. 모세는 위대한 중보자(구약에서 가장 위대한 중보자)였다. 하지만 그리스도께서는 모세보다 더욱 영광을 받을 만한 자격이 있으셨다(히 3:3a). 그분은 뛰어난 중보자(히 8:6), 곧 새롭고 더 나은 언약의 중보자이시다(히 9:15). 히브리서는 계속해서 시내산에서 하나님을 만났을 때 이스라엘 백성이 경험했던 것을 우리는 경험할 필요가 없다고 우리에게 확신시킨다. 성경은 다음과 같이 말한다.

> 너희는 만질 수 있고 불이 붙는 산과 침침함과 흑암과 폭풍과 나팔 소리와 말하는 소리가 있는 곳에 이른 것이 아니라 그 소리를 듣는 자들은 더 말씀하지 아니하시기를 구하였으니 이는 짐승이라도 그 산에 들어가면 돌로 침을 당하리라 하신 명령을 그들이 견디지 못함이라(히 12:18-20a).

다시 말해서, 우리는 과거 출애굽기 20장에 머물러 있지 않다. 그러나 만약 우리가 시내산에 없다면, 우리는 어디에 있는가? 성경은 다음과 같이 말한다.

> 그러나 너희가 이른 곳은…새 언약의 중보자이신 예수와 및 아벨의 피보다 더 나은 것을 말하는 뿌린 피니라(히 12:22-24).

우리가 더 좋은 중보자, 곧 주 예수 그리스도를 갖고 있기 때문에 우리의 상황은 다르다. 예수님은 중보자가 하기로 되어 있는 모든 일을 하신다. 그분은 우리를 위하여 하나님께 나아가신다. 그분은 우리의 대변자, 즉 하나님이 계신 흑암에 가까이 다가가 "아버지 앞에서 우리를 변호해주시는 분"(요일 2:1, 공동번역)이시다. 그분은 인간이실 뿐 아니라 하나님이시기 때문에 모세보다도 훨씬 더 효과적으로 이 일을 하실 수 있다. 예수님은 신성과 인성 둘 다 가지고 계신다. 그러므로 그분만이 유일하게 하나님 앞에서 우리를 대표하실 수 있다. 그리고 우리를 위하여 하나님께 다가가실 때, 예수님은 모세가 결코 할 수 없었던 것을 하신다. 그분은 율법에 완전히 순종하셨다.

모세가 어떤 중재를 하였든지 그것은 그가 법률위반자였다는 사실에 의해 제한받는다. 그는 십계명에 완전히 순종할 수 없었다. 그러나 예수님은 그렇게 하실 수 있었다. 예수님은 자신에 대해 하나님께 다음과 같이 말씀드렸다.

> 하나님이여 보시옵소서…하나님의 뜻을 행하러 왔나이다
> (히 10:7).

그러고 나서 예수님은 하나님의 뜻을 행하신다. 완벽하게. 예수님은 하나님만을 예배하시며, 하나님의 이름을 영예롭게 하시고, 안식일을 거룩하게 지키시며, 그분의 부모님께 순종하시고, 그분의 원수를 사랑하시고, 진리를 말씀하시고, 하나님이 그분께 하라고 명령하신 모든 것을 하셨다.

이런 분이 우리가 필요로 하는 중보자(우리를 위해 하나님의 율법을 준수할 분)이다. 우리는 우상숭배자요 반역자요 거짓말쟁이요 사기꾼이다. 그래서 우리는 결코 우리 자신의 순종에 의해 구원받을 수 없었다. 그러나 예수님이 행하신 모든 것은 그분을 믿는 모든 사람한테 중요하다. 그리스도를 믿음으로써 우리는 하나님의 율법에 완전한 순종을 드린다. 마틴 루터는 다음과 같이 말했다.

> 믿음으로 말미암아 붙잡힌바 되고 마음에 살아계신 그리스도께서는 기독교인의 참된 의(義)이시다. 그 의(義) 때문에 하나님은 우리를 의롭게 여기시고 우리에게 영원한 생명을 주신다.[6]

우리가 해야 할 일 전부는 예수님을 믿는 것이다. 그리고 심판의 날이 다가오고 있기 때문에 이것은 절대적으로 필요하다. 우리가 법적인 문제에 휘말려 있기 때문에 우리는 변호사를 필요로 할 것이다. 만약 변호사가 없다면, 우리는 단독으로 하나님의 진노의 심판을 직면해야 할 것이다. 그러면 우리에게 무슨 일이 일어날 것인가? 그러나 하나님은 그분의 자비로 말미암아 중보자를 주셨다. 이스라엘 백성처럼 우리는 그분이 우리를 구원하시도록 부르짖어야 한다.

일단 우리가 예수님께로 오면, 그분이 우리의 중보자로서 하시는 다른 일이 있다. 그것은 하나님의 율법을 우리에게 가르치시는 일이

---

6 Martin Luther, *Luther's Works: Lectures on Galatians, 1535, Chapters 1-4*, ed. Jaroslav Pelikan (Saint Louis: Concordia, 1963), 26:130.

다. 성경이 말하고 있듯이, 우리는 하나님의 율법 밖에 있지 않고 도리어 그리스도의 율법 아래 있다(고전 9:21). 앞에서 우리는 모세가 어떻게 이스라엘 백성에게 율법을 설명해주었는지 보았다. 우선, 모세처럼, 예수님은 우리에게 두려하지 말라고 말씀하신다. 이는 율법이 그리스도 안에서 안전한 사람들을 조금도 두렵게 하지 않기 때문이다. 예수님은 우리가 우리의 죄로 인해 마땅히 받아야 할 형벌을 겪으셨다. 그래서 율법은 더 이상 우리를 두렵게 할 수 없다.

> 그러므로 이제 그리스도 예수 안에 있는 자에게는 결코 정죄함이 없나니(롬 8:1).

율법이 여전히 할 수 있는 일은 우리에게 어떻게 살아가야 하는지 가르치는 것이다. 청교도인 토마스 왓슨(Thomas Watson)은 다음과 같이 설명했다.

> 기독교인이 율법의 정죄하는 힘 아래 놓여있지 않을지라도, 그는 율법의 명령하는 힘 아래 놓여 있다.[7]

그러한 목적을 위해서, 그리스도의 중보사역의 일부는 우리에게 하나님의 율법을 모두 다시 가르치는 것이다. 그분은 우리에게 제의

---

7   Thomas Watson, *The Ten Commandments* (1692; repr. Edinburgh: Banner of Truth, 1965), 44.

법을 가르치시지 않는다. 그것은 예수님이 그분의 삶과 그분의 희생적 죽음을 통하여 성취하셨다. 그분은 우리에게 시민법도 가르치시지 않는다. 그것은 특히 구약의 이스라엘 백성을 위한 것이었다. 그러나 예수님은 우리에게 도덕법, 곧 하나님의 의의 영원한 기준이 요구하는 것들을 가르치신다. 예수님은 다음과 같이 말씀하셨다.

> 내가 율법이나 선지자를 폐하러 온 줄로 생각하지 말라 폐하러 온 것이 아니요 완전하게 하려 함이라 진실로 너희에게 이르노니 천지가 없어지기 전에는 율법의 일점 일획도 결코 없어지지 아니하고 다 이루리라(마 5:17-18).

어느 누구보다도 예수님은 우리에게 하나님의 뜻에 순종하라고 가르치신 분이다. 우리가 하나님을 기쁘시게 하는 방식으로 살 수 있도록, 그분은 하나님의 율법을 설명하시고 그것을 우리의 심령에 적용시키신다. 다시 말해서, 예수님은 한때 구원을 위해 우리를 그분께로 몰아갔던 율법을 취하셔서 그것을 우리에게 되돌려주신다. 청교도인 사무엘 볼튼(Samuel Bolton)은 그것을 다음과 같이 말했다.

> 율법은 우리가 의롭다 하심을 얻을 수 있도록 하기 위해 우리를 복음으로 보낸다. 그리고 복음은 의롭다 여기심을 받은 자로서 우리의 의무가 무엇인지 묻기 위해 우리를 다시 율법으로 보낸다…율법은 우리의 칭의를 위해 복음으로 우리를 보낸다.

복음은 우리의 생활방식의 뼈대를 만들기 위해 우리를 율법으로 보낸다.[8]

따라서 기독교인으로서 우리는 지금 십계명을 지키고 있다. 우리가 지켜야만 하기 때문이 아니라 오히려 우리가 지키게 되어 있고 우리가 그리스도 안에서 지킬 수 있기 때문이다! 우리 자신을 의롭게 하기 위해서가 아니라 우리를 의롭게 하신 구주께 감사를 표하기 위해 순종한다.

그리스도와 관련하여 율법과 복음에 대하여 우리가 말해온 모든 것을 어니스트 라이싱어(Ernest Reisinger)가 유용하게 잘 요약했다. 그는 예수님에 대해 다음과 같이 말한다.

예수님은 율법의 의미를 설명하시고, 그것의 성격을 표현하시고, 그것의 의무를 구현하셨다. 그리고 그분은 그것의 형벌을 견뎌내셨다[9]

그분이 "그것의 형벌을 견뎌내셨다"라고 말할 때, 라이싱어는 특히 십자가를 가리키고 있다. 거기서 예수님은 하나님의 율법을 위반한 것 때문에 우리가 마땅히 받아야 할 죽음을 겪으시고 우리의

8　Samuel Bolton, *The True Bounds of Christian Freedom* (1645; repr. London: Banner of Truth, 1964).
9　Reisinger, *The Law and the Gospel*, 36.

죄를 위해 돌아가셨다. 그리스도와 율법에 관한 더 완전한 요약은 토마스 아스콜(Thomas Ascol)에게서 온다.

> 율법은 죄인들에게 그들의 죄를 가르치기 위하여 주어졌다. 죄인이 율법의 모든 엄격성과 영성 안에서 율법을 바라볼 때, 그는 그렇게 함으로써 자신의 상태의 영적인 파산과 중대한 위험성을 이해하게 된다. 정죄는 할 수 있으나 구원할 수는 없는 율법은 선고받은 죄인으로 하여금 구원이 발견될 수 있는 유일한 곳에서 구원을 찾도록 만든다. 율법은 무력한 죄인들을 속량하기 위해서 완전한 율법 성취의 삶과 완벽한 율법 성취의 죽음으로 자신을 내어준 예수 그리스도께 그를 보낸다. 그리스도께서 참회하는 신자들을 받아들이실 때, 그분은 그들을 용서하시고, 그들에게 그분의 의를 수여하시고, 그들에게 그분의 영을 주신다. 그분은 그분의 율법을 그들의 새로운 심령 위에 기록하시고, 그들에게 순종적인 제자의 신분으로 그분을 따를 자격을 부여하신다. 완벽하게 스스로 율법을 지키신 분으로서, 그분은 그분의 제자들을 계명에 순종하도록 이끄신다.[10]

그리고 우리는 십계명에 순종한다. 그것들 모두에. 하나님의 은혜로 말미암아, 우리는 예수님이 "자유롭게 하는 온전한 율법"(약

---

10 Thomas Ascol, ibid., xi에 대한 '머리말'에서.

1:25)이라고 부르신 것을 지킨다. 우리는 다른 신들을 섬겼던 것에서 해방되었다. 그래서 지금 우리는 하나님의 이름을 진지하게 입에 올리며, 경외심과 기쁨으로 자유롭게 하나님만을 예배한다. 우리는 행위가 아니라 믿음으로 의롭다 하심을 받았다. 그래서 지금 우리는 자유롭게 하나님의 은혜 안에서 안식한다. 우리는 성자 예수님을 통하여 성부 하나님을 알게 되었다. 그래서 지금 우리는 영광이 마땅히 있어야 할 곳에서 자유롭게 영광을 드린다. 하나님의 사랑으로 말미암아 우리는 살인적인 증오에서 구원받았다. 그래서 지금 우리는 자유롭게 용서한다. 우리는 그리스도 안에서 진정한 기쁨을 발견했다. 그래서 지금 그분의 영의 순결로 말미암아 우리는 자유로이 순결해진다. 우리의 모든 삶은 드러났다. 그래서 지금 우리는 자유롭게 진실을 말한다. 그리고 우리가 그리스도의 공급하심을 받고 있기 때문에, 우리는 더 이상 훔치거나 심지어 탐낼 필요가 없다.

우리는 구원받기 위해서 하나님의 율법을 지키지 않는다. 우리는 오직 그리스도 안에서, 오직 믿음으로 말미암아, 오직 은혜로 구원받았다. 그런데 왜 우리가 구원받았는가? 하나님을 영화롭게 하기 위해서이다. 우리는 그의 계명을 지킴으로써 그렇게 한다. 예수님은 다음과 같이 말씀하셨다.

> 너희가 나를 사랑하면 나의 계명을 지키리라(요 14:15).

학습을 위한 질문들

1. 이스라엘 백성들처럼 오늘날 사람들이 하나님의 율법을 두려워해야 하는가? 왜 그런가?

2. 당신은 하나님이 당신에게 직접 말씀해주시길 원한 적이 있는가? 출애굽기 19-20장을 묵상한 후 그 바람은 바뀌었는가?

3. 예수님은 중보자의 의무들, 즉 하나님을 대신하여 말하는 것과 우리를 대신하여 하나님께 나아가는 것을 어떻게 수행하셨는가? 신약의 어떤 본문이 이 역할들에 대해 논의하고 있는가?

4. 어떤 면에서 예수님은 모세보다 더 나은 중보자인가?

5. 당신의 경험에 있어서, 경의와 순종 사이의 관계는 무엇인가? 어느 것이 우선하는가? 그것들은 어떻게 함께 작용하는가?

6. 그리스도와 율법 사이의 관계를 당신의 언어로 설명하라.

7. 오늘날 구도자들의 삶에 있어서 율법의 역할 또는 기능은 무엇인가? 신앙인들의 삶에 있어서 그것은 무엇인가?

8. 십계명을 학습한 결과로, 당신은 하나님에 관하여 무엇을 배웠는가? 당신 자신에 대해서는 무엇을 배웠는가?

9. 성령은 어떤 죄들(특히 예전에는 당신이 간과했을지도 모르는 죄들)에 당신의 주의를 끌기 위해 십계명을 사용하고 계시는가? 이 죄들에 대하여 회개하기 위해 당신은 무엇을 하고 있는가?

10. 십계명을 학습한 결과로, 미래의 영적 성장을 위해 당신이 목표로 삼고 있는 새로운 영역은 무엇인가?

색인

ㄱ

가게에서 물건을 슬쩍(shoplifting) / 96

가난(poverty) / 354, 356

가인(Cain) / 38, 100, 288

가족(family)/ 155, 208, 240, 264, 308, 361

간음(fornication) / 23, 32, 49, 68, 89, 92, 98, 303, 307, 309, 312, 316, 325, 335, 366, 379, 412, 417

강간(rape) / 291, 310, 332

개신교(protestantism) / 146

거룩한 전쟁(holy war) / 360

거룩히 여기다(hallow) / 188

거짓말 하기(lying)

    거짓말의 윤리(ethics of) / 391-92

    거짓말하기의 동의어들(synonyms for) / 380-81

거짓된 신(false god) /120, 124, 135, 147, 159

거짓말쟁이(liar) / 455

거짓 예언(false prophecy) / 182, 197

거짓 증거(false witness) / 23, 68, 106,

376, 423

거짓 증언(false testimony) / 93, 375

겸손(modesty) / 326

게으름(sloth laziness) / 230, 354

결혼(marriage) / 255, 263, 303, 310, 315, 319, 330, 412, 426

결혼언약(covenant of) / 270, 310

경력(career) / 264

경외심(reverence) / 188

경제(economy) / 345

고리대금(usury) / 348

고아(orphans) / 246, 250

고의적인 살인(voluntary manslaughter) / 275

골리앗(Goliath) / 256

공경, 영예롭게 함(honor<ing>) / 244, 265

하나님을 공경함(God) / 190, 262

하나님의 이름을 영화롭게 함(God's name) / 95, 190, 194

부모공경(one's parents) / 68, 94, 104

공동체(community) / 408

공회(sanhedrin) / 104

과실치사(involuntary manslaughter) / 275

과장(exaggeration) / 347

과학(science) / 137

관대함(generosity) / 356

광고(advertising) / 347, 411

교만(pride) / 137

교육(education) / 68, 255, 264

교제(fellowship) / 215, 231

교회(church) / 23, 41, 80, 186, 195, 198, 209, 233, 264, 309, 313, 329, 356, 366, 386, 393, 399, 426

교회의 권징(church discipline) / 44

구속(redemption) / 179, 210, 221, 432

구약의 율법(Old Testament law) / 41

색인 465

구원(salvation) / 45, 56, 69, 169, 178, 228, 249, 402, 418, 432, 435, 447, 457
　은혜에 의한 구원(by grace) / 57-58, 61-62
구원자(Savior) / 69, 110, 140, 146, 298, 367, 402, 417
국가(state) / 44, 252
군사(military) / 275, 283
권력(power) / 130, 138
권위(authority) / 239
근친상간(incest) / 310, 332
기도(prayer) / 255
기독교인의 삶(Christian life) / 60
기독교 재건주의(Christian Reconstruction) / 44
기드온(Gideon) / 392
기자들(journalist) / 388
기적(miracles) / 191, 233

ㄴ

나누는(sharing) / 115
나단(Nathan) / 333
나봇(Naboth) / 392, 419
낙태(abortion) / 284, 291, 296, 299
남자다움(manliness) / 325
남침례교협의회(Southern Baptist Convention) / 353
남편(husband) / 305, 311
낭비(waste) / 353
내-외 원칙(the inside/outside rule) / 90, 295, 415
노동자(workers) / 218
노아(Noah) / 38
노예(slavery) / 183, 218, 221, 248, 252
노트르담대학(University of Notre Dame) / 373
노하는(angry) / 49, 89
느헤미야(Nehemiah) / 222

늙은(elderly) / 265, 286

ㄷ

다신숭배(polytheism) / 117

다원주의(pluralism) / 124, 141

다윗(David) / 127, 179, 226, 256, 323, 399

대량학살(genocide) / 287

대속(substitutionary atonement) / 168, 299, 334

대학(college)/ 315

대학인들(academics) / 387

데칼로그(Decalogue) / 24

도덕이란 마을(the village of Morality) / 436

도덕법(moral law) / 39, 42, 45, 51, 89, 104, 228

도덕성(morality) / 23, 169

도덕적 상대주의(moral relativism) / 22

도둑질(theft, thief) / 23, 32, 49, 99, 111, 331, 341, 366, 396, 412, 413, 416, 423

도박(gambling) / 353

도상학(iconography) / 166

독신(celibacy)/ 320

돈(money) / 130, 344, 356, 365, 394, 420

동물들(animals) / 219

동성애(homosexuality)/ 310, 315, 319

두 개의 큰 계명(two Great Commandments) / 34, 62

듀크대학(Duke University) / 40

드라마(drama) / 166

들치기(shoplifting) / 344

땅(land) / 419

ㄹ

라멕(Lamech)/ 288

색인　467

라이트-에이드(Rite-Aid) / 346

라합(Rahab) / 392

라헬(Rachel) / 38

레위인(the Levite) / 222, 225, 289

로마 가톨릭(Roman Catholicism)/ 145, 307

롯의 아내(Lot's wife) / 38

루터교인들(Lutherans) / 146

ㅁ

마르스 언덕(Mars Hill) / 160

마법(sorcery) / 182

마술(magic) / 182, 192

마약(drug) / 136

마음(heart) / 316, 326, 415, 429, 455

마케팅(marketing) / 347

만족(contentment) / 33, 428

말(words) / 381

말라기(Malachi) / 365

말씀(Word) / 164, 193, 197

매춘(prostitution) / 310, 314, 319

맹세(oaths) / 181, 182, 184, 195

명의도용(identity theft) / 349

모세(Moses) / 6, 59, 65, 70, 89, 90, 123, 164, 177, 187, 203, 217, 241, 363, 367, 375, 420, 438, 441, 444, 447, 452

목사(pastor) / 253, 289

몸, 신체(body)/ 315, 425

무능력(inability) / 80

문화(culture)/ 388

　죽음의 문화(of death) / 278-279

물질의 왕국(Kingdom of Stuff) / 407

물질주의(materialism) / 354

미국(United States)/ 21, 44, 199, 239, 265, 273, 276, 280, 342, 345, 350, 353, 406, 411

미국기업연구소(American Enterprise Institute) / 160

미국법정심리학대학(American College of Forensic Psychology) / 282

미국심리학회(American Psychological Association) / 281

미대법원(United States Supreme Court) / 68

미디어(media) / 281, 291

미움(hatred) / 296, 379, 415

미혼(singleness) / 308, 320, 410, 426

믿음(faith) / 110, 140, 351, 369, 431, 455, 460

밀곰(Milcom) / 128, 134

ㅂ

바나바(Barnabas) / 394

바로(Pharaoh) / 38, 57, 119, 131, 392

바리새인(Pharisee) / 87, 229, 266, 401, 402

바벨론(Babylon) / 222

바알(Baal) / 124, 147

박해(persecution) / 287, 392

반항(rebellion) / 244

밧세바(Bathsheba) / 323, 330

법, 율법, 법칙(the law)

　율법과 복음(and gospel) / 14-16, 50-51, 55-64, 77-81, 108-12, 456

　구속하는 것으로서의 율법(as binding) / 40-41

　다중 사용 아이템으로서의 율법(as multi-use item) / 55-81, 110-11

　영적인 것으로서의 율법(as spiritual) / 415-16

　시험으로서의 율법(as test) / 444-45

　제의법(ceremonial) / 456-58

　시민법(civil) / 456-58

　우리로 죄를 확인시키는 율법 (convincing us of sin) /

417–18

율법의 영원성(eternity of) / 40–51

율법의 자유(freedom of) / 58–60, 459–60

율법이 사회에서 악을 억제하는 방법(how it restrains sin in society) / 64–69

우리에게 어떻게 살아야 할지 가르치는 율법(how it teaches us to live) / 55–64, 111–12

신약에서의 율법(in the New Testament) / 40–51, 57–58

구약에서의 율법(in the Old Testament) / 40–45, 57–58

의(義) 안에서 가르치는 율법(instructing in righteousness) / 442–45

율법의 해석(interpretation of) / 85–93

율법의 내적인 요구(inward demand of) / 90–93, 111–12

거울과 같은 율법(like a mirror) / 77–78

도덕법(moral) / 456–58

대우의 법칙(of contrapositives) / '양면의 원칙'을 보라

상반의 법칙(of contrarie) / '양면의 원칙'을 보라

창조의 법칙(of creation) / 38–39

모세의 율법(of Moses) / 25–26, 215–16, 367–68, 419–20

자연의 법칙(of nature) / 38–39

정반대의 법칙(of opposites) / '양면의 원칙'을 보라

언약판들의 법칙(of the tables) / 104–5

율법 설교(preaching the) / 80–81

죄를 제어하는 율법(restraining sin) / 442–444

구원자에 대한 우리의 필요를 드러내는 율법(revealing our need for a Savior) / 69–76

죄를 드러내는 율법(revealing sin) /

110-12, 442-45, 452-60

우리에게 어떻게 살아야 할지 보여주는 율법(showing us how to live) / 454-60

율법의 단순성(simplicity of) / 86-87

영적인 율법(spirituality of) / 90-93, 111-12

율법에 대한 두려움(terrors of) / 448-51

율법의 두 돌판(two tables of) / 240-42

율법의 사용(uses of) / 55-81

범주의 원칙(the rule of categories) / 97, 309, 380

법원, 법정(court) / 273, 376, 379

법체계(legal system) / 376

베풀기, 드리기(giving) / 95, 355, 365

변제(restitution) / 355

변호사(lawyers)/ 379, 455

보건의료(health care) / 283

보상(reward) / 248

보험(insurance) / 137, 349

복수(revenge) / 296

복음(gospel) / 15, 50, 57, 76, 80, 109, 159, 165, 194, 356, 365, 452, 457

복음주의(evangelicalism) / 168

부모(parents) / 49, 115, 155, 175, 214, 240, 261, 281

부모에게 불순종, 아버지에게 불순종(disobedience to) / 240, 244-45, 258, 261, 267-70

부아(Puah) / 392

부유한(wealthy) / 356

부정(unchastity) / 317

부활(resurrection) / 160, 228, 431

분노(anger) / 93, 98, 109, 294, 296

불만족(discontent) / 409, 424

불명예(dishonor) / 244

불쌍히 여김(compassion) / 292

브루킹스연구소(Brookings Institute) / 160

비학(occult) / 182, 193

빚(debt) / 349

ㅅ

사냥(hunting) / 275

사도들(the apostles) / 87, 227

사도 바울(the apostle Paul) / 41, 49, 62, 72, 88, 120, 138, 158, 190, 248, 277, 313, 320, 382, 413, 418, 430

사도 베드로(the apostle Peter) / 62, 104, 326, 395

사도 요한(the apostle John) / 41, 48

사랑(love)

원수 사랑(for enemies) / 293-94

하나님 사랑(for God) / 61-62, 104-5, 124-25, 134-35, 139-41, 154-55, 157-58, 168-71, 182-83, 210, 240-42

이웃 사랑(for neighbor) / 32-33, 62-63, 104-5, 240-42, 294, 354-55, 376, 438-39

사랑 테스트(the love test) / 135

사랑의 원칙(the rule of love) / 105

사망(death) / 73, 281 368, 377

사법(justice) / 376

사업(business) / 345, 347, 387

사역(ministry) / 412, 426

사울(Saul) / 103, 257

사탄(Satan) / 142, 396, 409

사형(death penalty) / 275, 377

사회보장(social security)/ 344

사회 정의(social justice) / 169

삭개오(Zacchaeus) / 355

산상설교(The Sermon on the Mount) / 92

살인(murder) / 31, 37, 38, 49, 109, 258, 274, 278, 281, 283, 293, 331, 366, 379, 392, 412, 423, 448, 460

　마음의 살인(of the heart) / 294-99, 380

삼위일체(the Trinity) / 46, 140, 315

삽디(Zabdi) / 362

삽비라(Sapphira) / 393

새긴 우상들(graven images) / 149, 159

생명(life)

　생명의 보존(preservation of) / 32-34, 94-96, 108-9, 273-80

　생명의 존엄성(sanctity of) / 278-80, 289-94

생식(procreation) / 304, 307

샤일라이즘(Sheilaism) / 138

선거(election) / 388

선교사(missionary) / 449

선지자(prophet) / 47, 141, 183, 392, 457

선한 사마리아인(the Good Samaritan) / 292

선행(good works) / 61

성, 섹스(sex) / 32, 39, 93, 98, 115, 131, 303, 411

성경(the Bible) / 87

성경 해석(interpretation of scripture) / 87, 198

성경적 원칙(the biblical rule) / 87

성령(the Holy Spirit) / 63, 88, 140, 171, 190, 194, 307, 314, 389, 396

성례전(sacraments) / 45, 215

성상(icon) / 166

성육신(incarnation) / 141, 203

성적 순결(sexual purity) / 310, 321, 326

성적 부도덕(sexual immorality) / 313,

333

성적인 죄(sexual sin) / 314, 319, 325, 332, 379

성적 친밀감(sexual intimacy) / 409

성적 쾌락(sexual pleasure) / 448

성적 학대(sexual abuse) / 310, 316

성적 환상(sexual fantasy) / 331, 411

성차별주의(sexism) / 297

성찬(the Lord's Supper)/ 44

성화(sanctification) / 64, 112, 334

세대주의(dispensationalism) / 44

세라(Zerah) / 362

세례(baptism) / 44, 190

소명(calling) / 211, 432

소비주의(consumerism) / 406

소아성애(pedophilia) / 310

소유(possession) / 357

속죄(atonement) / 111

솔로몬(Solomon)/ 126, 249, 319

솔리 데오 글로리아(Soli Deo Gloria) /

117

순결(chastity) / 320, 460

순종(obedience)/ 70, 106, 252, 253, 321, 366, 445, 457

　부모에게 순종(to parents) / 454-55

쉼(rest)/ 39, 48

스가랴(Zechariah)/ 378

스게와의 일곱 아들(seven sons of Sceva) / 190

스데반(Stephen) / 103

스위스 군용 칼(Swiss army knife) / 55

스포츠(sports) / 373

시각적 시대(visual age) / 165

시간(time)/ 208, 366, 439

시기(envy) / 296, 409

시내산(Mount Sinai) / 24, 36, 123, 164, 177, 210, 437, 445, 453

시민법(civil law)/ 43, 228

시장(marketplace) / 345

시험(trials) / 415, 431

신뢰 테스트(the trust test) / 136

신성모독(profanity) / 99, 111, 182, 196, 423

신용(credit) / 348

신율주의(theonomy) / 44

심장(heart) / 295

심판(judgment) / 133, 201, 295, 400, 435, 440

    심판의 날(day of)/ 201, 440, 447, 455

십계명(The Ten Commandments)

    교실에서의 십계명(in the classroom) / 66-67

    법정에서의 십계명(in the courtroom) / 66-67

    십계명의 서문(prologue to the) / 25-26

십브라(Shiphrah) / 392

십일조(tithing) / 366

십자가(cross)/ 44, 51, 368, 458

십자가상(crucifix) / 145, 166

십자가에 못 박히심(crucifixion) / 400

십자군 원정(the Crusades) / 183

ㅇ

아간(Achan) / 359, 414

아나니아(Ananias) / 393, 397

아내(wife) / 304, 310

아담(Adam) / 39, 212, 305, 352

아델피아(Adelphia) / 346

아레오바고(Areopagus) / 160

아론(Aaron)/ 101

아버지(father) / 157, 244, 258

아벨(Abel) / 288

아브라함(Abraham) / 26, 38, 157

아삽(Asaph) / 430

아스다롯(Ashtoreth) / 128, 134

아테네(Athens) / 159

아합(Ahab) / 155, 419, 424

색인 475

악마적(demonic) / 121

안락사(euthanasia) / 284, 291, 299

안식일(the Sabbath) / 22, 30, 38, 49, 68, 95, 208, 366, 415, 454 또한 '주일'을 보라

 안식일 기억 / 208-11

 안식일을 잊음 / 222-25

알지 못하는 신(unknown god) / 161

알코올(alcohol) / 136, 281

애굽(Egypt) / 57, 117, 180, 221

애굽인(Egyptian) / 151, 166, 187

야고보(James) / 381, 410, 414

야곱(Jacob) / 26, 392

야훼, 여호와(Yahweh) / 25, 177, 242

약속(covenant) / 327

약속의 땅(the Promised Land) / 248, 363

 부모에게의 순종과 관련된 약속 (promise connected with obeying parents) / 248

양면의 원칙(the two-sided rule) / 94, 387

어머니(mother) / 152, 242, 249, 254

언약(covenant) / 123, 155, 177, 222, 241, 256, 307, 312, 453

 언약의 하나님(God of the) / 57

 언약적 연대(solidarity) / 155

 행위언약(of works) / 75

에덴동산(the Garden of Eden) / 409

에베소(Ephesus) / 190

엔론(Enron) / 346

엘리(Eli) / 103

엘리사(Elisha) / 252

엘리암(Eliam) / 330

엘리야(Elijah) / 123, 252, 424

여리고(Jericho) / 359

여호수아(Joshua) / 123, 360, 392

하나님의 이름을 망령되이 일컫기 (taking God's name in vain) / 68, 175, 192

연합(union) / 313

열린 유신론자들(open theists) / 168

영광(glory) / 119, 127, 140, 169, 210, 215, 248, 267, 279, 366, 442

영생(eternal life) / 431

영성(spirituality) / 312

영적 리더십(spiritual leadership)/ 322

영적 은사(spiritual gifts) / 412

영화(movies) / 281

예루살렘(Jerusalem) / 222, 268, 324, 393, 399

예수 그리스도(Jesus Christ)

    예수님의 능동적인 순종(active obedience of) / 141-42, 267-70, 297-98

    율법해석가로서의 예수님(as interpreter of the law) / 87-90

    주(主)로서의 예수님(as Lord) / 141-42, 146-48, 192-93, 202-3

    중보자로서의 예수님(as mediator) / 452-58

    구원자로서의 예수님(as Savior) / 69-73

    하나님의 참 형상으로서의 예수님(as true image of God) / 203

    예수님의 성품(character of) / 46-47, 61-63

    예수님의 신성(deity of) / 454-55

    예수님의 높아지심(exaltation) / 202-3

    예수님을 믿음(faith in) / 111-12

    예수님의 완성된 사역(finished work of) / 226-27

    예수님 안에서의 자유(freedom in) / 229-30

    예수님의 영광(glory of) / 202-3, 452-53

    예수님의 인성(human nature of) / 454-55

    예수님의 왕국(kingdom of) / 44-

45

예수님의 율법(law of) / 40-41,
    46-47, 64-65

예수님과의 결혼(marriage to) /
    312-13

예수님의 이름(name of) / 194-95,
    201-2

예수님의 순종(obedience of) / 50-
    51, 80-81, 110-11, 454-
    55, 459-60

유일한 길(the only way) / 139-42

예수님 안에서의 쉼(resting in) /
    226-27

예수님의 구원사역(the saving work
    of) / 40-41, 61-62

성자(the Son) / 46-47

예수님과의 연합(union with) /
    146-47, 312-15

예수님의 교회와의 연합(union with
    his church) / 312-13

예수님의 사역(work of) / 226-27

예배(worship) / 29, 42, 68, 88, 122,
    134, 146, 159, 181, 189, 200,
    207, 242, 256, 438, 460

예술품, 작품(art) / 150, 278

예후(Jehu) / 147

오락(entertainment) / 282, 410

온건한 저주(mild oaths) / 196

완서법(meiosis) / 185

외식(hypocrisy) / 402

요나단(Jonathan) / 256

요압(Joab) / 324

요한(John) / 269

욕망(desire) / 407, 423, 428

욥(Job) / 137, 327

용서(forgiveness)/ 201, 299, 320, 333,
    431, 459

우리아(Uriah) / 330

우상숭배(idolatry) / 48, 68, 88, 111,
    134, 149, 319, 366, 413, 415,
    455

운전자들이 분노(road rage) / 281

원수(enemy) / 297

월드콤(WorldCom) / 346

웨스트민스터 대요리문답(Westminster Larger Catechism) / 106

웨스트민스터 소요리문답(Westminster Shorter Catechism) / 251, 317, 409, 428, 448

웨스트민스터 신앙고백(Westminster Confession of Faith) / 46, 229, 231

유대인들(Jews) / 165, 181, 190, 292

유머(humor) / 282, 392

유아살해(infanticide) / 284, 299

유혹(temptation) / 129, 320, 354

율법주의(legalism) / 108, 229, 234, 401

은혜(grace) / 58, 62, 74, 110, 169, 210, 401, 444, 451, 459

음욕, 음란(lust) / 49, 93, 316, 330, 401, 415

음행(sexual immorality) / 318

의(righteousness) / 451, 455

의사조력자살(physician-assisted suicide 284, 287, 291

의학, 의료(medicine) / 137, 284, 286

이기적(selfish) / 355, 408

이력서(résumé) / 374

이름을 짓는 것(naming) / 175

이사야(Isaiah) / 24, 120

이삭(Isaac) / 26

이세벨(Jezebel) / 147, 392, 422

이스라엘 백성(the Israelites) / 118, 121, 363, 438, 453

이슬람(Islam)/ 287

이혼(divorce) / 316

인종차별주의(racism) / 297

인터넷(the Internet) / 309, 327, 345, 349

일, 노동(work) / 22, 31, 39, 48, 95, 207, 252, 354, 415

일신론(monotheism) / 118

일터(workplace) / 101

입양(adoption) / 291, 432

ㅈ

자기숭배(self-worship) / 317

자기 진단(self-examination) / 267

자녀(children) / 101, 115, 155, 175, 217, 240, 255, 291, 412

자백(confession)/ 333, 402

자비(mercy) / 156, 208, 231, 294, 455

자살(suicide) / 283

자신(self) / 137

자위(masturbation)/ 317, 321

자유(freedom) / 255

자유주의(liberalism) / 167

잘못된 예배(false worship) / 99, 139, 160

잘못된 죽음(wrongful death) / 275

장로(elders) / 252, 253, 289, 377

재산(property) / 34, 343, 351, 363, 410

재판(judge) / 362

저작권(copyrights) / 349

저주(curse) / 76, 80, 92, 195, 212, 380, 450

전쟁(war) / 276, 287, 325, 360

전쟁(warfare) / 291, 392

절도(stealing) / 39, 92, 95, 344

정당(party) / 183

정당방위(self-defense) / 276

정당한 전쟁(just war) / 278

정부(government) / 137, 252, 277, 344

정의(justice)/ 67, 277, 289, 360, 364, 368

정직(honesty) / 390

정치(politics) / 198

정치인(politician) / 388

제1계명(first commandment) / 28, 38, 48, 96, 104, 115, 146, 274

제1계명 위반(breaking the) / 126-129, 131
제2계명과의 차이(how it differs from the second commandment) / 146-148
제2계명(second commandment) / 28, 38, 48, 88, 146
제1계명과 다른 점(how it differs from the first commandment) / 146-48
제2계명의 약속(promise of) / 155-58
제2계명의 이유(reason for) / 151-53
제2계명의 규정(rule of) / 149-53
제2계명의 경고(warning of) / 154-58
제3계명(third commandment) / 29, 38, 48, 95, 175
제4계명(fourth commandment) / 30, 38, 48, 95, 207, 274

제5계명(fifth commandment) / 31, 49, 104, 239, 240
제6계명(sixth commandment) / 31, 49, 93, 97, 273
제7계명(seventh commandment) / 32, 49, 98, 274, 303
제8계명(eighth commandment) / 32, 49, 95, 342, 344, 396
제9계명(ninth commandment) / 33, 50, 96, 106, 376
제10계명(tenth commandment) / 33, 50, 91, 396, 405
제10장로교회(Tenth Presbyterian Church) / 145
제유법(synecdoche) / 179
제의법(ceremonial law) / 43, 228
조금 더 교(the Cult of the Next Thing) / 406
존경(respect) / 254, 259, 264
종교(religion) / 160, 198

종교개혁(the Reformation) / 87, 304

죄(sin) / 86, 95, 101, 108, 155, 224, 268, 274, 299, 307, 314, 333, 363, 381, 385, 391, 396, 399, 408, 435, 442, 452

  죄의 속박(bondage of) / 451

  조상들의 죄(of the fathers) / 154–58

죄된(sinful) / 72

죄된 본성(sinful nature) / 64, 69

죄인들(sinners) / 448

죄책감(guilt) / 80, 451

주(the Lord) / 25, 146, 177, 203

주일(the Lord's Day)/ 226

죽어가는(dying) / 283, 291

죽임(killing) / 275, 283

중보자(mediator) / 441, 452

중상(slander) / 384

증인(witnesses) / 377

지옥(hell) / 79, 298, 381, 413

지혜(wisdom) / 126

직업(job) / 374

진노(wrath) / 400, 440

진실, 진리(truth) / 33, 39, 67, 101, 184, 366, 379, 380, 387, 454 460

집사(deacon)/ 253, 289

집행(execution) / 377

ㅊ

창조(creation) / 169, 179, 210, 218

창조주(the Creator) / 161, 162

책임(accountability) / 156

천국(heaven) / 448

천상의 도성(the Celestial City) / 435

철학(philosophy) / 158

청교도(the Puritan) / 63, 91, 101, 136, 213, 234, 262, 384, 408, 429, 456, 457

청지기직(stewardship) / 351, 395

추수감사절(Thanksgiving) / 341

축구(football) / 373

출애굽(exodus) / 38, 60, 226

출애굽기(Exodus) / 24, 37, 57, 70, 221, 453

춤(dance) / 166

친밀감(intimacy) / 308, 409

칭의(justification) / 64, 111, 194, 432, 457

ㅋ

콘스탄티노플(Constantinople) / 358

콜럼바인고등학교(Columbine High School) / 280

쾌락(pleasure) / 131, 311

ㅌ

타락(fall) / 170, 212, 448

탈진실 사회(Post-Truth Society) / 388

탐욕, 탐심(covetousness, coveting) / 33, 50, 68, 137, 354, 396, 406

탐욕스러운(covetous) / 38, 401, 413

탐하다(covet) / 361, 407, 418

테러(terror) / 276, 287, 291

테트라그라마톤(tetragrammaton) / 178

텔레비전(television) / 281, 315

통제(control) / 166

ㅍ

파르테논(Parthenon) / 158

파멸의 도성(City of Destruction) / 435

판결(judge) / 377, 379

페미니스트(feminist) / 168

포르네이아(porneia) / 309

포르노(pornography) / 98, 315, 321, 327

포스트모더니즘(postmodernism) / 387

폭력(violence) / 97, 257, 261, 279, 282, 288, 298, 310

표절(plagiarism) / 349

프린스턴신학교(Princeton Seminary) / 80

프린스턴종교연구센터(Princeton Religion Research Center) / 23

ㅎ

하나님(God)

　주(主)로서의 하나님(as Lord) / 146-47

　영으로서의 하나님(as Spirit) / 161-63

　하나님의 속성들(attributes of) / 25-26, 34-35, 66-67

　하나님의 권위(권한)(authority of) / 24-31, 150, 241

　하나님의 성품(character of) / 27-35, 40-41, 46-47, 90-91, 387-88

　하나님의 언약(covenant of) / 69-71

　하나님의 저주(curse of) / 66-67, 104-5, 154, 158, 442-43

　하나님의 영원성(eternity of) / 35-40, 228

　하나님의 존재(existence of) / 194-95

　하나님의 신실하심(faithfulness of) / 35

　하나님의 부성(父性)(fatherhood of) / 46-47, 168-69

　하나님 경외(fear of) / 444-45

　하나님의 예지(foreknowledge of) / 168-69

　하나님을 영화롭게 함(glorifying) / 460

　하나님의 영광(glory of) / 24-27,

55-60, 69-71, 111-12, 115-17, 168-71, 215-16, 243-44, 278-80, 351-52, 359-60, 363-64, 395-96, 437

하나님의 선하심(goodness of) / 35

하나님의 은혜(grace of) / 111-12, 115-16, 170-71, 333, 401-2, 460

하나님의 거룩하심(holiness of) / 34, 77-78, 181-82, 438-39

하나님의 영예(honor of) / 34

하나님의 정체(identity of) / 177-78

하나님의 형상(image of) / 161-63, 168-71, 217-18, 278-80

하나님의 불가시성(invisibility of) / 161-62

하나님의 질투(jealousy of) / 27-28, 34-35, 151-53

하나님의 심판(judgment of) / 154-58, 183-87, 438-39

하나님의 정의(justice of) / 27-28, 34-35, 66-67, 168-69, 397-98

하나님의 나라(kingdom of) / 192-93, 297-98, 357-58, 413-14, 432

하나님에 대한 지식(knowledge of) / 67-69, 437-38

하나님의 율법(law of) / 25-26, 35-38, 40-41, 55-56, 64-65, 69-81, 86-87, 90-91, 100-1, 111-12, 164-65, 265-68, 285-86, 297-98, 351-52, 365-66, 417-18, 421-24, 435-46, 448-50, 453-60; 다중 사용 아이템으로서의 율법(as a multi-use item) / 442-43

하나님에 대한 사랑(love for) / 312-13, 353-54

하나님의 사랑(love of) / 32-35, 151-54, 168-69, 334-36,

459-60

하나님의 자비(mercy of) / 27-29, 115-16, 333-36

하나님의 신비(mystery of) / 447-48

하나님의 이름(name of) / 29-30, 175-203

하나님의 전능하심(omnipotence of) / 90-91, 161-63

하나님의 편재성(omnipresence of) / 27-29, 161-63

하나님의 임재(면전)(presence of) / 122-23, 444-47

하나님의 약속(promises of) / 421-23

하나님의 섭리(providence of) / 32-35, 255, 351-52, 377-78

하나님과의 관계(relationship with) / 428-29

하나님 존중(respect for) / 23

하나님의 쉼(resting of) / 209-21, 226

하나님의 의(righteousness of) / 48-50, 61-64, 72-74, 80-81, 108, 456-58

하나님의 자존(自存)(self-existence of) / 177-78

하나님의 자족(self-sufficiency of) / 177-78

하나님의 주권(sovereignty of) / 27-29, 32-35, 66-67, 175-78, 278-80, 353-54

영이신 하나님(spirituality of) / 164-65

하나님의 초월성(transcendence of) / 162-63

하나님을 하찮게 여김(trivialization of) / 200

하나님의 진리(truth of) / 389-91, 395-96

하나님의 진실성(truthfulness of) / 34-35

하나님의 유일성(uniqueness of) / 115-42

하나님의 이름 사용(using name of) / 182–83
하나님의 시각적 표현(visual representations of) / 145–48, 164–67, 170–71
하나님의 목소리(voice of) / 164–65, 444–45
하나님의 무거우심(weightiness of) / 200
하나님의 뜻(will of) / 456–57
하나님의 지혜(wisdom of) / 377
하나님의 말씀(word of) / 307, 389–91
하나님의 일하심(working of) / 219–21, 226–27
하나님의 진노(wrath of) / 72–73, 168–69, 318–19, 453–55
하나님의 열심(zeal of) / 151–52
하나님에게서 강탈(robbing God) / 280
하박국(Habakkuk) / 138
하와(Eve)/ 39, 392, 409

하이델베르그 요리문답(Heidelberg Catechism) / 254, 294, 349
학교(school) / 102, 273, 280
학대(abuse) / 261
학생(student) / 262
행운(luck) / 354
행위(works) / 450, 460
험담(gossip) / 382
헬라인들(the Greeks) / 191
혀(tongue)/ 381
형벌(punishment) / 399, 443
형상들(images) / 164
형제지킴의 원칙(the brother's keeper rule) / 100
호세아(Hosea) / 380
화(anger) / 255
회개(repentance) / 299, 320, 335, 369
후함(generosity) / 365, 394
훈육(discipline) / 253
훔치다(steal) / 22, 382, 460

휴식(leisure) / 207, 220, 274

희생(sacrifice) / 321

희생제사(sacrifice) / 43

「롤링 스톤」(Rolling Stone) / 139

『천로역정』(Pilgrim's Progress) / 435

「타임」(TIME) / 211, 375, 388

숫자

7가지의 치명적인 죄악들(seven deadly sins) / 318

1960년대 / 239

기호

『그리스도인의 만족이란 진귀한 보배』(The Rare Jewel of the Christian Contentment) / 429

「뉴욕타임즈」(New York Times) / 281

「더 새터데이 이브닝 포스트」(The Saturday Evening Post) / 341

『로젯의 시소러스』(Roget's Thesaurus) / 380

돌판에 새긴 말씀

Written in Stone:
The Ten Commandments and Today's Moral Crisis

2015년 6월 15일 초판 발행

| 지 은 이 | 필립 그레이엄 라이큰 |
| 옮 긴 이 | 안영미 |

편 집	전희정, 정희연
디 자 인	김소혜, 손사라
펴 낸 곳	개혁주의신학사
등 록	제21-173호(1990. 7. 2)
주 소	서울시 서초구 방배로 68
전 화	02) 586-8761~3(본사) 031) 942-8761(영업부)
팩 스	02) 523-0131(본사) 031) 942-8763(영업부)
홈페이지	www.clcbook.com
이 메 일	clckor@gmail.com
온 라 인	기업은행 073-073466-01-010 예금주: 개혁주의신학사

ISBN 978-89-7138-055-0 (93230)

※ 낙장·파본은 교환해 드립니다.

이 도서의 국립중앙도서관 출판시 도서목록(CIP)은 서지정보유통지원시스템 홈페이지(http://seoji.nl.go.kr)와
국가자료공동목록시스템(http://www.nl.go.kr/kolisnet)에서 이용하실 수 있습니다.
(CIP제어번호: CIP2015015189)